数据包络分析 第八卷

数据包络分析及经济系统分析

马占新 苏日古嘎 著

科学出版社
北 京

内 容 简 介

本书以经济系统效率分析为研究背景，探讨如何进一步拓展和完善DEA理论、模型及其应用. 其中，第1章主要介绍效率与生产力分析中的一些概念. 第2章介绍一些基本DEA模型及广义DEA模型. 第3章探讨广义DEA模型的有效性度量方法. 第4章分析DEA效率悖论产生的原因，并给出克服"效率悖论"出现的修正DEA模型. 第5章给出一种含有中性指标的DEA模型，并讨论其在经济结构调整中的应用. 第6章给出测算时间序列决策单元效率的DEA模型. 第7章提出一种评价多层次复杂系统的DEA模型. 第8章给出一种基于决策单元合作与竞争博弈的DEA模型. 第9章给出一种用于测算个体对群体效率贡献的DEA模型. 第10章给出权重受限的超效率DEA模型及投影方法. 第11章给出一种用于电影衍生品市场前景综合评价的DEA模型. 第12章建立一种评价大型超市选址合理性的DEA模型. 第13章和第14章分别对中国省级经济发展效率和高技术产业创新效率进行分析. 第15章基于修正DEA模型分析了中国商业银行效率问题. 第16章基于广义DEA模型分析了"一带一路"重点省份企业科技创新效率问题.

本书可供数学、经济和管理等专业的本科生、研究生和教师使用，也可供经济、管理领域从事数据分析和评价的工作人员参考.

图书在版编目(CIP)数据

数据包络分析及经济系统分析/马占新，苏日古嘎著. —北京：科学出版社，2022.4

ISBN 978-7-03-071581-4

Ⅰ. ①数… Ⅱ. ①马… ②苏… Ⅲ. ①经济分析-数学方法 Ⅳ. ①F224.12

中国版本图书馆CIP数据核字（2022）第030014号

责任编辑：王丽平 贾晓瑞／责任校对：彭珍珍
责任印制：吴兆东／封面设计：陈 敬

科学出版社 出版
北京东黄城根北街16号
邮政编码：100717
http://www.sciencep.com
北京凌奇印刷有限责任公司 印刷
科学出版社发行 各地新华书店经销
*
2022年4月第 一 版 开本：720×1000 1/16
2023年9月第二次印刷 印张：20
字数：410 000

定价：158.00元

(如有印装质量问题，我社负责调换)

前　言

数据包络分析 (data envelopment analysis, DEA) 是美国著名运筹学家 Charnes 等提出的一种效率评价方法, 经过 30 多年的发展现已成为管理学、经济学、系统科学等领域中一种常用而且重要的分析工具. 一些运筹学或经济学的重要刊物, 如 *Annals of Operations Research* (1985), *Journal of Econometrics* (1990), *European Journal of Operational Research* (1992), *Journal of Productivity Analysis* (1992) 等都先后出版了 DEA 研究的特刊. 从 DEA 方法的应用领域看, 该方法在经济管理学科中的应用十分广泛, 其中比较主要的方向有技术经济与技术管理、资源优化配置、绩效考评、人力资源测评、技术创新与技术进步、财务管理、银行管理、物流与供应链管理、组合与博弈、风险评估、产业结构分析、可持续发展评价等. 相关统计数据表明: 自 1978 年以来 DEA 方法的研究保持了持续、快速的增长趋势. 特别是在 2000 年以后, DEA 方法的应用迅速增长, 应用的范围也在不断扩大, 已经成为经济管理学科中的热点研究领域. 近年来, 随着中国经济的快速发展以及经济结构的转型升级, 作为经济系统分析的有力工具——DEA 方法在经济领域中的应用得到了高度重视, 但 DEA 方法在经济系统分析中的应用却还存在很多重要问题亟待梳理和回答.

我们应用 DEA 方法开展经济系统分析的研究工作始于 1996 年, 当时我刚刚考入大连理工大学攻读博士学位, 有幸参加了导师唐焕文教授主持的课题“大连开发区投入产出综合经济研究”. 随着研究的不断深入, 我发现 DEA 方法确实是效率评价的有效工具, 但如果进行深入剖析的话, 许多方法也并不十分完善. 比如, 根据课题要求需要对大连开发区的效率进行横向与纵向分析, 这时, 遇到的一个问题是, 应用 C^2R 和 BC^2 模型测算时间序列数据是否合理? 基于不同年份截面数据测得的效率是否具有可比性? 当指标数量较多时, 会出现多个单元有效的情况, 从而无法进行比较. 同时, 有些指标又似乎具有输入输出双重属性, 各种指标可能处于不同层次等. 这些问题可以大致归纳如下:

(1) DEA 方法要求决策单元必须是同类决策单元, 而许多应用问题中的决策单元似乎又很难说成是严格意义上的同类决策单元. 比如, 在对行业效率进行评价时, 不少文献就把不同行业看成是同类决策单元. 这就存在一个问题——不同行业的差别较大, 如教育和钢铁、酒店和海运等, 那么由这些行业的指标数据构成的生产前沿面能为其他行业提供改进的信息吗? 如果不能, 那么如何提出可以评价这类问题的 DEA 模型呢?

(2) DEA 方法所定义的同类决策单元必须具有相同的外部环境, 而一个决策单元的时间序列数据算不算同类决策单元的数据? 比如, 一个经济系统的投入产出时间序列数据, 随着时间的推移经济系统的外部环境和基础条件均发生了变化, 这时, 由这些数据构造生产可能集, 并通过 DEA 投影提供的改进信息是否还有价值? 也就是说一个地区 2015 年的生产状况是否能够成为 1978 年该地区学习的样板? 显然, 由于 1978 年和 2015 年的外部环境不同, 1978 年的技术水平难以达到 2015 年的水平. 因此, 对于具有时间序列的经济系统的效率分析有待进一步研究和认识.

(3) 经济系统是一个复杂系统, 它的指标体系有时候会很庞大. 当指标数目较多时, 应用 DEA 方法进行择优和排序常常出现大多数方案有效的情况, 从而使评价活动难以获得有用的信息. 为了避免应用 DEA 方法的评价结果中出现过多决策单元有效的情况, 通常的做法是应用主成分分析方法等将这些指标集成为几个指标, 但这时获得的只能是针对集成后指标的信息, 而无法得到针对原始指标的改进信息. 这些一直是应用传统 DEA 方法评价复杂系统问题时存在的难题.

(4) 对于经济系统的面板数据, 不少文献把全部数据作为决策单元, 直接使用 DEA 方法进行评价, 而这种做法构成的生产前沿面实际上包含了不同年份不同地区的数据. 这种前沿面的价值是什么? 是否可以用某一年的截面数据作为评价的标准? 这些问题都有待进一步研究和深入探讨.

(5) 在经济系统分析中, 有些单元的指标是中性的, 它既不是越大越好, 也不是越小越好. 比如, 经济结构指标就是这样的一类指标, 它是一种比例关系, 而非偏好关系, 所以像这类问题又如何进行评价呢？这都需要 DEA 方法的创新.

另外, DEA 效率悖论的问题还没有被很好地解决, 基于效率博弈的合作与竞争策略分析有待进一步开展, 个体对群体效率贡献的研究还相对较少.

对于 DEA 方法存在的上述问题, 如果仅仅想给出一个否定的答案是十分容易的, 但本书坚持 “以立为主” 的原则, 希望通过相关问题的研究, 进一步完善和提高 DEA 方法解决经济系统问题的能力. 同时, 也希望本书能抛砖引玉, 通过大家的共同努力, 使 DEA 方法成为经济系统分析的有力工具.

本书主要取材于近年来我和我的研究生在 DEA 领域获得的与本书主题相关的成果. 其中, 博士研究生苏日古嘎同学与我一起整理和校对了全部书稿.

为了帮助读者更好地阅读本书, 在内容安排上, 尽量保持了简洁性、完整性和易读性. 同时, 尽量保持每个章节的独立性, 以便于读者在阅读时内容能够更加清晰和便利. 其中, 第 1 章主要介绍效率与生产力分析中的一些概念. 第 2 章介绍基本的 DEA 模型及广义 DEA 模型. 第 3 章为了解决基本广义 DEA 模型无可行解以及决策单元效率值被高估的问题, 给出三种用于广义 DEA 有效性的度量方法.

第 4 章主要探讨 DEA 效率悖论产生的根源, 并给出克服 "效率悖论" 出现的修正 DEA 模型. 第 5 章针对评价指标体系中含有中性指标的情况, 给出一种含有中性指标的 DEA 模型, 并探讨其在经济结构调整中的应用. 第 6 章从经验生产函数的构造出发, 给出测算时间序列决策单元效率的 DEA 模型. 第 7 章针对大型复杂系统评价问题, 给出一种用于多层次复杂系统评价的 DEA 模型, 并探讨其在经济系统分析中的应用. 第 8 章给出一种基于效率博弈的决策单元合作与竞争策略分析模型. 第 9 章给出一种用于测算个体对群体效率贡献的 DEA 模型. 第 10 章给出权重受限的超效率 DEA 模型及投影方法. 第 11 章给出一种用于电影衍生品市场前景综合评价的 DEA 模型, 并对中国电影衍生品的市场前景进行实证分析. 第 12 章建立一种用于评价大型超市选址合理性的 DEA 模型, 并对天津市大型超市的选址合理性进行实证分析. 第 13 章和第 14 章应用多种广义 DEA 有效性测度方法, 分别对中国省级经济发展效率和高技术产业创新效率进行分析. 第 15 章应用修正 DEA 模型分析中国商业银行的效率状况. 第 16 章基于广义 DEA 模型, 对 "一带一路" 重点省份企业科技创新效率进行分析. 本书的结构如下:

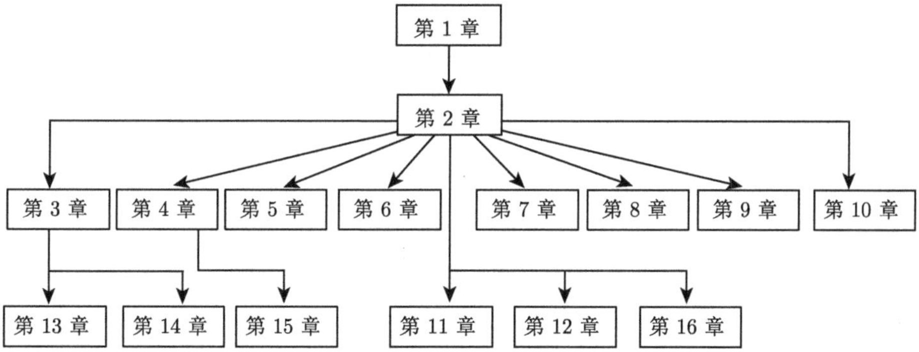

在长达 25 年的 DEA 研究过程中, 本人深深感谢导师的指导、同学的鼓励和学生的陪伴. 衷心感谢国内外同行和朋友们的大力支持和热情帮助. 深深感谢家人几十年来默默的支持和无私的奉献. 在 DEA 的研究过程中, 我们曾经克服了无数的困难与阻力, 也曾获得了解决问题后的无限快乐与欣喜. 所有朋友的支持和帮助是我们前进道路上最大的动力与希望.

本书的研究和出版得到了国家自然科学基金 (72161031, 71661025, 71261017, 70961005, 70501012) 的连续资助, 在此表示深深的感谢!

马占新

2020 年 10 月于内蒙古大学

目　　录

第 1 章　效率与生产力分析中的一些概念

数据包络分析 (data envelopment analysis, DEA) 作为一种重要的非参数经济理论和方法，在经济系统分析中具有重要的地位和作用. 为了更深入地理解 DEA 方法在经济系统分析中的基本原理，本章首先介绍一些与生产效率分析有重要关联的经济学概念和测算方法. 本章内容主要取材于文献 [1].

1.1　效率分析中的一些经济学概念

DEA 方法在经济系统分析方面具有重要的作用和特色. 为了便于介绍 DEA 方法的构造原理，探讨 DEA 方法与原有经济理论之间的关系，本节将用较为通俗的方式重点介绍几个重要的经济学概念和术语. 包括生产率、技术效率、配置效率、技术进步、规模经济、全要素生产率、生产边界和生产可能集等.

生产率 (productivity)，又称为生产力，是指厂商所生产的产出与所需投入的比值. 也就是

$$生产率 = 产出/投入.$$

当生产过程只有单投入、单产出时，此计算是相当简单的. 然而，当投入多于一个时 (通常如此)，为了获得生产率，必须将这些多投入汇总成为单一指数.

本章提到的生产率是指全要素生产率 (total factor productivity)，它是一种包括所有生产要素的生产率测量. 其他传统的生产率测量，比如工厂的劳动力生产率、发电厂的燃料生产率、农场的土地生产率等都被称为部分生产率测量 (partial measures of productivity)，又称为偏生产率测量.

另外，生产率与效率 (efficiency) 这两个术语的含义并不相同. 为了阐述这两个术语之间的区别，首先应用一个简单的例子来阐述几个经济学概念.

例 1.1　考察一种单投入 (x) 与单产出 (y) 的简单生产过程. 在图 1.1 中，曲线 OF' 表示**生产前沿面** (production frontier，又称为生产边界)，用来界定投入产出的关系. 由于生产前沿面表示的是对应每一种投入水平的最大产出，因此，它能反映出某一行业的当前技术水平.

若一个行业中的某一厂商处于生产边界上，那么说明该厂商是**技术有效** (technically efficient) 的；若处于生产边界之下，那么说明该厂商是技术无效的.

在图 1.1 中, B 点和 C 点表示有效点, A 点表示无效点, 即位于 A 点的厂商是无效的. 由于从技术上讲, 在不需要增加任何投入时, 该厂商的产出能够增加到 B 点所处的产出水平.

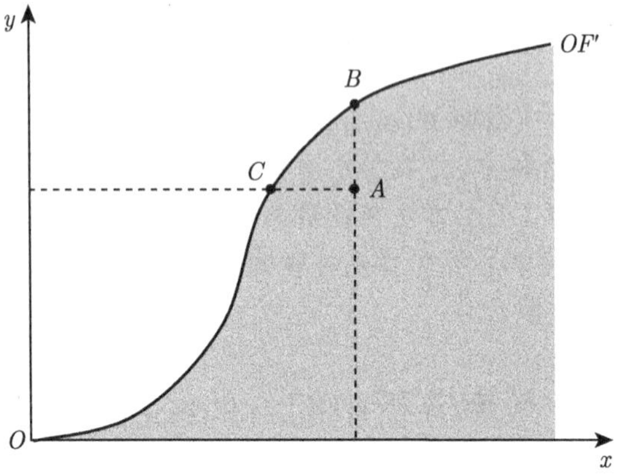

图 1.1　生产边界与技术效率

生产可能集 (feasible production set) 是由决策单元所有可行的投入产出组合构成的集合. 比如, 图 1.1 中的生产可能集是由生产边界 OF' 与 x 轴之间的所有点 (包括边界点) 构成的集合. 其中, **生产边界**上的点可以用来定义生产可能集的有效集.

下面用图 1.2 来阐明技术效率和生产率的差异.

例 1.2　在图 1.2 中, 对于一个特定点 (x, y), 可以用一个从原点出发并经过该点的射线的斜率来测算其生产率, 射线斜率可表示为 y/x.

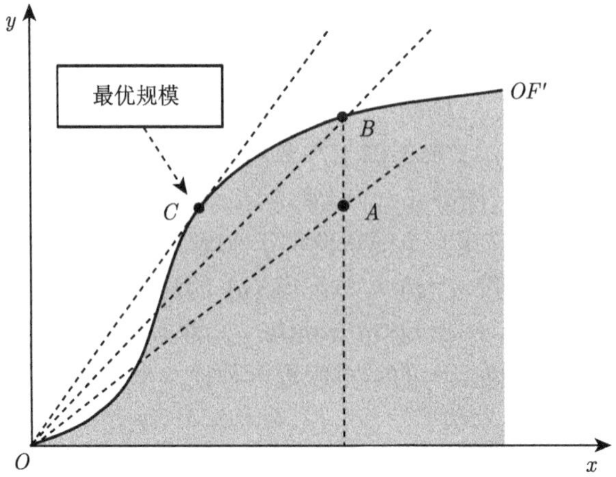

图 1.2　生产率、技术效率以及规模经济

如果一个厂商从 A 点移动到有效点 B, 那么来自原点的射线斜率将会变大, 这蕴含着 B 点的生产率更高. 如果移动到有效点 C, 则来自原点的射线与生产边界相切, C 点的生产率达到最大. 其中, 从 A 点到 B 点的移动是为了提高技术效率, 而从 B 点到 C 点的移动是为了寻找更好的**规模经济** (scale economies). 从技术有效性上看, C 点是最优规模点, 而生产边界上的其他任何点的生产都将导致较低的生产率. 可见, 当一个厂商的生产为技术有效时, 仍可以通过寻找规模经济来提高其生产率.

上面讨论的问题中并没有包括时间因素. 当人们依照时间顺序考察生产率变动时, 生产率变动也可能由另一个原因——**技术进步** (technical change, 又称为技术变化) 引起, 而这种技术的改进则表现为生产前沿面的上升. 下面用图 1.3 来阐明技术进步的概念.

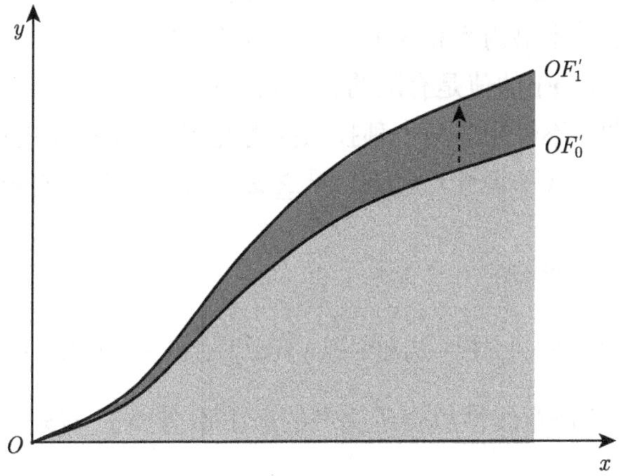

图 1.3　两个时期之间的技术进步

例 1.3　如图 1.3 所示, 第 0 期到第 1 期的生产边界从 OF_0' 上升到 OF_1'. 从技术上看, 在第 1 期, 对应每一种投入水平, 所有厂商的产出都比第 0 期更多. 比如, 一个燃煤热电厂安装一种新型锅炉, 可以提高发电厂的潜在生产率, 这就是一个技术进步的事例.

从上面的分析可以看出, 当从一年到下一年的厂商生产率有增长时, 这种改进不一定来自效率的提升, 也有可能来自技术进步或规模经济, 或这三种原因的组合.

到目前为止, 以上所有讨论都是关于物质数量与技术关系的, 还没有涉及诸如成本或利润的问题. 当价格信息可以获取, 并且行为假设适宜时, 比如成本最小化或利润最大化, 这些信息所包含的绩效是可以推导出来的.

在这种情况下, 除了技术效率, 还可以考察**配置效率** (allocative efficiency).

投入选择中的配置效率涉及的是在最低成本水平上 (给定通用的投入价格) 生产给定产出量时对投入组合 (例如, 劳动力和资本) 的选择. 配置效率和技术效率共同组成经济效率的全面测量.

1.2 生产函数

考察一个用 m 种投入 (例如, 劳动力、机器、原材料) 生产 1 种产品的厂商, 该厂商的技术可能性可利用如下生产函数来概括:

$$q = f(\boldsymbol{x}).$$

其中, q 表示产出, $\boldsymbol{x} = (x_1, x_2, \cdots, x_m)^{\mathrm{T}}$ 表示一个 $m \times 1$ 维的投入向量. 并且, 在本章的全部内容中均假定这些投入在决策者的有效控制之中.

下面介绍几个和本书内容相关的生产函数的特性:

(F1) 非负性: $f(\boldsymbol{x})$ 的值是有限的、非负的实数.

(F2) 弱基本性: 不使用任何一种投入的情况下, 要生产正的产出是不可能的.

(F3) 非递减性 (或单调性) : 如果 $\boldsymbol{x}^1 \geqq \boldsymbol{x}^2$, 则 $f(\boldsymbol{x}^1) \geqq f(\boldsymbol{x}^2)$, 即投入的增加不会导致产出的减少.

(F4) 凹性: 对于所有的 $0 \leqq \lambda \leqq 1$ 有

$$f(\lambda\boldsymbol{x}^1 + (1-\lambda)\boldsymbol{x}^2) \geqq \lambda f(\boldsymbol{x}^1) + (1-\lambda)f(\boldsymbol{x}^2).$$

即向量 $\boldsymbol{x}^1$ 与 $\boldsymbol{x}^2$ 的任意线性组合所生产的产出不会少于 $f(\boldsymbol{x}^1)$ 与 $f(\boldsymbol{x}^2)$ 的同样线性组合.

生产函数的特性还有很多, 而且以上这些特性也不是普适性的. 例如, 在使用大量投入导致投入过量 (input congestion) 时, 单调性假设就不一定成立. 比如, “一个和尚担水吃, 二个和尚抬水吃, 三个和尚没水吃” 就是一个典型的例子. 另外, 当每一种投入对于产出都是必需时, 弱基本性假设通常就被更强的假设所代替.

为了进一步说明上面的特性, 下面看一个例子.

例 1.4　图 1.4 中给出一个单投入单产出的生产函数.

在图 1.4 中, 由横坐标轴表示的 x 的值以及纵坐标轴表示的 y 的值都是非负的有限实数, 生产函数满足非负性 (F1); 由于生产函数通过原点, 从而满足弱基本性 (F2); 并且, 从原点到 G 点的任意点上, x 的边际产量都为正, 说明这些点满足单调性 (F3). 然而, 曲线段 GR 上的点都违背单调性; 当沿着生产函数从原点向 D 点移动时, x 的边际产量递增, 说明这些点不满足凹性 (F4). 但是, 曲线段 DR 上的点均满足凹性.

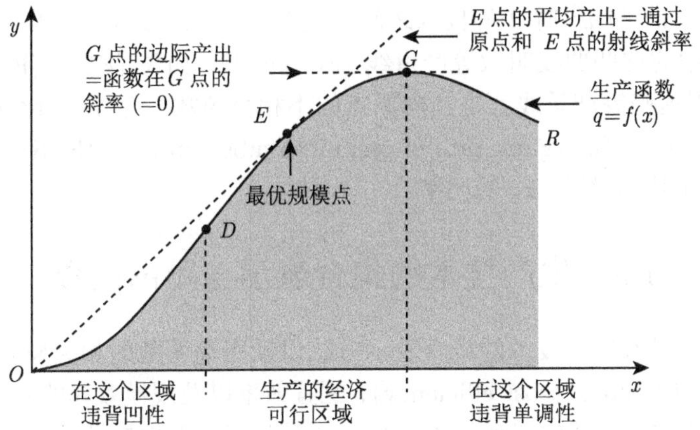

图 1.4 单投入的生产函数

总之, 图 1.4 描绘的生产函数在 OD 区间违背凹性, 在 GR 区间违背单调性. 而曲线段 DG 上的点满足所有特性, 被称为生产的经济可行区域 (economically-feasible region). 在这个区域中, E 点表示的是平均产量最大化的点, 被称为最优规模点 (point of optimal scale).

当投入超过 2 维时, 因难以画出图形, 上面的图形分析方法很难被扩展到多投入的情况. 在这种情况下, 通常的做法是在保持其他变量不变时, 描绘两个变量之间的关系. 下面看一个例子.

例 1.5 在图 1.5 中, 考察用 2 种投入的生产函数 $y = f(x_1, x_2)$. 当把产量固定为 y^0 后, 可以画出投入 x_1 与 x_2 之间的关系. 另外, 还可以进一步画出把产

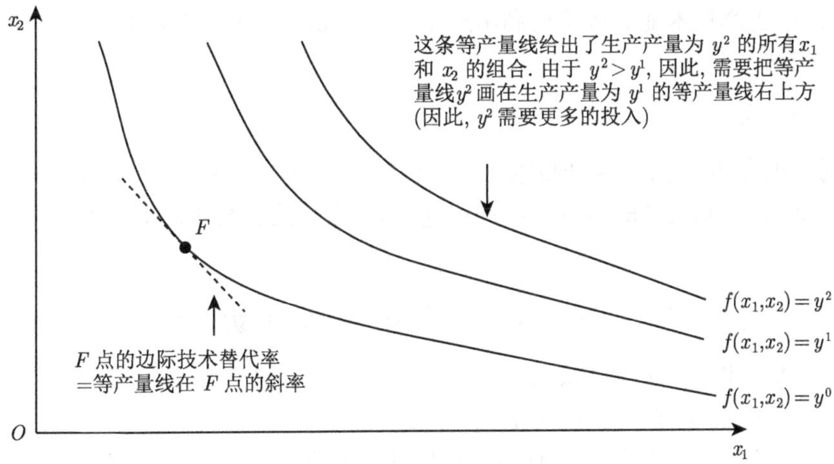

图 1.5 等产量线

量分别固定为 y^1 与 y^2 时 2 种投入之间的关系, 其中 $y^2 > y^1 > y^0$.

图 1.5 中的这些曲线叫做等产量线 (iso-quant). 如果 (F1) ~(F4) 的所有性质都满足, 则这些等产量线就是凸向原点的不相交函数. 而等产量线的斜率被称为边际技术替代率 (marginal rate of technical substitution, MRTS), 是使产量保持固定水平时用 x_1 替代 x_2 的比率.

1.3　生产技术的集合表示与距离函数

本节首先引入生产技术的集合表示方法以及距离函数的相关概念. 然后, 给出技术效率、成本效率 (cost efficiency)、配置效率以及规模效率的基本测量方法, 并简要地讨论它们之间的相互关系. 另外, 本节还将简要地提及成本函数、收入函数以及利润函数, 因为, 这些函数也普遍被用于研究具有多投入与多产出的生产系统.

1.3.1　生产技术的集合表示

为了分析多产出的生产问题, 人们很容易把单产出的成本函数和利润函数推广到多产出的情况. 为了避免可能的混淆, 这里把多产出的生产过程称为多产出生产技术 (而不是生产函数).

描述多投入、多产出生产技术的一种便利方法就是利用技术集, 记为 S. 假设一个生产系统有 m 种投入和 s 种产出, 投入 $\boldsymbol{x}$ 能生产出 $\boldsymbol{y}$, 且 $\boldsymbol{x}$ 和 $\boldsymbol{y}$ 均为非负向量, 则由所有投入产出向量 $(\boldsymbol{x}, \boldsymbol{y})$ 构成的集合可以被定义为技术集:

$$S = \{(\boldsymbol{x}, \boldsymbol{y}) | \boldsymbol{x} \text{ 能生产出 } \boldsymbol{y}\}.$$

然而, 生产技术能够等价地利用产出集 (output set) 与投入集 (input set) 来表示和刻画.

1. 产出集

利用集合 S 定义的生产技术可以等价地利用产出集 $P(\boldsymbol{x})$ 来定义, 表示利用投入向量 $\boldsymbol{x}$ 所能生产的所有产出向量 $\boldsymbol{y}$ 的集合. 用符号表示时, 产出集可被定义为

$$P(\boldsymbol{x}) = \{\boldsymbol{y} | \boldsymbol{x} \text{ 能生产出 } \boldsymbol{y}\} = \{\boldsymbol{y} | (\boldsymbol{x}, \boldsymbol{y}) \in S\}.$$

产出集的性质可以概括如下.

对于每一个 $\boldsymbol{x}$, 假定产出集 $P(\boldsymbol{x})$ 满足:

(1) $\boldsymbol{0} \in P(\boldsymbol{x})$: 对于给定的投入, 可以什么都不生产;

(2) 非零产出不可能被零投入生产出来;

(3) $P(\boldsymbol{x})$ 满足产出的强可处置性: 如果 $\boldsymbol{y} \in P(\boldsymbol{x})$, $\boldsymbol{y}' \leqq \boldsymbol{y}$, 那么 $\boldsymbol{y}' \in P(\boldsymbol{x})$;

(4) $P(\boldsymbol{x})$ 满足投入的强可处置性: 如果 $\boldsymbol{y}$ 能由 $\boldsymbol{x}$ 生产, $\boldsymbol{x}' \geqq \boldsymbol{x}$, 那么 $\boldsymbol{y}$ 能由 $\boldsymbol{x}'$ 生产;

(5) $P(\boldsymbol{x})$ 是闭集;

(6) $P(\boldsymbol{x})$ 是有界的;

(7) $P(\boldsymbol{x})$ 是凸的.

实际上, 闭集的假设是数学上的要求. 但 $P(\boldsymbol{x})$ 的有界性表明, 使用给定的投入量不能生产无限的产出量. 凸性表明, 如果使用给定投入向量 $\boldsymbol{x}$ 可以生产出两组产出量, 那么也能生产出这两种产出向量的任意加权平均.

2. 投入集

与一个给定产出向量 $\boldsymbol{y}$ 有关的投入集可以被定义为

$$L(\boldsymbol{y}) = \{\boldsymbol{x}\,|\boldsymbol{x} \text{ 能生产出 } \boldsymbol{y}\} = \{\boldsymbol{x}|\,(\boldsymbol{x},\boldsymbol{y}) \in S\}.$$

可见, 投入集是由能生产出给定产出向量 $\boldsymbol{y}$ 的所有投入向量 $\boldsymbol{x}$ 组成的. 因此, 给定关于生产技术的基本假设, 可以推导出投入集的下述性质:

(1) 对于所有 $\boldsymbol{y}$, $L(\boldsymbol{y})$ 是闭集;

(2) 对于所有 $\boldsymbol{y}$, $L(\boldsymbol{y})$ 是凸的;

(3) 如果 $\boldsymbol{x} \in L(\boldsymbol{y})$, 对于任意 $\lambda \geqq 1$, 有 $\lambda\boldsymbol{x} \in L(\boldsymbol{y})$, 那么称投入是弱可处置的;

(4) 如果 $\boldsymbol{x} \in L(\boldsymbol{y})$ 且 $\boldsymbol{x}' \geqq \boldsymbol{x}$, 有 $\boldsymbol{x}' \in L(\boldsymbol{y})$, 那么称投入是强可处置的.

投入集的这些性质, 能够容易地利用隐含于 $P(\boldsymbol{x})$ 性质中的生产技术假设推导出来.

由于产出集与投入集提供了两种可选的对潜在技术的描述, 因而这两种集合是相互关联的. 容易看出, 如果 $\boldsymbol{y} \in P(\boldsymbol{x})$, 也就是 $\boldsymbol{y}$ 能用投入向量 $\boldsymbol{x}$ 生产, 那么 $\boldsymbol{x}$ 属于 $\boldsymbol{y}$ 的投入集 $L(\boldsymbol{y})$. 更为重要的是, 要认识到这些描述是等价的, 因为它们包含同样的信息.

在这一节, 我们还没有加入时间因素. 如果所探讨的生产技术涉及时间 t, 就有必要把集合 S, $P(\boldsymbol{x})$, $L(\boldsymbol{y})$ 标记为 S^t, $P(\boldsymbol{x})^t$, $L(\boldsymbol{y})^t$. 当人们关注的内容涉及两个不同时间点, 并且生产率随时间变化时, 做这种标记是非常重要的.

3. 生产可能性曲线与收入最大化

下面将尝试运用单投入、两种产出的简单例子对多产出生产技术问题提供一些解释. 在图 1.6 中, 首先把单投入变量表述成两种产出量的函数: $x_1 = g(y_1, y_2)$.

这种单投入、两种产出的情况可以用于阐明生产可能性曲线 (PPC) 的分析思想. 由于前面提到的等产量线表示的是可用于生产给定产出量的各种投入要素的不同组合. 而生产可能性曲线则与之对应, 描述的是给定投入量可以生产的各种产出的不同组合. 关于这条曲线性质的讨论与等产量线的讨论思路类似, 不再进行进一步阐述.

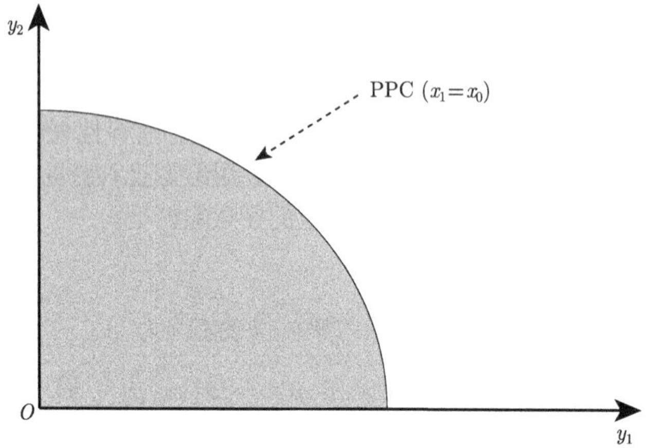

图 1.6　生产可能性曲线

显然, 对于每一种投入水平均可以画出一条对应的生产可能性曲线. 进一步地, 在给定投入水平下, 最大化利润的产出组合等于最大化收入的产出组合, 等收入线 (isorevenue line) 的斜率是产出价格比的负数 ($-p_1/p_2$) . 如图 1.7 所示, 等成本线的最优点 (收入最大化) 取决于等收入线与生产可能性曲线的切点.

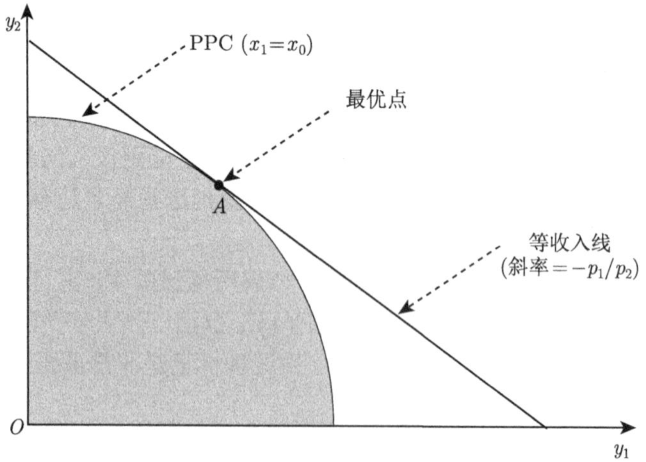

图 1.7　生产可能性曲线与收入最大化

在图 1.7 中, 在生产可能性曲线上, 除了在 A 点外的任意一个点进行生产, 都将与更接近原点的等收入线相切, 这意味着较低的总收入 (因而有较低的利润).

1.3.2 产出与投入距离函数

距离函数的概念和生产前沿面密切相关. 距离函数概念是由 Malmquist [2] 和 Shephard [3] 分别独立提出的, 但这一概念在最近三四十年才得到重视.

距离函数允许在无需说明决策目的 (比如, 成本最小化或利润最大化) 的前提下, 描述多投入、多产出的生产技术. 人们既可设定投入距离函数, 又可设定产出距离函数. 对于投入距离函数, 在给定产出向量的情况下, 通过观察投入向量的等比例缩减来刻画决策单元的技术特征; 产出距离函数关注的是在给定投入向量的情况下, 产出向量的最大比例扩张. 下面首先分析产出距离函数.

1. 产出距离函数

产出距离函数定义于产出集 $P(\boldsymbol{x})$ 上, 也就是

$$d_{\mathrm{o}}(\boldsymbol{x},\boldsymbol{y})=\min\left\{\delta|\,(\boldsymbol{y}/\delta)\in P(\boldsymbol{x})\right\}.$$

在某些假设条件下 [1], $d_{\mathrm{o}}(\boldsymbol{x},\boldsymbol{y})$ 有如下一些简单性质:

(1) 对于所有非负的 $\boldsymbol{x}$, $d_{\mathrm{o}}(\boldsymbol{x},\boldsymbol{0})=0$.

(2) $d_{\mathrm{o}}(\boldsymbol{x},\boldsymbol{y})$ 关于 $\boldsymbol{y}$ 是非递减的, 关于 $\boldsymbol{x}$ 是非递增的.

(3) $d_{\mathrm{o}}(\boldsymbol{x},\boldsymbol{y})$ 关于 $\boldsymbol{y}$ 是线性齐次的.

(4) $d_{\mathrm{o}}(\boldsymbol{x},\boldsymbol{y})$ 关于 $\boldsymbol{x}$ 是拟凸的, 关于 $\boldsymbol{y}$ 是凸的.

(5) 如果 $\boldsymbol{y}$ 属于 $\boldsymbol{x}$ 的生产可能集 (即 $\boldsymbol{y}\in P(\boldsymbol{x})$), 那么 $d_{\mathrm{o}}(\boldsymbol{x},\boldsymbol{y})\leqq 1$.

(6) 如果 $\boldsymbol{y}$ 属于生产可能集 ($\boldsymbol{x}$ 的生产可能性曲线) 的 “前沿面”, 那么 $d_{\mathrm{o}}(\boldsymbol{x},\boldsymbol{y})=1$.

下面利用由一种投入量 x 生产两种产出 y_1 与 y_2 的例子来阐述产出距离函数的含义.

对于给定的投入量 x, 由 y_1 和 y_2 构成的生产可能集 $P(x)$ 为图 1.8 中的阴影部分. 当厂商 A 使用投入 x 获得的产出为 (y_{1A}, y_{2A}) 时, 其对应的距离函数值为 $\delta=OA/OB$.

可以看出, 在生产可能性曲线 PPC 上的 B 点与 C 点的距离函数值为 1.

2. 投入距离函数

投入距离函数定义于投入集 $L(\boldsymbol{y})$ 上, 也就是

$$d_{\mathrm{i}}(\boldsymbol{x},\boldsymbol{y})=\max\left\{\rho|\,(\boldsymbol{x}/\rho)\in L(\boldsymbol{y})\right\}.$$

其中, 投入集 $L(\boldsymbol{y})$ 代表所有能生产出向量 $\boldsymbol{y}$ 的投入向量 $\boldsymbol{x}$ 的集合.

在某些假设条件下 [1], $d_{\mathrm{i}}(\boldsymbol{x},\boldsymbol{y})$ 有如下一些简单性质:

(1) $d_{\mathrm{i}}(\boldsymbol{x},\boldsymbol{y})$ 关于 $\boldsymbol{x}$ 是非递减的, 关于 $\boldsymbol{y}$ 是非递增的.

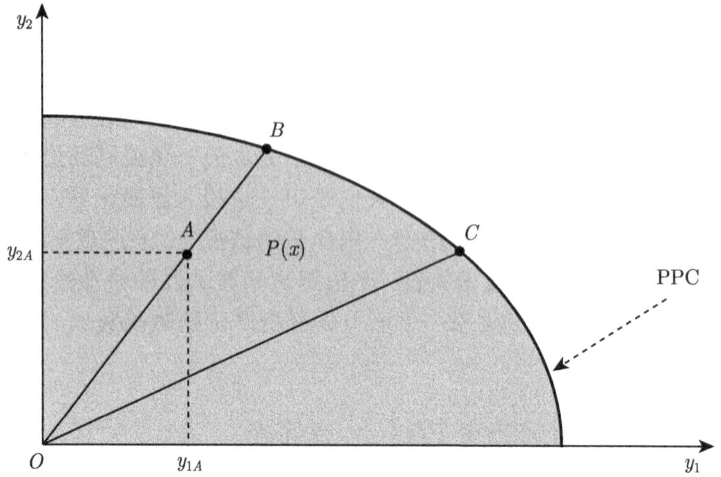

图 1.8 产出距离函数与生产可能集

(2) $d_{\mathrm{i}}(\boldsymbol{x},\boldsymbol{y})$ 关于 $\boldsymbol{x}$ 是线性齐次的.

(3) $d_{\mathrm{i}}(\boldsymbol{x},\boldsymbol{y})$ 关于 $\boldsymbol{x}$ 是凹的, 关于 $\boldsymbol{y}$ 是拟凹的.

(4) 如果 $\boldsymbol{x}$ 属于 $\boldsymbol{y}$ 的投入集 (即 $\boldsymbol{x}\in L(\boldsymbol{y})$), 那么 $d_{\mathrm{i}}(\boldsymbol{x},\boldsymbol{y})\geqq 1$.

(5) 如果 $\boldsymbol{x}$ 属于投入集的 "前沿面", 那么 $d_{\mathrm{i}}(\boldsymbol{x},\boldsymbol{y})=1$.

下面利用由两种投入 x_1 与 x_2 生产一种产出 y 的例子来阐明投入距离函数的含义.

对于给定的产出量 y, 投入集 $L(y)$ 为如图 1.9 中的阴影部分. 其中, 定义 A 点为一个生产点, 在这个生产点上厂商用 x_{1A} 和 x_{2A} 的投入获得产出 y, 则其对应的距离函数值为 $\rho=OA/OB$.

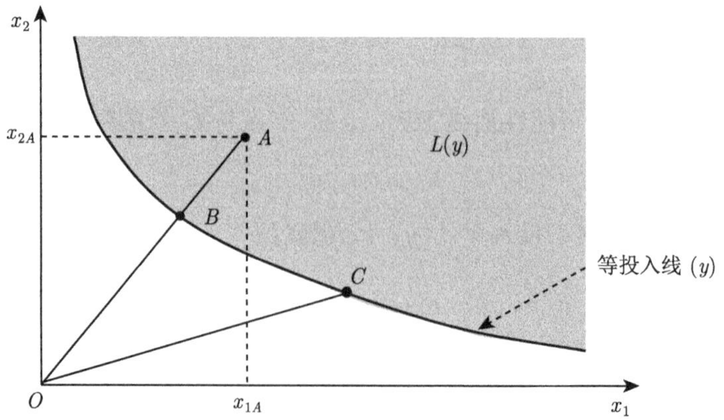

图 1.9 投入距离函数和投入集

利用产出距离函数与投入距离函数可以定义多种测度指数. 同时, 它们也为各种不同的效率和生产率测量提供了概念支撑. 并且, 这些距离函数能利用计量经济方法或数学规划方法来直接加以估计. 其中, 数据包络分析方法是一种确定生产前沿面与计算投入和产出距离的重要方法.

参 考 文 献

[1] Coelli T J, Rao D S P, O'Donnell C J, et al. An Introduction to Efficiency and Productivity Analysis [M]. New York: Springer, 2005.

[2] Malmquist S. Index numbers and indifference surfaces [J]. Trabajos De Estadistica, 1953, 4(2): 209-242.

[3] Shephard R W. Cost and Production Functions [M]. Princeton, New Jersey: Princeton University Press, 1953.

第 2 章　DEA 基本模型及拓展

C^2R 模型与 BC^2 模型是数据包络分析 (data envelopment analysis, DEA) 方法最基本的模型, 也是进行 DEA 研究需要了解的基础模型. 本章首先介绍 DEA 基本模型的构造方法、有效性含义、求解方法和决策单元的投影. 然后, 针对 C^2R 模型与 BC^2 模型只能基于 DEA 有效前沿面进行评价的局限性, 给出了可以依据多种评价参考面进行分析的广义 DEA 方法. 该方法可以依据优秀单元、一般单元 (如录取线)、较差单元 (如可容忍的底线) 或者某种特殊单元 (如选定的样板、标准或某些特定对象) 进行评价.

第一个重要的 DEA 模型是 C^2R 模型 [1], 它是由美国著名运筹学家 Charnes 等以相对效率概念为基础提出的一种崭新的系统分析方法. 该方法将工程效率的概念推广到多输入、多输出系统的相对效率评价中, 为决策单元 (decision making unit, DMU) 之间的相对效率评价提供了一个可行的方法和有效的工具.

由于最初的 C^2R 模型是一个分式规划, 通过使用 Charnes 和 Cooper 给出的 C^2 变换 (即 Charnes-Cooper 变换), 可以把分式规划化为一个与其等价的线性规划问题. 进一步地, 由线性规划的对偶理论, 可以得到 C^2R 模型的对偶模型. 该对偶模型的提出具有十分重要的意义, 主要表现在以下三个方面:

(1) 由于应用原始的 DEA 模型判断 DEA 有效性比较困难, 当将非阿基米德无穷小量引入其对偶模型时, 就可以很容易地判断出决策单元的有效性.

(2) 通过对偶模型可以讨论 DEA 有效与相应的多目标规划 Pareto 有效之间的关系. 这为应用 DEA 方法描述生产函数理论提供了可能性.

(3) 应用对偶模型还能判断各决策单元的投入规模是否适当, 并能给出各决策单元调整投入、扩大产出的可能方向和程度, 因而具有独特优势.

从生产理论来看, C^2R 模型对应的生产可能集满足平凡性、凸性、锥性、无效性和最小性假设. 但某些情况下, 把生产可能集用凸锥来描述可能缺乏准确性. 因此, 在 C^2R 模型中去掉锥性假设后, 就得到另一个重要的 DEA 模型——BC^2 模型 [2]. 1984 年, Banker 等提出了不考虑生产可能集满足锥性假设的 DEA 模型, 一般简记为 BC^2 模型. 应用该模型就可以评价部门间的相对技术有效性.

DEA 方法以传统的工程效率概念和生产函数理论为基础来评价决策单元之

间的相对效率, 它不仅可以对决策单元的有效性做出度量, 还能指出决策单元非有效的原因和程度, 进而给主管部门提供有价值的管理信息. 并且, 从多目标规划的角度来看, 其对偶规划把 DEA 有效与相应的生产可能集和生产前沿面联系起来, 获得的结果表明: 判断一个决策单元是否为 DEA 有效, 本质上是判断该决策单元是否落在生产可能集的生产前沿面上. 这里生产前沿面是由观察到的所有决策单元的输入输出数据包络面的有效部分构成, 这也是该分析方法被称为 “数据包络分析” 的原因所在 [3].

为了使读者更好地了解 DEA 方法, 以下将对 C^2R 模型和 BC^2 模型的核心内容进行系统归纳和概括性介绍.

2.1 C^2R 模型及其性质

第一个重要的 DEA 模型是 C^2R 模型 [1], 该模型将工程效率的概念推广到多输入、多输出系统的相对效率评价中, 为决策单元之间的相对效率评价提出了一个可行的方法和有效的工具. 下面先对 DEA 基础模型及其相关概念进行简要的介绍 (详细内容参见文献 [1]~[5]).

2.1.1 C^2R 模型

一个经济系统或一个生产过程可以被看成是一个单元在一定的可能范围内, 通过投入一定数量的生产要素并产出一定数量产品的活动, 虽然这种活动的具体内容各不相同, 但其目的都是尽可能地使这一活动取得最大的效益.

假设有 n 个决策单元, 每个决策单元都有 m 种 “输入” (表示该决策单元对 “资源” 的耗费) 以及 s 种 “输出” (它们是决策单元在消耗了 “资源” 之后表明 “成效” 的一些指标), 各决策单元的输入和输出数据可由表 2.1 给出.

表 2.1 决策单元的输入和输出数据

	决策单元	1	2	…	j	…	n		
v_1	1 →	x_{11}	x_{12}	…	x_{1j}	…	x_{1n}		
v_2	2 →	x_{21}	x_{22}	…	x_{2j}	…	x_{2n}		
⋮	⋮	⋮	⋮		⋮		⋮		
v_m	m →	x_{m1}	x_{m2}	…	x_{mj}	…	x_{mn}		
		y_{11}	y_{12}	…	y_{1j}	…	y_{1n}	→ 1	u_1
		y_{21}	y_{22}	…	y_{2j}	…	y_{2n}	→ 2	u_2
		⋮	⋮		⋮		⋮	⋮	⋮
		y_{s1}	y_{s2}	…	y_{sj}	…	y_{sn}	→ s	u_s

表中,

x_{ij} 为第 j 个决策单元对第 i 种输入的投入量, $x_{ij} > 0$;

y_{rj} 为第 j 个决策单元对第 r 种输出的产出量, $y_{rj} > 0$;

v_i 为第 i 种输入的一种度量 (或称权);

u_r 为第 r 种输出的一种度量 (或称权).

其中, $i = 1, 2, \cdots, m$, $r = 1, 2, \cdots, s$, $j = 1, 2, \cdots, n$. 为方便起见, 记

$$\boldsymbol{x}_j = (x_{1j}, x_{2j}, \cdots, x_{mj})^{\mathrm{T}}, \quad j = 1, 2, \cdots, n,$$

$$\boldsymbol{y}_j = (y_{1j}, y_{2j}, \cdots, y_{sj})^{\mathrm{T}}, \quad j = 1, 2, \cdots, n,$$

$$\boldsymbol{v} = (v_1, v_2, \cdots, v_m)^{\mathrm{T}},$$

$$\boldsymbol{u} = (u_1, u_2, \cdots, u_s)^{\mathrm{T}},$$

则可以给出以下线性规划模型:

$$(\mathrm{P}_{\mathrm{C^2R}})\begin{cases} \max \boldsymbol{\mu}^{\mathrm{T}} \boldsymbol{y}_{j_0} = V_{\mathrm{P}}, \\ \text{s.t.} \;\; \boldsymbol{\omega}^{\mathrm{T}} \boldsymbol{x}_j - \boldsymbol{\mu}^{\mathrm{T}} \boldsymbol{y}_j \geqq 0, j = 1, 2, \cdots, n, \\ \qquad \boldsymbol{\omega}^{\mathrm{T}} \boldsymbol{x}_{j_0} = 1, \\ \qquad \boldsymbol{\omega} \geqq \boldsymbol{0}, \boldsymbol{\mu} \geqq \boldsymbol{0}. \end{cases}$$

这里 “$\geqq$” 表示每个分量都大于或等于, “$\geq$” 表示每个分量都大于或等于且至少有一个分量不等于, “$>$” 表示每个分量都大于且不等于.

定义 2.1　若线性规划模型 $(\mathrm{P}_{\mathrm{C^2R}})$ 的最优解 $\boldsymbol{\omega}^0$, $\boldsymbol{\mu}^0$ 满足

$$V_{\mathrm{P}} = \boldsymbol{\mu}^{0\mathrm{T}} \boldsymbol{y}_{j_0} = 1,$$

则称决策单元 j_0 为弱 DEA 有效 ($\mathrm{C^2R}$).

定义 2.2　若线性规划模型 $(\mathrm{P}_{\mathrm{C^2R}})$ 的最优解中存在 $\boldsymbol{\omega}^0 > \boldsymbol{0}$, $\boldsymbol{\mu}^0 > \boldsymbol{0}$ 满足

$$V_{\mathrm{P}} = \boldsymbol{\mu}^{0\mathrm{T}} \boldsymbol{y}_{j_0} = 1,$$

则称决策单元 j_0 为 DEA 有效 ($\mathrm{C^2R}$).

例 2.1　表 2.2 给出了 3 个决策单元的输入和输出数据, 试用模型 $(\mathrm{P}_{\mathrm{C^2R}})$ 判断决策单元 1 的有效性.

表 2.2　决策单元的输入和输出数据

决策单元	1	2	3
输入	2	4	5
输出	2	1	3.5

实际上, 决策单元 1 对应的线性规划模型 ($\mathrm{P}^1_{\mathrm{C^2R}}$) 为

$$
(\mathrm{P}^1_{\mathrm{C^2R}})\begin{cases}\max 2\mu_1 = V_{\mathrm{P}^1},\\ \text{s.t.}\ \ 2\omega_1 - 2\mu_1 \geqq 0,\\ \qquad 4\omega_1 - \mu_1 \geqq 0,\\ \qquad 5\omega_1 - 3.5\mu_1 \geqq 0,\\ \qquad 2\omega_1 = 1,\\ \qquad \omega_1 \geqq 0, \mu_1 \geqq 0.\end{cases}
$$

线性规划模型 ($\mathrm{P}^1_{\mathrm{C^2R}}$) 的一个最优解是 $\omega_1^0 = \dfrac{1}{2}$, $\mu_1^0 = \dfrac{1}{2}$, 最优目标函数值是 1.

由定义 2.2 可知, 决策单元 1 为 DEA 有效 ($\mathrm{C^2R}$).

2.1.2 DEA 有效性的判定

线性规划模型 ($\mathrm{P_{C^2R}}$) 的对偶规划模型为

$$
(\mathrm{D_{C^2R}})\begin{cases}\min \theta = V_{\mathrm{D}},\\ \text{s.t.}\ \displaystyle\sum_{j=1}^{n} \boldsymbol{x}_j\lambda_j \leqq \theta \boldsymbol{x}_{j_0},\\ \qquad \displaystyle\sum_{j=1}^{n} \boldsymbol{y}_j\lambda_j \geqq \boldsymbol{y}_{j_0},\\ \qquad \lambda_j \geqq 0, \quad j = 1, 2, \cdots, n.\end{cases}
$$

对线性规划模型 ($\mathrm{D_{C^2R}}$) 分别引入松弛变量 $\boldsymbol{s}^-$ 和剩余变量 $\boldsymbol{s}^+$, 可得出以下线性规划模型

$$
(\bar{\mathrm{D}}_{\mathrm{C^2R}})\begin{cases}\min \theta = V_{\bar{\mathrm{D}}},\\ \text{s.t.}\ \displaystyle\sum_{j=1}^{n} \boldsymbol{x}_j\lambda_j + \boldsymbol{s}^- = \theta \boldsymbol{x}_{j_0},\\ \qquad \displaystyle\sum_{j=1}^{n} \boldsymbol{y}_j\lambda_j - \boldsymbol{s}^+ = \boldsymbol{y}_{j_0},\\ \qquad \lambda_j \geqq 0, j = 1, 2, \cdots, n,\\ \qquad \boldsymbol{s}^- \geqq \boldsymbol{0}, \boldsymbol{s}^+ \geqq \boldsymbol{0}.\end{cases}
$$

根据线性规划的对偶理论容易证明以下结论成立.

定理 2.1 (1) 若线性规划模型 ($\bar{\mathrm{D}}_{\mathrm{C^2R}}$) 的最优值等于 1, 则决策单元 j_0 为弱 DEA 有效 ($\mathrm{C^2R}$) ; 反之亦然.

(2) 若线性规划模型 ($\bar{\mathrm{D}}_{\mathrm{C^2R}}$) 的最优值等于 1, 并且它的每个最优解

$$\boldsymbol{\lambda}^0=(\lambda_1^0,\cdots,\lambda_n^0)^{\mathrm{T}},\quad \boldsymbol{s}^{-0},\quad \boldsymbol{s}^{+0},\quad \theta^0$$

都有

$$\boldsymbol{s}^{-0}=\mathbf{0},\quad \boldsymbol{s}^{+0}=\mathbf{0},$$

则决策单元 j_0 为 DEA 有效 ($\mathrm{C^2R}$) ; 反之亦然.

无论是利用线性规划模型 ($\mathrm{P_{C^2R}}$) , 还是利用线性规划模型 ($\bar{\mathrm{D}}_{\mathrm{C^2R}}$) 来判断决策单元的 DEA 有效性, 都不是很容易. 于是通过引入非阿基米德无穷小的概念来构造判断决策单元 DEA 有效性的数学模型. 设 ε 为非阿基米德无穷小量 (non-Archimedean infinitesimal), 它是一个小于任何正数且大于零的数. 于是, 可以构造以下带有非阿基米德无穷小量的 DEA 模型:

$$(\mathrm{D}_\varepsilon)\begin{cases}\min\theta-\varepsilon\left(\hat{\boldsymbol{e}}^{\mathrm{T}}\boldsymbol{s}^-+\boldsymbol{e}^{\mathrm{T}}\boldsymbol{s}^+\right)=V_{\mathrm{D}_\varepsilon},\\ \text{s.t. }\displaystyle\sum_{j=1}^n\boldsymbol{x}_j\lambda_j+\boldsymbol{s}^-=\theta\boldsymbol{x}_{j_0},\\ \qquad\displaystyle\sum_{j=1}^n\boldsymbol{y}_j\lambda_j-\boldsymbol{s}^+=\boldsymbol{y}_{j_0},\\ \qquad\lambda_j\geqq 0,j=1,2,\cdots,n,\\ \qquad\boldsymbol{s}^-\geqq\mathbf{0},\boldsymbol{s}^+\geqq\mathbf{0}.\end{cases}$$

其中

$$\hat{\boldsymbol{e}}^{\mathrm{T}}=(1,1,\cdots,1)\in E^m,$$

$$\boldsymbol{e}^{\mathrm{T}}=(1,1,\cdots,1)\in E^s.$$

引理 2.1 假设对任意 $\boldsymbol{x}\in R$ 均有 $\boldsymbol{d}^{\mathrm{T}}\boldsymbol{x}\geqq 0$, 其中 (不失一般性)

$$R=\{\boldsymbol{x}|\boldsymbol{A}\boldsymbol{x}=\boldsymbol{b},\boldsymbol{x}\geqq\mathbf{0}\}.$$

考虑线性规划模型

$$\begin{cases}\min\boldsymbol{c}^{\mathrm{T}}\boldsymbol{x},\\ \text{s.t. }\boldsymbol{A}\boldsymbol{x}=\boldsymbol{b},\\ \qquad\boldsymbol{x}\geqq\mathbf{0}.\end{cases}$$

若其最优解集合为 R^*, 则存在 $\bar{\varepsilon}>0$, 对于任意 $\varepsilon\in(0,\bar{\varepsilon})$, 线性规划模型

$$\begin{cases}\min(\boldsymbol{c}^{\mathrm{T}}\boldsymbol{x}-\varepsilon\cdot\boldsymbol{d}^{\mathrm{T}}\boldsymbol{x}),\\ \text{s.t. }\boldsymbol{A}\boldsymbol{x}=\boldsymbol{b},\\ \qquad\boldsymbol{x}\geqq\mathbf{0}\end{cases}$$

的最优解 (顶点) 也是线性规划模型

$$\begin{cases} \max \boldsymbol{d}^{\mathrm{T}}\boldsymbol{x}, \\ \text{s.t.} \quad \boldsymbol{x} \in R^* \end{cases}$$

的最优解.

证明 设约束集合

$$R = \{\boldsymbol{x} | \boldsymbol{A}\boldsymbol{x} = \boldsymbol{b}, \boldsymbol{x} \geqq \boldsymbol{0}\}$$

的顶点 (基础可行解) 全体为

$$S = \left\{\boldsymbol{x}^1, \boldsymbol{x}^2, \cdots, \boldsymbol{x}^k\right\}.$$

可以将 S 按目标 $\boldsymbol{c}^{\mathrm{T}}\boldsymbol{x}$ 值的大小进行分类. 设集合

$$S_1, S_2, \cdots, S_l, \quad 1 \leqq l \leqq k$$

具有如下性质:

(1) $S_1 \cup S_2 \cup \cdots \cup S_l = S$;

(2) 对任意 $\boldsymbol{x} \in S_i$, $\boldsymbol{y} \in S_i$, $1 \leqq i \leqq l$, 有 $\boldsymbol{c}^{\mathrm{T}}\boldsymbol{x} = \boldsymbol{c}^{\mathrm{T}}\boldsymbol{y}$;

(3) 若 $1 \leqq i < j \leqq l$, 对任意 $\boldsymbol{x} \in S_i$, $\boldsymbol{y} \in S_j$, 有 $\boldsymbol{c}^{\mathrm{T}}\boldsymbol{x} > \boldsymbol{c}^{\mathrm{T}}\boldsymbol{y}$.

由于线性规划的最优解可以在 R 的顶点上达到, 故对于上面分类所得到的 S_l, 有 $S_l \subset R^*$. 令

$$\bar{\varepsilon} = \begin{cases} \dfrac{\boldsymbol{c}^{\mathrm{T}}\boldsymbol{y}^0 - \boldsymbol{c}^{\mathrm{T}}\boldsymbol{x}^0}{\max\limits_{\substack{\boldsymbol{y} \in S \backslash S_l \\ \boldsymbol{d}^{\mathrm{T}}\boldsymbol{y} > 0}} \boldsymbol{d}^{\mathrm{T}}\boldsymbol{y}}, & \text{存在 } \boldsymbol{y} \in S \backslash S_l \text{ 使 } \boldsymbol{d}^{\mathrm{T}}\boldsymbol{y} > 0, \\ +\infty, & \text{对任意 } \boldsymbol{y} \in S \backslash S_l \text{ 都有 } \boldsymbol{d}^{\mathrm{T}}\boldsymbol{y} = 0, \end{cases}$$

其中, $\boldsymbol{x}^0 \in S_l$, $\boldsymbol{y}^0 \in S_{l-1}$. 因此, 对任意 $\varepsilon \in (0, \bar{\varepsilon})$ 以及任意 $\boldsymbol{y} \in S \backslash S_l$, 有

$$\begin{aligned} \Delta &= (\boldsymbol{c}^{\mathrm{T}}\boldsymbol{x}^0 - \varepsilon \cdot \boldsymbol{d}^{\mathrm{T}}\boldsymbol{x}^0) - (\boldsymbol{c}^{\mathrm{T}}\boldsymbol{y} - \varepsilon \cdot \boldsymbol{d}^{\mathrm{T}}\boldsymbol{y}) \\ &= (\boldsymbol{c}^{\mathrm{T}}\boldsymbol{x}^0 - \boldsymbol{c}^{\mathrm{T}}\boldsymbol{y}) - \varepsilon \cdot \boldsymbol{d}^{\mathrm{T}}\boldsymbol{x}^0 + \varepsilon \cdot \boldsymbol{d}^{\mathrm{T}}\boldsymbol{y} \\ &\leqq (\boldsymbol{c}^{\mathrm{T}}\boldsymbol{x}^0 - \boldsymbol{c}^{\mathrm{T}}\boldsymbol{y}^0) - \varepsilon \cdot \boldsymbol{d}^{\mathrm{T}}\boldsymbol{x}^0 + \varepsilon \cdot \boldsymbol{d}^{\mathrm{T}}\boldsymbol{y} \quad (\text{因 } \boldsymbol{c}^{\mathrm{T}}\boldsymbol{y} \geqq \boldsymbol{c}^{\mathrm{T}}\boldsymbol{y}^0) \\ &\leqq (\boldsymbol{c}^{\mathrm{T}}\boldsymbol{x}^0 - \boldsymbol{c}^{\mathrm{T}}\boldsymbol{y}^0) + \varepsilon \cdot \boldsymbol{d}^{\mathrm{T}}\boldsymbol{y} \quad (\text{因 } \boldsymbol{d}^{\mathrm{T}}\boldsymbol{x}^0 \geqq 0). \end{aligned}$$

当 $\boldsymbol{y} \in S \backslash S_l$ 且 $\boldsymbol{d}^{\mathrm{T}}\boldsymbol{y} > 0$ 时, 有

$$\Delta \leqq (\boldsymbol{c}^{\mathrm{T}}\boldsymbol{x}^0 - \boldsymbol{c}^{\mathrm{T}}\boldsymbol{y}^0) + \varepsilon \cdot \boldsymbol{d}^{\mathrm{T}}\boldsymbol{y}$$

$$\leqq (\boldsymbol{c}^{\mathrm{T}}\boldsymbol{x}^0 - \boldsymbol{c}^{\mathrm{T}}\boldsymbol{y}^0) + \frac{\boldsymbol{c}^{\mathrm{T}}\boldsymbol{y}^0 - \boldsymbol{c}^{\mathrm{T}}\boldsymbol{x}^0}{\max\limits_{\substack{\boldsymbol{y}\in S\backslash S_l \\ \boldsymbol{d}^{\mathrm{T}}\boldsymbol{y}>0}} \boldsymbol{d}^{\mathrm{T}}\boldsymbol{y}} \cdot \boldsymbol{d}^{\mathrm{T}}\boldsymbol{y}$$

$$\leqq (\boldsymbol{c}^{\mathrm{T}}\boldsymbol{x}^0 - \boldsymbol{c}^{\mathrm{T}}\boldsymbol{y}^0) + (\boldsymbol{c}^{\mathrm{T}}\boldsymbol{y}^0 - \boldsymbol{c}^{\mathrm{T}}\boldsymbol{x}^0) = 0;$$

当 $\boldsymbol{y} \in S\backslash S_l$ 且 $\boldsymbol{d}^{\mathrm{T}}\boldsymbol{y} = 0$ 时, 有

$$\begin{aligned}\Delta &\leqq (\boldsymbol{c}^{\mathrm{T}}\boldsymbol{x}^0 - \boldsymbol{c}^{\mathrm{T}}\boldsymbol{y}^0) + \varepsilon \cdot \boldsymbol{d}^{\mathrm{T}}\boldsymbol{y} \\ &= \boldsymbol{c}^{\mathrm{T}}\boldsymbol{x}^0 - \boldsymbol{c}^{\mathrm{T}}\boldsymbol{y}^0 \\ &< 0 \quad (\text{因 } \boldsymbol{c}^{\mathrm{T}}\boldsymbol{x}^0 < \boldsymbol{c}^{\mathrm{T}}\boldsymbol{y}^0).\end{aligned}$$

因此, 当 $\varepsilon \in (0, \bar{\varepsilon})$ 时, 线性规划模型

$$\begin{cases} \min\,(\boldsymbol{c}^{\mathrm{T}}\boldsymbol{x} - \varepsilon \cdot \boldsymbol{d}^{\mathrm{T}}\boldsymbol{x}), \\ \text{s.t. } \boldsymbol{A}\boldsymbol{x} = \boldsymbol{b}, \\ \qquad \boldsymbol{x} \geqq \boldsymbol{0} \end{cases}$$

存在最优解 (顶点) $\bar{\boldsymbol{x}} \in S_l$, 并且有

$$\begin{aligned}\boldsymbol{c}^{\mathrm{T}}\bar{\boldsymbol{x}} - \varepsilon \cdot \boldsymbol{d}^{\mathrm{T}}\bar{\boldsymbol{x}} &= \min_{\boldsymbol{x}\in R}(\boldsymbol{c}^{\mathrm{T}}\boldsymbol{x} - \varepsilon \cdot \boldsymbol{d}^{\mathrm{T}}\boldsymbol{x}) \\ &= \min_{\boldsymbol{x}\in S_l}(\boldsymbol{c}^{\mathrm{T}}\boldsymbol{x} - \varepsilon \cdot \boldsymbol{d}^{\mathrm{T}}\boldsymbol{x}).\end{aligned}$$

再由 $S_l \subset R^* \subset R$ 得到

$$\min_{\boldsymbol{x}\in S_l}(\boldsymbol{c}^{\mathrm{T}}\boldsymbol{x} - \varepsilon \cdot \boldsymbol{d}^{\mathrm{T}}\boldsymbol{x}) = \min_{\boldsymbol{x}\in R^*}(\boldsymbol{c}^{\mathrm{T}}\boldsymbol{x} - \varepsilon \cdot \boldsymbol{d}^{\mathrm{T}}\boldsymbol{x}).$$

由于 $\boldsymbol{c}^{\mathrm{T}}\boldsymbol{x}$ 在 R^* 上的值为常数 $\boldsymbol{c}^{\mathrm{T}}\bar{\boldsymbol{x}}$, 因此

$$\begin{aligned}\boldsymbol{c}^{\mathrm{T}}\bar{\boldsymbol{x}} - \varepsilon \cdot \boldsymbol{d}^{\mathrm{T}}\bar{\boldsymbol{x}} &= \min_{\boldsymbol{x}\in R^*}(\boldsymbol{c}^{\mathrm{T}}\boldsymbol{x} - \varepsilon \cdot \boldsymbol{d}^{\mathrm{T}}\boldsymbol{x}) \\ &= \boldsymbol{c}^{\mathrm{T}}\bar{\boldsymbol{x}} + \min_{\boldsymbol{x}\in R^*}(-\varepsilon \cdot \boldsymbol{d}^{\mathrm{T}}\boldsymbol{x}),\end{aligned}$$

即

$$\boldsymbol{d}^{\mathrm{T}}\bar{\boldsymbol{x}} = \max_{\boldsymbol{x}\in R^*} \boldsymbol{d}^{\mathrm{T}}\boldsymbol{x}.$$

证毕.

定理 2.2 设 ε 为非阿基米德无穷小量, 并且线性规划模型 $(\mathrm{D}_{\varepsilon})$ 的最优解为 $\boldsymbol{\lambda}^0$, $\boldsymbol{s}^{-0}$, $\boldsymbol{s}^{+0}$, θ^0, 则有

(1) 若 $\theta^0=1$, 则决策单元 j_0 为弱 DEA 有效 (C^2R)；

(2) 若 $\theta^0=1$, 并且 $\boldsymbol{s}^{-0}=\mathbf{0}$, $\boldsymbol{s}^{+0}=\mathbf{0}$, 则决策单元 j_0 为 DEA 有效 (C^2R).

证明　由引理 2.1 可知, $\boldsymbol{\lambda}^0$, $\boldsymbol{s}^{-0}$, $\boldsymbol{s}^{+0}$, θ^0 是线性规划模型

$$
(\bar{\mathrm{D}}_{\mathrm{C^2R}})\left\{\begin{array}{l}
\min\theta=V_{\bar{\mathrm{D}}},\\
\text{s.t. } \displaystyle\sum_{j=1}^{n}\boldsymbol{x}_j\lambda_j+\boldsymbol{s}^-=\theta\boldsymbol{x}_{j_0},\\
\qquad\displaystyle\sum_{j=1}^{n}\boldsymbol{y}_j\lambda_j-\boldsymbol{s}^+=\boldsymbol{y}_{j_0},\\
\qquad\lambda_j\geqq 0,\quad j=1,2,\cdots,n,\\
\qquad\boldsymbol{s}^-\geqq\mathbf{0},\quad \boldsymbol{s}^+\geqq\mathbf{0}
\end{array}\right.
$$

的最优解中使目标函数 $\hat{\boldsymbol{e}}^{\mathrm{T}}\boldsymbol{s}^-+\boldsymbol{e}^{\mathrm{T}}\boldsymbol{s}^+$ 达到最大值的最优解. 因此, 若 $\theta^0=1$, 可知决策单元 j_0 为弱 DEA 有效. 若 $\theta^0=1$, 且 $\boldsymbol{s}^{-0}=\mathbf{0}$, $\boldsymbol{s}^{+0}=\mathbf{0}$, 则可知模型 $(\bar{\mathrm{D}}_{\mathrm{C^2R}})$ 的每个最优解中都有 $\boldsymbol{s}^-=\mathbf{0}$, $\boldsymbol{s}^+=\mathbf{0}$. 由定理 2.1 可知, 决策单元 j_0 为 DEA 有效. 证毕.

例 2.2　本例中所描述的问题具有 4 个决策单元, 2 个输入指标和 1 个输出指标, 相应的输入和输出数据由表 2.3 给出.

表 2.3　决策单元的输入和输出数据

决策单元	1	2	3	4
输入 1	1	3	3	4
输入 2	3	1	3	2
输出	1	1	2	1

考察决策单元 1 所对应的线性规划模型 $(\mathrm{D}_\varepsilon^1)$, 取 $\varepsilon=10^{-5}$,

$$
(\mathrm{D}_\varepsilon^1)\left\{\begin{array}{l}
\min\theta-\varepsilon(s_1^-+s_2^-+s_1^+),\\
\text{s.t. } \lambda_1+3\lambda_2+3\lambda_3+4\lambda_4+s_1^-=\theta,\\
\qquad 3\lambda_1+\lambda_2+3\lambda_3+2\lambda_4+s_2^-=3\theta,\\
\qquad \lambda_1+\lambda_2+2\lambda_3+\lambda_4-s_1^+=1,\\
\qquad \lambda_1\geqq 0,\lambda_2\geqq 0,\lambda_3\geqq 0,\lambda_4\geqq 0,s_1^-\geqq 0,s_2^-\geqq 0,s_1^+\geqq 0.
\end{array}\right.
$$

线性规划模型 $(\mathrm{D}_\varepsilon^1)$ 的最优解为

$$
\boldsymbol{\lambda}^0=(1,0,0,0)^{\mathrm{T}},\quad s_1^{-0}=0,\quad s_2^{-0}=0,\quad s_1^{+0}=0,\quad \theta^0=1.
$$

因此, 决策单元 1 为 DEA 有效.

类似地, 对决策单元 2 和决策单元 3 进行检验可知, 它们均为 DEA 有效.

现在对决策单元 4 进行判断, 所对应的线性规划模型为

$$
(\mathrm{D}_{\varepsilon}^{4})\left\{\begin{array}{l}
\min \theta-\varepsilon(s_{1}^{-}+s_{2}^{-}+s_{1}^{+}),\\
\text{s.t. } \lambda_{1}+3\lambda_{2}+3\lambda_{3}+4\lambda_{4}+s_{1}^{-}=4\theta,\\
\quad 3\lambda_{1}+\lambda_{2}+3\lambda_{3}+2\lambda_{4}+s_{2}^{-}=2\theta,\\
\quad \lambda_{1}+\lambda_{2}+2\lambda_{3}+\lambda_{4}-s_{1}^{+}=1,\\
\quad \lambda_{1}\geqq 0,\lambda_{2}\geqq 0,\lambda_{3}\geqq 0,\lambda_{4}\geqq 0,s_{1}^{-}\geqq 0,s_{2}^{-}\geqq 0,s_{1}^{+}\geqq 0.
\end{array}\right.
$$

线性规划模型 $(\mathrm{D}_{\varepsilon}^{4})$ 的最优解为

$$
\boldsymbol{\lambda}^{0}=\left(0,\frac{3}{5},\frac{1}{5},0\right)^{\mathrm{T}},\quad s_{1}^{-0}=0,\quad s_{2}^{-0}=0,\quad s_{1}^{+0}=0,\quad \theta^{0}=\frac{3}{5}.
$$

因为 $\theta^{0}=\frac{3}{5}<1$, 故决策单元 4 不为弱 DEA 有效, 当然也不为 DEA 有效.

2.1.3 DEA 有效性的含义

DEA 方法和生产函数理论之间具有密切联系, 以下从生产函数理论出发, 来分析 DEA 有效性的含义.

考虑输入量为 $\boldsymbol{x}=(x_{1},x_{2},\cdots,x_{m})^{\mathrm{T}}$, 输出量为 $\boldsymbol{y}=(y_{1},y_{2},\cdots,y_{s})^{\mathrm{T}}$ 的某种"生产" 活动. 假设 n 个决策单元所对应的输入和输出向量分别为

$$
\boldsymbol{x}_{j}=(x_{1j},x_{2j},\cdots,x_{mj})^{\mathrm{T}},\quad j=1,\cdots,n,
$$

$$
\boldsymbol{y}_{j}=(y_{1j},y_{2j},\cdots,y_{sj})^{\mathrm{T}},\quad j=1,\cdots,n.
$$

以下希望根据所观察到的生产活动 $(\boldsymbol{x}_{j},\boldsymbol{y}_{j})(j=1,2,\cdots,n)$ 去描述生产可能集, 特别是根据这些观察数据去确定哪些生产活动是相对有效的.

下面先介绍生产可能集的公理体系.

定义 2.3　称 $T=\{(\boldsymbol{x},\boldsymbol{y})|$ 产出向量 $\boldsymbol{y}$ 可以由投入向量 $\boldsymbol{x}$ 生产出来$\}$ 为由所有可能的生产活动构成的生产可能集.

假设生产可能集 T 的构成满足下面 5 条公理.

(1) **平凡性公理**.

$$
(\boldsymbol{x}_{j},\boldsymbol{y}_{j})\in T,\quad j=1,2,\cdots,n.
$$

平凡性公理表明对于投入 $\boldsymbol{x}_{j}$, 产出 $\boldsymbol{y}_{j}$ 的基本活动 $(\boldsymbol{x}_{j},\boldsymbol{y}_{j})$ 理所当然是生产可能集中的一种投入产出关系.

(2) **凸性公理**.

对任意 $(\boldsymbol{x},\boldsymbol{y})\in T$ 和 $(\bar{\boldsymbol{x}},\bar{\boldsymbol{y}})\in T$, 以及任意 $\lambda\in[0,1]$ 均有

$$
\lambda(\boldsymbol{x},\boldsymbol{y})+(1-\lambda)(\bar{\boldsymbol{x}},\bar{\boldsymbol{y}})
$$

$$= (\lambda \boldsymbol{x} + (1-\lambda)\bar{\boldsymbol{x}}, \lambda \boldsymbol{y} + (1-\lambda)\bar{\boldsymbol{y}}) \in T,$$

即如果分别以 $\boldsymbol{x}$ 和 $\bar{\boldsymbol{x}}$ 的 λ 及 $1-\lambda$ 比例之和输入, 可以产出分别以 $\boldsymbol{y}$ 和 $\bar{\boldsymbol{y}}$ 的相同比例之和的输出.

(3) **锥性公理** (经济学界称为可加性公理).

对任意 $(\boldsymbol{x},\boldsymbol{y}) \in T$ 及数 $k \geqq 0$ 均有

$$k(\boldsymbol{x},\boldsymbol{y}) = (k\boldsymbol{x}, k\boldsymbol{y}) \in T.$$

这就是说, 若以投入量 $\boldsymbol{x}$ 的 k 倍进行投入, 那么产出量也以原来产出量 $\boldsymbol{y}$ 的 k 倍产出是可能的.

(4) **无效性公理** (经济学中也称其为自由处置性公理).

(a) 对任意 $(\boldsymbol{x},\boldsymbol{y}) \in T$ 且 $\hat{\boldsymbol{x}} \geqq \boldsymbol{x}$ 均有 $(\hat{\boldsymbol{x}},\boldsymbol{y}) \in T$;

(b) 对任意 $(\boldsymbol{x},\boldsymbol{y}) \in T$ 且 $\hat{\boldsymbol{y}} \leqq \boldsymbol{y}$ 均有 $(\boldsymbol{x},\hat{\boldsymbol{y}}) \in T$.

这表明, 在原来生产活动基础上增加投入或减少产出进行生产总是可能的.

(5) **最小性公理**.

生产可能集 T 是满足公理 (1) ~(4) 的所有集合的交集.

可以看出, 满足上述 5 个条件的集合 T 是唯一确定的.

$$T = \left\{ (\boldsymbol{x},\boldsymbol{y}) \left| \sum_{j=1}^{n} \boldsymbol{x}_j \lambda_j \leqq \boldsymbol{x}, \sum_{j=1}^{n} \boldsymbol{y}_j \lambda_j \geqq \boldsymbol{y}, \lambda_j \geqq 0, j = 1,2,\cdots,n \right. \right\}.$$

对于单输入和单输出的情况, 用下面的例子给以说明.

例 2.3 表 2.4 给出了 4 个决策单元的输入和输出数据.

表 2.4 各决策单元的输入和输出数据

决策单元	1	2	3	4
输入	1	2	3	4
输出	3	1	4	2

在图 2.1 中, 决策单元对应的数据 $(\boldsymbol{x}_j, \boldsymbol{y}_j)$ 由黑点标出, 由上述 4 个决策单元确定的生产可能集 T 如图中的阴影部分所示.

以下仍以单输入和单输出的情况来说明 DEA 有效性的经济含义.

首先, 生产函数 $Y = y(x)$ 表示, 当生产处于最好的理想状态时, 输入量 x 所能获得的最大输出量. 因此, 从生产函数的角度来看, 生产函数曲线上的点 (x 表示输入, Y 表示输出) 所对应的决策单元是技术有效的.

一般来说, 生产函数 $Y = y(x)$ 的图像如图 2.2 中的曲线所示. 由于生产函数的边际 $Y' = y'(x) > 0$, 则生产函数是增函数.

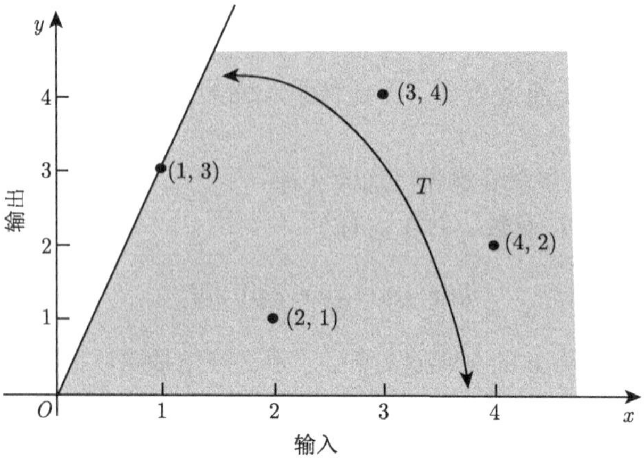

图 2.1　决策单元确定的生产可能集 (C^2R)

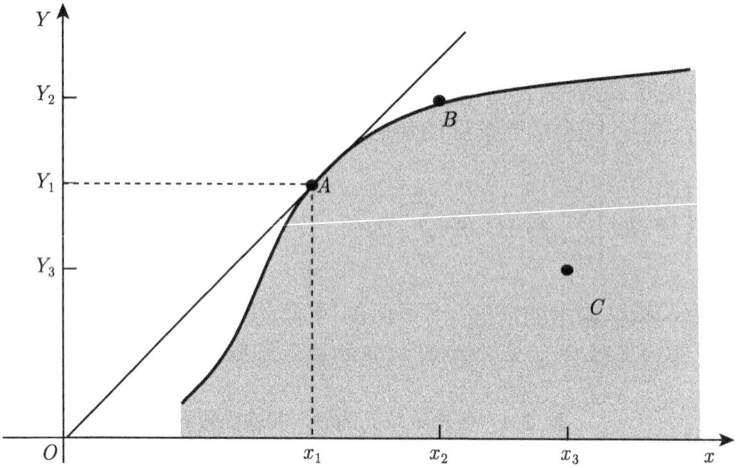

图 2.2　生产函数曲线

当 $x \in (0, x_1)$ 时, $Y'' = y''(x) > 0$ (即 $Y = y(x)$ 为凸函数), 说明当投入值小于 x_1 时, 厂商有投资的积极性 (因为边际函数 $Y' = y'(x)$ 为增函数), 此时称规模收益递增; 当 $x \in (x_1, +\infty)$ 时, $Y'' = y''(x) < 0$ (即 $Y = y(x)$ 为凹函数), 说明投入再增加时, 收益 (产出) 增加的效率已不高了, 即厂商已没有再继续增加投资的积极性 (因为边际函数 $Y' = y'(x)$ 为减函数), 此时称规模收益递减.

在图 2.2 中, 从生产理论的角度来看, 生产函数曲线上的 A 点对应的决策单元 (x_1, Y_1), 除了是技术有效外, 还是规模有效的. 因为少于输入量 x_1 以及大于输入量 x_1 的生产规模都不是最好的; B 点所对应的决策单元 (x_2, Y_2) 是技术有效的, 因为该点位于生产函数曲线上, 但它却不是规模有效的; C 点所对应的决策单元 (x_3, Y_3) 既不是技术有效, 也不是规模有效的, 因为该点不位于生产函数曲线上, 且输入规模 x_3 过大.

现来研究一下 $\mathrm{C^2R}$ 模型下的 DEA 有效性的经济含义.

当检验决策单元 j_0 的 DEA 有效性时, 即考虑线性规划模型

$$(\mathrm{D_{C^2R}})\begin{cases}\min\theta = V_{\mathrm{D}},\\ \text{s.t. } \displaystyle\sum_{j=1}^{n}\boldsymbol{x}_j\lambda_j \leqq \theta\boldsymbol{x}_{j_0},\\ \quad\displaystyle\sum_{j=1}^{n}\boldsymbol{y}_j\lambda_j \geqq \boldsymbol{y}_{j_0},\\ \quad\lambda_j \geqq 0, j = 1, 2, \cdots, n.\end{cases}$$

由于 $(\boldsymbol{x}_{j_0}, \boldsymbol{y}_{j_0}) \in T$, 即 $(\boldsymbol{x}_{j_0}, \boldsymbol{y}_{j_0})$ 满足

$$\sum_{j=1}^{n}\boldsymbol{x}_j\lambda_j \leqq \boldsymbol{x}_{j_0}, \quad \sum_{j=1}^{n}\boldsymbol{y}_j\lambda_j \geqq \boldsymbol{y}_{j_0}.$$

其中, $\lambda_j \geqq 0$, $j = 1, 2, \cdots, n$.

可以看出, 线性规划模型 $(\mathrm{D_{C^2R}})$ 表示的是, 在生产可能集 T 内, 使输出量 $\boldsymbol{y}_{j_0}$ 保持不变的情况下, 尽量将输入量 $\boldsymbol{x}_{j_0}$ 按同一比例 θ 减少. 如果输入量 $\boldsymbol{x}_{j_0}$ 不能按同一比例 θ 减少, 即线性规划模型 $(\mathrm{D_{C^2R}})$ 的最优值 $V_{\mathrm{D}} = \theta^0 = 1$, 那么在单输入和单输出的情况下, 决策单元 j_0 既为技术有效, 也为规模有效, 如图 2.2 中的 A 点所对应的决策单元; 如果输入量 $\boldsymbol{x}_{j_0}$ 能按同一比例 θ 减少, 即线性规划模型 $(\mathrm{D_{C^2R}})$ 的最优值 $V_{\mathrm{D}} = \theta^0 < 1$, 那么决策单元 j_0 不为技术有效或不为规模有效.

用例 2.4 可以进一步加以说明.

例 2.4　表 2.5 给出了 3 个决策单元的输入和输出数据, 各决策单元所对应的点 A, B, C 已在图 2.3 中被标出. 其中, A 点和 C 点位于生产函数曲线 OAC 上, B 点位于生产函数曲线的下方. 由这 3 个决策单元确定的生产可能集 T 为图中射线 OA 下的阴影部分.

表 2.5　决策单元的输入和输出数据

决策单元	1	2	3
输入	2	4	5
输出	2	1	3.5

由图 2.3 可见, 决策单元 1 (对应于 A 点) 为技术有效和规模有效.

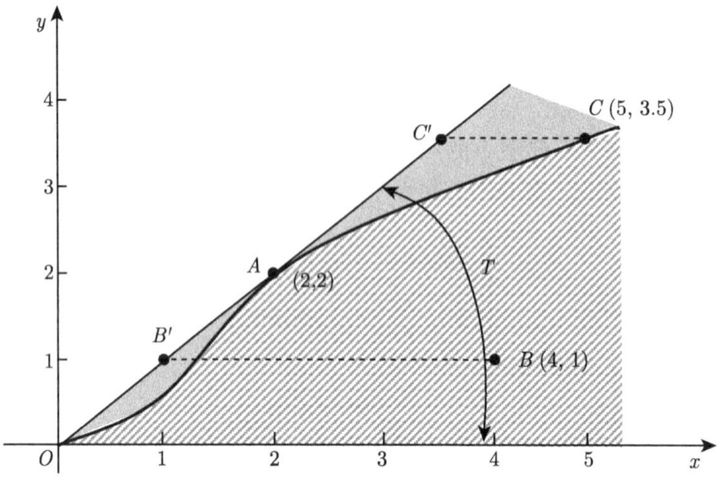

图 2.3 DEA 有效性分析

从 DEA 有效看, 决策单元 1 所对应的带有非阿基米德无穷小量的 $\mathrm{C^2R}$ 模型为

$$(\mathrm{D}_{\varepsilon}^{1})\left\{\begin{array}{l}\min\theta-\varepsilon(s_1^-+s_1^+),\\ \text{s.t. } 2\lambda_1+4\lambda_2+5\lambda_3+s_1^-=2\theta,\\ \qquad 2\lambda_1+\lambda_2+3.5\lambda_3-s_1^+=2,\\ \qquad \lambda_1,\lambda_2,\lambda_3,s_1^-,s_1^+\geqq 0.\end{array}\right.$$

线性规划模型 $(\mathrm{D}_{\varepsilon}^{1})$ 的最优解为

$$\boldsymbol{\lambda}^0=(1,0,0)^{\mathrm{T}},\quad s_1^{-0}=0,\quad s_1^{+0}=0,\quad \theta^0=1.$$

根据定理 2.2, 决策单元 1 为 DEA 有效 $(\mathrm{C^2R})$.

由图 2.3 可见, 决策单元 2 (对应于 B 点) 不为技术有效, 因为 B 点不在生产函数曲线上; 也不为规模有效, 因为 B 点的投入规模太大.

从 DEA 有效看, 决策单元 2 所对应的线性规划模型为

$$(\mathrm{D}_{\mathrm{C^2R}}^{2})\left\{\begin{array}{l}\min\theta=V_{\mathrm{D}^2},\\ \text{s.t. } 2\lambda_1+4\lambda_2+5\lambda_3\leqq 4\theta,\\ \qquad 2\lambda_1+\lambda_2+3.5\lambda_3\geqq 1,\\ \qquad \lambda_1,\lambda_2,\lambda_3\geqq 0.\end{array}\right.$$

线性规划模型 $(\mathrm{D}_{\mathrm{C^2R}}^{2})$ 的最优解为

$$\boldsymbol{\lambda}^0=\left(\frac{1}{2},0,0\right)^{\mathrm{T}},\quad \theta^0=\frac{1}{4}.$$

由于最优值 $V_{\mathrm{D}^2}=\theta^0=\dfrac{1}{4}<1$, 故决策单元 2 不为 DEA 有效 ($\mathrm{C^2R}$) .

由图 2.3 可见, 决策单元 3 (对应于 C 点) 为技术有效, 因为 C 点在生产函数曲线上. 但是, 由于 C 点的投资规模过大, 故不为规模有效.

从 DEA 有效看, 决策单元 3 所对应的线性规划模型为

$$
(\mathrm{D}^3_{\mathrm{C^2R}})\begin{cases}\min\theta=V_{\mathrm{D}^3},\\ \text{s.t. } 2\lambda_1+4\lambda_2+5\lambda_3\leqq 5\theta,\\ \qquad 2\lambda_1+\lambda_2+3.5\lambda_3\geqq 3.5,\\ \qquad \lambda_1,\lambda_2,\lambda_3\geqq 0.\end{cases}
$$

线性规划模型 $(\mathrm{D}^3_{\mathrm{C^2R}})$ 的最优解为

$$
\boldsymbol{\lambda}^0=\left(\frac{7}{4},0,0\right)^{\mathrm{T}},\quad \theta^0=\frac{7}{10}.
$$

由于最优值 $V_{\mathrm{D}^3}=\theta^0=\dfrac{7}{10}<1$, 故决策单元 3 不为 DEA 有效 ($\mathrm{C^2R}$).

2.1.4 决策单元在 DEA 相对有效面上的“投影”

在 DEA 生产可能集中, 把由所有 DEA 有效决策单元构成的包络面称为 DEA 相对有效面. 由于生产前沿面是由观察到的 n 个点 $(\boldsymbol{x}_j,\boldsymbol{y}_j)(j=1,2,\cdots,n)$ 所决定的, 所以也称为经验生产前沿面或 DEA 的相对有效面.

决策单元在 DEA 相对有效面上的“投影”是 DEA 方法中的重要内容, DEA 方法通过“投影”来分析决策单元非有效的原因和程度, 预测决策单元可能达到的有效程度, 发现各决策单元调整投入产出规模的正确方向和程度, 为管理提供重要的决策信息. 这也正是 DEA 方法的独特之处.

对于带有非阿基米德无穷小量的线性规划模型

$$
(\mathrm{D}_\varepsilon)\begin{cases}\min\left(\theta-\varepsilon(\hat{\boldsymbol{e}}^{\mathrm{T}}\boldsymbol{s}^-+\boldsymbol{e}^{\mathrm{T}}\boldsymbol{s}^+)\right)=V_{\mathrm{D}_\varepsilon},\\ \text{s.t. } \displaystyle\sum_{j=1}^n\boldsymbol{x}_j\lambda_j+\boldsymbol{s}^-=\theta\boldsymbol{x}_{j_0},\\ \qquad \displaystyle\sum_{j=1}^n\boldsymbol{y}_j\lambda_j-\boldsymbol{s}^+=\boldsymbol{y}_{j_0},\\ \qquad \lambda_j\geqq 0,j=1,2,\cdots,n,\\ \qquad \boldsymbol{s}^-\geqq\boldsymbol{0},\boldsymbol{s}^+\geqq\boldsymbol{0},\end{cases}
$$

有以下定义.

定义 2.4　设 $\boldsymbol{\lambda}^0$, $\boldsymbol{s}^{-0}$, $\boldsymbol{s}^{+0}$, θ^0 是线性规划模型 (D_ε) 的最优解, 令

$$\begin{aligned}\hat{\boldsymbol{x}}_{j_0}&=\theta^0\boldsymbol{x}_{j_0}-\boldsymbol{s}^{-0},\\ \hat{\boldsymbol{y}}_{j_0}&=\boldsymbol{y}_{j_0}+\boldsymbol{s}^{+0},\end{aligned}$$

则称 $(\hat{\boldsymbol{x}}_{j_0},\hat{\boldsymbol{y}}_{j_0})$ 为决策单元 j_0 对应的 $(\boldsymbol{x}_{j_0},\boldsymbol{y}_{j_0})$ 在 DEA 相对有效面上的 “投影”.

可以看出

$$\begin{aligned}\hat{\boldsymbol{x}}_{j_0}&=\theta^0\boldsymbol{x}_{j_0}-\boldsymbol{s}^{-0}=\sum_{j=1}^{n}\boldsymbol{x}_j\lambda_j^0,\\ \hat{\boldsymbol{y}}_{j_0}&=\boldsymbol{y}_{j_0}+\boldsymbol{s}^{+0}=\sum_{j=1}^{n}\boldsymbol{y}_j\lambda_j^0,\end{aligned}$$

并且, 若决策单元 j_0 为弱 DEA 有效, 则

$$\begin{aligned}\hat{\boldsymbol{x}}_{j_0}&=\boldsymbol{x}_{j_0}-\boldsymbol{s}^{-0},\\ \hat{\boldsymbol{y}}_{j_0}&=\boldsymbol{y}_{j_0}+\boldsymbol{s}^{+0};\end{aligned}$$

若决策单元 j_0 为 DEA 有效, 则

$$\hat{\boldsymbol{x}}_{j_0}=\boldsymbol{x}_{j_0},\quad \hat{\boldsymbol{y}}_{j_0}=\boldsymbol{y}_{j_0}.$$

进一步, 可以得到下面的定理, 即决策单元 j_0 的投影 $(\hat{\boldsymbol{x}}_{j_0},\hat{\boldsymbol{y}}_{j_0})$ 构成了一个新的决策单元, 它是 DEA 有效的.

定理 2.3　设

$$\begin{aligned}\hat{\boldsymbol{x}}_{j_0}&=\theta^0\boldsymbol{x}_{j_0}-\boldsymbol{s}^{-0},\\ \hat{\boldsymbol{y}}_{j_0}&=\boldsymbol{y}_{j_0}+\boldsymbol{s}^{+0},\end{aligned}$$

其中, $\boldsymbol{\lambda}^0$, $\boldsymbol{s}^{-0}$, $\boldsymbol{s}^{+0}$, θ^0 是决策单元 j_0 对应的线性规划模型 (D_ε) 的最优解, 则 $(\hat{\boldsymbol{x}}_{j_0},\hat{\boldsymbol{y}}_{j_0})$ 相对于原来的 n 个决策单元来说是 DEA 有效的.

证明　对应于 $(\hat{\boldsymbol{x}}_{j_0},\hat{\boldsymbol{y}}_{j_0})$ 的带有非阿基米德无穷小量的线性规划模型为

$$(\widehat{\mathrm{D}}_\varepsilon)\left\{\begin{array}{l}\min\left(\theta-\varepsilon(\hat{\boldsymbol{e}}^{\mathrm{T}}\boldsymbol{s}^-+\boldsymbol{e}^{\mathrm{T}}\boldsymbol{s}^+)\right)=V_{\widehat{\mathrm{D}}_\varepsilon},\\ \text{s.t. }\displaystyle\sum_{j=1}^{n}\boldsymbol{x}_j\lambda_j+\hat{\boldsymbol{x}}_{j_0}\lambda_{n+1}+\boldsymbol{s}^-=\theta\hat{\boldsymbol{x}}_{j_0},\\ \qquad\displaystyle\sum_{j=1}^{n}\boldsymbol{y}_j\lambda_j+\hat{\boldsymbol{y}}_{j_0}\lambda_{n+1}-\boldsymbol{s}^+=\hat{\boldsymbol{y}}_{j_0},\\ \qquad\lambda_j\geqq 0,j=1,2,\cdots,n,n+1,\\ \qquad\boldsymbol{s}^-\geqq\mathbf{0},\boldsymbol{s}^+\geqq\mathbf{0}.\end{array}\right.$$

假设 $(\hat{\boldsymbol{x}}_{j_0}, \hat{\boldsymbol{y}}_{j_0})$ 相对于原来的 n 个决策单元来说不是 DEA 有效的, 由定理 2.2 可知, 线性规划模型 $(\widehat{\mathrm{D}}_{\varepsilon})$ 的最优解 $\boldsymbol{\lambda}^*$, $\boldsymbol{s}^{-*}$, $\boldsymbol{s}^{+*}$, θ^* 必满足以下两种情况之一:

(1) $\theta^* \neq 1$;

(2) $\theta^* = 1$, 但 $(\boldsymbol{s}^{-*}, \boldsymbol{s}^{+*}) \neq \boldsymbol{0}$.

若 $\theta^* \neq 1$, 则必有 $\theta^* < 1$. 令

$$\tilde{\boldsymbol{s}}^- = (1-\theta^*)\hat{\boldsymbol{x}}_{j_0} + \boldsymbol{s}^{-*}(\neq \boldsymbol{0}), \quad \tilde{\theta} = 1,$$

则有

$$\boldsymbol{\lambda}^*, \quad \tilde{\boldsymbol{s}}^-, \quad \boldsymbol{s}^{+*}, \quad \tilde{\theta}$$

是线性规划模型 $(\widehat{\mathrm{D}}_{\varepsilon})$ 的可行解. 因此, 对于情况 (1) 和情况 (2) 可以按以下情况统一讨论:

线性规划模型 $(\widehat{\mathrm{D}}_{\varepsilon})$ 存在一个可行解 $\boldsymbol{\lambda}$, $\boldsymbol{s}^-$, $\boldsymbol{s}^+$, θ 满足

$$\theta = 1, \quad (\boldsymbol{s}^-, \boldsymbol{s}^+) \neq \boldsymbol{0}.$$

由于 $\boldsymbol{\lambda}$, $\boldsymbol{s}^-$, $\boldsymbol{s}^+$, θ 是线性规划模型 $(\widehat{\mathrm{D}}_{\varepsilon})$ 的一个可行解, 因此

$$\sum_{j=1}^{n} \boldsymbol{x}_j \lambda_j + \hat{\boldsymbol{x}}_{j_0} \lambda_{n+1} + \boldsymbol{s}^- = \hat{\boldsymbol{x}}_{j_0},$$

$$\sum_{j=1}^{n} \boldsymbol{y}_j \lambda_j + \hat{\boldsymbol{y}}_{j_0} \lambda_{n+1} - \boldsymbol{s}^+ = \hat{\boldsymbol{y}}_{j_0}.$$

由

$$\hat{\boldsymbol{x}}_{j_0} = \theta^0 \boldsymbol{x}_{j_0} - \boldsymbol{s}^{-0} = \sum_{j=1}^{n} \boldsymbol{x}_j \lambda_j^0,$$

$$\hat{\boldsymbol{y}}_{j_0} = \boldsymbol{y}_{j_0} + \boldsymbol{s}^{+0} = \sum_{j=1}^{n} \boldsymbol{y}_j \lambda_j^0$$

可以得到

$$\sum_{j=1}^{n} \boldsymbol{x}_j (\lambda_j + \lambda_j^0 \lambda_{n+1}) + (\boldsymbol{s}^- + \boldsymbol{s}^{-0}) = \theta^0 \boldsymbol{x}_{j_0},$$

$$\sum_{j=1}^{n} \boldsymbol{y}_j (\lambda_j + \lambda_j^0 \lambda_{n+1}) - (\boldsymbol{s}^+ + \boldsymbol{s}^{+0}) = \boldsymbol{y}_{j_0},$$

$$\lambda_j + \lambda_j^0 \lambda_{n+1} \geqq 0, \quad j = 1, 2, \cdots, n.$$

由于 $\lambda_j + \lambda_j^0\lambda_{n+1}(j=1,2,\cdots,n)$, $(\boldsymbol{s}^- + \boldsymbol{s}^{-0})$, $(\boldsymbol{s}^+ + \boldsymbol{s}^{+0})$, θ^0 也是线性规划模型 (D_ε) 的一个可行解, 并且有

$$\theta^0 - \varepsilon(\hat{\boldsymbol{e}}^{\mathrm{T}}(\boldsymbol{s}^- + \boldsymbol{s}^{-0}) + \boldsymbol{e}^{\mathrm{T}}(\boldsymbol{s}^+ + \boldsymbol{s}^{+0})) < \theta^0 - \varepsilon(\hat{\boldsymbol{e}}^{\mathrm{T}}\boldsymbol{s}^{-0} + \boldsymbol{e}^{\mathrm{T}}\boldsymbol{s}^{+0}),$$

这与 $\boldsymbol{\lambda}^0$, $\boldsymbol{s}^{-0}$, $\boldsymbol{s}^{+0}$, θ^0 是决策单元 j_0 对应的线性规划问题 (D_ε) 的最优解矛盾! 证毕.

一般地, 记

$$\Delta\boldsymbol{x}_{j_0} = \boldsymbol{x}_{j_0} - \hat{\boldsymbol{x}}_{j_0} = (1-\theta^0)\boldsymbol{x}_{j_0} + \boldsymbol{s}^{-0} \geqq \boldsymbol{0},$$

$$\Delta\boldsymbol{y}_{j_0} = \hat{\boldsymbol{y}}_{j_0} - \boldsymbol{y}_{j_0} = \boldsymbol{s}^{+0} \geqq \boldsymbol{0},$$

分别称为输入剩余和输出亏空. 即 $\Delta\boldsymbol{x}_{j_0}$, $\Delta\boldsymbol{y}_{j_0}$ 分别表示当决策单元 j_0 要想转变为 DEA 有效时, 输入与输出变化的估计量.

决策单元 j_0 在 DEA 相对有效面上的 "投影", 实际上为改进非有效决策单元提供了一个可行方案, 同时, 也指出了非有效的原因. 显然, 若原来的 $(\boldsymbol{x}_{j_0}, \boldsymbol{y}_{j_0})$ 非 DEA 有效, 则可以通过对其 "投影", 在不减少输出的前提下, 使原来的输入有所减少 (当 $\Delta\boldsymbol{x}_{j_0} \geq \boldsymbol{0}$ 时); 或在不增加输入的前提下, 使原来的输出有所增加 (当 $\Delta\boldsymbol{y}_{j_0} \geq \boldsymbol{0}$ 时).

2.2 评价技术有效性的 BC^2 模型

由于本节的许多概念和结果与 $\mathrm{C}^2\mathrm{R}$ 模型有极大的相似之处, 在此只进行简要介绍.

假设 n 个决策单元对应的输入和输出数据分别为

$$\boldsymbol{x}_j = (x_{1j}, x_{2j}, \cdots, x_{mj})^{\mathrm{T}}, \quad j=1,2,\cdots,n,$$

$$\boldsymbol{y}_j = (y_{1j}, y_{2j}, \cdots, y_{sj})^{\mathrm{T}}, \quad j=1,2,\cdots,n,$$

其中, $\boldsymbol{x}_j \in E^m$, $\boldsymbol{y}_j \in E^s$, $\boldsymbol{x}_j > \boldsymbol{0}$, $\boldsymbol{y}_j > \boldsymbol{0}$, $j=1,2,\cdots,n$, 则 BC^2 模型为

$$(\mathrm{P}_{\mathrm{BC}^2})\begin{cases} \max\left(\boldsymbol{\mu}^{\mathrm{T}}\boldsymbol{y}_{j_0} + \mu_0\right) = V_{\mathrm{P}'}, \\ \text{s.t.}\ \ \boldsymbol{\omega}^{\mathrm{T}}\boldsymbol{x}_j - \boldsymbol{\mu}^{\mathrm{T}}\boldsymbol{y}_j - \mu_0 \geqq 0, j=1,2,\cdots,n, \\ \qquad \boldsymbol{\omega}^{\mathrm{T}}\boldsymbol{x}_{j_0} = 1, \\ \qquad \boldsymbol{\omega} \geqq \boldsymbol{0}, \boldsymbol{\mu} \geqq \boldsymbol{0}. \end{cases}$$

上述线性规划模型 $(\mathrm{P}_{\mathrm{BC}^2})$ 的对偶规划模型为

$$
(\mathrm{D}_{\mathrm{BC}^2})\begin{cases}\min\theta=V_{\mathrm{D}'},\\ \text{s.t. }\sum\limits_{j=1}^{n}\boldsymbol{x}_j\lambda_j\leqq\theta\boldsymbol{x}_{j_0},\\ \qquad\sum\limits_{j=1}^{n}\boldsymbol{y}_j\lambda_j\geqq\boldsymbol{y}_{j_0},\\ \qquad\sum\limits_{j=1}^{n}\lambda_j=1,\\ \qquad\lambda_j\geqq 0,j=1,2,\cdots,n.\end{cases}
$$

对线性规划模型 $(\mathrm{D}_{\mathrm{BC}^2})$ 分别引入松弛变量 $\boldsymbol{s}^-$ 和剩余变量 $\boldsymbol{s}^+$, 可得出以下线性规划模型 $(\bar{\mathrm{D}}_{\mathrm{BC}^2})$,

$$
(\bar{\mathrm{D}}_{\mathrm{BC}^2})\begin{cases}\min\theta=V_{\bar{\mathrm{D}}'},\\ \text{s.t. }\sum\limits_{j=1}^{n}\boldsymbol{x}_j\lambda_j+\boldsymbol{s}^-=\theta\boldsymbol{x}_{j_0},\\ \qquad\sum\limits_{j=1}^{n}\boldsymbol{y}_j\lambda_j-\boldsymbol{s}^+=\boldsymbol{y}_{j_0},\\ \qquad\sum\limits_{j=1}^{n}\lambda_j=1,\\ \qquad\boldsymbol{s}^-\geqq\boldsymbol{0},\boldsymbol{s}^+\geqq\boldsymbol{0},\lambda_j\geqq 0,j=1,2,\cdots,n.\end{cases}
$$

定义 2.5 若线性规划模型 $(\mathrm{P}_{\mathrm{BC}^2})$ 存在最优解 $\boldsymbol{\omega}^0$, $\boldsymbol{\mu}^0$, μ_0^0 满足

$$
V_{\mathrm{P}'}=\boldsymbol{\mu}^{0\mathrm{T}}\boldsymbol{y}_{j_0}+\mu_0^0=1,
$$

则称决策单元 j_0 为弱 DEA 有效 (BC^2) . 若进而满足

$$
\boldsymbol{\omega}^0>\boldsymbol{0},\quad \boldsymbol{\mu}^0>\boldsymbol{0},
$$

则称决策单元 j_0 为 DEA 有效 (BC^2) .

由线性规划模型的对偶理论可知以下结论成立:

定理 2.4 如果线性规划模型 $(\bar{\mathrm{D}}_{\mathrm{BC}^2})$ 的任意最优解

$$
\boldsymbol{\lambda}^0,\quad \boldsymbol{s}^{-0},\quad \boldsymbol{s}^{+0},\quad \theta^0
$$

都有

(1) 若 $\theta^0=1$, 则决策单元 j_0 为弱 DEA 有效 (BC^2);

(2) 若 $\theta^0=1$, 并且 $\boldsymbol{s}^{-0}=\boldsymbol{0}$, $\boldsymbol{s}^{+0}=\boldsymbol{0}$, 则决策单元 j_0 为 DEA 有效 (BC^2).

当引进非阿基米德无穷小量 ε 后, 可以得到如下线性规划模型:

$$(\bar{\mathrm{P}}_\varepsilon)\left\{\begin{array}{l}\max\left(\boldsymbol{\mu}^{\mathrm{T}}\boldsymbol{y}_{j_0}+\mu_0\right)=V_{\bar{\mathrm{P}}'_\varepsilon},\\ \text{s.t.}\ \ \boldsymbol{\omega}^{\mathrm{T}}\boldsymbol{x}_j-\boldsymbol{\mu}^{\mathrm{T}}\boldsymbol{y}_j-\mu_0\geqq 0, j=1,2,\cdots,n,\\ \qquad \boldsymbol{\omega}^{\mathrm{T}}\boldsymbol{x}_{j_0}=1,\\ \qquad \boldsymbol{\omega}\geqq\varepsilon\hat{\boldsymbol{e}},\\ \qquad \boldsymbol{\mu}\geqq\varepsilon\boldsymbol{e}.\end{array}\right.$$

上述线性规划模型 $(\bar{\mathrm{P}}_\varepsilon)$ 的对偶规划模型为

$$(\bar{\mathrm{D}}_\varepsilon)\left\{\begin{array}{l}\min\left(\theta-\varepsilon(\hat{\boldsymbol{e}}^{\mathrm{T}}\boldsymbol{s}^-+\boldsymbol{e}^{\mathrm{T}}\boldsymbol{s}^+)\right)=V_{\bar{\mathrm{D}}'_\varepsilon},\\ \text{s.t.}\ \sum_{j=1}^{n}\boldsymbol{x}_j\lambda_j+\boldsymbol{s}^-=\theta\boldsymbol{x}_{j_0},\\ \qquad \sum_{j=1}^{n}\boldsymbol{y}_j\lambda_j-\boldsymbol{s}^+=\boldsymbol{y}_{j_0},\\ \qquad \sum_{j=1}^{n}\lambda_j=1,\\ \qquad \boldsymbol{s}^-\geqq\boldsymbol{0},\boldsymbol{s}^+\geqq\boldsymbol{0},\lambda_j\geqq 0, j=1,2,\cdots,n.\end{array}\right.$$

其中

$$\hat{\boldsymbol{e}}^{\mathrm{T}}=(1,1,\cdots,1)\in E^m,$$
$$\boldsymbol{e}^{\mathrm{T}}=(1,1,\cdots,1)\in E^s.$$

类似于定理 2.2, 可以得到如下定理.

定理 2.5　设 ε 为非阿基米德无穷小量, 并且线性规划模型 $(\bar{\mathrm{D}}_\varepsilon)$ 的最优解为

$$\boldsymbol{\lambda}^0,\quad \boldsymbol{s}^{-0},\quad \boldsymbol{s}^{+0},\quad \theta^0,$$

则有

(1) 若 $\theta^0=1$, 则决策单元 j_0 为弱 DEA 有效 (BC^2);

(2) 若 $\theta^0=1$, 并且 $\boldsymbol{s}^{-0}=\boldsymbol{0}$, $\boldsymbol{s}^{+0}=\boldsymbol{0}$, 则决策单元 j_0 为 DEA 有效 (BC^2).

应用定理 2.5 就可以判断决策单元的 DEA 有效性 (BC^2) , 为了便于说明上述问题, 以下给出一个算例.

例 2.5　考虑具有 1 个输入和 1 个输出的问题, 各决策单元的输入和输出数据由表 2.6 给出.

表 2.6　决策单元的输入和输出数据

决策单元	1	2	3
输入	1	3	4
输出	2	3	1

对于决策单元 1, 相应的带有非阿基米德无穷小量的线性规划模型为

$$
(\bar{\mathrm{D}}_{\varepsilon}^{1})\begin{cases}\min\theta-\varepsilon\left(s_1^-+s_1^+\right),\\ \text{s.t. } \lambda_1+3\lambda_2+4\lambda_3+s_1^-=\theta,\\ \qquad 2\lambda_1+3\lambda_2+\lambda_3-s_1^+=2,\\ \qquad \lambda_1+\lambda_2+\lambda_3=1,\\ \qquad \lambda_1\geqq 0,\lambda_2\geqq 0,\lambda_3\geqq 0,s_1^-\geqq 0,s_1^+\geqq 0.\end{cases}
$$

利用单纯形法求解, 可得出线性规划模型 $(\bar{\mathrm{D}}_{\varepsilon}^{1})$ 的最优解为

$$
\boldsymbol{\lambda}^0=(1,0,0)^{\mathrm{T}},\quad s_1^{-0}=0,\quad s_1^{+0}=0,\quad \theta^0=1.
$$

因此, 决策单元 1 为 DEA 有效 (BC^2) .

对于决策单元 2, 相应的带有非阿基米德无穷小量的线性规划模型为

$$
(\bar{\mathrm{D}}_{\varepsilon}^{2})\begin{cases}\min\theta-\varepsilon\left(s_1^-+s_1^+\right),\\ \text{s.t. } \lambda_1+3\lambda_2+4\lambda_3+s_1^-=3\theta,\\ \qquad 2\lambda_1+3\lambda_2+\lambda_3-s_1^+=3,\\ \qquad \lambda_1+\lambda_2+\lambda_3=1,\\ \qquad \lambda_1\geqq 0,\lambda_2\geqq 0,\lambda_3\geqq 0,s_1^-\geqq 0,s_1^+\geqq 0.\end{cases}
$$

利用单纯形法求解, 可得出线性规划模型 $(\bar{\mathrm{D}}_{\varepsilon}^{2})$ 的最优解为

$$
\boldsymbol{\lambda}^0=(0,1,0)^{\mathrm{T}},\quad s_1^{-0}=0,\quad s_1^{+0}=0,\quad \theta^0=1.
$$

因此, 决策单元 2 为 DEA 有效 (BC^2) .

对于决策单元 3, 相应的带有非阿基米德无穷小量的线性规划模型为

$$
(\bar{\mathrm{D}}_{\varepsilon}^{3})\begin{cases}\min\theta-\varepsilon\left(s_1^-+s_1^+\right),\\ \text{s.t. } \lambda_1+3\lambda_2+4\lambda_3+s_1^-=4\theta,\\ \qquad 2\lambda_1+3\lambda_2+\lambda_3-s_1^+=1,\\ \qquad \lambda_1+\lambda_2+\lambda_3=1,\\ \qquad \lambda_1\geqq 0,\lambda_2\geqq 0,\lambda_3\geqq 0,s_1^-\geqq 0,s_1^+\geqq 0.\end{cases}
$$

利用单纯形法求解, 可得出线性规划模型 $(\bar{\mathrm{D}}_{\varepsilon}^{3})$ 的最优解为

$$
\boldsymbol{\lambda}^0=(1,0,0)^{\mathrm{T}},\quad s_1^{-0}=0,\quad s_1^{+0}=1,\quad \theta^0=\frac{1}{4}.
$$

因此, 决策单元 3 不为 DEA 有效 (BC^2) .

事实上, DEA 有效 (BC^2) 也具有深刻的经济背景.

假设生产可能集 $\bar{T}$ 满足如下公理: 平凡性公理、凸性公理、无效性公理和最小性公理 (见定义 2.3), 则可知

$$\bar{T}=\left\{(\boldsymbol{x},\boldsymbol{y})\left|\sum_{j=1}^{n}\boldsymbol{x}_j\lambda_j \leqq \boldsymbol{x},\sum_{j=1}^{n}\boldsymbol{y}_j\lambda_j \geqq \boldsymbol{y},\sum_{j=1}^{n}\lambda_j=1,\lambda_j\geqq 0,j=1,2,\cdots,n\right.\right\}.$$

其中, $\bar{T}$ 为凸多面体.

为说明 DEA 有效 (BC^2) 的经济含义, 本节仍以例 2.5 为例. 其中, 生产可能集 $\bar{T}$ 由图 2.4 给出, 即图中的阴影部分.

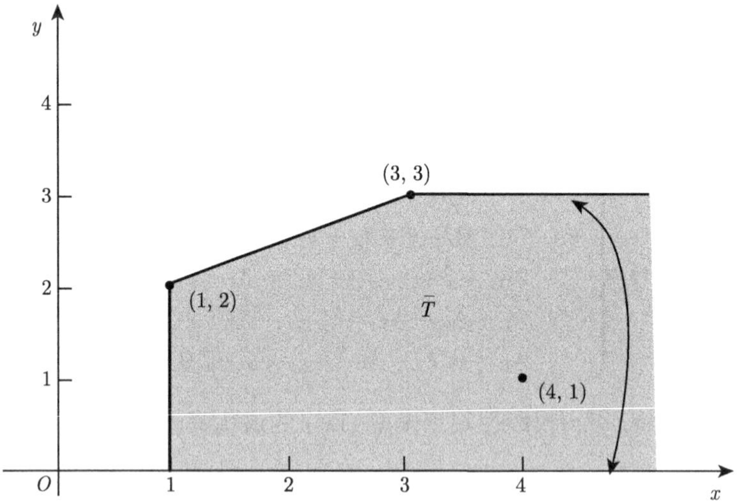

图 2.4　决策单元确定的生产可能集 (BC^2)

对于 BC^2 模型来说, 对应的线性规划模型为

$$(\mathrm{D}_{\mathrm{BC}^2})\left\{\begin{array}{l}\min\theta=V_{\mathrm{D}'},\\ \text{s.t. } \displaystyle\sum_{j=1}^{n}\boldsymbol{x}_j\lambda_j\leqq\theta\boldsymbol{x}_{j_0},\\ \qquad\displaystyle\sum_{j=1}^{n}\boldsymbol{y}_j\lambda_j\geqq\boldsymbol{y}_{j_0},\\ \qquad\displaystyle\sum_{j=1}^{n}\lambda_j=1,\\ \qquad\lambda_j\geqq 0,j=1,2,\cdots,n.\end{array}\right.$$

由于 $\left(\boldsymbol{x}_{j_0},\boldsymbol{y}_{j_0}\right)\in\bar{T}$, 故满足

$$\sum_{j=1}^{n} \boldsymbol{x}_j \lambda_j \leqq \boldsymbol{x}_{j_0},$$
$$\sum_{j=1}^{n} \boldsymbol{y}_j \lambda_j \geqq \boldsymbol{y}_{j_0}.$$

其中

$$\sum_{j=1}^{n} \lambda_j = 1, \lambda_j \geqq 0, \quad j = 1, 2, \cdots, n.$$

线性规划模型 (D_{BC^2}) 的经济解释是: 在生产可能集 $\bar{T}$ 内, 使输出 $\boldsymbol{y}_{j_0}$ 保持不变的情况下, 尽量将输入量 $\boldsymbol{x}_{j_0}$ 按同一比例 $\theta(0 < \theta \leqq 1)$ 减少. 如果输入量 $\boldsymbol{x}_{j_0}$ 不能按同一比例 θ 减少, 即线性规划模型 (D_{BC^2}) 的最优值 $V_{D'} = \theta^0 = 1$, 那么在单输入和单输出的情况下, 当输出 $\boldsymbol{y}_{j_0}$ 不能继续改进时, 决策单元 j_0 是技术有效的. 这里与 C^2R 模型的情况不同 (在 C^2R 模型中, 若 $V_D = \theta^0 = 1$, 则决策单元 j_0 既是技术有效, 也是规模有效的) 是因为生产可能集 $\bar{T}$ 的构成不满足锥性公理的假设. 在图 2.4 中, 点 $(3,3)$ 位于生产可能集 $\bar{T}$ 的生产前沿面上, 当输出量 $y_{j_0} = 3$ 保持不变时, 尽量减少输入量 $x_{j_0} = 3$ 已经不可能了, 即线性规划模型

$$(D^2_{BC^2}) \begin{cases} \min \theta = V_{D'^2}, \\ \text{s.t. } \lambda_1 + 3\lambda_2 + 4\lambda_3 \leqq 3\theta, \\ \qquad 2\lambda_1 + 3\lambda_2 + \lambda_3 \geqq 3, \\ \qquad \lambda_1 + \lambda_2 + \lambda_3 = 1, \\ \qquad \lambda_1 \geqq 0, \lambda_2 \geqq 0, \lambda_3 \geqq 0 \end{cases}$$

的最优解 $\boldsymbol{\lambda}^0 = (0,1,0)^{\mathrm{T}}$, $\theta^0 = 1$ 满足 $V_{D'^2} = \theta^0 = 1$. 因此, 决策单元 2 为 DEA 有效 (BC^2) . 但是, 当用 C^2R 模型进行评价时, 由于生产可能集的构成需要满足锥性公理假设, 所以 DEA 有效性会发生变化, 此时的生产可能集 T 为图 2.5 的阴影部分.

利用 C^2R 模型评价决策单元 2 (对应于 $x_{j_0} = 3$, $y_{j_0} = 3$) 时, 相应的线性规划模型为

$$(D^2_{C^2R}) \begin{cases} \min \theta = V_{D^2}, \\ \text{s.t. } \lambda_1 + 3\lambda_2 + 4\lambda_3 \leqq 3\theta, \\ \qquad 2\lambda_1 + 3\lambda_2 + \lambda_3 \geqq 3, \\ \qquad \lambda_1 \geqq 0, \lambda_2 \geqq 0, \lambda_3 \geqq 0. \end{cases}$$

线性规划模型 ($D^2_{C^2R}$) 的最优解为

$$\boldsymbol{\lambda}^0 = \left(\frac{3}{2}, 0, 0\right)^{\mathrm{T}}, \quad \theta^0 = \frac{1}{2}.$$

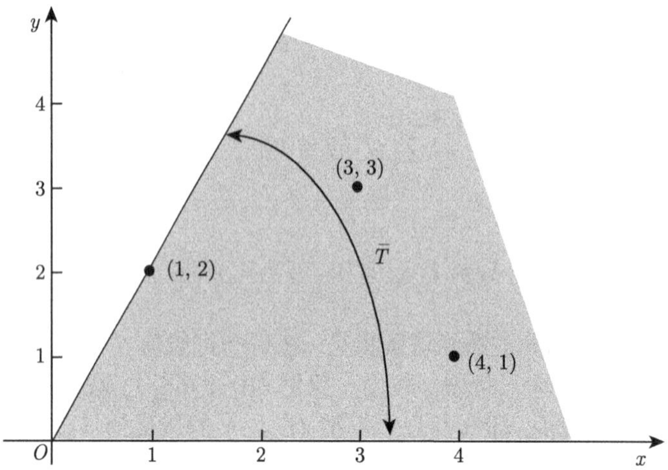

图 2.5　决策单元确定的生产可能集 (C^2R)

因为

$$V_{D^2} = \theta^0 = \frac{1}{2} < 1,$$

所以, 决策单元 2 不为 DEA 有效 (C^2R).

对于 BC^2 模型也可以定义决策单元在 DEA 相对有效面上的 "投影". 令

$$\hat{\boldsymbol{x}}_{j_0} = \theta^0 \boldsymbol{x}_{j_0} - \boldsymbol{s}^{-0} = \sum_{j=1}^{n} \boldsymbol{x}_j \lambda_j^0,$$

$$\hat{\boldsymbol{y}}_{j_0} = \boldsymbol{y}_{j_0} + \boldsymbol{s}^{+0} = \sum_{j=1}^{n} \boldsymbol{y}_j \lambda_j^0.$$

其中, $\boldsymbol{\lambda}^0$, $\boldsymbol{s}^{-0}$, $\boldsymbol{s}^{+0}$, θ^0 为线性规划

$$(\bar{\mathrm{D}}_\varepsilon)\left\{\begin{array}{l} \min\left(\theta - \varepsilon(\hat{\boldsymbol{e}}^{\mathrm{T}} \boldsymbol{s}^- + \boldsymbol{e}^{\mathrm{T}} \boldsymbol{s}^+)\right) = V_{\bar{\mathrm{D}}'_\varepsilon}, \\ \text{s.t.} \ \sum_{j=1}^{n} \boldsymbol{x}_j \lambda_j + \boldsymbol{s}^- = \theta \boldsymbol{x}_{j_0}, \\ \qquad \sum_{j=1}^{n} \boldsymbol{y}_j \lambda_j - \boldsymbol{s}^+ = \boldsymbol{y}_{j_0}, \\ \qquad \sum_{j=1}^{n} \lambda_j = 1, \\ \qquad \boldsymbol{s}^- \geqq \boldsymbol{0}, \boldsymbol{s}^+ \geqq \boldsymbol{0}, \lambda_j \geqq 0, j = 1, 2, \cdots, n \end{array}\right.$$

的最优解, 称 $(\hat{\boldsymbol{x}}_{j_0}, \hat{\boldsymbol{y}}_{j_0})$ 为决策单元 j_0 在 DEA 相对有效面上的 "投影". 于是有如下定理.

定理 2.6 设

$$\hat{\boldsymbol{x}}_{j_0} = \theta^0 \boldsymbol{x}_{j_0} - \boldsymbol{s}^{-0} = \sum_{j=1}^{n} \boldsymbol{x}_j \lambda_j^0,$$

$$\hat{\boldsymbol{y}}_{j_0} = \boldsymbol{y}_{j_0} + \boldsymbol{s}^{+0} = \sum_{j=1}^{n} \boldsymbol{y}_j \lambda_j^0.$$

其中, $\boldsymbol{\lambda}^0, \boldsymbol{s}^{-0}, \boldsymbol{s}^{+0}, \theta^0$ 是决策单元 j_0 对应的线性规划 $(\bar{\mathrm{D}}_\varepsilon)$ 的最优解, 则 $(\hat{\boldsymbol{x}}_{j_0}, \hat{\boldsymbol{y}}_{j_0})$ 相对于原来的 n 个决策单元来说是 DEA 有效的 (BC^2).

2.3 基本的广义 DEA 模型及其性质

2.3.1 广义 DEA 模型提出的背景

DEA 模型的经济解释主要依托经济学的生产函数理论, 它用生产前沿面来模拟经验生产函数. 因此, 它给出的效率值反映的是被评价单元相对于优秀单元的信息. 但在现实中, 许多问题的评价参考集并不仅限于此. 例如,

(1) 在高考中, 一般考生更关心的是自己是否超过了录取线, 而不是和优秀考生的差距.

(2) 在由计划经济向市场经济转型时, 决策者不是看哪个企业更有效, 而是要寻找按市场经济配置的改革样板进行学习.

(3) 和每个单元进行比较不仅浪费时间和资源, 而且有些比较可能是没有意义的. 例如, 在高考中, 一个考生可能会将比较的对象确定为录取线、某些特定区域考生或自己熟悉的考生等, 而不可能和全国每个具体考生都进行详细的比较.

由此可见, 传统 DEA 方法的 "参照系" 是 "有效的决策单元", 而实际上人们需要比较的对象不仅限于优秀单元, 还可能是一般单元 (如录取线)、较差单元 (如可容忍的底线), 或者决策者指定的单元 (如榜样、标准或决策者感兴趣的对象). 而传统 DEA 方法无法解决这些问题 (图 2.6).

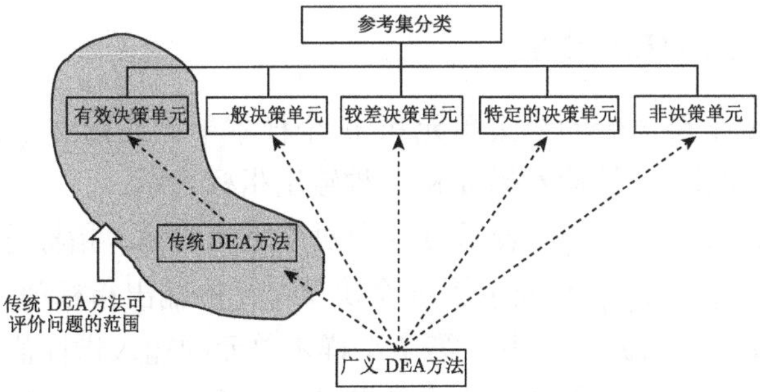

图 2.6 广义 DEA 方法可评价问题的范围

为解决上述问题, 以下尝试给出一种更具广泛含义的 DEA 方法. 本节内容主要来源于文献 [6] 和文献 [7].

如果将决策单元集 (即被评价对象的集合) 设为 A, 样本单元集 (即生产可能集的观测点集) 设为 B, 则传统 DEA 方法和广义 DEA 方法中的样本单元集与决策单元集之间的关系可由图 2.7 和图 2.8 进行描述.

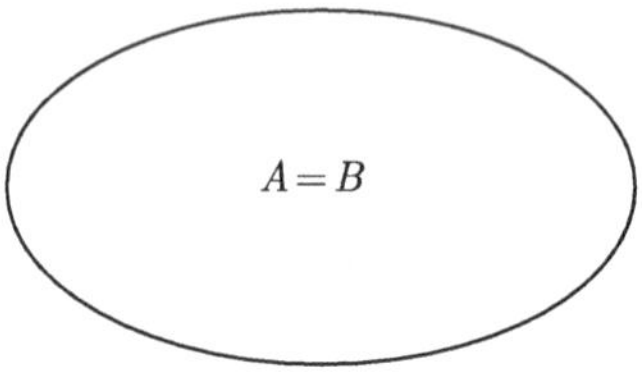

图 2.7　传统 DEA 方法中决策单元集与样本单元集的关系

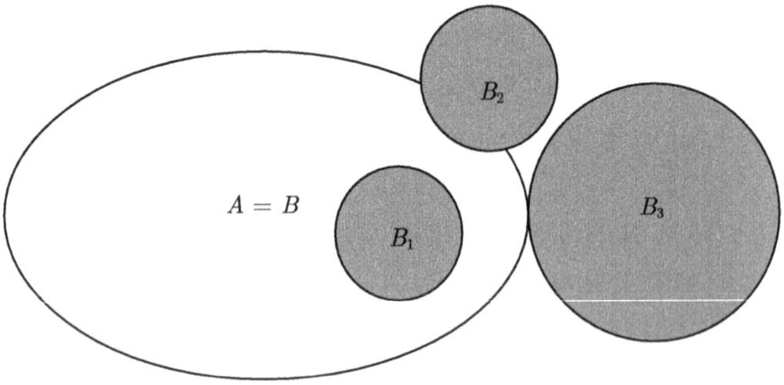

图 2.8　广义 DEA 方法中决策单元集与样本单元集的关系

在传统 DEA 模型 (如 C^2R 模型 [1]、BC^2 模型 [2]、FG 模型 [8]、ST 模型 [9]) 中样本单元集 B 与决策单元集 A 必须相同. 但广义 DEA 方法中样本单元集与决策单元集之间的关系可能存在多种情况, 样本单元集 B 不仅可以与决策单元集 A 相同, 也可以是 B_1, B_2, B_3.

2.3.2　基本的广义 DEA 模型

假设共有 n 个待评价的决策单元和 $\bar{n}$ 个样本单元或标准 (以下统称样本单元), 它们的特征可由 m 种输入指标和 s 种输出指标表示:

$\boldsymbol{x}_p=(x_{1p},x_{2p},\cdots,x_{mp})^{\mathrm{T}}$ 表示第 p 个决策单元的输入指标值,

$\boldsymbol{y}_p=(y_{1p},y_{2p},\cdots,y_{sp})^{\mathrm{T}}$ 表示第 p 个决策单元的输出指标值,

$\bar{\boldsymbol{x}}_j=(\bar{x}_{1j},\bar{x}_{2j},\cdots,\bar{x}_{mj})^{\mathrm{T}}$ 表示第 j 个样本单元的输入指标值,

$\bar{\boldsymbol{y}}_j=(\bar{y}_{1j},\bar{y}_{2j},\cdots,\bar{y}_{sj})^{\mathrm{T}}$ 表示第 j 个样本单元的输出指标值,

并且它们均为正数, 则对决策单元 p 有以下模型

$$
(\mathrm{GD})\left\{\begin{array}{l}
\max\left(\boldsymbol{\mu}^{\mathrm{T}} \boldsymbol{y}_p+\delta \mu_0\right)=V(d), \\
\text { s.t. } \boldsymbol{\omega}^{\mathrm{T}} \overline{\boldsymbol{x}}_j-\boldsymbol{\mu}^{\mathrm{T}} d \overline{\boldsymbol{y}}_j-\delta \mu_0 \geqq 0, j=1,2, \cdots, \bar{n}, \\
\qquad \boldsymbol{\omega}^{\mathrm{T}} \boldsymbol{x}_p=1, \\
\qquad \boldsymbol{\omega} \geqq \mathbf{0}, \boldsymbol{\mu} \geqq \mathbf{0} .
\end{array}\right.
$$

其中, $\boldsymbol{\omega}=(\omega_1,\omega_2,\cdots,\omega_m)^{\mathrm{T}}$ 为输入指标的权重, $\boldsymbol{\mu}=(\mu_1,\mu_2,\cdots,\mu_s)^{\mathrm{T}}$ 为输出指标的权重, d 为一个正数, 称为移动因子.

当 $\delta=0$ 时, 模型 (GD) 满足规模收益不变; 当 $\delta=1$ 时, 模型 (GD) 满足规模收益可变. 模型 (GD) 的对偶模型可以表示为

$$
(\mathrm{D\text{-}GD})\left\{\begin{array}{l}
\min \theta, \\
\text { s.t. } \sum_{j=1}^{\bar{n}} \overline{\boldsymbol{x}}_j \lambda_j+\boldsymbol{s}^{-}=\theta \boldsymbol{x}_p, \\
\qquad \sum_{j=1}^{\bar{n}} d \overline{\boldsymbol{y}}_j \lambda_j-\boldsymbol{s}^{+}=\boldsymbol{y}_p, \\
\qquad \delta \sum_{j=1}^{\bar{n}} \lambda_j=\delta, \\
\qquad \lambda_j \geqq 0, j=1,2, \cdots, \bar{n}, \\
\qquad \boldsymbol{s}^{-} \geqq \mathbf{0}, \boldsymbol{s}^{+} \geqq \mathbf{0} .
\end{array}\right.
$$

可以证明模型 (GD) 存在可行解.

定义 2.6 (1) 若模型 (GD) 存在可行解使得 $V(d) \geqq 1$, 则称决策单元 p 相对样本数据前沿面的 d 移动是弱有效, 简称为 GD (d) 弱有效.

(2) 若模型 (GD) 存在最优解 $\boldsymbol{\omega}^0, \boldsymbol{\mu}^0, \mu_0^0$ 满足 $\boldsymbol{\omega}^0>\mathbf{0}$, $\boldsymbol{\mu}^0>\mathbf{0}$, $V(d)=1$, 或者存在可行解 $\bar{\boldsymbol{\omega}}, \bar{\boldsymbol{\mu}}, \bar{\mu}_0$ 使得 $\bar{\boldsymbol{\mu}}^{\mathrm{T}} \boldsymbol{y}_p+\delta \bar{\mu}_0>1$, 则称决策单元 p 相对样本数据前沿面的 d 移动是有效的, 简称为 GD (d) 有效.

同样地, 当 $d=1$ 时, 记 GD (1) 弱有效为 GD 弱有效, 记 GD (1) 有效为 GD 有效.

此外, 类似于传统 DEA 方法的求解方式, 可以通过含有非阿基米德无穷小量的线性规划模型 (M_{ε}) 给出决策单元的投影概念.

$$
(\mathrm{M}_{\varepsilon})\left\{\begin{array}{l}
\min \theta-\varepsilon(\hat{\boldsymbol{e}}^{\mathrm{T}} \boldsymbol{s}^{-}+\boldsymbol{e}^{\mathrm{T}} \boldsymbol{s}^{+}), \\
\text{s.t. } \displaystyle\sum_{j=1}^{\bar{n}} \bar{\boldsymbol{x}}_{j} \lambda_{j}+\boldsymbol{s}^{-}=\boldsymbol{x}_{p}(\theta-\lambda_{0}), \\
\qquad \displaystyle\sum_{j=1}^{\bar{n}} d \bar{\boldsymbol{y}}_{j} \lambda_{j}-\boldsymbol{s}^{+}=\boldsymbol{y}_{p}(1-\lambda_{0}), \\
\qquad \delta \displaystyle\sum_{j=0}^{\bar{n}} \lambda_{j}=\delta, \\
\qquad \lambda_{j} \geqq 0, j=0,1, \cdots, \bar{n}, \\
\qquad \boldsymbol{s}^{-} \geqq \mathbf{0}, \boldsymbol{s}^{+} \geqq \mathbf{0}.
\end{array}\right.
$$

若决策单元为 GD (d) 无效, 则可以应用定义 2.7 中的公式, 进一步给出无效决策单元的投影.

定义 2.7 假设 $\boldsymbol{\lambda}^0$, $\boldsymbol{s}^{-0}$, $\boldsymbol{s}^{+0}$, θ^0 是线性规划模型 (M_ε) 的最优解, 令

$$\hat{\boldsymbol{x}}_p=\theta^0\boldsymbol{x}_p-\boldsymbol{s}^{-0},\quad \hat{\boldsymbol{y}}_p=\boldsymbol{y}_p+\boldsymbol{s}^{+0},$$

称 $(\hat{\boldsymbol{x}}_p,\hat{\boldsymbol{y}}_p)$ 为决策单元 p 对应的 $(\boldsymbol{x}_p,\boldsymbol{y}_p)$ 在样本有效前沿面上的 "投影".

2.3.3 广义 DEA 有效性的含义

假设共有 n 个待评价的决策单元和 $\bar{n}$ 个样本单元, 它们的特征可由 m 种输入和 s 种输出指标表示. 其中, $(\boldsymbol{x}_p,\boldsymbol{y}_p)$ 表示第 p 个决策单元的输入输出指标值, $(\bar{\boldsymbol{x}}_j,\bar{\boldsymbol{y}}_j)$ 表示第 j 个样本单元的输入输出指标值, 并且它们均为正数. 则由 $\bar{n}$ 个样本单元确定的生产可能集 $T(1)$ 可以表示如下:

$$T(1)=\left\{(\boldsymbol{x},\boldsymbol{y})\left|\boldsymbol{x}\geqq\sum_{j=1}^{\bar{n}}\bar{\boldsymbol{x}}_j\lambda_j\right.,\boldsymbol{y}\leqq\sum_{j=1}^{\bar{n}}\bar{\boldsymbol{y}}_j\lambda_j,\delta\sum_{j=1}^{\bar{n}}\lambda_j=\delta,\boldsymbol{\lambda}=(\lambda_1,\lambda_2,\cdots,\lambda_{\bar{n}})^{\mathrm{T}}\geqq\mathbf{0}\right\}.$$

$T(1)$ 中的每组值都代表了样本单元的一种可能的输入输出状态.

由于广义 DEA 模型以样本前沿面为参考集进行评价, 如果被评价单元的输入输出指标值不比样本前沿面上的点更差, 则这一单元即为 GD 有效单元; 否则表明, 与样本单元的 "最好" 水平相比, 被评价单元的输入输出指标值还没有达到 Pareto 有效状态.

比如, 在图 2.9 中, 决策单元集为 $\{D, E, G\}$, 样本单元集为 $\{a, b, c\}$. 当 $\delta=1$ 时, 样本可能集为图中的阴影部分, 样本前沿面为图中的线段 ab, 其中, 决策单元 G 和 E 为 GD 有效, 决策单元 D 为 GD 无效.

在应用模型 (GD) 进行计算时, 决策单元 D 的效率值小于 1, 说明被评价单元 D 的效率劣于优秀样本单元; 决策单元 G 的效率值等于 1, 说明被评价单元 G 的效率与优秀样本单元相当; 决策单元 E 对应的模型无可行解, 说明被评价单元

E 的效率优于优秀样本单元, 并且效率值越大, 表明被评价单元的效率越高. 下面给出一个具体的例子来说明 GD 有效性的含义.

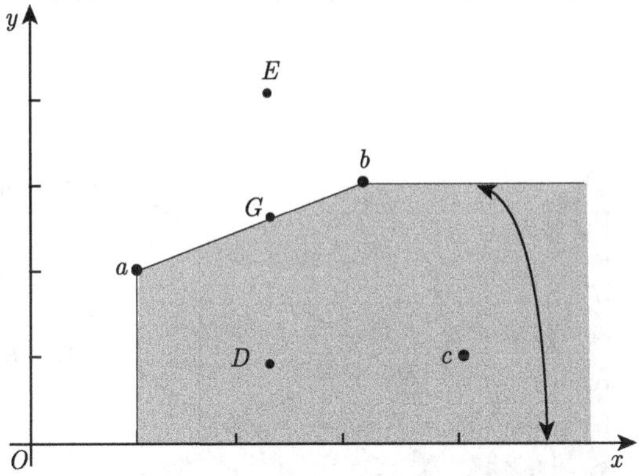

图 2.9 样本可能集与决策单元

例 2.6 假设某班级有 9 名学生, 学校准备在一次期末实验考试中测试学生的实验效率. 测试过程中, 学校根据实际情况, 将学生完成实验的效率评价标准规定为以下 4 种:

(1) 优秀: 完成实验耗时不超过 40min.

(2) 良好: 完成实验耗时 41~60 min.

(3) 一般: 完成实验耗时 61~80 min.

(4) 较差: 完成实验耗时超过 80 min.

为便于说明问题, 假设学生的考试成绩均为 60 分. 每位学生的实验时间和考试成绩如表 2.7 所示.

表 2.7 某班级学生的实验时间和考试成绩

学号	一般			良好			优秀		
	1	2	3	4	5	6	7	8	9
知识查阅时间 (x_1)	20	40	60	15	30	45	10	20	30
实验实施时间 (x_2)	60	40	20	45	30	15	30	20	10
考试成绩 (y)	60	60	60	60	60	60	60	60	60

以下分别用优秀效率、良好效率、一般效率的标准来分析学生 2, 学生 5 和学生 8 的 GD 有效性.

根据问题的要求在 (GD) 模型中分别取 $\delta = 1$,

决策单元集 =\{学生 2, 学生 5, 学生 8 \},

样本单元集 1 (优秀学生的集合) = \{学生 7, 学生 8, 学生 9 \}= $\{A_1, C_1, B_1\}$,

样本单元集 2 (良好学生的集合) = {学生 4, 学生 5, 学生 6 }= $\{A_2, C_2, B_2\}$,

样本单元集 3 (一般学生的集合) = {学生 1, 学生 2, 学生 3 }= $\{A_3, C_3, B_3\}$,
则当 $y = 60$ 不变时, 样本单元集 1~3 构成的样本可能集投影到输入指标空间的图形如图 2.10 所示.

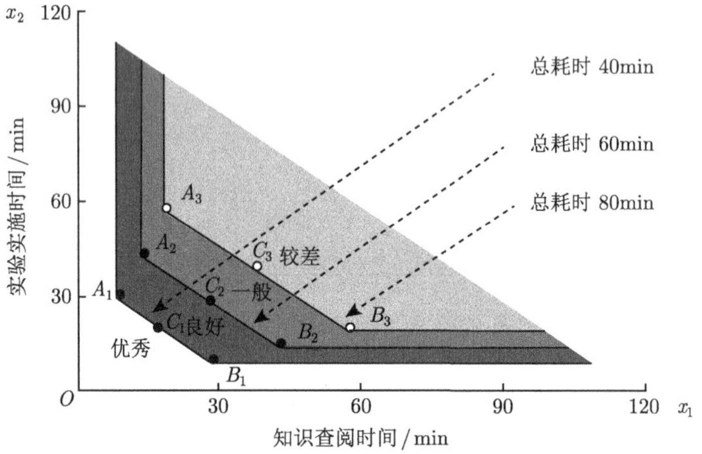

图 2.10　决策单元及评价参考集

应用线性规划模型 (GD) 可以计算出各决策单元的效率值, 测算结果如表 2.8 所示.

表 2.8　被评价学生的效率值

学生序号	优秀的标准	良好的标准	一般的标准
2	0.500	0.750	1.000
5	0.667	1.000	1.333
8	1.000	1.500	2.000

从上面的样本单元集合可以看到, 当选择的参考集 (样本单元集合) 不同时, 各决策单元的评价结果也不同:

(1) 当选择的参考集为优秀学生集时, 学生 2 和学生 5 的效率值小于 1, 表明这两个学生的效率劣于优秀学生; 学生 8 的效率值等于 1, 表明学生 8 同优秀学生一样优秀.

(2) 当选择的参考集为良好学生集时, 学生 2 的效率值小于 1, 表明学生 2 的效率劣于良好学生; 学生 5 的效率值等于 1, 表明学生 5 的效率与良好学生的效率相当; 学生 8 的效率值大于 1, 表明学生 8 的效率优于良好学生.

(3) 当选择的参考集为一般学生集时, 学生 2 的效率值等于 1, 表明学生 2 的效率与一般学生的效率相当; 学生 5 和学生 8 的效率值大于 1, 表明这两个学生的效率优于一般学生.

例 2.6 表明, 广义 DEA 方法可以根据评价目标的需要来自主选择参考集, 而传统 DEA 方法仅能依靠 DEA 生产前沿面来提供评价的信息.

当移动因子 d 取不同值时, 样本前沿面就产生相应移动, 这样可以进一步预测在整体技术水平提高或降低的情况下决策单元的有效性变化. 例如, 图 2.11 中, 可以将学习的绩效空间分为优、良、中、差等.

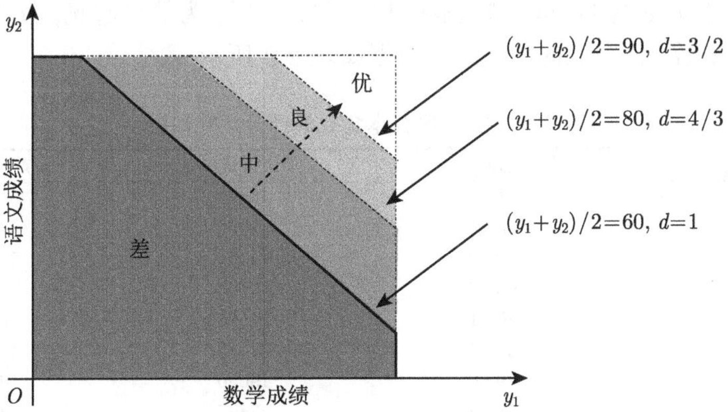

图 2.11 参考集及其有效面移动

同时, 应用样本前沿面的移动也可以将决策空间分成不同性质的区域. 例如, 图 2.12 中将风险区域分成了高风险区域、中风险区域、低风险区域等.

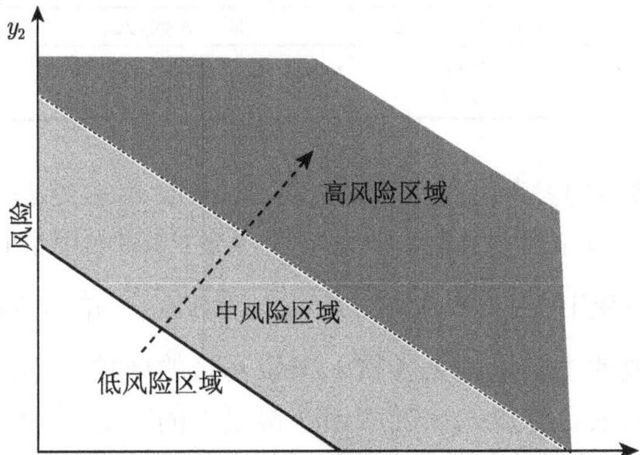

图 2.12 参考集及其有效面移动

在实际应用中, d 的取值要根据实际情况而定. 比如, 在生产有效性分析中,要根据时间、地点、技术进步等因素的不同来确定 d 的可能取值.

2.3.4 广义 DEA 方法在企业效率分析中的应用

以下首先举例说明如何应用广义 DEA 方法获得决策单元和某些指定对象比较的信息.

假设甲、乙两个企业同处一个地区, 在经营过程中, 它们都希望和该地区的经营模式上已经转型成功的 8 家同类企业进行比较, 并希望以此为本企业的未来转型提供参考信息.

以下收集了 8 家成功转型企业的相关数据资料, 为简单起见, 仅选取其中三个指标进行测算, 各企业的相关指标数据如表 2.9 所示.

表 2.9 某 8 家样本企业的部分指标数据

企业序号	资产总额/亿元	职工人数/人	总产值/亿元
1	51.14	46421	36.71
2	58.05	59976	36.51
3	70.32	46954	31.52
4	66.40	19100	21.80
5	20.21	24598	19.87
6	34.32	32188	19.75
7	29.50	19050	18.74
8	18.34	22897	18.05

假设各企业的生产满足规模报酬可变, 甲、乙两个企业的相应指标数据如表 2.10 所示.

表 2.10 甲企业和乙企业的部分指标数据

企业名称	资产总额/亿元	职工人数/人	总产值/亿元
甲	69.77	35953	30.24
乙	32.64	37437	27.52

(1) 企业未来转型的参考信息. 在模型 (GD) 中取 $\delta=1, d=1$. 通过计算可知, 乙企业的生产满足 GD 有效, 甲企业则为 GD 无效. 其中, 甲企业的计算结果为

$$\theta=0.961, \quad s_1^-=9.315, \quad s_2^-=0.000, \quad s_1^+=0.000.$$

这表明, 甲企业无效的主要原因是各投入出现冗余的现象. 其中, 资本的产出不足更为突出, 即以目前的资产投入情况应该获得更大的产值. 因此, 甲企业的决策者应仔细研究其他企业的经营策略和资源配置情况, 使自身企业的整体效益得到进一步提高.

(2) 以往的 DEA 模型对有效单元能给出的信息较少, 应用模型 (GD), 通过移动样本前沿面还可以给出有效单元改进的信息.

在模型 (GD) 中取 $\delta=1$, $d=1.1$, 则乙企业的计算结果为

$$\theta=0.909,\quad s_1^-=0.000,\quad s_2^-=2756,\quad s_1^+=0.000.$$

这表明, 在生产力整体水平进一步提高的情况下, 乙企业将出现投入冗余的情况. 其中, 人力资本产出不足的现象也较为突出. 因此, 企业为了提高生产效益, 未来应该注重优化岗位结构, 加强员工培训, 使生产资料和人力资本得到合理配置, 以进一步达到有效提高生产效益的目的.

上述广义 DEA 方法可以把多种数据信息综合集成, 通过该方法不仅能为无效单元提供进一步改进的信息, 而且也能为有效单元提出发展的方向, 尤其对于一些关系复杂的系统, 该方法具有十分突出的优势. 当然, 该方法提供的信息是宏观上的分析结果和预测性的建议, 在实际应用中还需要进一步论证和进行更为详细的分析.

2.3.5 广义 DEA 模型的特点与优势分析

广义 DEA 方法以样本单元为 “参照物”, 以决策单元为研究对象来构造模型. 该方法几乎具有传统 DEA 模型的全部性质和特征, 而且还有许多独特的优点, 主要表现在以下几个方面:

(1) 传统 DEA 方法依据 “生产前沿面” 提供决策信息, 而广义 DEA 方法依据 “样本数据前沿面” 来提供决策信息. 其中,“样本数据前沿面” 除了包含 “生产前沿面” 之外, 还有更加广泛的含义和应用背景.

(2) 传统 DEA 方法只能依据全部决策单元进行评价, 而广义 DEA 方法能依据决策单元的任何子集或决策单元集之外的其他同类单元集进行评价.

(3) 广义 DEA 方法拓展了原有的 DEA 理论, 可以证明 $\mathrm{C^2R}$ 模型、$\mathrm{BC^2}$ 模型均是广义 DEA 模型的特例.

(4) 现有的 DEA 模型能为有效单元给出的信息较少, 而广义 DEA 模型可以对有效单元给出进一步的改进信息.

(5) 从广义 DEA 方法出发, 可以在择优排序、风险评估、评价组合效率等许多方面给出更为有效的分析方法.

例如, 应用广义 DEA 方法不仅可以将传统的 F-N 曲线分析方法推广到 n 维空间, 而且可以通过构造各种风险数据包络面来划分风险区域、预测风险大小以及给出风险状况的综合排序等.

参 考 文 献

[1] Charnes A, Cooper W W, Rhodes E. Measuring the efficiency of decision making units [J]. European Journal of Operational Research, 1978, 2(6): 429-444.

[2] Banker R D, Charnes A, Cooper W W. Some models for estimating technical and scale inefficiencies in data envelopment analysis [J]. Management Science, 1984, 30(9): 1078-1092.
[3] 魏权龄. 评价相对有效的 DEA 方法 [M]. 北京: 中国人民大学出版社, 1988.
[4] 盛昭瀚, 朱乔, 吴广谋. DEA 理论、方法与应用 [M]. 北京: 科学出版社, 1996.
[5] 马占新. 数据包络分析模型与方法 [M]. 北京: 科学出版社, 2010.
[6] 马占新. 一种基于样本前沿面的综合评价方法 [J]. 内蒙古大学学报, 2002, 33(6): 606-610.
[7] 马占新. 广义参考集 DEA 模型及其相关性质 [J]. 系统工程与电子技术, 2012, 34(4): 709-714.
[8] Färe R, Grosskopf S. A nonparametric cost approach to scale efficiency [J]. Scandinavian Journal of Economics, 1985, 87(4): 594-604.
[9] Seiford L M, Thrall R M. Recent developments in DEA: The mathematical programming approach to frontier analysis [J]. Journal of Econometrics, 1990, 46(1/2): 7-38.

第 3 章　用于广义 DEA 有效性的度量方法

在广义 DEA 有效性度量方面还存在以下两个问题有待解决. 第一, 当广义 DEA 模型无可行解时, 尽管被评价单元本身是有效的, 但却无法用具体数值刻画其有效程度. 第二, 当单元为广义 DEA 有效时, 某些单元的效率值存在被高估的情况. 为解决这些问题, 本章首先给出一个拓展的广义 DEA 模型. 然后, 给出一种判定广义 DEA 模型存在无可行解情况的充要条件, 以及单元效率被高估的判定条件. 同时, 给出测定单元效率的三种方法, 并讨论了这些方法与原有测定方法的关系. 最后, 通过实际例子进行了对比研究.

自从 1978 年 Charnes 等 [1] 提出 C^2R 模型以来, DEA 方法已在诸多领域得到成功应用和迅速发展. 传统 DEA 方法以所有决策单元 (以下简称单元) 的输入输出为参考点, 采用变化权重方法对单元进行评价 [2-5]. 但现实中很多问题选择的“参考集”有时并不是全部待评价单元本身, 而是另外指定的单元或标准. 因此, 1999 年, 文献 [6] 从 DEA 新的理论基础——偏序集理论 [7] 出发, 提出了基于样本单元评价的广义 DEA 方法, 并在后续的研究中逐步完善了广义 DEA 模型及其方法体系, 包括广义 C^2R 模型、广义 BC^2 模型 [8]、广义 C^2WH 模型 [9]、广义 C^2W 模型 [10]、广义 C^2WY 模型 [11] 、基于面板数据的广义 DEA 模型 [12]、广义模糊 DEA 模型 [13,14]、评价多属性单元的广义 DEA 模型 [15,16]、广义链式 DEA 模型 [17,18] 等. 另外, 文献 [19]~[22] 对广义 DEA 的其他模型和性质也进行了探讨. 但从以往的研究看, 在广义 DEA 有效性度量方面还存在以下两个问题有待解决: ① 当广义 DEA 模型无可行解时, 尽管被评价单元本身是有效的, 但却无法用具体数值刻画其有效程度; ② 当单元为广义 DEA 有效时, 某些单元的投影出现投入冗余或产出亏空的情形, 此时效率值可能被高估. 针对上述问题本章进行了系统的分析和讨论: 首先, 给出一种判定广义 DEA 模型存在无可行解情况的充要条件, 以及单元效率被高估的判定条件. 其次, 给出测定单元效率的保守型、平均型和激进型三种方法, 并讨论这些方法与原有测定方法的关系. 最后, 通过实际例子进行对比分析.

3.1 广义 DEA 模型及其有效性度量

假设有 n 个待评价单元和 $\bar{n}$ 个样本单元, 其中第 p 个待评价单元的输入输出指标值为 $(\boldsymbol{x}_p,\boldsymbol{y}_p)(p=1,2,\cdots,n)$, 第 j 个样本单元的输入输出指标值为 $(\bar{\boldsymbol{x}}_j,\bar{\boldsymbol{y}}_j)(j=1,2,\cdots,\bar{n})$. 这里 $(\boldsymbol{x}_p,\boldsymbol{y}_p)>\boldsymbol{0}$, $(\bar{\boldsymbol{x}}_j,\bar{\boldsymbol{y}}_j)>\boldsymbol{0}$, 则面向输入的广义 DEA 模型可以表示如下:

$$
(\mathrm{IG})\left\{\begin{array}{l}
\max\left(\boldsymbol{\mu}^{\mathrm{T}}\boldsymbol{y}_p+\delta_1\mu_0\right),\\
\text{s.t.}\ \ \boldsymbol{\omega}^{\mathrm{T}}\bar{\boldsymbol{x}}_j-\boldsymbol{\mu}^{\mathrm{T}}\bar{\boldsymbol{y}}_j-\delta_1\mu_0\geqq 0, j=1,2,\cdots,\bar{n},\\
\qquad \boldsymbol{\omega}^{\mathrm{T}}\boldsymbol{x}_p=1,\\
\qquad \boldsymbol{\omega}\geqq\boldsymbol{0},\boldsymbol{\mu}\geqq\boldsymbol{0},\\
\qquad \delta_1\delta_2(-1)^{\delta_3}\mu_0\geqq 0.
\end{array}\right.
$$

其对偶模型为

$$
(\mathrm{DG})\left\{\begin{array}{l}
\min\theta,\\
\text{s.t.}\ \ \sum_{j=1}^{\bar{n}}\bar{\boldsymbol{x}}_j\lambda_j+\boldsymbol{s}^-=\theta\boldsymbol{x}_p,\\
\qquad \sum_{j=1}^{\bar{n}}\bar{\boldsymbol{y}}_j\lambda_j-\boldsymbol{s}^+=\boldsymbol{y}_p,\\
\qquad \delta_1\left(\sum_{j=1}^{\bar{n}}\lambda_j-\delta_2(-1)^{\delta_3}\lambda_{\bar{n}+1}\right)=\delta_1,\\
\qquad \boldsymbol{s}^-\geqq\boldsymbol{0},\boldsymbol{s}^+\geqq\boldsymbol{0},\lambda_j\geqq 0, j=1,2,\cdots,\bar{n}+1.
\end{array}\right.
$$

(1) 当 $\delta_1=0$ 时, (IG) 模型为广义 C^2R 模型.

(2) 当 $\delta_1=1$, $\delta_2=0$ 时, (IG) 模型为广义 BC^2 模型.

(3) 当 $\delta_1=1$, $\delta_2=1$, $\delta_3=1$ 时, (IG) 模型为广义 FG 模型.

(4) 当 $\delta_1=1$, $\delta_2=1$, $\delta_3=0$ 时, (IG) 模型为广义 ST 模型.

上述模型对应的样本单元可能集 STE 可以表示如下:

$$
\begin{aligned}
STE=\Bigg\{(\boldsymbol{x},\boldsymbol{y})\,\Bigg|\,&\boldsymbol{x}\geqq\sum_{j=1}^{\bar{n}}\bar{\boldsymbol{x}}_j\lambda_j,\ \boldsymbol{y}\leqq\sum_{j=1}^{\bar{n}}\bar{\boldsymbol{y}}_j\lambda_j,\\
&\delta_1\left(\sum_{j=1}^{\bar{n}}\lambda_j-\delta_2(-1)^{\delta_3}\lambda_{\bar{n}+1}\right)=\delta_1,\lambda_j\geqq 0, j=1,2,\cdots,\bar{n}+1\Bigg\}.
\end{aligned}
$$

当样本单元集和决策单元集相同时, 广义 DEA 模型 (DG) 就是相应的传统 DEA 模型 (C^2R 模型、BC^2 模型、FG 模型、ST 模型) [22]. 进一步地, 有以下带有非阿基米德无穷小量的广义 DEA 模型

$$
(\text{DIG})\begin{cases}
\min\theta-\varepsilon(\hat{\boldsymbol{e}}^{\mathrm{T}}\boldsymbol{s}^{-}+\boldsymbol{e}^{\mathrm{T}}\boldsymbol{s}^{+}),\\
\text{s.t.}\ \sum\limits_{j=1}^{\bar{n}}\bar{\boldsymbol{x}}_j\lambda_j+\boldsymbol{s}^{-}=\theta\boldsymbol{x}_p,\\
\qquad\sum\limits_{j=1}^{\bar{n}}\bar{\boldsymbol{y}}_j\lambda_j-\boldsymbol{s}^{+}=\boldsymbol{y}_p,\\
\qquad\delta_1\left(\sum\limits_{j=1}^{\bar{n}}\lambda_j-\delta_2(-1)^{\delta_3}\lambda_{\bar{n}+1}\right)=\delta_1,\\
\qquad\boldsymbol{s}^{-}\geqq\boldsymbol{0},\boldsymbol{s}^{+}\geqq\boldsymbol{0},\lambda_j\geqq 0,j=1,2,\cdots,\bar{n}+1.
\end{cases}
$$

定理 3.1[22] 假设模型 (DIG) 有最优解 θ^*, $\boldsymbol{s}^{-*}$, $\boldsymbol{s}^{+*}$, λ_j^*, $j=1,2,\cdots,\bar{n}+1$, 则

(1) 当 $\theta^*<1$ 或者 $\theta^*=1$, $(\boldsymbol{s}^{-*},\boldsymbol{s}^{+*})\neq\boldsymbol{0}$ 时, 单元 p 为广义 DEA 无效.

(2) 当 $\theta^*=1$ 时, 单元 p 为广义 DEA 弱有效.

定理 3.2[22] 如果模型 (DIG) 满足以下两个条件之一, 则单元 p 为广义 DEA 有效:

(1) 如果模型 (DIG) 有最优解 θ^*, $\boldsymbol{s}^{-*}$, $\boldsymbol{s}^{+*}$, λ_j^*, $j=1,2,\cdots,\bar{n}+1$, 并且 $\theta^*=1$, $(\boldsymbol{s}^{-*},\boldsymbol{s}^{+*})=\boldsymbol{0}$ 或者 $\theta^*>1$;

(2) 模型 (DIG) 无可行解.

例 3.1 以下是一个包含 2 个样本单元和 4 个决策单元的例子, 相应的输入输出数据见表 3.1.

表 3.1 决策单元和样本单元的输入和输出数据

	样本单元		决策单元			
	a	b	c	d	e	f
输入/万元	2	4	2	2	10	10
输出/万元	2	4	4	5	4.1	3.9

应用模型 (DIG) 可得到表 3.2 中的结果, 相应的生产可能集和决策单元的分布状况见图 3.1.

从上面的例子可以看出, 广义 DEA 模型在效率度量上还有以下两个问题需要进一步探讨:

(1) 从表 3.2 可以看出, 当样本单元集和决策单元集相同时, 广义 DEA 模型均存在可行解; 但当样本单元集和决策单元集不同时, 广义 BC^2 模型、广义 FG

模型均出现无可行解的情况, 这时模型 (DIG) 无法给出单元的具体效率值大小, 需要进一步研究新的度量方法.

表 3.2 不同样本单元集下应用模型 (DIG) 获得的决策单元效率值

模型	样本集	决策单元效率值			
		c	d	e	f
C^2R 模型	$\{c, d, e, f\}$	0.80	1.00	0.16	0.16
广义 C^2R 模型	$\{a, b\}$	2.00	2.50	0.41	0.39
BC^2 模型	$\{c, d, e, f\}$	1.00	1.00	0.20	0.20
广义 BC^2 模型	$\{a, b\}$	2.00	无可行解	无可行解	0.39
FG 模型	$\{c, d, e, f\}$	1.00	1.00	0.20	0.20
广义 FG 模型	$\{a, b\}$	2.00	无可行解	无可行解	0.39
ST 模型	$\{c, d, e, f\}$	0.80	1.00	0.16	0.16
广义 ST 模型	$\{a, b\}$	2.00	2.50	0.41	0.39

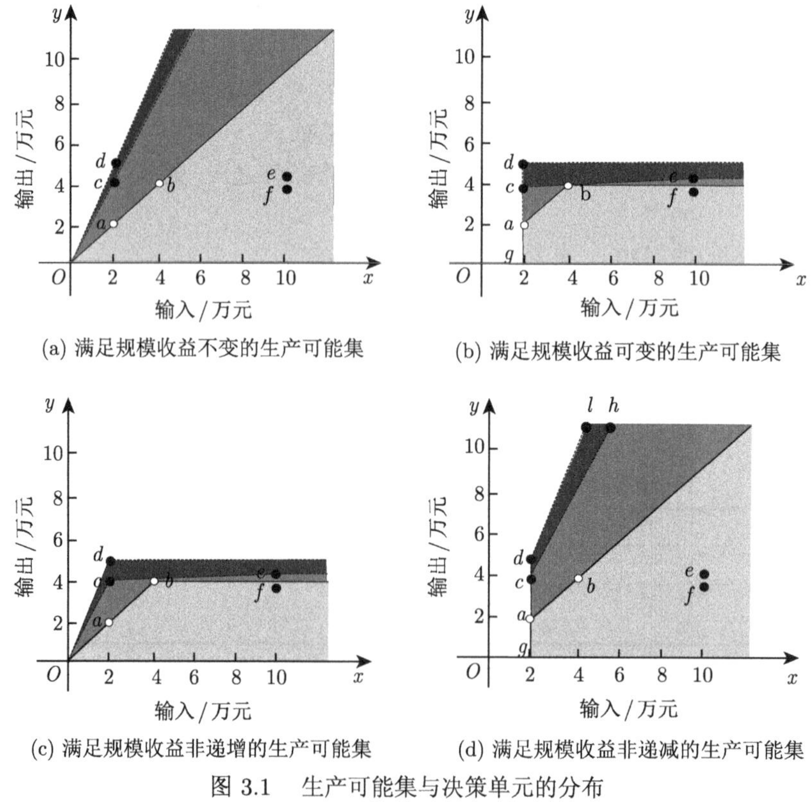
输出/万元
输入/万元
(a) 满足规模收益不变的生产可能集
(b) 满足规模收益可变的生产可能集
(c) 满足规模收益非递增的生产可能集
(d) 满足规模收益非递减的生产可能集

图 3.1 生产可能集与决策单元的分布

(2) 从表 3.1 可以看出, 当样本单元集满足规模收益可变时, 单元 e 和单元 f 的输入相同, 均等于 10; 输出分别为 4.1 和 3.9, 相差不大. 但表 3.2 的结果显示,

在广义 BC^2 模型下, 单元 e 有效, 而单元 f 的效率值只有 0.39. 因此, 单元 e 的效率值可能被高估了, 需要进一步分析.

(3) 从表 3.3 可以看出, 对于超效率 DEA 模型, 其生产可能集随着被评价单元的不同而变化, 并且一定包含在生产可能集中. 而广义 DEA 模型中, 不同决策单元对应的样本可能集不变, 并且样本可能集不一定包含在生产可能集中. 所以广义 DEA 模型有别于超效率 DEA 模型, 超效率 DEA 模型的效率度量方法不能简单移植到广义 DEA 模型中.

表 3.3 超效率 DEA 模型与广义 DEA 模型的生产可能集比较

模型	样本集	对应的图形	对应的区域			
			c	d	e	f
超效率 C^2R	$\{c, d, e, f\}$	图 3.1(a)	dOx	cOx	dOx	dOx
广义 C^2R	$\{a, b\}$	图 3.1(a)	bOx	bOx	bOx	bOx
超效率 BC^2	$\{c, d, e, f\}$	图 3.1(b)	dgx	$ecgx$	dgx	dgx
广义 BC^2	$\{a, b\}$	图 3.1(b)	$bagx$	$bagx$	$bagx$	$bagx$
超效率 FG	$\{c, d, e, f\}$	图 3.1(c)	dOx	$ecOx$	dOx	dOx
广义 FG	$\{a, b\}$	图 3.1(c)	bOx	bOx	bOx	bOx
超效率 ST	$\{c, d, e, f\}$	图 3.1(d)	$ldgx$	$hcgx$	$ldgx$	$ldgx$
广义 ST	$\{a, b\}$	图 3.1(d)	$bagx$	$bagx$	$bagx$	$bagx$

下面进一步探讨相关问题.

定理 3.3 广义 C^2R 模型、广义 ST 模型总存在可行解.

证明 对于广义 C^2R 模型、广义 ST 模型, 由于 $(\boldsymbol{x}_p, \boldsymbol{y}_p) > \mathbf{0}$, $(\bar{\boldsymbol{x}}_j, \bar{\boldsymbol{y}}_j) > \mathbf{0}$, 可取

$$\lambda_1 = \max_{1 \leqq r \leqq s} \left\{ \frac{y_{rp}}{\bar{y}_{r1}} \right\} + 1, \quad \lambda_2 = \cdots = \lambda_{\bar{n}+1} = 0,$$

$$\boldsymbol{s}^+ = \sum_{j=1}^{\bar{n}} \bar{\boldsymbol{y}}_j \lambda_j - \boldsymbol{y}_p, \quad \theta = \lambda_1 \cdot \max_{1 \leqq i \leqq m} \left\{ \frac{\bar{x}_{i1}}{x_{ip}} \right\}, \quad \boldsymbol{s}^- = \theta \boldsymbol{x}_p - \sum_{j=1}^{\bar{n}} \bar{\boldsymbol{x}}_j \lambda_j,$$

则可以验证 θ, $\boldsymbol{s}^-$, $\boldsymbol{s}^+$, λ_j, $j = 1, 2, \cdots, \bar{n}+1$ 为 (DIG) 的可行解. 证毕.

定理 3.3 表明, 广义 C^2R 模型、广义 ST 模型总有可行解, 这时模型 (DIG) 总能给出单元的具体效率值大小.

定理 3.4 广义 BC^2 模型、广义 FG 模型存在可行解当且仅当存在 $\bar{\lambda}_j \geqq 0$, $j = 1, 2, \cdots, \bar{n}$ 满足

$$\sum_{j=1}^{\bar{n}} \bar{\boldsymbol{y}}_j \bar{\lambda}_j \geqq \boldsymbol{y}_p, \quad \sum_{j=1}^{\bar{n}} \bar{\lambda}_j \leqq 1.$$

证明 假设广义 BC^2 模型、广义 FG 模型存在可行解, 则一定存在 $\bar{\theta}$, $\bar{\boldsymbol{s}}^- \geqq \mathbf{0}$, $\bar{\boldsymbol{s}}^+ \geqq \mathbf{0}$, $\bar{\lambda}_j \geqq 0$, $j = 1, 2, \cdots, \bar{n}+1$ 满足

$$\sum_{j=1}^{\bar{n}} \bar{\boldsymbol{x}}_j \bar{\lambda}_j + \bar{\boldsymbol{s}}^- = \bar{\theta} \boldsymbol{x}_p, \quad \sum_{j=1}^{\bar{n}} \bar{\boldsymbol{y}}_j \bar{\lambda}_j - \bar{\boldsymbol{s}}^+ = \boldsymbol{y}_p,$$

$$\sum_{j=1}^{\bar{n}} \bar{\lambda}_j \leqq 1 \quad \left(\text{或者} \sum_{j=1}^{\bar{n}} \bar{\lambda}_j = 1\right),$$

即存在 $\bar{\lambda}_j \geqq 0, j = 1, 2, \cdots, \bar{n}$ 满足

$$\sum_{j=1}^{\bar{n}} \bar{\boldsymbol{y}}_j \bar{\lambda}_j \geqq \boldsymbol{y}_p, \quad \sum_{j=1}^{\bar{n}} \bar{\lambda}_j \leqq 1.$$

反之, 如果存在 $\bar{\lambda}_j \geqq 0, j = 1, 2, \cdots, \bar{n}$ 满足

$$\sum_{j=1}^{\bar{n}} \bar{\boldsymbol{y}}_j \bar{\lambda}_j \geqq \boldsymbol{y}_p, \quad \sum_{j=1}^{\bar{n}} \bar{\lambda}_j \leqq 1,$$

显然, $\sum_{j=1}^{\bar{n}} \bar{\lambda}_j \neq 0$, 令 $\lambda'_j = \bar{\lambda}_j \Big/ \sum_{j=1}^{\bar{n}} \bar{\lambda}_j$, $\lambda'_{\bar{n}+1} = 0$, 则有

$$\sum_{j=1}^{\bar{n}} \lambda'_j = 1, \quad \lambda'_j \geqq 0, \quad j = 1, 2, \cdots, \bar{n}+1.$$

令

$$\bar{\boldsymbol{s}}^+ = \sum_{j=1}^{\bar{n}} \bar{\boldsymbol{y}}_j \lambda'_j - \boldsymbol{y}_p,$$

$$\bar{\theta} = \max\left\{\frac{\bar{x}_{ij}}{x_{ip}}, i = 1, 2, \cdots, m; j = 1, 2, \cdots, \bar{n}\right\},$$

$$\bar{\boldsymbol{s}}^- = \bar{\theta} \boldsymbol{x}_p - \sum_{j=1}^{\bar{n}} \bar{\boldsymbol{x}}_j \lambda'_j.$$

则有

$$\bar{\boldsymbol{s}}^+ = \sum_{j=1}^{\bar{n}} \bar{\boldsymbol{y}}_j \lambda'_j - \boldsymbol{y}_p \geqq \sum_{j=1}^{\bar{n}} \bar{\boldsymbol{y}}_j \bar{\lambda}_j - \boldsymbol{y}_p \geqq \mathbf{0},$$

$$\bar{\boldsymbol{s}}^- = \bar{\theta} \boldsymbol{x}_p - \sum_{j=1}^{\bar{n}} \bar{\boldsymbol{x}}_j \lambda'_j \geqq \mathbf{0}.$$

因此, 模型 (DIG) 有可行解 $\bar{\theta}$, $\bar{\boldsymbol{s}}^-$, $\bar{\boldsymbol{s}}^+$, λ'_j, $j = 1, 2, \cdots, \bar{n}+1$. 证毕.

定理 3.4 表明, 只要被评价单元的输出指标值小于样本单元的凸组合, 广义 BC^2 模型、广义 FG 模型就存在可行解.

定义 3.1 假设模型 (DIG) 有最优解 θ^*, $\boldsymbol{s}^{-*}$, $\boldsymbol{s}^{+*}$, λ_j^*, $j=1,2,\cdots,\bar{n}+1$, 则称

$$(\hat{\boldsymbol{x}}_p, \hat{\boldsymbol{y}}_p) = (\theta^* \boldsymbol{x}_p - \boldsymbol{s}^{-*}, \boldsymbol{y}_p + \boldsymbol{s}^{+*})$$

是 $(\boldsymbol{x}_p, \boldsymbol{y}_p)$ 的投影.

令

$$\begin{aligned}(\Delta \boldsymbol{x}_p, \Delta \boldsymbol{y}_p) &= (\boldsymbol{x}_p - \hat{\boldsymbol{x}}_p, \hat{\boldsymbol{y}}_p - \boldsymbol{y}_p) \\ &= ((\Delta x_{1p}, \Delta x_{2p}, \cdots, \Delta x_{mp}), (\Delta y_{1p}, \Delta y_{2p}, \cdots, \Delta y_{sp})),\end{aligned}$$

称为单元 p 的改进值. 它的含义如下:

(1) 当 $\Delta x_{ip}=0$ 时, 表示决策单元 p 的第 i 个投入指标值与有效单元 $(\hat{\boldsymbol{x}}_p, \hat{\boldsymbol{y}}_p)$ 的第 i 个投入指标值相同. 当 $\Delta y_{rp}=0$ 时, 表示它们的第 r 个产出指标值相同.

(2) 当 $\Delta x_{ip}>0$ 时, 表示决策单元 p 的第 i 个投入指标比有效单元 $(\hat{\boldsymbol{x}}_p, \hat{\boldsymbol{y}}_p)$ 多投入 Δx_{ip}. 当 $\Delta y_{rp}>0$ 时, 表示它的第 r 个产出指标少产出 Δy_{rp}. 这反映了决策单元在投入产出指标上存在的不足.

(3) 当 $\Delta x_{ip}<0$ 时, 表示决策单元 p 的第 i 个投入指标比有效单元 $(\hat{\boldsymbol{x}}_p, \hat{\boldsymbol{y}}_p)$ 少投入 Δx_{ip}. 当 $\Delta y_{rp}<0$ 时, 表示它的第 r 个产出指标超出 Δy_{rp}. 这反映了决策单元在投入产出指标上存在的优势.

当样本单元集与决策单元集相同时, $(\hat{\boldsymbol{x}}_p, \hat{\boldsymbol{y}}_p)$ 即为传统意义下的决策单元 p 的投影.

下面通过例 3.2 可以发现: 模型 (DIG) 可以对有效单元进行进一步度量, 并通过投影可以给出单元在各指标上存在的优势和不足; 但该模型也存在无法度量或高估某些单元效率值的缺点.

例 3.2 下面是一个包含 2 个样本单元和 4 个决策单元的例子, 相应的输入和输出数据见表 3.4.

表 3.4 决策单元和样本单元的输入和输出数据

	样本单元		决策单元			
	a	b	c	d	e	f
输入 1	2	1	10000	1	0.5	4
输入 2	1	2	0.5	0.5	0.5	4
输出 1	1	2	2	2	0.5	2
输出 2	2	1	1	1	0.5	2

取 $\delta_1=1,\delta_2=0$, 应用模型 (DIG) 可以得到表 3.5 中的结果.

表 3.5 满足规模收益可变时应用模型 (DIG) 获得的决策单元效率值

决策单元	Δx_1	Δx_2	Δy_1	Δy_2	效率值
c	9999	−1.500	0.000	0.000	4.000
d	0.000	−1.500	0.000	0.000	4.000
e	−1.000	−1.000	−1.000	−1.000	3.000
f	—	—	—	—	无解

从表 3.5 可以看出:

(1) 单元 e 的效率值为 3, 投影值为负数. 说明, 单元 e 相比于样本单元集中的有效单元, 在输入和输出的每个指标上都存在优势. 这是广义 DEA 方法在效率度量和投影分析方面和传统 DEA 方法相比存在的优势, 在下面给出的新模型中需要传承这一优点.

(2) 单元 c 的第一个输入指标值与单元 d 相比冗余悬殊, 但这两个单元的其他指标值以及效率值相同. 可见, 广义 DEA 方法对单元 c 的效率值存在高估的情况. 同时, 从投影值也可以看出单元 c 的有效程度很高, 但其第一个输入指标的冗余量却非常大, 比单元 d 多 9999 个单位. 显然, 有必要对上述问题给出进一步梳理, 进而, 找出效率值被高估情况存在的条件和形成原因.

(3) 单元 f 无可行解. 可见, 广义 DEA 方法无法提供该单元的效率度量值和投影, 需进一步给出该类单元的效率度量方法.

以下通过定理 3.5 来进一步探讨广义 DEA 模型 (DIG) 对单元效率值高估的原因和尺度.

定理 3.5 假设模型 (DIG) 有最优解 θ^*, $\boldsymbol{s}^{-*}$, $\boldsymbol{s}^{+*}$, λ_j^*, $j=1,2,\cdots,\bar{n}+1$, 则

(1) 当 $\theta^*\leqq 1$ 时, $\hat{\boldsymbol{x}}_p\leqq\theta^*\boldsymbol{x}_p$, $\hat{\boldsymbol{y}}_p\geqq\boldsymbol{y}_p$;

(2) 当 $(\boldsymbol{s}^{-*},\boldsymbol{s}^{+*})=\mathbf{0}$ 时, $\hat{\boldsymbol{x}}_p=\theta^*\boldsymbol{x}_p$, $\hat{\boldsymbol{y}}_p=\boldsymbol{y}_p$;

(3) 当 $\theta^*>1$, $(\boldsymbol{s}^{-*},\boldsymbol{s}^{+*})\neq\mathbf{0}$ 时, 存在 i 使 $\hat{x}_{ip}<\theta^*x_{ip}$ 或存在 r 使 $\hat{y}_{rp}>y_{rp}$.

证明 由定义 3.1 可知 $\hat{\boldsymbol{x}}_p=\theta^*\boldsymbol{x}_p-\boldsymbol{s}^{-*}$, $\hat{\boldsymbol{y}}_p=\boldsymbol{y}_p+\boldsymbol{s}^{+*}$. 易证上述结论显然成立. 证毕.

定理 3.5 表明:

(1) 当单元为 DEA 无效时 (见图 3.2 中的 d 点), 单元的投影值 (见图 3.2 中的 a 点) 在输入指标上优于该单元至少 θ^* 倍, 而输出一定不劣于该单元的输出.

(2) 当 $(\boldsymbol{s}^{-*},\boldsymbol{s}^{+*})=\mathbf{0}$ 时 (见图 3.2 中的 c 点和 f 点), 单元的投影值 (见图 3.2 中的 g 点) 一定等于输入值的 θ^* 倍, 而输出一定等于该单元的输出.

(3) 当单元为 DEA 有效并且 $(\boldsymbol{s}^{-*},\boldsymbol{s}^{+*})\neq\mathbf{0}$ (见图 3.2 中的 e 点) 时, 单元的某个输入值的 θ^* 倍不一定会优于投影值或某个输出劣于投影值 (见图 3.2 中的 b 点), 这时单元的效率值有可能会被高估.

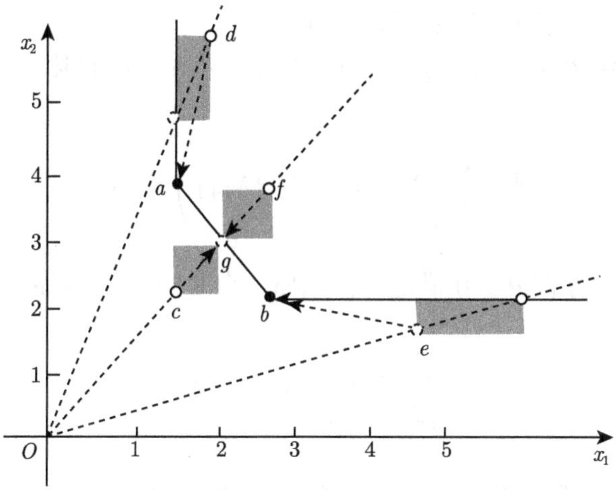

图 3.2 决策单元及其投影

3.2 广义 DEA 有效性的度量方法设计

以下研究两个问题: ① 如何给出一个更有效的模型, 该模型不仅可以对模型 (DIG) 无可行解的情况进行测算, 而且还要保持模型 (DIG) 有可行解时给出的单元效率值和投影值不变. 即该模型不仅要有传承性, 还能解决无可行解情况下的效率值度量问题. ② 探讨有效单元效率值被高估的原因, 并给出改进的效率度量方法.

3.2.1 一个改进的 DEA 模型

首先给出以下模型:

$$
(\text{I-DIG})\left\{\begin{array}{l}
\min \sum\limits_{r=1}^{s} \hat{s}_r^{+} + \varepsilon(\theta - \varepsilon(\hat{\boldsymbol{e}}^{\mathrm{T}}\boldsymbol{s}^{-} + \boldsymbol{e}^{\mathrm{T}}\boldsymbol{s}^{+})), \\
\text{s.t. } \sum\limits_{j=1}^{\bar{n}} \bar{\boldsymbol{x}}_j \lambda_j + \boldsymbol{s}^{-} = \theta \boldsymbol{x}_p, \\
\qquad \sum\limits_{j=1}^{\bar{n}} \bar{\boldsymbol{y}}_j \lambda_j - \boldsymbol{s}^{+} + \hat{\boldsymbol{s}}^{+} = \boldsymbol{y}_p, \\
\qquad \delta_1 \left(\sum\limits_{j=1}^{\bar{n}} \lambda_j - \delta_2 (-1)^{\delta_3} \lambda_{\bar{n}+1} \right) = \delta_1, \\
\qquad \boldsymbol{s}^{-}, \boldsymbol{s}^{+}, \hat{\boldsymbol{s}}^{+} \geqq \boldsymbol{0}, \\
\qquad \lambda_j \geqq 0, j = 1, 2, \cdots, \bar{n}+1.
\end{array}\right.
$$

定理 3.6 模型 (I-DIG) 总存在可行解.

证明 取一组数 $\lambda_1=1,\ \lambda_j=0,\ j=2,3,\cdots,\bar{n}+1$, 显然 $\lambda_1,\lambda_2,\cdots,\lambda_{\bar{n}+1}$ 满足

$$\delta_1\left(\sum_{j=1}^{\bar{n}}\lambda_j-\delta_2(-1)^{\delta_3}\lambda_{\bar{n}+1}\right)=\delta_1.$$

由于 $\boldsymbol{x}_p>\mathbf{0}$, 因此存在 $\theta>0$ 满足 $\bar{\boldsymbol{x}}_1\leqq\theta\boldsymbol{x}_p$, 令 $\boldsymbol{s}^-=\theta\boldsymbol{x}_p-\bar{\boldsymbol{x}}_1$, 所以

$$\sum_{j=1}^{\bar{n}}\bar{\boldsymbol{x}}_j\lambda_j+\boldsymbol{s}^-=\theta\boldsymbol{x}_p$$

成立. 对任意的 r, 如果 $\bar{y}_{r1}\geqq y_{rp}$, 可取 $s_r^+=\bar{y}_{r1}-y_{rp}$, $\hat{s}_r^+=0$; 如果 $\bar{y}_{r1}\leqq y_{rp}$, 可取 $s_r^+=0$, $\hat{s}_r^+=y_{rp}-\bar{y}_{r1}$, 因而

$$\sum_{j=1}^{\bar{n}}\bar{\boldsymbol{y}}_j\lambda_j-\boldsymbol{s}^++\hat{\boldsymbol{s}}^+=\boldsymbol{y}_p$$

成立, 故模型 (I-DIG) 有可行解 θ, $\boldsymbol{s}^-$, $\boldsymbol{s}^+$, $\hat{\boldsymbol{s}}^+$, λ_j, $j=1,2,\cdots,\bar{n}+1$. 证毕.

定理 3.7 假设模型 (I-DIG) 有最优解 θ^*, $\boldsymbol{s}^{-*}$, $\boldsymbol{s}^{+*}$, $\hat{\boldsymbol{s}}^{+*}$, λ_j^*, $j=1,2,\cdots,\bar{n}+1$, 当 $\hat{\boldsymbol{s}}^{+*}\neq\mathbf{0}$ 时, 模型 (DIG) 无可行解; 当 $\hat{\boldsymbol{s}}^{+*}=\mathbf{0}$ 时, 模型 (DIG) 有可行解.

证明 假设模型 (I-DIG) 有最优解 θ^*, $\boldsymbol{s}^{-*}$, $\boldsymbol{s}^{+*}$, $\hat{\boldsymbol{s}}^{+*}$, λ_j^*, $j=1,2,\cdots,\bar{n}+1$. 如果 $\hat{\boldsymbol{s}}^{+*}\neq\mathbf{0}$, 假设模型 (DIG) 有可行解 θ, $\boldsymbol{s}^-$, $\boldsymbol{s}^+$, λ_j, $j=1,2,\cdots,\bar{n}+1$, 令 $\hat{\boldsymbol{s}}^+=\mathbf{0}$, 那么 θ, $\boldsymbol{s}^-$, $\boldsymbol{s}^+$, $\hat{\boldsymbol{s}}^+$, λ_j, $j=1,2,\cdots,\bar{n}+1$ 是模型 (I-DIG) 的可行解且

$$\begin{aligned}\sum_{r=1}^{s}\hat{s}_r^++\varepsilon(\theta-\varepsilon(\hat{\boldsymbol{e}}^{\mathrm{T}}\boldsymbol{s}^-+\boldsymbol{e}^{\mathrm{T}}\boldsymbol{s}^+))&=\varepsilon(\theta-\varepsilon(\hat{\boldsymbol{e}}^{\mathrm{T}}\boldsymbol{s}^-+\boldsymbol{e}^{\mathrm{T}}\boldsymbol{s}^+))\\&<\sum_{r=1}^{s}\hat{s}_r^{+*}+\varepsilon(\theta^*-\varepsilon(\hat{\boldsymbol{e}}^{\mathrm{T}}\boldsymbol{s}^{-*}+\boldsymbol{e}^{\mathrm{T}}\boldsymbol{s}^{+*})),\end{aligned}$$

这与模型 (I-DIG) 有最优解 θ^*, $\boldsymbol{s}^{-*}$, $\boldsymbol{s}^{+*}$, $\hat{\boldsymbol{s}}^{+*}$, λ_j^*, $j=1,2,\cdots,\bar{n}+1$ 矛盾! 故当 $\hat{\boldsymbol{s}}^{+*}\neq\mathbf{0}$ 时, 模型 (DIG) 无可行解.

如果 $\hat{\boldsymbol{s}}^{+*}=\mathbf{0}$, 则模型 (I-DIG) 的最优解 θ^*, $\boldsymbol{s}^{-*}$, $\boldsymbol{s}^{+*}$, λ_j^*, $j=1,2,\cdots,\bar{n}+1$ 为模型 (DIG) 的可行解. 证毕.

定理 3.8 假设模型 (I-DIG) 有最优解 θ^*, $\boldsymbol{s}^{-*}$, $\boldsymbol{s}^{+*}$, $\hat{\boldsymbol{s}}^{+*}$, λ_j^*, $j=1,2,\cdots,\bar{n}+1$, 如果 $\hat{\boldsymbol{s}}^{+*}=\mathbf{0}$, 则 θ^*, $\boldsymbol{s}^{-*}$, $\boldsymbol{s}^{+*}$, λ_j^*, $j=1,2,\cdots,\bar{n}+1$ 是模型 (DIG) 的最优解.

证明 假设模型 (I-DIG) 有最优解 θ^*, $\boldsymbol{s}^{-*}$, $\boldsymbol{s}^{+*}$, $\hat{\boldsymbol{s}}^{+*}$, λ_j^*, $j=1,2,\cdots,\bar{n}+1$, 由于 $\hat{\boldsymbol{s}}^{+*}=\boldsymbol{0}$, 因此, 模型 (DIG) 有可行解 θ^*, $\boldsymbol{s}^{-*}$, $\boldsymbol{s}^{+*}$, λ_j^*, $j=1,2,\cdots,\bar{n}+1$. 如果 θ^*, $\boldsymbol{s}^{-*}$, $\boldsymbol{s}^{+*}$, λ_j^*, $j=1,2,\cdots,\bar{n}+1$ 不是模型 (DIG) 的最优解, 则模型 (DIG) 存在最优解 θ, $\boldsymbol{s}^{-}$, $\boldsymbol{s}^{+}$, λ_j, $j=1,2,\cdots,\bar{n}+1$, 使

$$\theta-\varepsilon(\hat{\boldsymbol{e}}^{\mathrm{T}}\boldsymbol{s}^{-}+\boldsymbol{e}^{\mathrm{T}}\boldsymbol{s}^{+})<\theta^*-\varepsilon(\hat{\boldsymbol{e}}^{\mathrm{T}}\boldsymbol{s}^{-*}+\boldsymbol{e}^{\mathrm{T}}\boldsymbol{s}^{+*}),$$

令 $\hat{\boldsymbol{s}}^{+}=\boldsymbol{0}$, 则 θ, $\boldsymbol{s}^{-}$, $\boldsymbol{s}^{+}$, $\hat{\boldsymbol{s}}^{+}$, λ_j, $j=1,2,\cdots,\bar{n}+1$ 是模型 (I-DIG) 的可行解, 这与模型 (I-DIG) 有最优解 θ^*, $\boldsymbol{s}^{-*}$, $\boldsymbol{s}^{+*}$, $\hat{\boldsymbol{s}}^{+*}$, λ_j^*, $j=1,2,\cdots,\bar{n}+1$ 矛盾! 因此, θ^*, $\boldsymbol{s}^{-*}$, $\boldsymbol{s}^{+*}$, λ_j^*, $j=1,2,\cdots,\bar{n}+1$ 也是模型 (DIG) 的最优解. 证毕.

定理 3.9 假设模型 (I-DIG) 有最优解 θ^*, $\boldsymbol{s}^{-*}$, $\boldsymbol{s}^{+*}$, $\hat{\boldsymbol{s}}^{+*}$, λ_j^*, $j=1,2,\cdots,\bar{n}+1$, 则有

(1) 当 $\hat{\boldsymbol{s}}^{+*}=\boldsymbol{0}$, 并且 $\theta^*<1$ 或者 $\theta^*=1$, $(\boldsymbol{s}^{-*},\boldsymbol{s}^{+*})\neq\boldsymbol{0}$ 时, 单元 p 为广义 DEA 无效.

(2) 当 $\hat{\boldsymbol{s}}^{+*}=\boldsymbol{0}$, 并且 $\theta^*=1$ 时, 单元 p 为广义 DEA 弱有效.

(3) 当 $\hat{\boldsymbol{s}}^{+*}=\boldsymbol{0}$, 并且 $\theta^*>1$ 或者 $\theta^*=1$, $(\boldsymbol{s}^{-*},\boldsymbol{s}^{+*})=\boldsymbol{0}$ 时, 单元 p 为广义 DEA 有效.

(4) 当 $\hat{\boldsymbol{s}}^{+*}\neq\boldsymbol{0}$ 时, 单元 p 为广义 DEA 有效.

证明 由定理 3.1、定理 3.2、定理 3.7、定理 3.8 知上述结论显然成立. 证毕.

定理 3.6 ~ 定理 3.9 表明, 模型 (I-DIG) 解决了以下两个问题: ① 当模型 (DIG) 无可行解时, 如何度量单元的效率值. ② 当模型 (DIG) 有可行解时, 如何保持原有的效率值不变. 因此, 模型 (I-DIG) 总存在最优解, 并且可以对全部单元的有效性进行度量.

对于模型 (I-DIG) 的最优解也可以应用以下两个模型进行计算.

$$(\text{I-DIG}_1)\left\{\begin{array}{l}\min\displaystyle\sum_{r=1}^{s}\hat{s}_r^{+},\\ \text{s.t.}\ \displaystyle\sum_{j=1}^{\bar{n}}\bar{\boldsymbol{x}}_j\lambda_j+\boldsymbol{s}^{-}=\theta\boldsymbol{x}_p,\\ \qquad\displaystyle\sum_{j=1}^{\bar{n}}\bar{\boldsymbol{y}}_j\lambda_j-\boldsymbol{s}^{+}+\hat{\boldsymbol{s}}^{+}=\boldsymbol{y}_p,\\ \qquad\delta_1\left(\displaystyle\sum_{j=1}^{\bar{n}}\lambda_j-\delta_2(-1)^{\delta_3}\lambda_{\bar{n}+1}\right)=\delta_1,\\ \qquad\boldsymbol{s}^{-},\hat{\boldsymbol{s}}^{+},\boldsymbol{s}^{+}\geqq\boldsymbol{0},\\ \qquad\lambda_j\geqq 0, j=1,2,\cdots,\bar{n}+1.\end{array}\right.$$

$$
(\text{I-DIG}_2)\begin{cases}\min \theta-\varepsilon(\hat{\boldsymbol{e}}^{\mathrm{T}}\boldsymbol{s}^{-}+\boldsymbol{e}^{\mathrm{T}}\boldsymbol{s}^{+}),\\ \text{s.t. } \sum\limits_{j=1}^{\bar{n}}\bar{\boldsymbol{x}}_j\lambda_j+\boldsymbol{s}^{-}=\theta\boldsymbol{x}_p,\\ \sum\limits_{j=1}^{\bar{n}}\bar{\boldsymbol{y}}_j\lambda_j-\boldsymbol{s}^{+}+\hat{\boldsymbol{s}}^{+}=\boldsymbol{y}_p,\\ \sum\limits_{r=1}^{s}\hat{s}_r^{+}=\sum\limits_{r=1}^{s}\hat{s}_r^{+*},\\ \delta_1\left(\sum\limits_{j=1}^{\bar{n}}\lambda_j-\delta_2(-1)^{\delta_3}\lambda_{\bar{n}+1}\right)=\delta_1,\\ \boldsymbol{s}^{-},\hat{\boldsymbol{s}}^{+},\boldsymbol{s}^{+}\geqq\boldsymbol{0},\\ \lambda_j\geqq 0, j=1,2,\cdots,\bar{n}+1.\end{cases}
$$

定理 3.10 (1) 假设 θ^*, $\boldsymbol{s}^{-*}$, $\boldsymbol{s}^{+*}$, $\hat{\boldsymbol{s}}^{+*}$, λ_j^*, $j=1,2,\cdots,\bar{n}+1$ 是模型 (I-DIG$_1$) 的最优解, $\bar{\theta}$, $\bar{\boldsymbol{s}}^{-}$, $\bar{\boldsymbol{s}}^{+}$, $\hat{\boldsymbol{s}}^{+1}$, $\bar{\lambda}_j$, $j=1,2,\cdots,\bar{n}+1$ 是模型 (I-DIG$_2$) 的最优解, 则 $\bar{\theta}$, $\bar{\boldsymbol{s}}^{-}$, $\bar{\boldsymbol{s}}^{+}$, $\hat{\boldsymbol{s}}^{+1}$, $\bar{\lambda}_j$, $j=1,2,\cdots,\bar{n}+1$ 为模型 (I-DIG) 的最优解;

(2) 假设 θ^*, $\boldsymbol{s}^{-*}$, $\boldsymbol{s}^{+*}$, $\hat{\boldsymbol{s}}^{+*}$, λ_j^*, $j=1,2,\cdots,\bar{n}+1$ 是模型 (I-DIG) 的最优解, 则 θ^*, $\boldsymbol{s}^{-*}$, $\boldsymbol{s}^{+*}$, $\hat{\boldsymbol{s}}^{+*}$, λ_j^*, $j=1,2,\cdots,\bar{n}+1$ 也是模型 (I-DIG$_1$) 和模型 (I-DIG$_2$) 的最优解.

证明 (1) 假设模型 (I-DIG$_1$) 有最优解 θ^*, $\boldsymbol{s}^{-*}$, $\boldsymbol{s}^{+*}$, $\hat{\boldsymbol{s}}^{+*}$, λ_j^*, $j=1,2,\cdots,\bar{n}+1$, 模型 (I-DIG$_2$) 有最优解 $\bar{\theta}$, $\bar{\boldsymbol{s}}^{-}$, $\bar{\boldsymbol{s}}^{+}$, $\hat{\boldsymbol{s}}^{+1}$, $\bar{\lambda}_j$, $j=1,2,\cdots,\bar{n}+1$. 假设 $\bar{\theta}$, $\bar{\boldsymbol{s}}^{-}$, $\bar{\boldsymbol{s}}^{+}$, $\hat{\boldsymbol{s}}^{+1}$, $\bar{\lambda}_j$, $j=1,2,\cdots,\bar{n}+1$ 不是模型 (I-DIG) 的最优解, 那么模型 (I-DIG) 存在最优解 $\theta^{\#}$, $\boldsymbol{s}^{-\#}$, $\boldsymbol{s}^{+\#}$, $\hat{\boldsymbol{s}}^{+\#}$, $\lambda_j^{\#}$, $j=1,2,\cdots,\bar{n}+1$ 使得

$$
\sum_{r=1}^{s}\hat{s}_r^{+\#}+\varepsilon(\theta^{\#}-\varepsilon(\hat{\boldsymbol{e}}^{\mathrm{T}}\boldsymbol{s}^{-\#}+\boldsymbol{e}^{\mathrm{T}}\boldsymbol{s}^{+\#}))<\sum_{r=1}^{s}\hat{s}_r^{+*}+\varepsilon(\bar{\theta}-\varepsilon(\hat{\boldsymbol{e}}^{\mathrm{T}}\bar{\boldsymbol{s}}^{-}+\boldsymbol{e}^{\mathrm{T}}\bar{\boldsymbol{s}}^{+})).
$$

以下分两种情况进行讨论:

(i) 如果 $\sum\limits_{r=1}^{s}\hat{s}_r^{+\#}<\sum\limits_{r=1}^{s}\hat{s}_r^{+*}$, 由于 $\theta^{\#}$, $\boldsymbol{s}^{-\#}$, $\boldsymbol{s}^{+\#}$, $\hat{\boldsymbol{s}}^{+\#}$, $\lambda_j^{\#}$, $j=1,2,\cdots,\bar{n}+1$ 也是模型 (I-DIG$_1$) 的可行解, 所以, $\sum\limits_{r=1}^{s}\hat{s}_r^{+\#}\geqq\sum\limits_{r=1}^{s}\hat{s}_r^{+*}$, 矛盾!

(ii) 如果 $\sum\limits_{r=1}^{s}\hat{s}_r^{+\#}=\sum\limits_{r=1}^{s}\hat{s}_r^{+*}$, 有

$$
\theta^{\#}-\varepsilon(\hat{\boldsymbol{e}}^{\mathrm{T}}\boldsymbol{s}^{-\#}+\boldsymbol{e}^{\mathrm{T}}\boldsymbol{s}^{+\#})<\bar{\theta}-\varepsilon(\hat{\boldsymbol{e}}^{\mathrm{T}}\bar{\boldsymbol{s}}^{-}+\boldsymbol{e}^{\mathrm{T}}\bar{\boldsymbol{s}}^{+}),
$$

由于 $\theta^{\#}$, $\boldsymbol{s}^{-\#}$, $\boldsymbol{s}^{+\#}$, $\hat{\boldsymbol{s}}^{+\#}$, $\lambda_j^{\#}$, $j=1,2,\cdots,\bar{n}+1$ 也是模型 (I-DIG$_2$) 的可行解, 所以

$$\theta^{\#}-\varepsilon(\hat{\boldsymbol{e}}^{\mathrm{T}}\boldsymbol{s}^{-\#}+\boldsymbol{e}^{\mathrm{T}}\boldsymbol{s}^{+\#})\geqq\bar{\theta}-\varepsilon(\hat{\boldsymbol{e}}^{\mathrm{T}}\bar{\boldsymbol{s}}^{-}+\boldsymbol{e}^{\mathrm{T}}\bar{\boldsymbol{s}}^{+}),$$

矛盾!

(2) 假设模型 (I-DIG) 有最优解 θ^*, $\boldsymbol{s}^{-*}$, $\boldsymbol{s}^{+*}$, $\hat{\boldsymbol{s}}^{+*}$, λ_j^*, $j=1,2,\cdots,\bar{n}+1$.

(i) 如果 θ^*, $\boldsymbol{s}^{-*}$, $\boldsymbol{s}^{+*}$, $\hat{\boldsymbol{s}}^{+*}$, λ_j^*, $j=1,2,\cdots,\bar{n}+1$ 不是模型 (I-DIG$_1$) 的最优解, 则模型 (I-DIG$_1$) 存在最优解 $\theta^{\#}$, $\boldsymbol{s}^{-\#}$, $\boldsymbol{s}^{+\#}$, $\hat{\boldsymbol{s}}^{+\#}$, $\lambda_j^{\#}$, $j=1,2,\cdots,\bar{n}+1$, 使得

$$\sum_{r=1}^{s}\hat{s}_r^{+\#}<\sum_{r=1}^{s}\hat{s}_r^{+*}.$$

由于 $\theta^{\#}$, $\boldsymbol{s}^{-\#}$, $\boldsymbol{s}^{+\#}$, $\hat{\boldsymbol{s}}^{+\#}$, $\lambda_j^{\#}$, $j=1,2,\cdots,\bar{n}+1$ 也是模型 (I-DIG) 的可行解, 所以

$$\sum_{r=1}^{s}\hat{s}_r^{+\#}+\varepsilon(\theta^{\#}-\varepsilon(\hat{\boldsymbol{e}}^{\mathrm{T}}\boldsymbol{s}^{-\#}+\boldsymbol{e}^{\mathrm{T}}\boldsymbol{s}^{+\#}))\geqq\sum_{r=1}^{s}\hat{s}_r^{+*}+\varepsilon(\theta^*-\varepsilon(\hat{\boldsymbol{e}}^{\mathrm{T}}\boldsymbol{s}^{-*}+\boldsymbol{e}^{\mathrm{T}}\boldsymbol{s}^{+*})),$$

因此

$$\sum_{r=1}^{s}\hat{s}_r^{+\#}\geqq\sum_{r=1}^{s}\hat{s}_r^{+*},$$

矛盾!

(ii) 如果 θ^*, $\boldsymbol{s}^{-*}$, $\boldsymbol{s}^{+*}$, $\hat{\boldsymbol{s}}^{+*}$, λ_j^*, $j=1,2,\cdots,\bar{n}+1$ 不是模型 (I-DIG$_2$) 的最优解, 则模型 (I-DIG$_2$) 存在最优解 $\theta^{\#}$, $\boldsymbol{s}^{-\#}$, $\boldsymbol{s}^{+\#}$, $\hat{\boldsymbol{s}}^{+\#}$, $\lambda_j^{\#}$, $j=1,2,\cdots,\bar{n}+1$, 使得

$$\sum_{r=1}^{s}\hat{s}_r^{+\#}=\sum_{r=1}^{s}\hat{s}_r^{+*},\quad\theta^{\#}-\varepsilon(\hat{\boldsymbol{e}}^{\mathrm{T}}\boldsymbol{s}^{-\#}+\boldsymbol{e}^{\mathrm{T}}\boldsymbol{s}^{+\#})<\theta^*-\varepsilon(\hat{\boldsymbol{e}}^{\mathrm{T}}\boldsymbol{s}^{-*}+\boldsymbol{e}^{\mathrm{T}}\boldsymbol{s}^{+*}),$$

所以

$$\sum_{r=1}^{s}\hat{s}_r^{+\#}+\varepsilon(\theta^{\#}-\varepsilon(\hat{\boldsymbol{e}}^{\mathrm{T}}\boldsymbol{s}^{-\#}+\boldsymbol{e}^{\mathrm{T}}\boldsymbol{s}^{+\#}))<\sum_{r=1}^{s}\hat{s}_r^{+*}+\varepsilon(\theta^*-\varepsilon(\hat{\boldsymbol{e}}^{\mathrm{T}}\boldsymbol{s}^{-*}+\boldsymbol{e}^{\mathrm{T}}\boldsymbol{s}^{+*})),$$

由于 $\theta^{\#}$, $\boldsymbol{s}^{-\#}$, $\boldsymbol{s}^{+\#}$, $\hat{\boldsymbol{s}}^{+\#}$, $\lambda_j^{\#}$, $j=1,2,\cdots,\bar{n}+1$ 也是模型 (I-DIG) 的可行解, 所以

$$\sum_{r=1}^{s}\hat{s}_r^{+\#}+\varepsilon(\theta^{\#}-\varepsilon(\hat{\boldsymbol{e}}^{\mathrm{T}}\boldsymbol{s}^{-\#}+\boldsymbol{e}^{\mathrm{T}}\boldsymbol{s}^{+\#}))\geqq\sum_{r=1}^{s}\hat{s}_r^{+*}+\varepsilon(\theta^*-\varepsilon(\hat{\boldsymbol{e}}^{\mathrm{T}}\boldsymbol{s}^{-*}+\boldsymbol{e}^{\mathrm{T}}\boldsymbol{s}^{+*})),$$

矛盾! 证毕.

3.2.2 单元有效性与投影的改进

当单元为广义 DEA 无效时, 模型 (I-DIG) 很好地传承了传统 DEA 方法对效率测算的优点, 而当单元为广义 DEA 有效时, 模型 (I-DIG) 无可行解和效率被高估的问题需要进一步分析. 以下针对不同情形给出新的测算方法.

定理 3.11　假设模型 (I-DIG) 有最优解 θ^*, $\boldsymbol{s}^{-*}$, $\boldsymbol{s}^{+*}$, $\hat{\boldsymbol{s}}^{+*}$, $\lambda_j^*, j=1,2,\cdots,\bar{n}+1$, 当 $\hat{\boldsymbol{s}}^{+*}=\boldsymbol{0}$ 时, 模型 (I-DIG) 与模型 (DIG) 给出的效率值和投影值相同.

证明　由定理 3.8, 上述结论显然成立. 证毕.

定理 3.12　假设模型 (I-DIG) 有最优解 θ^*, $\boldsymbol{s}^{-*}$, $\boldsymbol{s}^{+*}$, $\hat{\boldsymbol{s}}^{+*}$, $\lambda_j^*, j=1,2,\cdots,\bar{n}+1$, 则有

(1) 当 $\theta^*\leqq 1$, $\hat{\boldsymbol{s}}^{+*}\neq\boldsymbol{0}$ 时, $(\boldsymbol{x}_p,\boldsymbol{y}_p-\hat{\boldsymbol{s}}^{+*}+(\varepsilon,\varepsilon,\cdots,\varepsilon)^{\mathrm{T}})$ 为广义 DEA 有效.

(2) 当 $\theta^*>1$, $\hat{\boldsymbol{s}}^{+*}\neq\boldsymbol{0}$ 时, $(\theta^*\boldsymbol{x}_p,\boldsymbol{y}_p-\hat{\boldsymbol{s}}^{+*}+(\varepsilon,\varepsilon,\cdots,\varepsilon)^{\mathrm{T}})$ 为广义 DEA 有效.

(3) 当 $\theta^*>1$, $\hat{\boldsymbol{s}}^{+*}=\boldsymbol{0}$ 时, $(\theta^*\boldsymbol{x}_p-(\varepsilon,\varepsilon,\cdots,\varepsilon)^{\mathrm{T}},\boldsymbol{y}_p)$ 为广义 DEA 有效.

证明　(1) 假设模型 (I-DIG) 有最优解 θ^*, $\boldsymbol{s}^{-*}$, $\boldsymbol{s}^{+*}$, $\hat{\boldsymbol{s}}^{+*}$, $\lambda_j^*, j=1,2,\cdots,\bar{n}+1$, 满足 $\theta^*\leqq 1,\hat{\boldsymbol{s}}^{+*}\neq\boldsymbol{0}$. 为证明 $(\boldsymbol{x}_p,\boldsymbol{y}_p-\hat{\boldsymbol{s}}^{+*}+(\varepsilon,\varepsilon,\cdots,\varepsilon)^{\mathrm{T}})$ 是广义 DEA 有效的, 只需证明以 $(\boldsymbol{x}_p,\boldsymbol{y}_p-\hat{\boldsymbol{s}}^{+*}+(\varepsilon,\varepsilon,\cdots,\varepsilon)^{\mathrm{T}})$ 作为输入输出值时, 模型 (DIG) 无可行解, 即模型

$$
\left\{
\begin{array}{l}
\min\displaystyle\sum_{r=1}^{s}\hat{s}_r^{+}+\varepsilon(\theta-\varepsilon(\hat{\boldsymbol{e}}^{\mathrm{T}}\boldsymbol{s}^{-}+\boldsymbol{e}^{\mathrm{T}}\boldsymbol{s}^{+})),\\
\text{s.t. }\displaystyle\sum_{j=1}^{\bar{n}}\bar{\boldsymbol{x}}_j\lambda_j+\boldsymbol{s}^{-}=\theta\boldsymbol{x}_p,\\
\qquad\displaystyle\sum_{j=1}^{\bar{n}}\bar{\boldsymbol{y}}_j\lambda_j-\boldsymbol{s}^{+}+\hat{\boldsymbol{s}}^{+}=\boldsymbol{y}_p-\hat{\boldsymbol{s}}^{+*}+(\varepsilon,\varepsilon,\cdots,\varepsilon)^{\mathrm{T}},\\
\qquad\delta_1\left(\displaystyle\sum_{j=1}^{\bar{n}}\lambda_j-\delta_2(-1)^{\delta_3}\lambda_{\bar{n}+1}\right)=\delta_1,\\
\qquad\boldsymbol{s}^{-}\geqq\boldsymbol{0},\boldsymbol{s}^{+}\geqq\boldsymbol{0},\hat{\boldsymbol{s}}^{+}\geqq\boldsymbol{0},\lambda_j\geqq 0,j=1,2,\cdots,\bar{n}+1
\end{array}
\right.
$$

的最优解 $\theta^{\#}$, $\boldsymbol{s}^{-\#}$, $\boldsymbol{s}^{+\#}$, $\hat{\boldsymbol{s}}^{+\#}$, $\lambda_j^{\#}$, $j=1,2,\cdots,\bar{n}+1$ 中, $\hat{\boldsymbol{s}}^{+\#}\neq\boldsymbol{0}$. 不妨假设 $\hat{\boldsymbol{s}}^{+\#}=\boldsymbol{0}$, 可取

$$
\delta_{r_0}=\frac{1}{2}\min\{\max\{\hat{s}_r^{+*},r=1,2,\cdots,s\},\varepsilon\}>0,
$$

构造向量 $\boldsymbol{\eta}=(0,\cdots,0,\delta_{r_0},0,\cdots,0)$, 则模型 (I-DIG) 有可行解 $\theta^{\#}$, $\boldsymbol{s}^{-\#}$, $\boldsymbol{s}^{+\#}+(\varepsilon,\varepsilon,\cdots,\varepsilon)^{\mathrm{T}}-\boldsymbol{\eta}$, $\hat{\boldsymbol{s}}^{+*}-\boldsymbol{\eta}$, $\lambda_j^{\#}$, $j=1,2,\cdots,\bar{n}+1$, 显然

$$
(\varepsilon,\varepsilon,\cdots,\varepsilon)^{\mathrm{T}}-\boldsymbol{\eta}\geqq\boldsymbol{0},\quad\hat{\boldsymbol{s}}^{+*}-\boldsymbol{\eta}\geqq\boldsymbol{0},
$$

且

$$\sum_{r=1}^{s}(\hat{s}_r^{+*}-\eta_r)<\sum_{r=1}^{s}\hat{s}_r^{+*},$$

这与模型 (I-DIG) 有最优解 θ^*, $\boldsymbol{s}^{-*}$, $\boldsymbol{s}^{+*}$, $\hat{\boldsymbol{s}}^{+*}$, λ_j^*, $j=1,2,\cdots,\bar{n}+1$ 矛盾!

(2) 假设模型 (I-DIG) 有最优解 θ^*, $\boldsymbol{s}^{-*}$, $\boldsymbol{s}^{+*}$, $\hat{\boldsymbol{s}}^{+*}$, λ_j^*, $j=1,2,\cdots,\bar{n}+1$, 其中 $\theta^*>1$, $\hat{\boldsymbol{s}}^{+*}\neq\boldsymbol{0}$. 为证明 $(\theta^*\boldsymbol{x}_p,\boldsymbol{y}_p-\hat{\boldsymbol{s}}^{+*}+(\varepsilon,\varepsilon,\cdots,\varepsilon)^{\mathrm{T}})$ 是广义 DEA 有效的, 只需证明以 $(\theta^*\boldsymbol{x}_p,\boldsymbol{y}_p-\hat{\boldsymbol{s}}^{+*}+(\varepsilon,\varepsilon,\cdots,\varepsilon)^{\mathrm{T}})$ 作为输入输出值时, 模型 (DIG) 无可行解, 即模型

$$\begin{cases}\min\displaystyle\sum_{r=1}^{s}\hat{s}_r^{+}+\varepsilon(\theta-\varepsilon(\hat{\boldsymbol{e}}^{\mathrm{T}}\boldsymbol{s}^{-}+\boldsymbol{e}^{\mathrm{T}}\boldsymbol{s}^{+})),\\ \text{s.t.}\ \displaystyle\sum_{j=1}^{\bar{n}}\bar{\boldsymbol{x}}_j\lambda_j+\boldsymbol{s}^{-}=\theta(\theta^*\boldsymbol{x}_p),\\ \qquad\displaystyle\sum_{j=1}^{\bar{n}}\bar{\boldsymbol{y}}_j\lambda_j-\boldsymbol{s}^{+}+\hat{\boldsymbol{s}}^{+}=\boldsymbol{y}_p-\hat{\boldsymbol{s}}^{+*}+(\varepsilon,\varepsilon,\cdots,\varepsilon)^{\mathrm{T}},\\ \qquad\delta_1\left(\displaystyle\sum_{j=1}^{\bar{n}}\lambda_j-\delta_2(-1)^{\delta_3}\lambda_{\bar{n}+1}\right)=\delta_1,\\ \qquad\boldsymbol{s}^{-}\geqq\boldsymbol{0},\boldsymbol{s}^{+}\geqq\boldsymbol{0},\hat{\boldsymbol{s}}^{+}\geqq\boldsymbol{0},\lambda_j\geqq 0,j=1,2,\cdots,\bar{n}+1\end{cases}$$

的最优解 $\theta^{\#}$, $\boldsymbol{s}^{-\#}$, $\boldsymbol{s}^{+\#}$, $\hat{\boldsymbol{s}}^{+\#}$, $\lambda_j^{\#}$, $j=1,2,\cdots,\bar{n}+1$ 中, $\hat{\boldsymbol{s}}^{+\#}\neq\boldsymbol{0}$. 不妨假设 $\hat{\boldsymbol{s}}^{+\#}=\boldsymbol{0}$, 可取

$$\delta_{r_0}=\frac{1}{2}\min\{\max\{\hat{s}_r^{+*},r=1,2,\cdots,s\},\varepsilon\}>0,$$

构造向量 $\boldsymbol{\eta}=(0,\cdots,0,\delta_{r_0},0,\cdots,0)$, 则模型 (I-DIG) 有可行解 $\theta^{\#}\theta^*$, $\boldsymbol{s}^{-\#}$, $\boldsymbol{s}^{+\#}+(\varepsilon,\varepsilon,\cdots,\varepsilon)^{\mathrm{T}}-\boldsymbol{\eta}$, $\hat{\boldsymbol{s}}^{+*}-\boldsymbol{\eta}$, $\lambda_j^{\#}$, $j=1,2,\cdots,\bar{n}+1$, 显然

$$(\varepsilon,\varepsilon,\cdots,\varepsilon)^{\mathrm{T}}-\boldsymbol{\eta}\geqq\boldsymbol{0},\quad \hat{\boldsymbol{s}}^{+*}-\boldsymbol{\eta}\geqq\boldsymbol{0},$$

且

$$\sum_{r=1}^{s}(\hat{s}_r^{+*}-\eta_r)<\sum_{r=1}^{s}\hat{s}_r^{+*},$$

这与模型 (I-DIG) 有最优解 θ^*, $\boldsymbol{s}^{-*}$, $\boldsymbol{s}^{+*}$, $\hat{\boldsymbol{s}}^{+*}$, λ_j^*, $j=1,2,\cdots,\bar{n}+1$ 矛盾!

(3) 假设模型 (I-DIG) 有最优解 θ^*, $\boldsymbol{s}^{-*}$, $\boldsymbol{s}^{+*}$, $\hat{\boldsymbol{s}}^{+*}$, λ_j^*, $j=1,2,\cdots,\bar{n}+1$, 其中

$$\sum_{r=1}^{s}\hat{s}_r^{+*}=0,\quad \theta^*>1,$$

那么将 $(\theta^*\boldsymbol{x}_p-(\varepsilon,\varepsilon,\cdots,\varepsilon)^{\mathrm{T}},\boldsymbol{y}_p)$ 作为输入输出值代入模型 (DIG) 时, 则有以下模型

$$
(\mathrm{DI})\left\{\begin{array}{l}
\min\theta-\varepsilon(\hat{\boldsymbol{e}}^{\mathrm{T}}\boldsymbol{s}^-+\boldsymbol{e}^{\mathrm{T}}\boldsymbol{s}^+),\\
\text{s.t. }\displaystyle\sum_{j=1}^{\bar{n}}\bar{\boldsymbol{x}}_j\lambda_j+\boldsymbol{s}^-=\theta(\theta^*\boldsymbol{x}_p-(\varepsilon,\varepsilon,\cdots,\varepsilon)^{\mathrm{T}}),\\
\qquad\displaystyle\sum_{j=1}^{\bar{n}}\bar{\boldsymbol{y}}_j\lambda_j-\boldsymbol{s}^+=\boldsymbol{y}_p,\\
\qquad\delta_1\left(\displaystyle\sum_{j=1}^{\bar{n}}\lambda_j-\delta_2(-1)^{\delta_3}\lambda_{\bar{n}+1}\right)=\delta_1,\\
\qquad\boldsymbol{s}^-\geqq\boldsymbol{0},\boldsymbol{s}^+\geqq\boldsymbol{0},\lambda_j\geqq0,j=1,2,\cdots,\bar{n}+1.
\end{array}\right.
$$

由于 $\displaystyle\sum_{j=1}^{\bar{n}}\bar{\boldsymbol{y}}_j\lambda_j^*-\boldsymbol{s}^{+*}=\boldsymbol{y}_p$, 由定理 3.4 可知模型 (DI) 存在可行解. 假设 $(\theta^*\boldsymbol{x}_p-(\varepsilon,\varepsilon,\cdots,\varepsilon)^{\mathrm{T}},\boldsymbol{y}_p)$ 不是广义 DEA 有效的, 那么必有模型 (DI) 的最优解 $\theta^{\#}$, $\boldsymbol{s}^{-\#}$, $\boldsymbol{s}^{+\#}$, $\lambda_j^{\#}$, $j=1,2,\cdots,\bar{n}+1$ 满足 $\theta^{\#}\leqq1$. 可取

$$a=\min\{\varepsilon/x_{1p},\varepsilon/x_{2p},\cdots,\varepsilon/x_{mp},\theta^*\},$$

则有

$$\theta^*\boldsymbol{x}_p-(\varepsilon,\varepsilon,\cdots,\varepsilon)^{\mathrm{T}}=(\theta^*-a)\boldsymbol{x}_p-((\varepsilon,\varepsilon,\cdots,\varepsilon)^{\mathrm{T}}-a\boldsymbol{x}_p),$$

于是

$$\sum_{j=1}^{\bar{n}}\bar{\boldsymbol{x}}_j\lambda_j^{\#}+\boldsymbol{s}^{-\#}+\theta^{\#}((\varepsilon,\varepsilon,\cdots,\varepsilon)^{\mathrm{T}}-a\boldsymbol{x}_p)=\theta^{\#}(\theta^*-a)\boldsymbol{x}_p,$$

$$\sum_{j=1}^{\bar{n}}\bar{\boldsymbol{y}}_j\lambda_j^{\#}-\boldsymbol{s}^{+\#}=\boldsymbol{y}_p,$$

令 $\hat{\boldsymbol{s}}^{+\#}=\boldsymbol{0}$, 则 $\theta^{\#}(\theta^*-a)$, $\boldsymbol{s}^{-\#}+\theta^{\#}((\varepsilon,\varepsilon,\cdots,\varepsilon)^{\mathrm{T}}-a\boldsymbol{x}_p)$, $\boldsymbol{s}^{+\#},\hat{\boldsymbol{s}}^{+\#}$, $\lambda_j^{\#}$, $j=1,2,\cdots,\bar{n}+1$ 是模型 (I-DIG) 的可行解, 显然

$$
\begin{aligned}
&(\theta^*\theta^{\#}-a\theta^{\#})-\varepsilon(\hat{\boldsymbol{e}}^{\mathrm{T}}(\boldsymbol{s}^{-\#}+((\varepsilon,\varepsilon,\cdots,\varepsilon)^{\mathrm{T}}-a\boldsymbol{x}_p)\theta^{\#})+\boldsymbol{e}^{\mathrm{T}}\boldsymbol{s}^{+\#})\\
<&\ \theta^*-\varepsilon(\hat{\boldsymbol{e}}^{\mathrm{T}}\boldsymbol{s}^{-*}+\boldsymbol{e}^{\mathrm{T}}\boldsymbol{s}^{+*}),
\end{aligned}
$$

这与模型 (I-DIG) 有最优解 θ^*, $\boldsymbol{s}^{-*}$, $\boldsymbol{s}^{+*}$, $\hat{\boldsymbol{s}}^{+*}$, λ_j^*, $j=1,2,\cdots,\bar{n}+1$ 矛盾! 证毕.

定理 3.13　假设模型 (I-DIG) 有最优解 θ^*, $\boldsymbol{s}^{-*}$, $\boldsymbol{s}^{+*}$, $\hat{\boldsymbol{s}}^{+*}$, λ_j^*, $j=1,2,\cdots,\bar{n}+1$, 则 $(\theta^*\boldsymbol{x}_p,\boldsymbol{y}_p-\hat{\boldsymbol{s}}^{+*})$ 为广义 DEA 弱有效.

证明 假设模型 (I-DIG) 有最优解 θ^*, $\boldsymbol{s}^{-*}$, $\boldsymbol{s}^{+*}$, $\hat{\boldsymbol{s}}^{+*}$, λ_j^*, $j=1,2,\cdots,\bar{n}+1$, 记 $(\boldsymbol{x}_p^1,\boldsymbol{y}_p^1)=(\theta^*\boldsymbol{x}_p,\boldsymbol{y}_p-\hat{\boldsymbol{s}}^{+*})$, 那么将 $(\boldsymbol{x}_p^1,\boldsymbol{y}_p^1)$ 作为输入输出值代入模型 (DIG) 时, 模型 (DIG) 有可行解 $\theta=1$,$\boldsymbol{s}^-=\boldsymbol{s}^{-*}$, $\boldsymbol{s}^+=\boldsymbol{s}^{+*}$, $\lambda=\lambda_j^*$, $j=1,2,\cdots,\bar{n}+1$.

如果 $(\boldsymbol{x}_p^1,\boldsymbol{y}_p^1)$ 不为广义 DEA 弱有效, 则存在 $\bar{\theta}<1$, $\bar{\boldsymbol{s}}^-$, $\bar{\boldsymbol{s}}^+$, $\bar{\lambda}_j$, $j=1,2,\cdots,\bar{n}+1$ 满足约束条件, 可知 $\bar{\theta}\theta^*$, $\bar{\boldsymbol{s}}^-$, $\bar{\boldsymbol{s}}^+$, $\hat{\boldsymbol{s}}^{+*}$, $\bar{\lambda}_j$, $j=1,2,\cdots,\bar{n}+1$ 是模型 (I-DIG) 的可行解, 显然

$$\sum_{r=1}^{s}\hat{s}_r^{+*}+\varepsilon(\bar{\theta}\theta^*-\varepsilon(\hat{\boldsymbol{e}}^{\mathrm{T}}\bar{\boldsymbol{s}}^-+\boldsymbol{e}^{\mathrm{T}}\bar{\boldsymbol{s}}^+))<\sum_{r=1}^{s}\hat{s}_r^{+*}+\varepsilon(\theta^*-\varepsilon(\hat{\boldsymbol{e}}^{\mathrm{T}}\boldsymbol{s}^{-*}+\boldsymbol{e}^{\mathrm{T}}\boldsymbol{s}^{+*})),$$

这与 θ^*, $\boldsymbol{s}^{-*}$, $\boldsymbol{s}^{+*}$, $\hat{\boldsymbol{s}}^{+*}$, λ_j^*, $j=1,2,\cdots,\bar{n}+1$ 是模型 (I-DIG) 的最优解矛盾! 证毕.

定理 3.14 假设模型 (I-DIG) 有最优解 θ^*, $\boldsymbol{s}^{-*}$, $\boldsymbol{s}^{+*}$, $\hat{\boldsymbol{s}}^{+*}$, λ_j^*, $j=1,2,\cdots,\bar{n}+1$, 则 $(\theta^*\boldsymbol{x}_p-(\varepsilon,\varepsilon,\cdots,\varepsilon)^{\mathrm{T}},\boldsymbol{y}_p+\boldsymbol{s}^{+*}-\hat{\boldsymbol{s}}^{+*})$ 为广义 DEA 有效.

证明 假设模型 (I-DIG) 有最优解 θ^*, $\boldsymbol{s}^{-*}$, $\boldsymbol{s}^{+*}$, $\hat{\boldsymbol{s}}^{+*}$, λ_j^*, $j=1,2,\cdots,\bar{n}+1$, 那么将 $(\theta^*\boldsymbol{x}_p-(\varepsilon,\varepsilon,\cdots,\varepsilon)^{\mathrm{T}},\boldsymbol{y}_p+\boldsymbol{s}^{+*}-\hat{\boldsymbol{s}}^{+*})$ 作为输入输出值代入模型 (DIG) 时, 则有如下模型

$$(\mathrm{D}'')\left\{\begin{array}{l}\min\theta-\varepsilon(\hat{\boldsymbol{e}}^{\mathrm{T}}\boldsymbol{s}^-+\boldsymbol{e}^{\mathrm{T}}\boldsymbol{s}^+),\\ \text{s.t. }\displaystyle\sum_{j=1}^{\bar{n}}\bar{\boldsymbol{x}}_j\lambda_j+\boldsymbol{s}^-=\theta(\theta^*\boldsymbol{x}_p-(\varepsilon,\varepsilon,\cdots,\varepsilon)^{\mathrm{T}}),\\ \qquad\displaystyle\sum_{j=1}^{\bar{n}}\bar{\boldsymbol{y}}_j\lambda_j-\boldsymbol{s}^+=\boldsymbol{y}_p+\boldsymbol{s}^{+*}-\hat{\boldsymbol{s}}^{+*},\\ \qquad\delta_1\left(\displaystyle\sum_{j=1}^{\bar{n}}\lambda_j-\delta_2(-1)^{\delta_3}\lambda_{\bar{n}+1}\right)=\delta_1,\\ \qquad\boldsymbol{s}^-\geqq\boldsymbol{0},\boldsymbol{s}^+\geqq\boldsymbol{0},\lambda_j\geqq0,j=1,2,\cdots,\bar{n}+1.\end{array}\right.$$

由于 $\sum_{j=1}^{\bar{n}}\bar{\boldsymbol{y}}_j\lambda_j^*=\boldsymbol{y}_p+\boldsymbol{s}^{+*}-\hat{\boldsymbol{s}}^{+*}$, 由定理 3.4 可知模型 (D$''$) 存在可行解. 假设 $(\theta^*\boldsymbol{x}_p-(\varepsilon,\varepsilon,\cdots,\varepsilon)^{\mathrm{T}},\boldsymbol{y}_p+\boldsymbol{s}^{+*}-\hat{\boldsymbol{s}}^{+*})$ 不是广义 DEA 有效的, 那么必有模型 (D$''$) 的最优解 $\bar{\theta}$, $\bar{\boldsymbol{s}}^-$, $\bar{\boldsymbol{s}}^+$, $\bar{\lambda}_j$, $j=1,2,\cdots,\bar{n}+1$ 满足 $\bar{\theta}\leqq1$. 取

$$a=\min\{\varepsilon/x_{1p},\varepsilon/x_{2p},\cdots,\varepsilon/x_{mp},\theta^*\},$$

则有

$$\theta^*\boldsymbol{x}_p-(\varepsilon,\varepsilon,\cdots,\varepsilon)^{\mathrm{T}}=(\theta^*-a)\boldsymbol{x}_p-((\varepsilon,\varepsilon,\cdots,\varepsilon)^{\mathrm{T}}-a\boldsymbol{x}_p),$$

故

$$\sum_{j=1}^{\bar{n}} \bar{\boldsymbol{x}}_j \bar{\lambda}_j + \bar{\boldsymbol{s}}^- + ((\varepsilon, \varepsilon, \cdots, \varepsilon)^{\mathrm{T}} - a\boldsymbol{x}_p)\bar{\theta} = \bar{\theta}(\theta^* - a)\boldsymbol{x}_p,$$

$$\sum_{j=1}^{\bar{n}} \bar{\boldsymbol{y}}_j \bar{\lambda}_j - (\bar{\boldsymbol{s}}^+ + \boldsymbol{s}^{+*}) + \hat{\boldsymbol{s}}^{+*} = \boldsymbol{y}_p.$$

由此可知, 模型 (I-DIG) 有可行解 $\bar{\theta}(\theta^* - a)$, $\bar{\boldsymbol{s}}^- + ((\varepsilon, \varepsilon, \cdots, \varepsilon)^{\mathrm{T}} - a\boldsymbol{x}_p)\bar{\theta}$, $(\bar{\boldsymbol{s}}^+ + \boldsymbol{s}^{+*})$, $\hat{\boldsymbol{s}}^{+*}$, $\bar{\lambda}_j$, $j = 1, 2, \cdots, \bar{n}+1$, 显然

$$\begin{aligned}
&\sum_{r=1}^{s} \hat{s}_r^{+*} + \varepsilon((\theta^*\bar{\theta} - a\bar{\theta}) - \varepsilon(\hat{\boldsymbol{e}}^{\mathrm{T}}(\bar{\boldsymbol{s}}^- + ((\varepsilon, \varepsilon, \cdots, \varepsilon)^{\mathrm{T}} - a\boldsymbol{x}_p)\bar{\theta}) + \boldsymbol{e}^{\mathrm{T}}(\bar{\boldsymbol{s}}^+ + \boldsymbol{s}^{+*}))) \\
<& \sum_{r=1}^{s} \hat{s}_r^{+*} + \varepsilon(\theta^* - \varepsilon(\hat{\boldsymbol{e}}^{\mathrm{T}}\boldsymbol{s}^{-*} + \boldsymbol{e}^{\mathrm{T}}\boldsymbol{s}^{+*})),
\end{aligned}$$

矛盾. 证毕.

定理 3.15 假设模型 (I-DIG) 有最优解 θ^*, $\boldsymbol{s}^{-*}$, $\boldsymbol{s}^{+*}$, $\hat{\boldsymbol{s}}^{+*}$, λ_j^*, $j = 1, 2, \cdots, \bar{n}+1$, 则 $(\theta^*\boldsymbol{x}_p - \boldsymbol{s}^{-*}, \boldsymbol{y}_p + \boldsymbol{s}^{+*} - \hat{\boldsymbol{s}}^{+*}) \in STE$ 并且 $(\theta^*\boldsymbol{x}_p - \boldsymbol{s}^{-*}, \boldsymbol{y}_p + \boldsymbol{s}^{+*} - \hat{\boldsymbol{s}}^{+*})$ 为广义 DEA 有效.

证明 假设模型 (I-DIG) 有最优解 θ^*, $\boldsymbol{s}^{-*}$, $\boldsymbol{s}^{+*}$, $\hat{\boldsymbol{s}}^{+*}$, λ_j^*, $j = 1, 2, \cdots, \bar{n}+1$, 则将 $(\theta^*\boldsymbol{x}_p - \boldsymbol{s}^{-*}, \boldsymbol{y}_p + \boldsymbol{s}^{+*} - \hat{\boldsymbol{s}}^{+*})$ 作为输入输出值代入模型 (DIG) 中, 可得如下模型:

$$(\mathrm{D}''')\left\{\begin{array}{l}
\min \theta - \varepsilon(\hat{\boldsymbol{e}}^{\mathrm{T}}\boldsymbol{s}^- + \boldsymbol{e}^{\mathrm{T}}\boldsymbol{s}^+), \\
\text{s.t.} \ \displaystyle\sum_{j=1}^{\bar{n}} \bar{\boldsymbol{x}}_j \lambda_j + \boldsymbol{s}^- = \theta(\theta^*\boldsymbol{x}_p - \boldsymbol{s}^{-*}), \\
\qquad \displaystyle\sum_{j=1}^{\bar{n}} \bar{\boldsymbol{y}}_j \lambda_j - \boldsymbol{s}^+ = \boldsymbol{y}_p + \boldsymbol{s}^{+*} - \hat{\boldsymbol{s}}^{+*}, \\
\qquad \delta_1\left(\displaystyle\sum_{j=1}^{\bar{n}} \lambda_j - \delta_2(-1)^{\delta_3}\lambda_{\bar{n}+1}\right) = \delta_1, \\
\qquad \boldsymbol{s}^- \geqq \boldsymbol{0}, \boldsymbol{s}^+ \geqq \boldsymbol{0}, \lambda_j \geqq 0, j = 1, 2, \cdots, \bar{n}+1.
\end{array}\right.$$

由于 θ^*, $\boldsymbol{s}^{-*}$, $\boldsymbol{s}^{+*}$, $\hat{\boldsymbol{s}}^{+*}$, λ_j^*, $j = 1, 2, \cdots, \bar{n}+1$ 是模型 (I-DIG) 的最优解, 由其约束条件可知

$$\left\{\begin{array}{l}
\displaystyle\sum_{j=1}^{\bar{n}} \bar{\boldsymbol{x}}_j \lambda_j^* + \boldsymbol{0} = 1 \cdot (\theta^*\boldsymbol{x}_p - \boldsymbol{s}^{-*}), \\
\displaystyle\sum_{j=1}^{\bar{n}} \bar{\boldsymbol{y}}_j \lambda_j^* - \boldsymbol{0} = \boldsymbol{y}_p + \boldsymbol{s}^{+*} - \hat{\boldsymbol{s}}^{+*}.
\end{array}\right.$$

即 $\theta=1$, $\boldsymbol{s}^-=\boldsymbol{0}$, $\boldsymbol{s}^+=\boldsymbol{0}$, $\lambda_j=\lambda_j^*$, $j=1,2,\cdots,\bar{n}+1$ 是模型 (D‴) 的可行解, 并且 $(\theta^*\boldsymbol{x}_p-\boldsymbol{s}^{-*},\boldsymbol{y}_p+\boldsymbol{s}^{+*}-\hat{\boldsymbol{s}}^{+*})\in STE$.

假设 $(\theta^*\boldsymbol{x}_p-\boldsymbol{s}^{-*},\boldsymbol{y}_p+\boldsymbol{s}^{+*}-\hat{\boldsymbol{s}}^{+*})$ 为广义 DEA 无效, 则一定存在 $\bar{\theta}$, $\bar{\boldsymbol{s}}^-$, $\bar{\boldsymbol{s}}^+$, $\bar{\lambda}_j$, $j=1,2,\cdots,\bar{n}+1$ 满足模型 (D‴) 的约束条件并且 $\bar{\theta}<1$ 或者 $\bar{\theta}=1$ 且 $(\bar{\boldsymbol{s}}^-,\bar{\boldsymbol{s}}^+)\neq\boldsymbol{0}$, 那么 (I-DIG) 有可行解 $\bar{\theta}\theta^*$, $\bar{\boldsymbol{s}}^-+\bar{\theta}\boldsymbol{s}^{-*}$, $\bar{\boldsymbol{s}}^++\boldsymbol{s}^{+*}$, $\hat{\boldsymbol{s}}^{+*}$, $\bar{\lambda}_j$, $j=1,2,\cdots,\bar{n}+1$, 显然有

$$\begin{aligned}&\sum_{r=1}^{s}\hat{s}_r^{+*}+\varepsilon(\bar{\theta}\theta^*-\varepsilon(\hat{\boldsymbol{e}}^{\mathrm{T}}(\bar{\boldsymbol{s}}^-+\bar{\theta}\boldsymbol{s}^{-*})+\boldsymbol{e}^{\mathrm{T}}(\bar{\boldsymbol{s}}^++\boldsymbol{s}^{+*})))\\&<\sum_{r=1}^{s}\hat{s}_r^{+*}+\varepsilon(\theta^*-\varepsilon(\hat{\boldsymbol{e}}^{\mathrm{T}}\boldsymbol{s}^{-*}+\boldsymbol{e}^{\mathrm{T}}\boldsymbol{s}^{+*})),\end{aligned}$$

这与模型 (I-DIG) 有最优解 θ^*, $\boldsymbol{s}^{-*}$, $\boldsymbol{s}^{+*}$, $\hat{\boldsymbol{s}}^{+*}$, λ_j^*, $j=1,2,\cdots,\bar{n}+1$ 矛盾! 证毕.

根据相关定理结论, 以下分 4 种情况讨论如何应用改进的广义 DEA 模型 (I-DIG) 给出单元效率值和投影值的计算公式. 假设应用模型 (I-DIG) 进行计算的最优解为 θ^*, $\boldsymbol{s}^{-*}$, $\boldsymbol{s}^{+*}$, $\hat{\boldsymbol{s}}^{+*}$, λ_j^*, $j=1,2,\cdots,\bar{n}+1$, 记单元的拓展效率值为 ψ, 拓展投影值为 $(\boldsymbol{x}_p^{\psi},\boldsymbol{y}_p^{\psi})$, 则有:

(1) 当单元 p 为广义 DEA 无效时, 由定理 3.7 可知模型 (DIG) 存在可行解, 由定理 3.8 可知 θ^*, $\boldsymbol{s}^{-*}$, $\boldsymbol{s}^{+*}$, λ_j^*, $j=1,2,\cdots,\bar{n}+1$ 是模型 (DIG) 的最优解. 为保持面向输入的 DEA 模型的传承性, 这时保持原有的效率值和投影值不变, 即单元的效率值为

$$\psi=\theta^*,$$

投影值为

$$(\boldsymbol{x}_p^{\psi},\boldsymbol{y}_p^{\psi})=(\hat{\boldsymbol{x}}_p,\hat{\boldsymbol{y}}_p)=(\theta^*\boldsymbol{x}_p-\boldsymbol{s}^{-*},\boldsymbol{y}_p+\boldsymbol{s}^{+*}).$$

例如, 图 3.3 中的单元 e 为广义 DEA 无效, 其效率值 $\psi=tg/te$, 投影点为 a 点.

(2) 当单元 p 为广义 DEA 有效, 并且 $\hat{\boldsymbol{s}}^{+*}=\boldsymbol{0}$, $(\boldsymbol{s}^{-*},\boldsymbol{s}^{+*})=\boldsymbol{0}$ 时, 由定理 3.7 可知模型 (DIG) 存在可行解, 由定理 3.8 可知 θ^*, $\boldsymbol{s}^{-*}$, $\boldsymbol{s}^{+*}$, λ_j^*, $j=1,2,\cdots,\bar{n}+1$ 是模型 (DIG) 的最优解. 同时, 由定理 3.5 可知单元 p 的效率值没有被高估. 因此, 这时单元的效率值和投影值不变, 效率值为

$$\psi=\theta^*,$$

投影值为

$$(\boldsymbol{x}_p^{\psi},\boldsymbol{y}_p^{\psi})=(\hat{\boldsymbol{x}}_p,\hat{\boldsymbol{y}}_p)=(\theta^*\boldsymbol{x}_p-\boldsymbol{s}^{-*},\boldsymbol{y}_p+\boldsymbol{s}^{+*})=(\theta^*\boldsymbol{x}_p,\boldsymbol{y}_p).$$

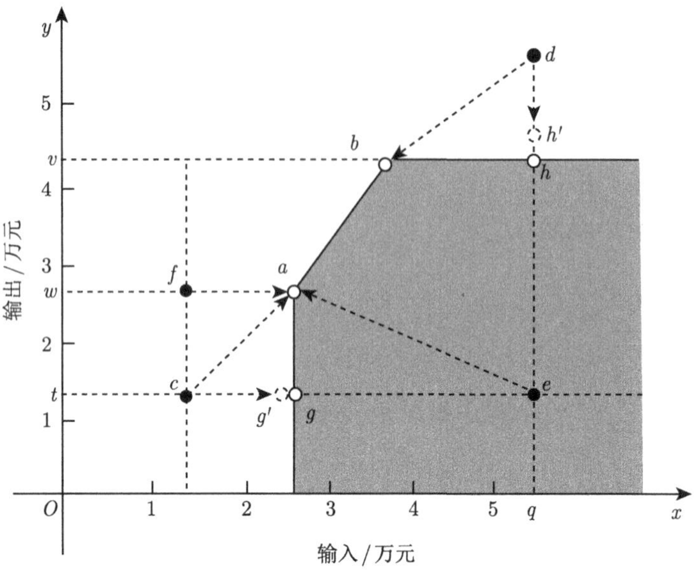

图 3.3 单元效率度量与投影

例如, 图 3.3 中的单元 b 为广义 DEA 有效, 其效率值 $\psi = 1$, 投影点为 b 点; 单元 f 也为广义 DEA 有效, 其效率值 $\psi = wa/wf > 1$, 投影点为 a 点.

(3) 当单元 p 为广义 DEA 有效, 并且 $\hat{\boldsymbol{s}}^{+*} = \boldsymbol{0}$, $(\boldsymbol{s}^{-*}, \boldsymbol{s}^{+*}) \neq \boldsymbol{0}$ 时, 由定理 3.7 可知模型 (DIG) 存在可行解, 由定理 3.8 可知 θ^*, $\boldsymbol{s}^{-*}$, $\boldsymbol{s}^{+*}$, λ_j^*, $j = 1, 2, \cdots, \bar{n}+1$ 是模型 (DIG) 的最优解. 再由定理 3.2 可知这时必有 $\theta^* > 1$, 同时由定理 3.5 可知单元 p 的效率值存在被高估的情况. 其中, 单元效率值被高估的原因有两种: $\hat{x}_{ip} < \theta^* x_{ip}$ 或 $\hat{y}_{rp} > y_{rp}$. 由于面向输入的 DEA 模型在效率测算上并不考虑输出亏空, 只考虑输入指标改进的最大可能性. 因此, 本章并未采用国际上的非径向 DEA 模型的测算技巧, 即给出的效率测算中并没有考虑 $\hat{y}_{rp} > y_{rp}$ 对效率的影响, 这也是面向输入的 DEA 模型与加性 DEA 模型的区别所在. 以下分三种情况给出单元的效率值和投影值.

(i) 激进型效率测算方法与投影.

由定理 3.5 可知, 当 $\theta^* > 1$, $(\boldsymbol{s}^{-*}, \boldsymbol{s}^{+*}) \neq \boldsymbol{0}$ 时, 单元 p 存在效率值被高估的情况, 即存在 i 使 $\hat{x}_{ip} < \theta^* x_{ip}$ 或存在 r 使 $\hat{y}_{rp} > y_{rp}$. 表明单元 p 与其投影点 $(\theta^* \boldsymbol{x}_p - \boldsymbol{s}^{-*}, \boldsymbol{y}_p + \boldsymbol{s}^{+*})$ 相比还不足以使每种输入都扩大 θ^* 倍后仍有效, 或者输出指标不劣于投影点. 但由定理 3.12 可知, $(\theta^* \boldsymbol{x}_p - (\varepsilon, \varepsilon, \cdots, \varepsilon)^{\mathrm{T}}, \boldsymbol{y}_p)$ 为广义 DEA 有效. 由于 ε 是一个非常小的数, 当忽略 $(\varepsilon, \varepsilon, \cdots, \varepsilon)^{\mathrm{T}}$ 的影响时, 用

$$(\boldsymbol{x}_p^{\psi}, \boldsymbol{y}_p^{\psi}) = (\theta^* \boldsymbol{x}_p, \boldsymbol{y}_p)$$

作为单元 p 的投影点, 则其效率值为

$$\psi = \theta^*.$$

再由定理 3.13 可知 $(\theta^* \boldsymbol{x}_p, \boldsymbol{y}_p)$ 为广义 DEA 弱有效, 因此, 把这里的效率值和投影值称为激进型效率值与投影值.

例如, 图 3.3 中的单元 c 为广义 DEA 有效. 由于 g' 点为广义 DEA 有效, 因此可以近似地用单元 g 作为 c 点的参考点, 则 c 点的效率值 $\psi = tg/tc > 1$, 投影为 g 点.

(ii) 平均型效率测算方法与投影.

由定理 3.5 可知, 当 $\theta^* > 1$, $(\boldsymbol{s}^{-*}, \boldsymbol{s}^{+*}) \neq \boldsymbol{0}$ 时, 单元 p 存在效率值被高估的情况, 即存在 i 使 $\hat{x}_{ip} < \theta^* x_{ip}$ 或存在 r 使 $\hat{y}_{rp} > y_{rp}$. 表明单元 p 与其投影点 $(\theta^* \boldsymbol{x}_p - \boldsymbol{s}^{-*}, \boldsymbol{y}_p + \boldsymbol{s}^{+*})$ 相比还不足以使每种输入都扩大 θ^* 倍后仍有效, 或者输出指标不劣于投影点. 但在计算单元效率时要考虑这部分输入过大因素影响, 并用

$$(\boldsymbol{x}_p^{\psi}, \boldsymbol{y}_p^{\psi}) = (\theta^* \boldsymbol{x}_p - \boldsymbol{s}^{-*}, \boldsymbol{y}_p + \boldsymbol{s}^{+*})$$

作为单元 p 的投影. 因此, 单元 p 与其投影点 $(\theta^* \boldsymbol{x}_p - \boldsymbol{s}^{-*}, \boldsymbol{y}_p + \boldsymbol{s}^{+*})$ 相比在第 i 个输入指标上的比值是 ψ_i 倍,

$$\psi_i = \frac{\theta^* x_{ip} - s_i^{-*}}{x_{ip}} = \theta^* - \frac{s_i^{-*}}{x_{ip}}.$$

则平均效率值为

$$\psi = \frac{1}{m} \sum_{i=1}^{m} \psi_i = \theta^* - \frac{1}{m} \sum_{i=1}^{m} \frac{s_i^{-*}}{x_{ip}}.$$

例如, 图 3.3 中的单元 c 的效率值为 $\psi = tg/tc > 1$, 其投影点为 a 点.

(iii) 保守型效率测算方法与投影.

类似于平均型效率测算方法, 用

$$(\boldsymbol{x}_p^{\psi}, \boldsymbol{y}_p^{\psi}) = (\theta^* \boldsymbol{x}_p - \boldsymbol{s}^{-*}, \boldsymbol{y}_p + \boldsymbol{s}^{+*})$$

作为单元 p 的投影. 单元 p 的效率值为 ψ, 则其所有输入指标均优于投影值的最大倍数.

$$\psi = \min\{\psi_1, \psi_2, \cdots, \psi_m\} = \theta^* - \max\left\{\frac{s_1^{-*}}{x_{1p}}, \frac{s_2^{-*}}{x_{2p}}, \cdots, \frac{s_m^{-*}}{x_{mp}}\right\}.$$

例如, 图 3.3 中的单元 c 的效率值为 $\psi = tg/tc > 1$, 其投影点为 a 点.

(4) 当单元 p 为广义 DEA 有效, 并且 $\hat{\boldsymbol{s}}^{+*} \neq \boldsymbol{0}$ 时, 由定理 3.7 可知模型 (DIG) 无可行解, 模型 (DIG) 无法用具体数值给出单元的效率值和投影值. 由定理 3.4 可知模型 (DIG) 无可行解的原因是单元 p 的输出值超出了样本单元集中的最优情况. 但由于本章讨论的是面向输入的广义 DEA 模型测算问题, 因此, 由定理 3.10 可知模型 (I-DIG) 首先以最小距离函数来求得单元 p 超出优秀样本单元的尺度 $\hat{\boldsymbol{s}}^{+*}$, 然后再测算出 $(\boldsymbol{x}_p, \boldsymbol{y}_p - \hat{\boldsymbol{s}}^{+*})$ 的效率值. 这时的效率值应考虑输入和输出两方面的效率, 以下分三种情况给出单元的效率值和投影值.

(i) 激进型效率测算方法与投影.

当 $\theta^* > 1$ 时, 由定理 3.12 可知, 投影点 $(\theta^* \boldsymbol{x}_p, \boldsymbol{y}_p - \hat{\boldsymbol{s}}^{+*} + (\varepsilon, \varepsilon, \cdots, \varepsilon)^{\mathrm{T}})$ 为广义 DEA 有效. 由于 ε 是一个非常小的数, 当忽略 $(\varepsilon, \varepsilon, \cdots, \varepsilon)^{\mathrm{T}}$ 的影响时, 用

$$(\boldsymbol{x}_p^{\psi}, \boldsymbol{y}_p^{\psi}) = (\theta^* \boldsymbol{x}_p, \boldsymbol{y}_p - \hat{\boldsymbol{s}}^{+*})$$

作为单元 p 的投影点. 因此, 单元 p 与其投影点 $(\theta^* \boldsymbol{x}_p, \boldsymbol{y}_p - \hat{\boldsymbol{s}}^{+*})$ 相比在第 r 个输出指标上的优势为 $\psi_r^y = \hat{s}_r^{+*}/y_{rp}$, 在输出上的平均效率值为 $(1/s)\sum_{r=1}^{s} \psi_r^y$. 类似于情况 (3) 可给出如下测算方法:

$$\psi = \theta^* + \frac{1}{s}\sum_{r=1}^{s} \frac{\hat{s}_r^{+*}}{y_{rp}}.$$

当 $\theta^* \leqq 1$ 时, 由定理 3.12 可知, 投影点 $(\boldsymbol{x}_p, \boldsymbol{y}_p - \hat{\boldsymbol{s}}^{+*} + (\varepsilon, \varepsilon, \cdots, \varepsilon)^{\mathrm{T}})$ 为广义 DEA 有效. 由于 ε 是一个非常小的数, 当忽略 $(\varepsilon, \varepsilon, \cdots, \varepsilon)^{\mathrm{T}}$ 的影响时,

$$(\boldsymbol{x}_p^{\psi}, \boldsymbol{y}_p^{\psi}) = (\boldsymbol{x}_p, \boldsymbol{y}_p - \hat{\boldsymbol{s}}^{+*})$$

作为单元 p 的投影点. 因此, 单元 p 与其投影点 $(\boldsymbol{x}_p, \boldsymbol{y}_p - \hat{\boldsymbol{s}}^{+*})$ 相比在第 r 个输出指标上的优势为 $\psi_r^y = \hat{s}_r^{+*}/y_{rp}$, 在输出上的平均效率值为 $(1/s)\sum_{r=1}^{s} \psi_r^y$. 如果令 $(\boldsymbol{x}_p, \boldsymbol{y}_p - \hat{\boldsymbol{s}}^{+*} + (\varepsilon, \varepsilon, \cdots, \varepsilon)^{\mathrm{T}})$ 的效率值等于 1, 类似于情况 (3) 可以给出如下测算方法:

$$\psi = 1 + \frac{1}{s}\sum_{r=1}^{s} \frac{\hat{s}_r^{+*}}{y_{rp}}.$$

合并上述两种情况可以给出如下测算方法:

$$(\boldsymbol{x}_p^{\psi}, \boldsymbol{y}_p^{\psi}) = (\max\{1, \theta^*\} \cdot \boldsymbol{x}_p, \boldsymbol{y}_p - \hat{\boldsymbol{s}}^{+*}),$$

$$\psi = \max\{1,\theta^*\} + \frac{1}{s}\sum_{r=1}^{s}\frac{\hat{s}_r^{+*}}{y_{rp}}.$$

例如, 图 3.3 中的单元 d 的效率值为 $\psi = 1 + (dh/dq) > 1$, 其投影点为 h 点.

(ii) 平均型效率测算方法与投影.

类似于情况 (3) 可以给出如下测算方法:

$$(\boldsymbol{x}_p^{\psi}, \boldsymbol{y}_p^{\psi}) = (\theta^*\boldsymbol{x}_p - \boldsymbol{s}^{-*}, \boldsymbol{y}_p + \boldsymbol{s}^{+*} - \hat{\boldsymbol{s}}^{+*}),$$

$$\psi = \theta^* - \frac{1}{m}\sum_{i=1}^{m}\frac{s_i^{-*}}{x_{ip}} - \frac{1}{s}\sum_{r=1}^{s}\frac{s_r^{+*} - \hat{s}_r^{+*}}{y_{rp}}.$$

例如, 图 3.3 中的单元 d 的效率值为 $\psi = vb/vh + dh/dq$, 其投影点为 b 点.

(iii) 保守型效率测算方法与投影.

类似于情况 (3) 可以给出如下测算方法:

$$(\boldsymbol{x}_p^{\psi}, \boldsymbol{y}_p^{\psi}) = (\theta^*\boldsymbol{x}_p - \boldsymbol{s}^{-*}, \boldsymbol{y}_p + \boldsymbol{s}^{+*} - \hat{\boldsymbol{s}}^{+*}),$$

$$\psi = \theta^* - \max\left\{\frac{s_1^{-*}}{x_{1p}}, \frac{s_2^{-*}}{x_{2p}}, \cdots, \frac{s_m^{-*}}{x_{mp}}\right\} - \frac{1}{s}\sum_{r=1}^{s}\frac{s_r^{+*} - \hat{s}_r^{+*}}{y_{rp}}.$$

例如, 图 3.3 中的单元 d 的效率值为 $\psi = vb/vh + dh/dq$, 其投影点为 b 点.

对上述不同情况下给出的效率值和投影值可以进行汇总, 如表 3.6 所示.

表 3.6 不同情况下模型 (I-DIG) 给出的单元效率值和投影值的汇总

有效性	$\boldsymbol{s}^{-*}, \boldsymbol{s}^{+*}, \hat{\boldsymbol{s}}^{+*}$ 取值	效率类型	效率值	投影值
无效	无限制	常规型	θ^*	$(\theta^*\boldsymbol{x}_p - \boldsymbol{s}^{-*}, \boldsymbol{y}_p + \boldsymbol{s}^{+*})$
有效	$\hat{\boldsymbol{s}}^{+*} = \boldsymbol{0}$	常规型	θ^*	$(\theta^*\boldsymbol{x}_p - \boldsymbol{s}^{-*}, \boldsymbol{y}_p + \boldsymbol{s}^{+*})$
		激进型	θ^*	$(\theta^*\boldsymbol{x}_p, \boldsymbol{y}_p)$
		平均型	$\theta^* - \frac{1}{m}\sum_{i=1}^{m}\frac{s_i^{-*}}{x_{ip}}$	$(\theta^*\boldsymbol{x}_p - \boldsymbol{s}^{-*}, \boldsymbol{y}_p + \boldsymbol{s}^{+*})$
		保守型	$\theta^* - \max\left\{\frac{s_1^{-*}}{x_{1p}}, \frac{s_2^{-*}}{x_{2p}}, \cdots, \frac{s_m^{-*}}{x_{mp}}\right\}$	$(\theta^*\boldsymbol{x}_p - \boldsymbol{s}^{-*}, \boldsymbol{y}_p + \boldsymbol{s}^{+*})$
	$\hat{\boldsymbol{s}}^{+*} \neq \boldsymbol{0}$	常规型	无	无
		激进型	$\max\{1,\theta^*\} + \frac{1}{s}\sum_{r=1}^{s}\frac{\hat{s}_r^{+*}}{y_{rp}}$	$(\max\{1,\theta^*\} \cdot \boldsymbol{x}_p, \boldsymbol{y}_p - \hat{\boldsymbol{s}}^{+*})$
		平均型	$\theta^* - \frac{1}{m}\sum_{i=1}^{m}\frac{s_i^{-*}}{x_{ip}} - \frac{1}{s}\sum_{r=1}^{s}\frac{s_r^{+*} - \hat{s}_r^{+*}}{y_{rp}}$	$(\theta^*\boldsymbol{x}_p - \boldsymbol{s}^{-*}, \boldsymbol{y}_p + \boldsymbol{s}^{+*} - \hat{\boldsymbol{s}}^{+*})$
		保守型	$\theta^* - \max\left\{\frac{s_1^{-*}}{x_{1p}}, \frac{s_2^{-*}}{x_{2p}}, \cdots, \frac{s_m^{-*}}{x_{mp}}\right\} - \frac{1}{s}\sum_{r=1}^{s}\frac{s_r^{+*} - \hat{s}_r^{+*}}{y_{rp}}$	$(\theta^*\boldsymbol{x}_p - \boldsymbol{s}^{-*}, \boldsymbol{y}_p + \boldsymbol{s}^{+*} - \hat{\boldsymbol{s}}^{+*})$

3.3 算例分析

假设一个地区有 10 个同类型的加工企业, 它们的输入指标为员工总数和生产成本, 输出指标为利润. 在经济发展和转型过程中, 为进一步提高生产率, 这 10 个企业均引进了先进的生产工艺和设备, 从而使生产得到了有效的提高. 因此, 当地主管部门想通过效率测算来分析新设备引进的效果水平. 表 3.7 和表 3.8 分别给出了企业引进新设备前后的相关数据.

表 3.7 某地区 10 个企业在引进新设备前的输入和输出指标数据

企业序号	E_1	E_2	E_3	E_4	E_5	E_6	E_7	E_8	E_9	E_{10}
员工总数/百人	23	15	60	60	15	30	45	25	20	30
生产成本/万元	15	55	45	45	35	20	25	30	20	15
利润/万元	16	40	44	43	40	34	44	40	36	39

表 3.8 某地区 10 个企业在引进新设备后的输入和输出指标数据

企业序号	E_1	E_2	E_3	E_4	E_5	E_6	E_7	E_8	E_9	E_{10}
员工总数/百人	22	14	60	60	14	29	44	24	19	29
生产成本/万元	13	53	45	45	33	18	23	28	18	13
利润/万元	18	42	44	45	42	36	46	42	46	46

以下应用模型 (DIG) 和模型 (I-DIG) 分别进行计算, 并通过计算结果来说明本章提出的效率测算方法及其特点.

3.3.1 某地区 10 个企业的综合效率分析

取 $\delta_1 = 0$, 并以 10 个企业在引进新设备前的输入输出数据作为参照样本, 分别应用模型 (DIG) 和模型 (I-DIG) 对引进新设备前后的 10 个企业的数据进行分析, 相应的测算结果如表 3.9 和表 3.10 所示.

表 3.9 规模收益不变条件下 10 个企业在引进新设备前的效率测算结果

企业序号	模型 (DIG) 的效率值				模型 (I-DIG) 的效率值				
	s_1^{-*}	s_2^{-*}	s_1^{+*}	θ^*	s_1^{-*}	s_2^{-*}	s_1^{+*}	$\hat{s}_1^{+*}$	θ^*
E_1	0.000	0.000	0.000	0.479	0.000	0.000	0.000	0.000	0.479
E_2	0.000	20.000	0.000	1.000	0.000	20.000	0.000	0.000	1.000
E_3	0.000	0.000	0.000	0.473	0.000	0.000	0.000	0.000	0.473
E_4	0.000	0.000	0.000	0.462	0.000	0.000	0.000	0.000	0.462
E_5	0.000	0.000	0.000	1.000	0.000	0.000	0.000	0.000	1.000
E_6	0.000	0.000	0.000	0.773	0.000	0.000	0.000	0.000	0.773
E_7	0.000	0.000	0.000	0.721	0.000	0.000	0.000	0.000	0.721
E_8	0.000	0.000	0.000	0.829	0.000	0.000	0.000	0.000	0.829
E_9	0.000	0.000	0.000	1.000	0.000	0.000	0.000	0.000	1.000
E_{10}	0.000	0.000	0.000	1.000	0.000	0.000	0.000	0.000	1.000

从表 3.9 可以看出, 当决策单元集和样本单元集相同时, 模型 (DIG) 退化为传统意义下的 C^2R 模型. 这时, 应用模型 (DIG) 和模型 (I-DIG) 能测算出所有单元的效率值, 效率测算结果也相同. 并且, 由于模型 (DIG) 可以测算 C^2R 模型下的单元效率值, 因而模型 (I-DIG) 也可以替代模型 (DIG) 测算传统意义下的单元综合效率, 即模型 (I-DIG) 具有较好的传承性.

表 3.10 规模收益不变条件下 10 个企业在引进设备后的效率测算结果

企业序号	模型 (DIG) 的效率值				模型 (I-DIG) 的效率值				
	s_1^{-*}	s_2^{-*}	s_1^{+*}	θ^*	s_1^{-*}	s_2^{-*}	s_1^{+*}	$\hat{s}_1^{+*}$	θ^*
E_1	0.000	0.000	0.000	0.588	0.000	0.000	0.000	0.000	0.588
E_2	0.000	22.875	0.000	1.125	0.000	22.875	0.000	0.000	1.125
E_3	0.000	0.000	0.000	0.473	0.000	0.000	0.000	0.000	0.473
E_4	0.000	0.000	0.000	0.484	0.000	0.000	0.000	0.000	0.484
E_5	0.000	0.375	0.000	1.125	0.000	0.375	0.000	0.000	1.125
E_6	0.000	0.000	0.000	0.874	0.000	0.000	0.000	0.000	0.874
E_7	0.000	0.000	0.000	0.790	0.000	0.000	0.000	0.000	0.790
E_8	0.000	0.000	0.000	0.917	0.000	0.000	0.000	0.000	0.917
E_9	0.000	0.000	0.000	1.386	0.000	0.000	0.000	0.000	1.386
E_{10}	4.083	0.000	0.000	1.361	4.083	0.000	0.000	0.000	1.361

从表 3.10 可以看出: ① 当决策单元集和样本单元集不同时, 应用模型 (DIG) 和模型 (I-DIG) 算出的单元综合效率相同. 这表明, 在规模收益不变的情况下模型 (I-DIG) 完全可以替代模型 (DIG) 测算单元的广义综合效率值. ② 从表 3.10 中的 E_2 和 E_5 两个单元来看, 它们的产出水平相同, 投入的劳动人数相同, 而单元 E_2 的生产成本是单元 E_5 的 1.61 倍, 超出 20 万元, 但两者的效率值却相同. 可见, 单元 E_2 的生产效率明显被高估了.

为解决有效单元效率值被高估的问题, 应用本章给出的新的效率测算方法可以得到表 3.11 中的结果.

表 3.11 规模收益不变条件下 4 个有效企业的三种效率测算结果

企业序号	激进型效率值	平均型效率值	保守型效率值
E_2	1.125	0.909	0.693
E_5	1.125	1.119	1.114
E_9	1.386	1.386	1.386
E_{10}	1.361	1.291	1.220

从表 3.11 可以看出: 应用模型 (DIG) 和模型 (I-DIG) 均可以得出单元的广义综合效率值, 但它们给出的都是激进型效率值. 比如, 单元 E_2 和单元 E_5 的输入输出值分别是 (14, 53, 42), (14, 33, 42), 但它们所对应的投影点 (即优秀的样本单元) 则均为 (15.75, 36.75, 42).

从输入上看, 投影点的人力投入是单元 E_2 和单元 E_5 的 1.125 倍, 生产成本为单元 E_2 的 0.693 倍和单元 E_5 的 1.114 倍. 其中, 投影点的生产成本并未超过决策单元的 1.125 倍, 特别是对于单元 E_2 而言, 它的生产成本远远大于投影点.

保守型效率值取的是两种输入中单元和投影点相比优势最小的指标值. 比如, 投影点的人力投入是单元 E_2 和单元 E_5 的 1.125 倍, 生产成本为单元 E_2 的 0.693 倍和单元 E_5 的 1.114 倍, 则单元 E_2 和单元 E_5 的保守型效率值分别为 0.693 和 1.114.

平均型效率值同时考虑各输入指标的综合情况, 给出的结果具有平均性. 比如, 单元 E_2 和单元 E_5 的平均型效率值分别为 0.909 和 1.119, 接近于保守型效率值和激进型效率值的平均值. 并且, 相对于激进型效率值和保守型效率值, 平均型效率值更能反映单元效率的实际情况.

3.3.2 某地区 10 个企业的技术效率分析

取 $\delta_1 = 1$, $\delta_2 = 0$, 并以 10 个企业在引进新设备前的输入输出数据为参照样本, 分别应用模型 (DIG) 和模型 (I-DIG) 对引进新设备前后的 10 个企业的数据进行分析, 相应的测算结果如表 3.12 和表 3.13 所示.

从表 3.12 可以看出, 由于决策单元集和样本单元集相同, 因此, (DIG) 退化为传统意义下的 BC^2 模型, 即应用模型 (DIG) 和模型 (I-DIG) 测算出的效率值相同. 并且, 由于模型 (DIG) 可以测算 BC^2 模型下的单元技术效率值, 从而模型 (I-DIG) 也可以替代模型 (DIG) 测算传统意义下的单元技术效率, 即模型 (I-DIG) 具有传承性.

表 3.12 规模收益可变条件下 10 个企业在引进新设备前的效率测算结果

企业序号	模型 (DIG) 的效率值				模型 (I-DIG) 的效率值				
	s_1^{-*}	s_2^{-*}	s_1^{+*}	θ^*	s_1^{-*}	s_2^{-*}	s_1^{+*}	$\hat{s}_1^{+*}$	θ^*
E_1	0.000	0.000	0.000	1.000	0.000	0.000	0.000	0.000	1.000
E_2	0.000	20.000	0.000	1.000	0.000	20.000	0.000	0.000	1.000
E_3	0.000	8.750	0.000	0.750	0.000	8.750	0.000	0.000	0.750
E_4	0.000	0.625	0.000	0.625	0.000	0.625	0.000	0.000	0.625
E_5	0.000	0.000	0.000	1.000	0.000	0.000	0.000	0.000	1.000
E_6	0.000	0.000	0.000	0.840	0.000	0.000	0.000	0.000	0.840
E_7	0.000	0.000	0.000	1.000	0.000	0.000	0.000	0.000	1.000
E_8	0.000	0.000	0.000	0.909	0.000	0.000	0.000	0.000	0.909
E_9	0.000	0.000	0.000	1.000	0.000	0.000	0.000	0.000	1.000
E_{10}	0.000	0.000	0.000	1.000	0.000	0.000	0.000	0.000	1.000

从表 3.13 可以看出:

(1) 在决策单元集和样本单元集不同的情况下, 应用模型 (DIG) 测算单元技术效率时, 单元 E_4, E_7, E_9, E_{10} 存在无可行解的情况, 这说明应用模型 (DIG) 无法获取这些单元的效率值, 即它们的效率状况、存在的优势或需要改进的信息都已经无从获得. 然而, 应用模型 (I-DIG) 就可以给出更多信息, 如单元 E_4, E_7, E_9, E_{10} 的效率值分别为 0.750, 1.087, 2.368, 1.923. 同时, 从 E_3 和 E_4 两个单元来看, 它们的投入人数和生产成本相同, 产出仅相差 2%左右, 应用模型 (I-DIG) 测算的效率值均为 0.750, 说明模型 (I-DIG) 在测算模型 (DIG) 无可行解情况下的单元效率上具有一定的合理性. 并且, 从表 3.13 可看出, 当模型 (DIG) 有可行解时, 模型 (DIG) 和模型 (I-DIG) 计算出的效率值相同.

表 3.13 规模收益可变条件下 10 个企业在引进新设备后的效率测算结果

企业序号	模型 (DIG) 的效率值				模型 (I-DIG) 的效率值				
	s_1^{-*}	s_2^{-*}	s_1^{+*}	θ^*	s_1^{-*}	s_2^{-*}	s_1^{+*}	$\hat{s}_1^{+*}$	θ^*
E_1	0.000	0.000	5.835	1.154	0.000	0.000	5.835	0.000	1.154
E_2	0.000	83.571	0.000	2.143	0.000	83.571	0.000	0.000	2.143
E_3	0.000	8.750	0.000	0.750	0.000	8.750	0.000	0.000	0.750
E_4	—	—	—	无可行解	0.000	8.750	0.000	1.000	0.750
E_5	0.000	40.714	0.000	2.143	0.000	40.714	0.000	0.000	2.143
E_6	0.000	0.000	0.000	0.913	0.000	0.000	0.000	0.000	0.913
E_7	—	—	—	无可行解	2.826	0.000	0.000	2.000	1.087
E_8	0.000	5.000	0.000	1.250	0.000	5.000	0.000	0.000	1.250
E_9	—	—	—	无可行解	0.000	17.632	0.000	2.000	2.368
E_{10}	—	—	—	无可行解	10.769	0.000	0.000	2.000	1.923

(2) 在规模收益可变条件下单元的效率值可能会被高估. 比如, 从表 3.13 中的 E_2 和 E_5 两个单元来看, 它们的产出和投入人数相同, 而单元 E_2 的生产成本是单元 E_5 的 1.61 倍, 超出 20 万元, 但两者的效率值却相同. 可见, E_2 的生产效率明显被高估了.

为解决有效单元效率值被高估的问题, 应用本章给出的新的效率测算方法可以得到表 3.14 中的结果.

表 3.14 规模收益可变条件下 8 个有效企业的五种效率测算结果

企业序号	常规型效率值	模型 (I-DIG) 的效率值	激进型效率值	平均型效率值	保守型效率值
E_1	1.154	1.154	1.154	1.154	1.154
E_2	2.143	2.143	2.143	1.355	0.566
E_3	—	0.750	1.022	0.675	0.578
E_4	2.143	2.143	2.143	1.526	0.909
E_5	—	1.087	1.130	1.098	1.066
E_6	1.250	1.250	1.250	1.161	1.071
E_7	—	2.368	2.411	1.922	1.432
E_8	—	1.923	1.966	1.780	1.595

从表 3.14 可以看出: 应用模型 (I-DIG) 可以测算单元的广义技术效率值, 但

它给出的效率值是激进型的效率值. 比如, 单元 E_2 和单元 E_5 的输入输出值分别是 (14, 53, 42), (14, 33, 42), 但它们所对应的投影点 (即优秀的样本单元) 均为 (30, 30, 42). 从输入上看, 投影点的人力投入是单元 E_2 和单元 E_5 的 2.143 倍, 生产成本为单元 E_2 的 0.566 倍和单元 E_5 的 0.909 倍. 其中, 投影点的生产成本并未超过单元的 2.143 倍, 特别是对于单元 E_2 而言, 它的生产成本远远大于投影点.

保守型效率值取的是两种投入中单元和投影点相比优势最小的指标值. 比如, 投影点的人力投入是单元 E_2 和单元 E_5 的 2.143 倍, 生产成本为单元 E_2 的 0.566 倍和单元 E_5 的 0.909, 则单元 E_2 和单元 E_5 的保守型效率值分别为 0.566 和 0.909.

平均型效率值同时考虑各输入指标的综合情况, 给出的结果具有平均性. 比如, 单元 E_2 和单元 E_5 的平均型效率值分别是 1.355 和 1.526, 接近于保守型效率值和激进型效率值的平均值.

3.4 结 束 语

从上述讨论来看, 尽管原有的广义 DEA 模型很好地解决了 DEA 评价中参考对象的多元化问题, 但对有效单元的度量还存在盲区 (即模型存在无可行解的情况). 同时, 广义 DEA 模型对有效单元的度量还属于激进型的度量方法. 而本章提出的方法不仅修补了原有模型中存在无可行解的缺陷, 也给决策者提供了多种观察单元效率的视角. 当然相应的工作可能存在一定的不足, 有待于进一步研究和发展.

参 考 文 献

[1] Charnes A, Cooper W W, Rhodes E. Measuring the efficiency of decision making units [J]. European Journal of Operational Research, 1978, 2(6): 429-444.

[2] 马占新. 数据包络分析方法的研究进展 [J]. 系统工程与电子技术, 2002, 24(3): 42-46.

[3] Banker R D, Charnes A, Cooper W W. Some models for estimating technical and scale inefficiencies in data envelopment analysis [J]. Management Science, 1984, 30(9): 1078-1092.

[4] Färe R, Grosskopf S. A nonparametric cost approach to scale efficiency [J]. Scandinavian Journal of Economics, 1985, 87(4): 594-604.

[5] Seiford L M, Thrall R M. Recent developments in DEA: The mathematical programming approach to frontier analysis [J]. Journal of Econometrics, 1990, 46(1/2): 7-38.

[6] 马占新. 关于若干 DEA 模型与方法研究 [D]. 大连: 大连理工大学, 1999.

[7] 马占新, 唐焕文. DEA 有效单元的特征及 SEA 方法 [J]. 大连理工大学学报, 1999, 39(4): 577-582.

[8] 马占新. 一种基于样本前沿面的综合评价方法 [J]. 内蒙古大学学报, 2002, 33(6): 606-610.

[9] 马占新, 吕喜明. 带有偏好锥的样本数据包络分析方法研究 [J]. 系统工程与电子技术, 2007, 29(8): 1275-1281.

[10] 马占新, 马生昀. 基于 C^2W 模型的广义数据包络分析方法研究 [J]. 系统工程与电子技术, 2009, 31(2): 366-372.

[11] 马占新, 马生昀. 基于 C^2WY 模型的广义数据包络分析方法 [J]. 系统工程学报, 2011, 26(2): 251-261.

[12] 马占新, 温秀晶. 基于面板数据的中国煤炭企业经济效率分析 [J]. 煤炭经济研究, 2010, 30(7): 50-53.

[13] Muren, Ma Z X, Cui W. Fuzzy data envelopment analysis approach based on sample decision making units [J]. Journal of Systems Engineering and Electronics, 2012, 23(3): 399-407.

[14] Muren, Ma Z X, Cui W. Generalized fuzzy data envelopment analysis methods [J]. Applied Soft Computing, 2014, 19(1): 215-225.

[15] 马占新. 广义数据包络分析方法 [M]. 北京: 科学出版社, 2012: 1-30.

[16] 马占新, 候翔. 具有多属性决策单元的有效性分析方法 [J]. 系统工程与电子技术, 2011, 33(2): 339-345.

[17] 吉日木吐, 媛媛, 马生昀, 等. 基于 C^2R 模型的广义链式网络 DEA 模型 [J]. 数学的实践与认识, 2014, 44(7): 67-74.

[18] 媛媛, 吉日木吐, 马生昀, 等. 具有阶段最终产出的广义链式网络 DEA 模型 [J]. 数学的实践与认识, 2015, 45(12): 223-230.

[19] Wei Q L, Yan H. A data envelopment analysis (DEA) evaluation method based on sample decision making units [J]. International Journal of Information Technology & Decision Making, 2010, 9(4): 601-624.

[20] 马生昀, 马占新. 基于 C^2W 模型的广义数据包络分析方法 [J]. 系统工程理论与实践, 2014, 34(4): 899-909.

[21] 马生昀, 马占新. 基于样本前沿面移动的广义 DEA 有效性排序 [J]. 系统工程学报, 2014, 29(4): 443-457.

[22] 马占新, 马生昀. 基于样本评价的广义数据包络分析方法 [J]. 数学的实践与认识, 2011, 41(21): 155-171.

第 4 章　DEA 方法的效率悖论与数据短尾现象

通过实例分析发现许多重要 DEA 模型给出的评价结果都可能存在效率悖论, 即随着评价标准的提高, 一个固定决策单元的效率值反而会增大. 为了探究 DEA 效率悖论产生的原因及解决办法, 本章首先通过实例证明了一些最重要 DEA 模型 (包括 C^2R 模型、BC^2 模型、FG 模型、ST 模型) 给出的评价结果中均可能存在效率悖论. 然后, 从理论上解释了 DEA 效率悖论产生的根源在于决策单元数据的短尾现象, 并给出了判定存在数据短尾现象的方法. 同时, 还给出了一种修正的 DEA 模型, 该模型不仅可以克服 DEA 效率悖论的出现, 而且还能有效提高 DEA 方法对效率测算的准确性. 最后, 应用 2000~2014 年的中国省级经济数据对相关模型进行了比较.

自从 Charnes 等于 1978 年提出 C^2R 模型以来 [1], DEA 方法得到快速发展, 并迅速成长为一种重要的综合评价方法 [2-5]. DEA 方法的理论基础是经济学的生产函数理论, 其思想受到了 Shephard 距离函数的影响 [6]. 在对不同规模收益条件下的 DEA 有效性刻画方面, 1978 年 Charnes 等提出了 C^2R 模型, 主要用于测度生产系统在规模收益不变条件下的生产效率情况 [1]. 而 1984 年 Banker 等给出的 BC^2 模型则主要用于评价规模收益可变条件下的生产效率 [7]. 这两种模型不仅在实践中得到了广泛应用, 而且在方法上也是许多 DEA 模型构造的基础, 比如在刻画全要素生产率方面 [8-11] 这两个模型就起到了重要作用. 此外, 1985 年 Färe 等还给出了满足规模收益非递增的 DEA 模型——FG 模型 [12]; 之后, 1990 年 Seiford 等给出了满足规模收益非递减的 DEA 模型——ST 模型 [13]. 上述四种模型系统地描绘了不同规模收益下多输入多输出生产系统的生产效率状况, 在 DEA 理论中占有重要地位. 并且, 在 C^2R 模型和 BC^2 模型的基础上, 越来越多的 DEA 模型相继产生, 如含有偏好信息的 DEA 模型——C^2WH 模型 [14]、可以直接编程计算的综合 DEA 模型 [15]、动态 DEA 模型 [16]、考虑随机因素的 DEA 模型 [17]、含有中性指标的 DEA 模型 [18] 以及广义参考集 DEA 模型 [19] 等. 而这些模型在经济与社会发展的许多方面发挥着重要作用. 如今, 尽管 DEA 方法在实践中得到了广泛应用, 方法本身也日趋成熟. 但通过研究发现, 许多重要 DEA 模型给出的评价结果中可能存在效率 “悖论”. 即对一个固定的决策单元而言, 随着评价标准的提高, 其效率值应该变小. 然而, 应用广义 DEA 方法 [19] 进行效率分析时却出现了与之相反的结论, 且这一现象可能会出现在包括 C^2R 模型 [1]、BC^2 模型 [7]、FG 模型 [12]、ST 模型 [13]、窗口 DEA 模型 [20] 以及 Malmquist 指数 DEA 模型 [8,10] 在内的许多重要 DEA 模型中. 因此, 探究 DEA 效率悖论产生的原因及解决方法具有重要的理论价值. 由于 DEA 效率悖论首先是在广义 DEA 方法的应用中发现的, 而广义 DEA 方法以偏序集理论为基础 [21], 把评价标准与评价对象分离, 将评价的参考集推广到更一般的情况 [22,23], 为一个固定决策单元在不同参考面下的效率测算提供了理论基础. 并且, 也可以证明现有 DEA 模型包含在广义 DEA 模型中 [24-29]. 因此, 为了说明 DEA 效率悖论的存在性, 本章以广义 DEA 方法 [19] 为基础, 首先应用实例证明 C^2R 模型、BC^2 模型、FG 模型、ST 模型以及广义 DEA 模型给出的结果中均可能存在效率悖论. 其次, 从理论上解释 DEA 效率悖论产生的根源, 并给出一种能够有效克服 DEA 效率悖论以及提升效率测算准确性的修正 DEA 模型. 最后, 应用 2000~2014 年的中国省级经济数据对相关模型进行了比较分析.

4.1 DEA 方法中的效率悖论

对于一个固定的决策单元, 如果评价标准越高, 它的评价值应该越低. 然而, 在应用广义 DEA 模型进行效率评价时却可能出现与之相反的情况. 为了更好地说明这一问题, 首先从理论上证明在应用技术条件更高的前沿面测算一个固定决策单元效率时, 它的效率应该是降低的. 然后, 应用实例证明 DEA 方法测算的效率值可能会出现与之相反的情况.

4.1.1 技术进步与效率测算的关系分析

以下从单输入单输出的情况出发, 分析技术进步与决策单元效率变化之间的关系.

假设 $y = f^t(x)$ 为第 t 时期某生产系统的生产前沿面, $t = 1, 2, \cdots, T$. 由于生产系统的技术进步不可逆, 即用同样的投入可以生产更多产出, 或者用较少的投入可以获得同样的产出.

对于图 4.1 而言, 当保持产出 y_t 不变时, 如果

$$f^1(x_1) = f^t(x_t) = f^T(x_T) = y_t,$$

则有

$$x_T \leqq x_t \leqq x_1.$$

因此, 对于某一时期的某个固定决策单元 D, 当保持 x_1, x_t, x_T 以及 x_D 的产出相等时, 如果定义 D 点相对于第 t 时期的相对效率为 $\theta_D^t = x_t/x_D$, 则必有

$$\theta_D^1 \geqq \theta_D^t \geqq \theta_D^T.$$

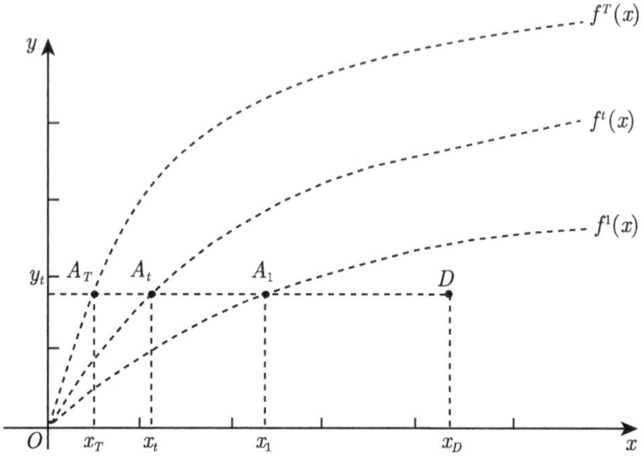

图 4.1　最佳实际生产前沿面与技术进步

由此可见, 在单投入单产出的情况下, 如果生产系统的技术进步不可逆, 则对于一个固定的决策单元, 当评价参考集的技术水平不断提高时, 该固定决策单元相对于各生产前沿面的效率会逐渐变小.

4.1.2　DEA 效率悖论及其存在的广泛性

假设 $(\boldsymbol{x}_p, \boldsymbol{y}_p) = ((x_{1p}, x_{2p}, \cdots, x_{mp})^{\mathrm{T}}, (y_{1p}, y_{2p}, \cdots, y_{sp})^{\mathrm{T}})$ 表示第 p 个决策单元的输入输出指标值; $(\bar{\boldsymbol{x}}_j, \bar{\boldsymbol{y}}_j) = ((\bar{x}_{1j}, \bar{x}_{2j}, \cdots, \bar{x}_{mj})^{\mathrm{T}}, (\bar{y}_{1j}, \bar{y}_{2j}, \cdots, \bar{y}_{sj})^{\mathrm{T}})$ 表示第 j 个样本单元的输入输出指标值, 并且它们均为正数. 则对于决策单元 p 有如下广义 DEA 模型 [30]:

$$(\text{DIG})\begin{cases} \min \theta - \varepsilon(\hat{\boldsymbol{e}}^{\mathrm{T}}\boldsymbol{s}^- + \boldsymbol{e}^{\mathrm{T}}\boldsymbol{s}^+), \\ \text{s.t. } \displaystyle\sum_{j=1}^{\bar{n}} \bar{\boldsymbol{x}}_j\lambda_j + \boldsymbol{s}^- = \theta\boldsymbol{x}_p, \\ \qquad \displaystyle\sum_{j=1}^{\bar{n}} \bar{\boldsymbol{y}}_j\lambda_j - \boldsymbol{s}^+ = \boldsymbol{y}_p, \\ \qquad \delta_1\left(\displaystyle\sum_{j=1}^{\bar{n}} \lambda_j - \delta_2(-1)^{\delta_3}\lambda_{\bar{n}+1}\right) = \delta_1, \\ \qquad \boldsymbol{s}^- \geqq \boldsymbol{0}, \boldsymbol{s}^+ \geqq \boldsymbol{0}, \lambda_j \geqq 0, j = 1, 2, \cdots, \bar{n}+1. \end{cases}$$

其中 $\hat{\boldsymbol{e}}^{\mathrm{T}}=(1,1,\cdots,1)\in E^m$, $\boldsymbol{e}^{\mathrm{T}}=(1,1,\cdots,1)\in E^s$, ε 是非阿基米德无穷小量.

当决策单元集和样本单元集相等时, 若 $\delta_1=0$, 则模型 (DIG) 为传统 $\mathrm{C^2R}$ 模型; 若 $\delta_1=1$, $\delta_2=0$, 则模型 (DIG) 为传统 $\mathrm{BC^2}$ 模型.

(1) DEA 模型给出的结果可能会产生效率悖论.

由上面的分析可知, 对于一个固定决策单元而言, 它相对于技术水平提高后的生产前沿面的效率应该下降, 但在例 4.1 和例 4.2 中却出现了与之相反的情况.

例 4.1 以下选取各地区从业人数作为输入指标, 各地区 GDP 作为输出指标, 并分别应用由不同年份的中国各省份截面数据构成的生产前沿面来评价新疆 2014 年的劳动生产率. 其中, 各指标数据均来源于历年《中国统计年鉴》.

改革开放以来, 中国经济保持高速增长、技术进步显著、全员劳动生产率不断提高. 国家统计局发布的相关统计数据显示, 中国全员劳动生产率已经由 2000 年的 1.7 万元/人上升到了 2016 年的 9.5 万元/人.

首先, 从 4.1.1 节的技术进步理论来看, 分别以 2000 年、2005 年、2010 年和 2014 年的中国各省份生产前沿面作为评价参考面对新疆 2014 年的劳动生产率进行评价时, 获得的效率值应该随着评价参考集技术水平的提高而下降. 即

$$\theta_{2014\text{新疆}}^{2000}\geqq\theta_{2014\text{新疆}}^{2005}\geqq\theta_{2014\text{新疆}}^{2010}\geqq\theta_{2014\text{新疆}}^{2014}.$$

然而, 分别取 2000 年、2005 年、2010 年和 2014 年的中国省级截面数据作为样本单元的指标值, 令 $\delta_1=0$ 或者 $\delta_1=1$, $\delta_2=0$, 即应用模型 (DIG) 进行测算的综合效率 $(\mathrm{C^2R})$ 和技术效率 $(\mathrm{BC^2})$ 如图 4.2 所示.

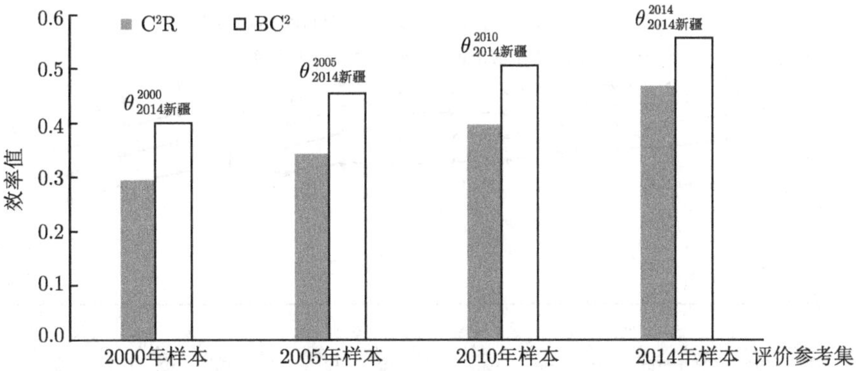

图 4.2 基于不同前沿面的新疆 2014 年劳动生产率情况

从图 4.2 可以看出, 应用模型 (DIG) 获得的 2014 年新疆效率值随着评价参考集技术水平的提高而不断增大. 即

$$\theta_{2014\text{新疆}}^{2000}<\theta_{2014\text{新疆}}^{2005}<\theta_{2014\text{新疆}}^{2010}<\theta_{2014\text{新疆}}^{2014}.$$

由此可见, DEA 方法测算的结果与经济理论分析的结果产生了严重分歧.

(2) DEA 效率悖论可能会广泛存在.

通过例 4.2 可以看出, DEA 效率悖论的发生不是一种偶然现象, 很可能会普遍存在.

例 4.2 当取 $\delta_1 = 0$ 或者 $\delta_1 = 1, \delta_2 = 0$ 时, 选取各省份从业人数作为输入指标, 各省份 GDP 作为输出指标, 并分别选取 2000 年、2005 年、2010 年和 2014 年的中国省级截面数据作为样本单元的指标值. 应用模型 (DIG) 对新疆 2000~2014 年的效率进行评价的结果如图 4.3 和图 4.4 所示.

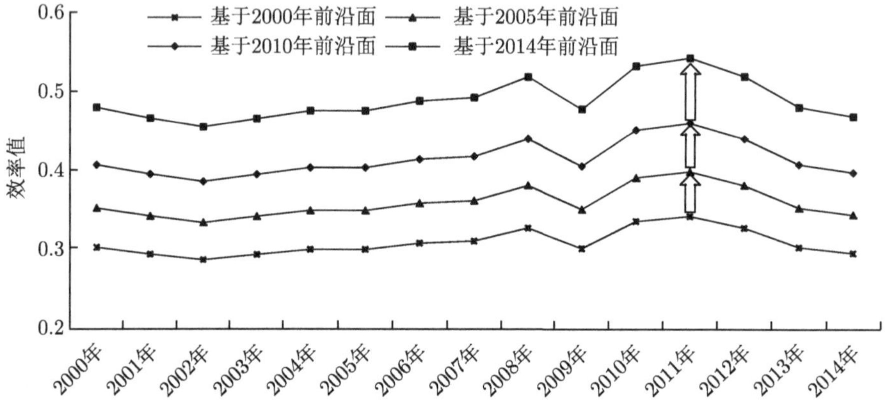

图 4.3 基于不同技术水平的新疆 2000~2014 年综合效率 (C^2R)

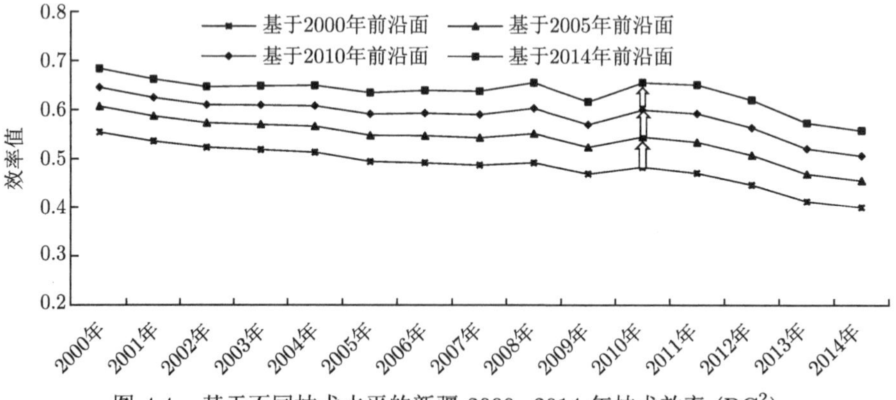

图 4.4 基于不同技术水平的新疆 2000~2014 年技术效率 (BC^2)

从图 4.3 和图 4.4 中箭头所指的方向看, 随着构成评价参考集的数据所属年份的增加, 新疆 2000~2014 年的效率曲线也在不断上移. 这表明: 从时间上看, 新疆的效率悖论不是仅仅发生在 2014 年, 而是 2000~2014 年的所有年份都存在效率悖论. 从效率类型上看, 不仅仅是综合效率会出现效率悖论, 技术效率也会出现效率悖论. 因此, DEA 方法的效率悖论可能是一种普遍现象.

4.2 DEA 效率悖论产生的原因分析

实际上, DEA 效率悖论产生的根源在于决策单元的数据短尾现象. 为了更清晰地分析 DEA 效率悖论产生的原因, 下面仍对例 4.1 进行分析.

4.2.1 从面板数据出发分析数据短尾现象

在例 4.1 中, 由中国各省份 2000 年、2005 年、2010 年和 2014 年的截面数据构成的 C^2R 模型意义下的生产可能集分别为图 4.5 中由 xOE, xOD, xOC 和 xOB 围成的区域, 其对应的生产前沿面依次为 OE, OD, OC 和 OB.

从图 4.5 可以看出, 各年的生产可能集具有以下关系:

$$xOB \subset xOC \subset xOD \subset xOE.$$

这种关系表明, 中国在过去的 14 年中有持续大幅的技术退步, 显然这不符合实际情况. 而产生这种情况的原因在于随着时间的推移, 各省份每年的从业人数和 GDP 都在增长, 劳动投入较小的单元缺失, 特别是那些投入较小的有效单元的缺失导致了 DEA 生产可能集与实际生产情况的不符. 本章把 DEA 方法中存在的这种现象叫做 "数据短尾" 现象. 同时, 从图 4.6 可见, 对于 BC^2 模型也存在同样的情况.

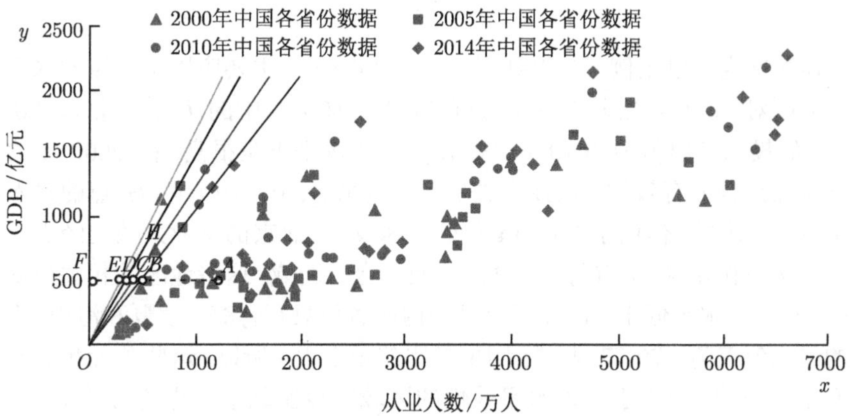

图 4.5 不同年份截面数据所构造的生产前沿面的比较 (C^2R)

为什么数据短尾现象会导致由不同时期的截面数据构造的前沿面在投入较少部分出现技术退步呢? 这与 DEA 模型前沿面的构造方法有关. 以 BC^2 模型为

例, 一个决策单元无论它的产出多么差, 只要它的投入比其他决策单元都小, 则该决策单元就一定在 DEA 有效前沿面上. 在经济发展初期, 各单元的投入规模都很小, 因此, 在投入较小的区域也会包含有效单元的数据. 但随着经济的不断发展, 各单元的投入规模不断增大, 这时发展较慢的单元往往落在后面, 且这些投入水平仍停留在经济发展初期规模的单元往往都是效率较差的单元, 这些单元的产出与同样投入下的有效单元产出差距较大 (类似的例子还有很多, 比如学习较差的学生一般来说都不太用功, 贫困地区的高级人才十分缺乏等), 由这些单元构造的生产前沿面在投入较小部分会严重失真, 这也是造成 DEA 效率悖论的根本原因.

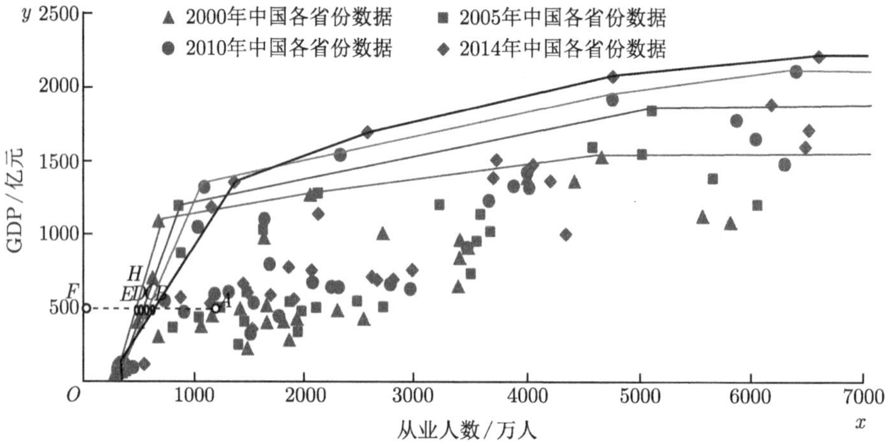

图 4.6 不同年份截面数据所构造的生产前沿面的比较 (BC^2)

上述情况也可以由例 4.1 得到印证. 在例 4.1 中, 主要应用不同技术水平下的生产前沿面对 2014 年新疆的效率进行了测度. 图 4.6 中的 H 点 (北京, 2000 年的数据) 的投入产出值为 (619.3, 784.15), 投入水平不是很高, 在 2000 年的经济水平下该点是较为有效的. 从技术进步的角度来看, 在 2014 年 H 点的投入产出组合是可以实现的, 但由于经过 14 年的快速发展, 北京的从业人数已经上升到了 1156.7 万人, 中国 30 个省份 (不含港、澳、台、西藏, 这些地区的相关数据不完整) 中留在投入水平低于 619.3 万人区域内的省份只有青海、宁夏和海南, 而它们产出的最大值仅为 179.77, 与 784.15 相比差距很大. 所以, 这些单元相对于真实前沿面是无效的, 但由于投入水平较低的区域缺少像北京这样的有效单元, 从而导致使用非有效单元的数据构造生产前沿面, 造成了该区域前沿面的低估.

应用这样的前沿面测得的 2014 年新疆相对于 2000 年、2005 年、2010 年和 2014 年生产前沿面的效率值分别为 FE/FA, FD/FA, FC/FA, FB/FA, 显然 $FE/FA < FD/FA < FC/FA < FB/FA$, 即

$$\theta_{2014新疆}^{2000} < \theta_{2014新疆}^{2005} < \theta_{2014新疆}^{2010} < \theta_{2014新疆}^{2014}.$$

由此可见, 数据短尾现象是造成 DEA 效率悖论的根本原因. 通过类似的讨论可知, 对于 FG 模型和 ST 模型而言, 数据短尾现象也同样存在, 并且还会延伸到所有以这些模型为基础的其他模型.

4.2.2 从截面数据出发分析数据短尾现象

带有非阿基米德无穷小量的 BC^2 模型可以表示如下 [7]:

$$(\bar{\mathrm{D}}_{\varepsilon})\begin{cases} \min \theta - \varepsilon\left(\hat{\boldsymbol{e}}^{\mathrm{T}}\boldsymbol{s}^{-} + \boldsymbol{e}^{\mathrm{T}}\boldsymbol{s}^{+}\right), \\ \text{s.t. } \sum_{j=1}^{n} \boldsymbol{x}_j\lambda_j + \boldsymbol{s}^{-} = \theta\boldsymbol{x}_{j_0}, \\ \qquad \sum_{j=1}^{n} \boldsymbol{y}_j\lambda_j - \boldsymbol{s}^{+} = \boldsymbol{y}_{j_0}, \\ \qquad \sum_{j=1}^{n} \lambda_j = 1, \\ \qquad \boldsymbol{s}^{-} \geqq \boldsymbol{0}, \boldsymbol{s}^{+} \geqq \boldsymbol{0}, \lambda_j \geqq 0, j = 1, 2, \cdots, n. \end{cases}$$

由 4.2.1 节的分析可知, 对于面板数据, DEA 方法存在数据短尾现象. 那么, 对于截面数据, DEA 方法是否也存在数据短尾现象呢? 以下构造一个例子来说明这一问题.

例 4.3 假设一个英语培训班有 5 名学员, 规定培训时间均为 40 天. 其中, 学员 1 对英语学习不感兴趣, 旷课 4 天, 学员 2 因事请假 2 天, 其他学员没有缺席. 最后的培训天数和考试成绩如表 4.1 所示. 应用模型 $(\bar{\mathrm{D}}_{\varepsilon})$ 可算出各学员的学习效率 (BC^2) , 如表 4.2 所示.

表 4.1 培训班学员的培训天数和考试成绩

学员序号	1	2	3	4	5
培训天数 /天 (输入)	36	38	40	40	40
考试成绩 /分 (输出)	2	100	94	90	88

表 4.2 基于 BC^2 模型的学员学习效率

学员序号	1	2	3	4	5
效率值	1.000	1.000	0.947	0.945	0.944

从表 4.1 和表 4.2 可以看出: 学员 1 与其他学员花费的学习时间相差不大, 但他的考试成绩非常差, 仅得了 2 分, 按道理说他的学习效率是非常低下的. 然而,

在应用 DEA 模型进行测算的结果中学员 1 的学习效率竟然和成绩为 100 分的学员 2 一样, 并高于成绩为 94 分的学员 3. 产生这种情况的原因可以由数据短尾现象加以解释.

导致上述情况的原因如下: 由于优秀学员比较勤奋, 投入的时间较多, 而落后的学员, 投入的精力较少. 图 4.7 中的阴影部分是由上述 5 名学员的英语培训天数和考试成绩构成的生产可能集. 由于 A 点在生产前沿面上, 因此, 学员 1 是 DEA 有效的. 但实际上, 一名优秀学员 36 天的考试成绩肯定不会是 2 分, 比如学员 2 用 36 天的时间去培训时, 他的成绩 (D 点) 应会远远超过 2 分.

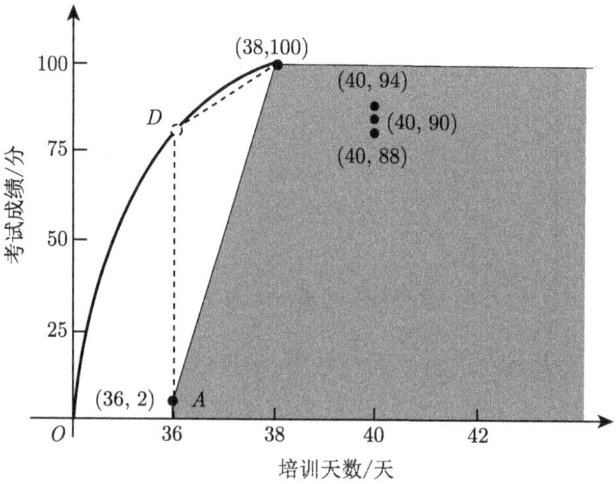

图 4.7 培训天数与考试成绩的可能集 (BC^2)

可见, 造成较差单元有效的原因是在投入较少区域缺少优秀学员的数据. 这也是现实中常有的现象——勤奋的学生往往是优秀的, 懒惰的学生往往是落后的.

4.3 修正数据短尾现象的 DEA 模型

由于数据短尾现象导致 DEA 模型在效率测算上经常脱离实际, 为了进一步规避数据短尾现象的影响, 以下给出一种修正的 DEA 模型.

4.3.1 DEA 生产可能集的修正及 DEA 有效性的含义

假设共有 T 个时期, 其中第 t 时期的生产函数为

$$\boldsymbol{y}^t = (f_1^t(\boldsymbol{x}), \cdots, f_s^t(\boldsymbol{x})) = f^t(\boldsymbol{x}),$$

其中, $f_r^t(\boldsymbol{x}), r = 1, 2, \cdots, s$ 为单调递增凹函数, 生产系统的技术进步不可逆, 并且决策者已经测得第 t 时期某 $n^{(t)}$ 个决策单元的输入输出指标数据为 $(\boldsymbol{x}_j^{(t)}, \boldsymbol{y}_j^{(t)}) >$

$\mathbf{0}$, $j=1,2,\cdots,n^{(t)}$.

对于第 T 时期的决策单元生产可能集

$$P_T=\left\{(\boldsymbol{x},\boldsymbol{y})\middle|\, f^T(\boldsymbol{x})\geqq \boldsymbol{y},\, \boldsymbol{x}\geqq \mathbf{0}\right\}.$$

首先, 证明以下结论成立.

定理 4.1 假设 $f_r^t(\boldsymbol{x}), r=1,2,\cdots,s$ 为单调递增凹函数, 并且生产系统满足技术进步不可逆, 则有

$$(\boldsymbol{x}_j^{(t)},\boldsymbol{y}_j^{(t)})\in P_T,\quad j=1,2,\cdots,n^{(t)},\quad t=1,2,\cdots,T.$$

证明 由于 $(\boldsymbol{x}_j^{(t)},\boldsymbol{y}_j^{(t)})$ 是第 t 时期决策单元 j 的输入输出指标值, 所以 $f^t(\boldsymbol{x}_j^{(t)})\geqq \boldsymbol{y}_j^{(t)}$, 又由于生产系统的技术进步不可逆, 因此

$$f^T(\boldsymbol{x}_j^{(t)})\geqq f^t(\boldsymbol{x}_j^{(t)})\geqq \boldsymbol{y}_j^{(t)},\quad j=1,2,\cdots,n^{(t)},\quad t=1,2,\cdots,T,$$

由此可知

$$(\boldsymbol{x}_j^{(t)},\boldsymbol{y}_j^{(t)})\in P_T,\quad j=1,2,\cdots,n^{(t)},\quad t=1,2,\cdots,T.$$

证毕.

定理 4.1 表明: 输入输出指标数据 $(\boldsymbol{x}_j^{(t)},\boldsymbol{y}_j^{(t)})$ 代表的生产状态在第 T 时期是可以实现的, 其中 $j=1,2,\cdots,n^{(t)}$, $t=1,2,\cdots,T$. 因此, 可以用这些数据来构造如下生产系统在第 T 时期的经验生产可能集:

$$\begin{aligned}P_{\text{Ext}}=\Bigg\{(\boldsymbol{x},\boldsymbol{y})\Bigg|\,&\boldsymbol{x}\geqq\sum_{t=1}^{T}\sum_{j=1}^{n^{(t)}}\boldsymbol{x}_j^{(t)}\lambda_j^{(t)}\ ,\boldsymbol{y}\leqq\sum_{t=1}^{T}\sum_{j=1}^{n^{(t)}}\boldsymbol{y}_j^{(t)}\lambda_j^{(t)},\\&\delta_1\left(\sum_{t=1}^{T}\sum_{j=1}^{n^{(t)}}\lambda_j^{(t)}-\delta_2(-1)^{\delta_3}\lambda_0\right)=\delta_1,\\&\lambda_0\geqq 0,\lambda_j^{(t)}\geqq 0, j=1,2,\cdots,n^{(t)}, t=1,2,\cdots,T\Bigg\}.\end{aligned}$$

(1) 当 $\delta_1=0$ 时, 生产系统满足规模收益不变.

(2) 当 $\delta_1=1$, $\delta_2=0$ 时, 生产系统满足规模收益可变.

(3) 当 $\delta_1=1$, $\delta_2=1$, $\delta_3=0$ 时, 生产系统满足规模收益非递减.

(4) 当 $\delta_1=1$, $\delta_2=1$, $\delta_3=1$ 时, 生产系统满足规模收益非递增.

例 4.4 假设一个英语业余培训班有 3 名学员, 考试周期为每 3 个月一次, 每期培训内容相同, 参加培训的时间由个人掌握. 其中, 学员 1 的学习成绩最优秀, 花费的时间也最多. 学员 3 的学习成绩最差, 花费的时间最少. 各学员的培训时间和考试成绩如表 4.3 所示.

表 4.3 培训班学员的培训时间和考试成绩

学员序号	第一期		第二期		第三期	
	时间/月	成绩 /分	时间/月	成绩 /分	时间/月	成绩/分
1	3	60	3	80	3	100
2	3	40	2	60	2	80
3	3	20	1	30	1	40

根据上述每位学员花费的总时间和相应的成绩可以得到规模收益可变假设之下的生产可能集, 如图 4.8 所示.

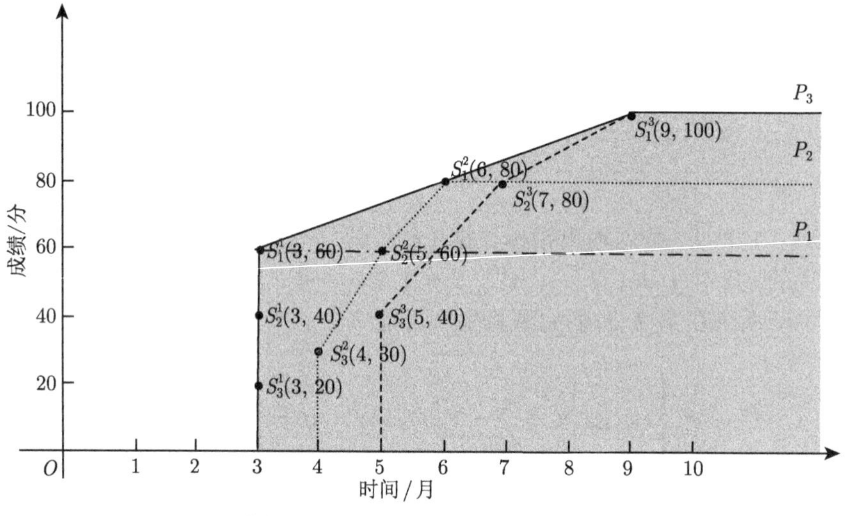

图 4.8 各生产可能集之间的关系

从图 4.8 可以看出, 第三期学员的生产前沿面为 $S_3^3S_2^3S_1^3$, 因此, 应用 BC^2 模型对 3 名学员的第三期学习效率进行评价时, 三名学员的学习均为 DEA 有效, 显然这种结果并不合理. 因为学员 3 花费 5 个月的时间成绩才达到 40 分, 而学员 2 仅花费 3 个月的时间就达到了这个分数, 学员 1 花费 3 个月的时间超过这个成绩 20 分. 由此可见, 学员 3 的学习效率是非常低下的. 造成这种情况的原因是成绩差的学生通常为学习不够努力, 学习上投入的时间也比较少, 因此, 在生产可能集的投入较少部分的前沿面常常是由低效率单元构成的, 比如点

S_3^3. 这就导致了数据短尾现象的出现. 但实际上, 第 3 期的生产前沿面至少应该扩大到折线 $S_1^1S_1^2S_1^3$, 而应用本章给出的生产可能集 P_{Ext} 的前沿面正好是折线 $S_1^1S_1^2S_1^3$.

关于构造生产可能集 P_{Ext} 的几点说明:

(1) 构造生产可能集 P_{Ext} 的决策单元数据可以是完整的面板数据, 也可以是残缺的面板数据, 也可以是不同时期获得的不同单元的数据. 当然, 整个生产系统需要满足技术进步不可逆. 这样构造的经验生产前沿面能够更大程度上反映最佳生产前沿面.

(2) 从更一般的情况来看, 技术进步的要求仅限于构造生产可能集 P_{Ext} 的决策单元, 不一定对所有被评价单元都成立. 如果存在某个时期的生产前沿面优于其他任何一个时期, 上述讨论的结论也是成立的.

(3) 构造生产可能集 P_{Ext} 的目的主要是消除数据短尾现象, 因此, 重要的是在投入较少部分补充更多有效单元的数据信息才能更大程度上提高 DEA 方法的准确性.

定义 4.1 如果不存在 $(\boldsymbol{x},\boldsymbol{y})\in P_{\text{Ext}}$, 使得

$$(\boldsymbol{x}_p,\boldsymbol{y}_p)\neq(\boldsymbol{x},\boldsymbol{y}),\quad (\boldsymbol{x},-\boldsymbol{y})\leqq(\boldsymbol{x}_p,-\boldsymbol{y}_p),$$

则称 $(\boldsymbol{x}_p,\boldsymbol{y}_p)$ 相对于生产可能集 P_{Ext} 中的决策单元为 DEA 有效. 为区别传统 DEA 有效的概念, 称之为 Ext-DEA 有效.

Ext-DEA 有效的定义可以解释为: 如果生产可能集 P_{Ext} 中不存在一种生产方式比 $(\boldsymbol{x}_p,\boldsymbol{y}_p)$ 更有效, 即在投入不变的情况下产出更大, 或者在产出不变的情况下投入更小, 则认为该决策单元的生产是有效的. 与原有 DEA 生产可能集相比, 由 P_{Ext} 确定的经验生产前沿面更接近真实生产前沿面, 并且可以有效消除数据短尾现象, 因此, 所获得的效率值更准确.

4.3.2 Ext-DEA 有效的度量方法

假设共有 T 个时期, 并且生产系统的技术进步不可逆. 决策者已经测得第 t 时期某 $n^{(t)}$ 个决策单元的输入输出指标数据如下:

$$(\boldsymbol{x}_j^{(t)},\boldsymbol{y}_j^{(t)})>\boldsymbol{0},\quad j=1,2,\cdots,n^{(t)}.$$

同时, 另有 n 个被评价单元, 它们的输入输出指标值为

$$(\boldsymbol{x}_p,\boldsymbol{y}_p)>\boldsymbol{0},\quad p=1,2,\cdots,n.$$

为了进一步度量 Ext-DEA 有效的程度, 可以构造以下模型:

$$
\text{(Ext-DEA)}\left\{\begin{array}{l}
\min\theta-\varepsilon(\hat{\boldsymbol{e}}^{\mathrm{T}}\boldsymbol{s}^{-}+\boldsymbol{e}^{\mathrm{T}}\boldsymbol{s}^{+}),\\
\text{s.t. } \displaystyle\sum_{t=1}^{T}\sum_{j=1}^{n^{(t)}}\boldsymbol{x}_j^{(t)}\lambda_j^{(t)}+\boldsymbol{s}^{-}=\theta\boldsymbol{x}_p,\\
\displaystyle\sum_{t=1}^{T}\sum_{j=1}^{n^{(t)}}\boldsymbol{y}_j^{(t)}\lambda_j^{(t)}-\boldsymbol{s}^{+}=\boldsymbol{y}_p,\\
\delta_1\left(\displaystyle\sum_{t=1}^{T}\sum_{j=1}^{n^{(t)}}\lambda_j^{(t)}-\delta_2(-1)^{\delta_3}\lambda_0\right)=\delta_1,\\
\boldsymbol{s}^{-},\boldsymbol{s}^{+}\geqq\boldsymbol{0},\lambda_0\geqq 0,\lambda_j^{(t)}\geqq 0,j=1,2,\cdots,n^{(t)},t=1,2,\cdots,T.
\end{array}\right.
$$

定理 4.2 如果模型 (Ext-DEA) 满足以下两个条件之一, 则单元 p 为 Ext-DEA 有效.

(1) 如果模型 (Ext-DEA) 有最优解 θ^*, $\boldsymbol{s}^{-*}$, $\boldsymbol{s}^{+*}$, λ_0^*, $\lambda_j^{(t)*}$, $j=1,2,\cdots,n^{(t)}$, $t=1,2,\cdots,T$, 使得 $\theta^*>1$ 或者 $\theta^*=1$, $\boldsymbol{s}^{-*}=\boldsymbol{0}$, $\boldsymbol{s}^{+*}=\boldsymbol{0}$;

(2) 模型 (Ext-DEA) 无可行解.

证明 (反证法) 假设单元 p 为 Ext-DEA 无效, 则存在 $(\boldsymbol{x},\boldsymbol{y})\in P_{\mathrm{Ext}}$, 使得 $(\boldsymbol{x}_p,\boldsymbol{y}_p)\neq(\boldsymbol{x},\boldsymbol{y})$, $(\boldsymbol{x},-\boldsymbol{y})\leqq(\boldsymbol{x}_p,-\boldsymbol{y}_p)$. 由于 $(\boldsymbol{x},\boldsymbol{y})\in P_{\mathrm{Ext}}$, 因此, 存在 $\lambda_0\geqq 0$, $\lambda_j^{(t)}\geqq 0$, $j=1,2,\cdots,n^{(t)}$, $t=1,2,\cdots,T$ 使得

$$
\boldsymbol{x}\geqq\sum_{t=1}^{T}\sum_{j=1}^{n^{(t)}}\boldsymbol{x}_j^{(t)}\lambda_j^{(t)},\quad \boldsymbol{y}\leqq\sum_{t=1}^{T}\sum_{j=1}^{n^{(t)}}\boldsymbol{y}_j^{(t)}\lambda_j^{(t)},\quad \delta_1\left(\sum_{t=1}^{T}\sum_{j=1}^{n^{(t)}}\lambda_j^{(t)}-\delta_2(-1)^{\delta_3}\lambda_0\right)=\delta_1,
$$

取

$$
\boldsymbol{s}^{-}=\boldsymbol{x}_p-\sum_{t=1}^{T}\sum_{j=1}^{n^{(t)}}\boldsymbol{x}_j^{(t)}\lambda_j^{(t)},\quad \boldsymbol{s}^{+}=\sum_{t=1}^{T}\sum_{j=1}^{n^{(t)}}\boldsymbol{y}_j^{(t)}\lambda_j^{(t)}-\boldsymbol{y}_p,\quad \theta=1,
$$

则 θ, $\boldsymbol{s}^{-}$, $\boldsymbol{s}^{+}$, λ_0, $\lambda_j^{(t)}$, $j=1,2,\cdots,n^{(t)}$, $t=1,2,\cdots,T$ 为模型 (Ext-DEA) 的可行解. 但它对应的目标函数值小于 1, 矛盾! 证毕.

定义 4.2 设 θ^*, $\boldsymbol{s}^{-*}$, $\boldsymbol{s}^{+*}$, λ_0^*, $\lambda_j^{(t)*}$, $j=1,2,\cdots,n^{(t)}$, $t=1,2,\cdots,T$ 是模型 (Ext-DEA) 的最优解, 令

$$
\hat{\boldsymbol{x}}_p=\theta^*\boldsymbol{x}_p-\boldsymbol{s}^{-*},\quad \hat{\boldsymbol{y}}_p=\boldsymbol{y}_p+\boldsymbol{s}^{+*},
$$

称 $(\hat{\boldsymbol{x}}_p,\hat{\boldsymbol{y}}_p)$ 为 $(\boldsymbol{x}_p,\boldsymbol{y}_p)$ 在生产可能集 P_{Ext} 的相对有效面上的"投影".

定理 4.3 决策单元 p 的投影 $(\hat{\boldsymbol{x}}_p,\hat{\boldsymbol{y}}_p)$ 为 Ext-DEA 有效.

证明 (反证法) 假设 $(\hat{\boldsymbol{x}}_p, \hat{\boldsymbol{y}}_p)$ 为 Ext-DEA 无效, 则存在 $(\boldsymbol{x}, \boldsymbol{y}) \in P_{\text{Ext}}$, 使得 $(\hat{\boldsymbol{x}}_p, \hat{\boldsymbol{y}}_p) \neq (\boldsymbol{x}, \boldsymbol{y})$, $(\boldsymbol{x}, -\boldsymbol{y}) \leqq (\hat{\boldsymbol{x}}_p, -\hat{\boldsymbol{y}}_p)$. 由于 $(\boldsymbol{x}, \boldsymbol{y}) \in P_{\text{Ext}}$, 因此, 存在 $\lambda_0 \geqq 0$, $\lambda_j^{(t)} \geqq 0$, $j = 1, 2, \cdots, n^{(t)}$, $t = 1, 2, \cdots, T$ 使得

$$\boldsymbol{x} \geqq \sum_{t=1}^{T} \sum_{j=1}^{n^{(t)}} \boldsymbol{x}_j^{(t)} \lambda_j^{(t)}, \quad \boldsymbol{y} \leqq \sum_{t=1}^{T} \sum_{j=1}^{n^{(t)}} \boldsymbol{y}_j^{(t)} \lambda_j^{(t)}, \quad \delta_1 \left(\sum_{t=1}^{T} \sum_{j=1}^{n^{(t)}} \lambda_j^{(t)} - \delta_2 (-1)^{\delta_3} \lambda_0 \right) = \delta_1.$$

因此, 有

$$\hat{\boldsymbol{x}}_p \geqq \sum_{t=1}^{T} \sum_{j=1}^{n^{(t)}} \boldsymbol{x}_j^{(t)} \lambda_j^{(t)}, \quad \hat{\boldsymbol{y}}_p \leqq \sum_{t=1}^{T} \sum_{j=1}^{n^{(t)}} \boldsymbol{y}_j^{(t)} \lambda_j^{(t)}.$$

由于 $\hat{\boldsymbol{x}}_p = \theta^* \boldsymbol{x}_p - \boldsymbol{s}^{-*}$, $\hat{\boldsymbol{y}}_p = \boldsymbol{y}_p + \boldsymbol{s}^{+*}$, 所以

$$\theta^* \boldsymbol{x}_p \geqq \sum_{t=1}^{T} \sum_{j=1}^{n^{(t)}} \boldsymbol{x}_j^{(t)} \lambda_j^{(t)} + \boldsymbol{s}^{-*}, \quad \boldsymbol{y}_p \leqq \sum_{t=1}^{T} \sum_{j=1}^{n^{(t)}} \boldsymbol{y}_j^{(t)} \lambda_j^{(t)} - \boldsymbol{s}^{+*},$$

且至少有一个不等式成立. 令

$$\tilde{\boldsymbol{s}}^- = \theta^* \boldsymbol{x}_p - \sum_{t=1}^{T} \sum_{j=1}^{n^{(t)}} \boldsymbol{x}_j^{(t)} \lambda_j^{(t)} - \boldsymbol{s}^{-*}, \quad \tilde{\boldsymbol{s}}^+ = \sum_{t=1}^{T} \sum_{j=1}^{n^{(t)}} \boldsymbol{y}_j^{(t)} \lambda_j^{(t)} - \boldsymbol{s}^{+*} - \boldsymbol{y}_p,$$

则 θ^*, $\tilde{\boldsymbol{s}}^- + \boldsymbol{s}^{-*}$, $\tilde{\boldsymbol{s}}^+ + \boldsymbol{s}^{+*}$, λ_0, $\lambda_j^{(t)}$, $j = 1, 2, \cdots, n^{(t)}$, $t = 1, 2, \cdots, T$ 为模型 (Ex-DEA) 的可行解. 由于 $(\tilde{\boldsymbol{s}}^-, \tilde{\boldsymbol{s}}^+) \neq \boldsymbol{0}$, 所以

$$\theta^* - \varepsilon(\hat{\boldsymbol{e}}^{\mathrm{T}}(\tilde{\boldsymbol{s}}^- + \boldsymbol{s}^{-*}) + \boldsymbol{e}^{\mathrm{T}}(\tilde{\boldsymbol{s}}^+ + \boldsymbol{s}^{+*})) < \theta^* - \varepsilon(\hat{\boldsymbol{e}}^{\mathrm{T}} \boldsymbol{s}^{-*} + \boldsymbol{e}^{\mathrm{T}} \boldsymbol{s}^{+*}),$$

这与 θ^*, $\boldsymbol{s}^{-*}$, $\boldsymbol{s}^{+*}$, λ_0^*, $\lambda_j^{(t)*}$, $j = 1, 2, \cdots, n^{(t)}$, $t = 1, 2, \cdots, T$ 是模型 (Ex-DEA) 的最优解矛盾！证毕.

令

$$\Delta \boldsymbol{x}_p = \boldsymbol{x}_p - \hat{\boldsymbol{x}}_p = (1 - \theta^*) \boldsymbol{x}_p + \boldsymbol{s}^{-*}, \quad \Delta \boldsymbol{y}_p = \hat{\boldsymbol{y}}_p - \boldsymbol{y}_p = \boldsymbol{s}^{+*}.$$

$\Delta \boldsymbol{x}_p$ 和 $\Delta \boldsymbol{y}_p$ 表示与第 T 时期的有效生产情况相比, 决策单元 $(\boldsymbol{x}_p, \boldsymbol{y}_p)$ 相对于第 T 时期有效生产活动的不足或者相对优势.

为了更好地识别出数据短尾现象是否存在, 以下给出一个依据截面数据的判定方法.

4.3.3 数据短尾现象的判定方法

假设生产系统某一时期 t_0 的生产可能集为

$$P^{(t_0)}=\left\{(\boldsymbol{x},\boldsymbol{y})\left|\boldsymbol{x}\geqq\sum_{j=1}^{n^{(t_0)}}\boldsymbol{x}_j^{(t_0)}\lambda_j^{(t_0)}\right.,\boldsymbol{y}\leqq\sum_{j=1}^{n^{(t_0)}}\boldsymbol{y}_j^{(t_0)}\lambda_j^{(t_0)},\right.$$
$$\left.\delta_1\left(\sum_{j=1}^{n^{(t_0)}}\lambda_j^{(t_0)}-\delta_2(-1)^{\delta_3}\lambda_0\right)=\delta_1,\lambda_0\geqq 0,\lambda_j^{(t_0)}\geqq 0,j=1,2,\cdots,n^{(t_0)}\right\}.$$

因为生产系统的技术进步不可逆, 即用同样的投入可以生产更多产出, 或者用较少的投入可以获得同样的产出. 所以, 当处于低技术水平下的生产优于生产可能集 $P^{(t_0)}$ 中的最佳生产时, 便产生了矛盾. 由此可以给出以下定义.

定义 4.3 假设生产系统的技术进步不可逆, 且存在 $j_1\leqq n^{(t_1)}$, $t_1\leqq t_0$ 满足 $(\boldsymbol{x}_{j_1}^{(t_1)},\boldsymbol{y}_{j_1}^{(t_1)})\notin P^{(t_0)}$, 则称生产可能集 $P^{(t_0)}$ 存在数据短尾现象.

$$(\text{Pt-DEA})\begin{cases}\min\theta-\varepsilon(\hat{\boldsymbol{e}}^{\mathrm{T}}\boldsymbol{s}^-+\boldsymbol{e}^{\mathrm{T}}\boldsymbol{s}^+),\\ \text{s.t. } \displaystyle\sum_{j=1}^{n^{(t_0)}}\boldsymbol{x}_j^{(t_0)}\lambda_j^{(t_0)}+\boldsymbol{s}^-=\theta\boldsymbol{x}_{j_1}^{(t_1)},\\ \displaystyle\sum_{j=1}^{n^{(t_0)}}\boldsymbol{y}_j^{(t_0)}\lambda_j^{(t_0)}-\boldsymbol{s}^+=\boldsymbol{y}_{j_1}^{(t_1)},\\ \delta_1\left(\displaystyle\sum_{j=1}^{n^{(t_0)}}\lambda_j^{(t_0)}-\delta_2(-1)^{\delta_3}\lambda_0\right)=\delta_1,\\ \boldsymbol{s}^-\geqq\boldsymbol{0},\boldsymbol{s}^+\geqq\boldsymbol{0},\lambda_0\geqq 0,\lambda_j^{(t_0)}\geqq 0,j=1,2,\cdots,n^{(t_0)}.\end{cases}$$

定理 4.4 假设生产系统的技术进步不可逆, 且存在 $j_1\leqq n^{(t_1)}$, $t_1\leqq t_0$ 满足以下两种情况之一, 则称生产可能集 $P^{(t_0)}$ 存在数据短尾现象.

(1) 模型 (Pt-DEA) 的最优值大于 1.

(2) 模型 (Pt-DEA) 无可行解.

证明 (反证法) 假设生产可能集 $P^{(t_0)}$ 不存在数据短尾现象, 则对任意的 $j\leqq n^{(t)}$, $t\leqq t_0$ 均有 $(\boldsymbol{x}_j^{(t)},\boldsymbol{y}_j^{(t)})\in P^{(t_0)}$. 由于 $(\boldsymbol{x}_j^{(t)},\boldsymbol{y}_j^{(t)})\in P^{(t_0)}$, 因此, 存在 $\lambda_0\geqq 0$, $\lambda_j^{(t_0)}\geqq 0$, $j=1,2,\cdots,n^{(t_0)}$ 使得

$$\boldsymbol{x}_j^{(t)}\geqq\sum_{j=1}^{n^{(t_0)}}\boldsymbol{x}_j^{(t_0)}\lambda_j^{(t_0)},\quad \boldsymbol{y}_j^{(t)}\leqq\sum_{j=1}^{n^{(t_0)}}\boldsymbol{y}_j^{(t_0)}\lambda_j^{(t_0)},\quad \delta_1\left(\sum_{j=1}^{n^{(t_0)}}\lambda_j^{(t_0)}-\delta_2(-1)^{\delta_3}\lambda_0\right)=\delta_1,$$

取

$$\boldsymbol{s}^-=\boldsymbol{x}_j^{(t)}-\sum_{j=1}^{n^{(t_0)}}\boldsymbol{x}_j^{(t_0)}\lambda_j^{(t_0)},\quad \boldsymbol{s}^+=\sum_{j=1}^{n^{(t_0)}}\boldsymbol{y}_j^{(t_0)}\lambda_j^{(t_0)}-\boldsymbol{y}_j^{(t)},\quad \theta=1,$$

如果 $(\boldsymbol{x}_j^{(t)}, \boldsymbol{y}_j^{(t)})$ 为模型 (Pt-DEA) 中的被评价单元, 则 θ, $\boldsymbol{s}^-$, $\boldsymbol{s}^+$, λ_0, $\lambda_j^{(t_0)}$, $j = 1, 2, \cdots, n^{(t_0)}$ 为模型 (Pt-DEA) 的可行解. 因为 $\theta - \varepsilon(\hat{\boldsymbol{e}}^{\mathrm{T}}\boldsymbol{s}^- + \boldsymbol{e}^{\mathrm{T}}\boldsymbol{s}^+) \leqq 1$, 故模型 (Pt-DEA) 的最优值不可能大于 1. 这与定理的假设条件矛盾! 证毕.

当判断一个生产可能集是否存在数据短尾现象时, 可应用模型 (Pt-DEA) 进行检验. 如果出现某个低技术水平下的决策单元效率值大于 1 或者模型无可行解的情况, 则可以断定依据该生产可能集做出的评价可能会高估某些决策单元的效率值. 另外, 尽管短尾现象大多数情况下应发生在投入较少阶段, 但有时在生产前沿面的后端也可能会出现短尾现象.

4.3.4 如何克服截面数据测算中的数据短尾现象

假设某 n 个决策单元在第 t_0 时期的输入输出指标值为 $(\boldsymbol{x}_j, \boldsymbol{y}_j)$, $j = 1, 2, \cdots, n$, 则带有非阿基米德无穷小量的 DEA 模型可表示如下:

$$
(\mathrm{DEA})\begin{cases}
\min \theta - \varepsilon(\hat{\boldsymbol{e}}^{\mathrm{T}}\boldsymbol{s}^- + \boldsymbol{e}^{\mathrm{T}}\boldsymbol{s}^+), \\
\text{s.t. } \displaystyle\sum_{j=1}^{n} \boldsymbol{x}_j\lambda_j + \boldsymbol{s}^- = \theta\boldsymbol{x}_{j_0}, \\
\displaystyle\sum_{j=1}^{n} \boldsymbol{y}_j\lambda_j - \boldsymbol{s}^+ = \boldsymbol{y}_{j_0}, \\
\delta_1\left(\displaystyle\sum_{j=1}^{n} \lambda_j - \delta_2(-1)^{\delta_3}\lambda_{n+1}\right) = \delta_1, \\
\boldsymbol{s}^- \geqq \boldsymbol{0}, \boldsymbol{s}^+ \geqq \boldsymbol{0}, \lambda_j \geqq 0, j = 1, 2, \cdots, n+1.
\end{cases}
$$

(1) 当 $\delta_1 = 0$ 时, 模型 (DEA) 为 $\mathrm{C^2R}$ 模型 [1];

(2) 当 $\delta_1 = 1$, $\delta_2 = 0$ 时, 模型 (DEA) 为 $\mathrm{BC^2}$ 模型 [7];

(3) 当 $\delta_1 = 1$, $\delta_2 = 1$, $\delta_3 = 1$ 时, 模型 (DEA) 为 FG 模型 [12];

(4) 当 $\delta_1 = 1$, $\delta_2 = 1$, $\delta_3 = 0$ 时, 模型 (DEA) 为 ST 模型 [13].

从 4.2.2 节的分析来看, $\mathrm{C^2R}$, $\mathrm{BC^2}$, FG 和 ST 模型构造的生产可能集中均存在数据短尾现象. 而消除数据短尾现象最重要的方法是尽可能补充更多的数据信息, 使应用经验数据构造的生产前沿面尽可能地接近真实生产前沿面. 特别是在投入较少部分增加一些比较有效的单元是十分必要的.

比如, 在评价中国四个直辖市 2014 年的效率时, 如果只用四个直辖市 2014 年的截面数据作为参考集显然不太合适. 这时, 如果把参考集扩大为中国所有省份 2014 年的数据, 评价结果会比原来好很多. 另一方面, 从 4.2.1 节中关于 "数据短尾现象导致 DEA 效率悖论的原因" 的分析中可以看出, 扩大参考集尽管能收到很好效果, 但在投入较少区域仍然无法消除数据短尾现象. 因此, 还需要增加一些决策单元在 2014 年以前的数据 (数据的选择主要以有利于消除数据短尾现象为主, 数据难于获得的情况下, 也可以选择残缺的面板数据), 这会使效率测评的准确性得到进一步提高.

假设 $(\boldsymbol{x}_j, \boldsymbol{y}_j)$, $j = n+1, n+2, \cdots, n+n_1$ 为决策者在参考集中增加的截面数据, $(\boldsymbol{x}_{j_k}^{(t_i)}, \boldsymbol{y}_{j_k}^{(t_i)})$, $j_k < n+n_1$, $k = 1, 2, \cdots, k_0$, $t_i < t_0$, $i = 1, 2, \cdots, i_0$ 为截面数据对应单元的部分历史数据, 在生产系统的技术进步不可逆的情况下, 则有以下改进的 DEA 模型:

$$
(\text{K-DEA})\left\{\begin{array}{l}
\min \theta - \varepsilon(\hat{\boldsymbol{e}}^{\mathrm{T}}\boldsymbol{s}^- + \boldsymbol{e}^{\mathrm{T}}\boldsymbol{s}^+), \\
\text{s.t.}\ \sum\limits_{j=1}^{n+n_1} \boldsymbol{x}_j \lambda_j + \sum\limits_{i=1}^{i_0}\sum\limits_{k=1}^{k_0} \boldsymbol{x}_{j_k}^{(t_i)} \lambda_k^i + \boldsymbol{s}^- = \theta \boldsymbol{x}_{j_0}, \\
\qquad \sum\limits_{j=1}^{n+n_1} \boldsymbol{y}_j \lambda_j + \sum\limits_{i=1}^{i_0}\sum\limits_{k=1}^{k_0} \boldsymbol{y}_{j_k}^{(t_i)} \lambda_k^i - \boldsymbol{s}^+ = \boldsymbol{y}_{j_0}, \\
\qquad \delta_1\left(\sum\limits_{j=1}^{n+n_1} \lambda_j + \sum\limits_{i=1}^{i_0}\sum\limits_{k=1}^{k_0} \lambda_k^i - \delta_2(-1)^{\delta_3}\lambda_{n+n_1+1}\right) = \delta_1, \\
\qquad \boldsymbol{s}^- \geqq \boldsymbol{0}, \boldsymbol{s}^+ \geqq \boldsymbol{0}, \lambda_j \geqq 0, j = 1, 2, \cdots, n+n_1+1, \\
\qquad \lambda_k^i \geqq 0, k = 1, 2, \cdots, k_0, i = 1, 2, \cdots, i_0.
\end{array}\right.
$$

由于该模型与前面的模型差别不大, 鉴于篇幅限制, 不做进一步讨论.

4.4 中国各直辖市经济发展的有效性分析

为了更清晰地说明数据短尾现象对效率测算的影响, 进而验证本章提出的模型对数据短尾现象的纠正能力, 以下用 2000~2014 年的中国省级经济数据作为参照对象, 对中国四个直辖市——北京、天津、上海、重庆的经济效率进行比较研究.

在进行效率测算时, 选取从业人数 (L) 、资本形成总额 (K) 、能源消耗总量 (C) 作为输入指标, 选取地区生产总值 (GDP) 作为输出指标. 评价的参考集如表 4.4 所示. 其中, 所有指标数据均来源于国泰安数据库和历年《中国统计年

表 4.4 决策单元评价参考集的选取

模型	样本单元 (评价参考集)	生产前沿面
模型 (DIG)	中国 30 个省份 2000 年的数据 (S2000)	2000 年中国各省份生产前沿面
	中国 30 个省份 2001 年的数据 (S2001)	2001 年中国各省份生产前沿面
	······	······
	中国 30 个省份 2014 年的数据 (S2014)	2014 年中国各省份生产前沿面
模型 (Ext-DEA)	中国 30 个省份 2000 年的数据 (XS2000)	修正的 2000 年中国各省份生产前沿面
	中国 30 个省份 2000~2001 年的数据 (XS2001)	修正的 2001 年中国各省份生产前沿面
	······	······
	中国 30 个省份 2000~2014 年的数据 (XS2014)	修正的 2014 年中国各省份生产前沿面

鉴》. 原始数据中包括中国 30 个省份 (不含港、澳、台、西藏, 这些地区的能源数据不完整) 2000~2014 年的输入输出指标数据. 并且, 为了保证数据的可比性, 将所有相关数据均转化为 1985 年的不变价.

4.4.1 数据短尾现象对决策单元有效性的影响分析

(1) 数据短尾现象的存在性分析.

为了验证数据短尾现象对决策单元有效性的影响, 以下将被评价单元固定, 即分别选择四个直辖市 2000 年的数据进行评价, 评价的参考集分别为 S2000~S2014, 并取 $\delta_1 = 1$, $\delta_2 = 0$. 显然, 参考集的技术前沿分别为由 2000~2014 年中国各省份截面数据构成的生产前沿面, 应用模型 (DIG) 可以获得 2000 年的四个直辖市相对于不同参考集的效率值, 如图 4.9 所示.

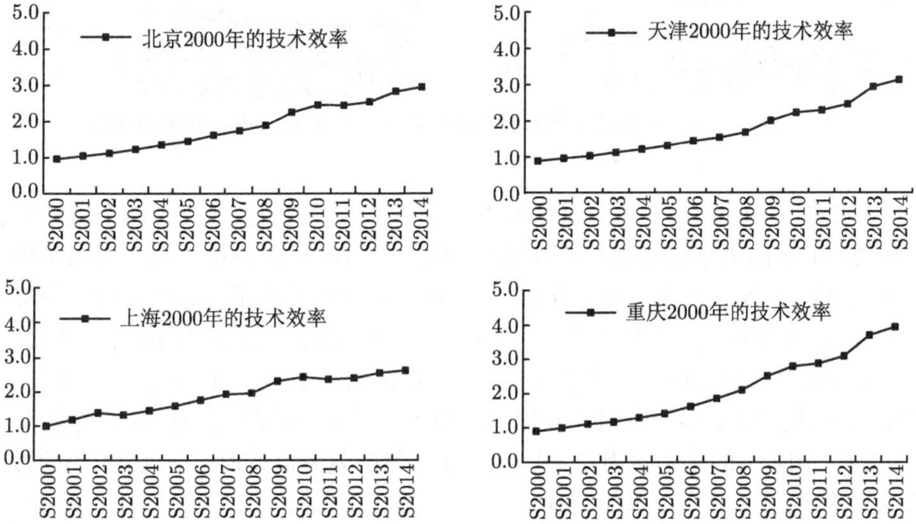

图 4.9 应用不同参考集测算的四个直辖市 2000 年的技术效率值

从图 4.9 可以看出, 四个直辖市均出现数据短尾现象. 以重庆市为例, 用 2000 年的中国各省份前沿技术水平去衡量时, 重庆市的效率值为 0.88, 而用 2014 年的中国各省份前沿技术水平去衡量时, 重庆市的效率值为 3.92, 这表明获得同样产出量时, 中国 2014 年的最佳投入量远远大于中国 2000 年的最佳投入量. 但事实上, 从 2000 年到 2014 年, 中国经济获得了世界瞩目的成就, 技术水平有了很大提高, 上述测算结果显然不符合实际情况.

(2) 数据短尾现象对效率测算的影响分析.

数据短尾现象不仅能造成效率测算的悖论, 同时, 也会造成效率测算的混乱. 为了进一步说明这一问题, 以下取 $\delta_1 = 1$, $\delta_2 = 0$, 评价的参考集分别为 S2000~

S2014, 应用模型 (DIG) 对四个直辖市 2000~2014 年的数据进行计算的结果如图 4.10 所示.

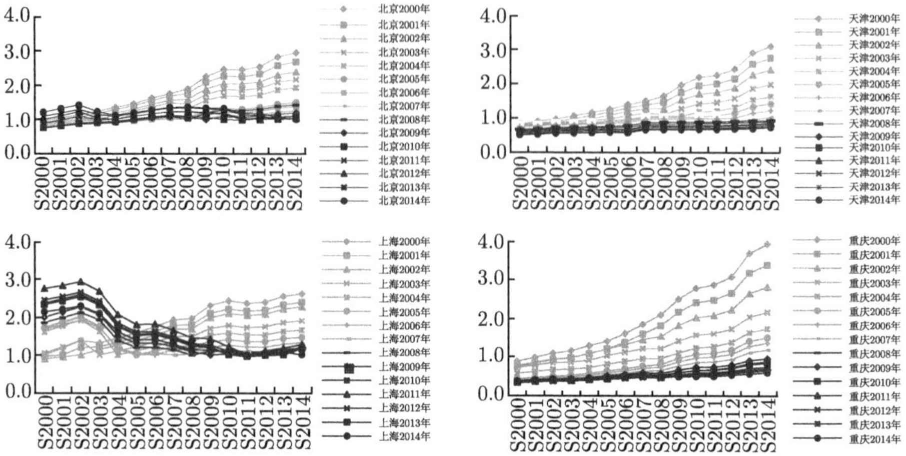

图 4.10　应用不同参考集测算的四个直辖市 2000~2014 年的技术效率值

从图 4.10 可以看出, 一方面, 数据短尾现象普遍存在. 比如, 四个直辖市在 2000~2014 年的大部分年份均存在技术悖论, 而且被评价决策单元的所属年份越早, 技术悖论的影响越大. 另一方面, 数据短尾现象也造成了决策单元效率测算的混乱. 以上海市为例, 用 2000 年的中国各省份前沿技术水平去衡量时, 上海 2000 年的效率值为 0.96, 2014 年的效率值为 2.13, 即上海 2000 年的效率小于 2014 年的效率. 而用 2014 年的中国各省份前沿技术水平去衡量时, 上海 2000 年的效率值为 2.6, 2014 年的效率值为 1, 即上海 2000 年的效率值反而大于 2014 年的效率值, 这必然造成了效率测算的混乱.

4.4.2　模型 (Ext-DEA) 对效率测算的修正效果分析

(1) 模型 (Ext-DEA) 与模型 (DIG) 在效率测算上的比较分析.

为了验证模型 (Ext-DEA) 在克服效率悖论方面的效果, 以下对模型 (Ext-DEA) 与模型 (DIG) 的计算结果进行比较. 取 $\delta_1 = 1$, $\delta_2 = 0$, 并将被评价单元固定, 即分别选择四个直辖市 2000 年的数据进行评价. 在模型 (DIG) 中评价参考集分别选取为 S2000~S2014; 而在模型 (Ext-DEA) 中对评价参考集进行了修正, 分别选取 XS2000~XS2014. 应用两种模型的计算结果如图 4.11 所示.

从图 4.11 可以看出, 应用模型 (Ext-DEA) 获得的四个直辖市 2000 年的效率值没有随着评价前沿面技术水平的提高而上升. 即数据短尾现象得到了有效克服, 四个直辖市 2000 年的效率值均没有出现 DEA 效率悖论.

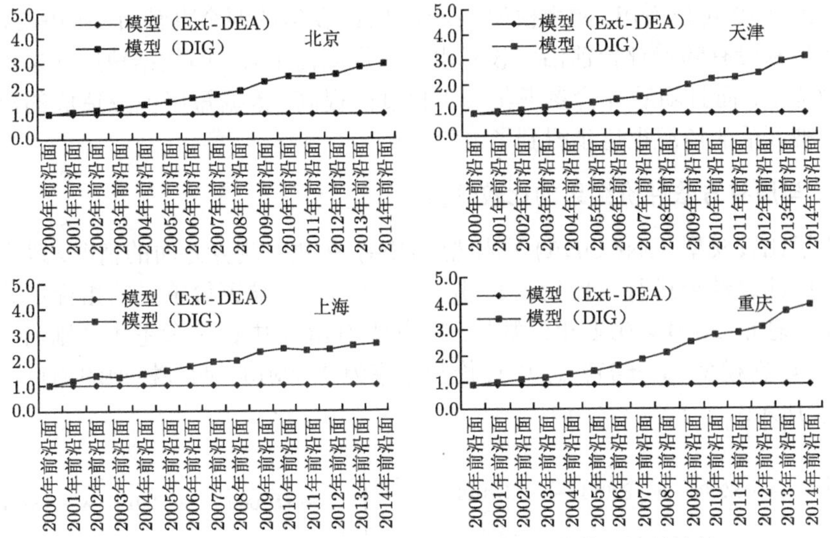

图 4.11 模型 (Ext-DEA) 对模型 (DIG) 的修正结果比较

(2) 模型 (Ext-DEA) 对数据短尾现象的消除过程分析.

为了解生产可能集修正程度与数据短尾现象消除之间的关系, 以下应用模型 (Ext-DEA) 对四个直辖市 2000~2014 年的数据进行评价. 这里参考集选取 XS2000~XS2014, 取 $\delta_1 = 1$, $\delta_2 = 0$, 计算结果如图 4.12 所示.

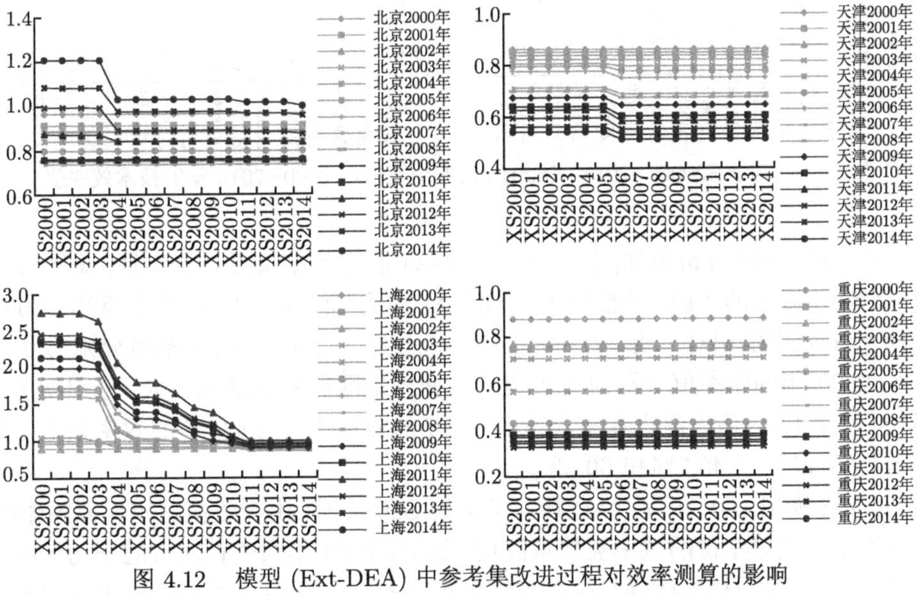

图 4.12 模型 (Ext-DEA) 中参考集改进过程对效率测算的影响

从图 4.12 可以看出, 应用模型 (Ext-DEA) 获得的四个直辖市 2000~2014 年的效率值都没有随着评价前沿面技术水平的提高而上升. 即数据短尾现象均得到了有效克服, 而且随着评价参考集修正程度的提高, 数据短尾现象造成的决策单元效率被高估的情况也逐步得到了消除.

4.4.3 与原有方法评价结果的比较分析

为了比较模型 (Ext-DEA) 和模型 (DIG) 在效率测算方面的情况, 以下对两种模型的测算结果进行了比较. 取 $\delta_1 = 1$, $\delta_2 = 0$, 被评价单元的指标值分别选择四个直辖市 2000~2014 年的数据, 在模型 (DIG) 中评价参考集分别为 S2000 和 S2014, 在模型 (Ext-DEA) 中评价参考集为 XS2014. 两种模型的测算结果如图 4.13 所示.

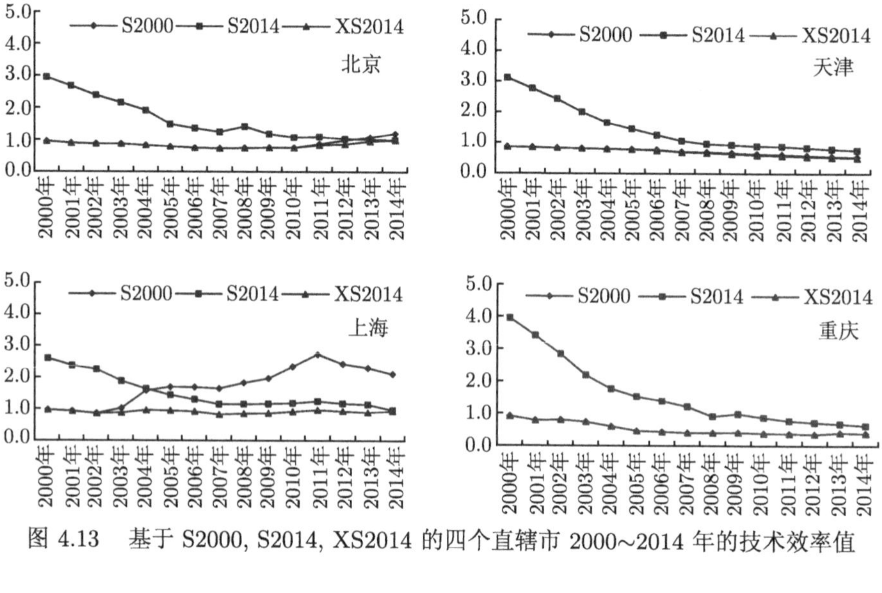

图 4.13 基于 S2000, S2014, XS2014 的四个直辖市 2000~2014 年的技术效率值

(1) 由前面的分析可知, 模型 (Ext-DEA) 获得的结果更具真实性, 见图 4.13 中 XS2014 表示的线段. 从模型 (Ext-DEA) 的测算结果来看, 四个直辖市 2000~2014 年的效率值相对平稳. 其中, 北京市和上海市 2014 年的效率值分别为 1 和 0.96, 2000 年的效率值分别为 0.97 和 1, 两个地区的效率变化不大, 分别增加了 3%和减少 4%. 而天津市和重庆市 2014 年的效率值与 2000 年的效率相比下降较大, 分别减少了 40.7%和 60.2%.

(2) 在模型 (DIG) 中, 当选择参考集为 S2014 时, 由于数据短尾现象的影响, 四个直辖市较早年份的效率被严重高估. 比如, 2000 年四个直辖市的平均效率高达 3.71, 比模型 (Ext-DEA) 测得的结果高 3.39 倍, 这造成了评价结果的明显误判. 在模型 (DIG) 中, 当选择参考集为 S2000 时, 北京市、天津市和重庆市的测算结果比较接近实际情况, 但上海市的效率值却出现了较大偏差.

从上面的分析可以看出, 由于数据短尾现象的影响, 无论是传统 BC^2 模型还是广义 BC^2 模型, 在效率测算上都会出现效率被高估的情况, 甚至出现效率悖论. 而应用本章提出的模型 (Ext-DEA), 不仅可以有效回避这些问题, 而且还会使效率测算的结果更加合理.

4.5 结 束 语

数据短尾现象的广泛存在, 使得 DEA 方法对效率测算的准确性受到较大影响. 本章的研究不仅发现了 DEA 数据短尾现象, 而且解析了 DEA 效率悖论产生的根源. 同时, 本章提出的修正 DEA 模型不仅可以在一定程度上修复决策单元数据短尾现象, 使得 DEA 模型给出的结果更加稳定和合理, 而且还为 DEA 领域其他模型的改进提出了新的路径.

参 考 文 献

[1] Charnes A, Cooper W W, Rhodes E. Measuring the efficiency of decision making units [J]. European Journal of Operational Research, 1978, 2(6): 429-444.
[2] 马占新. 数据包络分析方法的研究进展 [J]. 系统工程与电子技术, 2002, 24(3): 42-46.
[3] Cook W D, Seiford L M. Data envelopment analysis (DEA)–Thirty years on [J]. European Journal of Operational Research, 2009, 192(1): 1-17.
[4] 马占新. 数据包络分析 (第一卷): 数据包络分析模型与方法 [M]. 北京: 科学出版社, 2010.
[5] 马占新, 马生昀, 包斯琴高娃. 数据包络分析 (第三卷): 数据包络分析及其应用案例 [M]. 北京: 科学出版社, 2013.
[6] Shephard R W. Theory of Cost and Production Functions [M]. Princeton: Princeton University Press, 1970.
[7] Banker R D, Charnes A, Cooper W W. Some models for estimating technical and scale inefficiencies in data envelopment analysis [J]. Management Science, 1984, 30(9): 1078-1092.
[8] Lovell C A K. The decomposition of Malmquist productivity indexes [J]. Journal of Productivity Analysis, 2003, 20(3): 437-458.
[9] Färe R, Grosskopf S, Lovell C A K. Production Frontiers [M]. Cambridge: Cambridge University Press, 1994.
[10] Ray S C, Desli E. Productivity growth, technical progress, and efficiency change in industrialized countries: Comment [J]. American Economic Review, 1997, 87(5): 1033-1039.
[11] 章祥荪, 贵斌威. 中国全要素生产率分析: Malmquist 指数法评述与应用 [J]. 数量经济技术经济研究, 2008, 25(6): 111-122.

[12] Färe R, Grosskopf S. A nonparametric cost approach to scale efficiency [J]. The Scandinavian Journal of Economics, 1985, 87(4): 594-604.

[13] Seiford L M, Thrall R M. Recent developments in DEA: The mathematical programming approach to frontier analysis [J]. Journal of Econometrics, 1990, 46(1/2): 7-38.

[14] Charnes A, Cooper W W, Wei Q L, et al. Cone ratio data envelopment analysis and multi-objective programming [J]. International Journal of Systems Science, 1989, 20(7): 1099-1118.

[15] 马占新. 综合数据包络分析模型及其软件系统设计 [J]. 系统工程与电子技术, 2004, 26(12): 1917-1921.

[16] Sengupta J K. A dynamic efficiency model using data envelopment analysis [J]. International Journal of Production Economics, 1999, 62(3): 209-218.

[17] Sengupta J K. Data envelopment analysis for efficiency measurement in the stochastic case [J]. Computers & Operations Research, 1987, 14(2): 117-129.

[18] 马占新, 郑雪琳, 安建业, 罗蕴玲. 一种含有中性指标的数据包络分析方法 [J]. 系统工程理论与实践, 2017, 37 (2): 418-430.

[19] 马占新. 广义参考集 DEA 模型及其相关性质 [J]. 系统工程与电子技术, 2012, 34(4): 709-714.

[20] Cullinane K, Song D W, Ji P, et al. An application of DEA windows analysis to container port production efficiency [J]. Review of Network Economics, 2004, 3(2): 184-206.

[21] 马占新. 数据包络分析 (第四卷): 偏序集与数据包络分析 [M]. 北京: 科学出版社, 2013.

[22] 马占新. 数据包络分析 (第二卷): 广义数据包络分析方法 [M]. 北京: 科学出版社, 2012.

[23] 马生昀, 马占新. 数据包络分析 (第五卷): 广义数据包络分析方法 II [M]. 北京: 科学出版社, 2017.

[24] 马占新. 一种基于样本前沿面的综合评价方法 [J]. 内蒙古大学学报, 2002, 33(6): 606-610.

[25] 马占新. 样本数据包络面的研究与应用 [J]. 系统工程理论与实践, 2003, 23(12): 32-37, 58.

[26] 马占新, 吕喜明. 带有偏好锥的样本数据包络分析方法研究 [J]. 系统工程与电子技术, 2007, 29(8): 1275-1282.

[27] 马占新, 马生昀. 基于 C^2W 模型的广义数据包络分析方法研究 [J]. 系统工程与电子技术, 2009, 31(2): 366-372.

[28] 马占新, 马生昀. 基于 C^2WY 模型的广义数据包络分析方法 [J]. 系统工程学报, 2011, 26(2): 251-261.

[29] Wei Q L, Yan H. A data envelopment analysis (DEA) evaluation method based on sample decision making units [J]. International Journal of Information Technology & Decision Making, 2010, 9(4): 601-624.

[30] 马占新, 赵春英. 用于广义 DEA 有效性的度量方法 [J]. 系统工程与电子技术, 2016, 38(11): 2572-2585.

第 5 章　一种含有中性指标的 DEA 方法

在应用 DEA 方法进行效率评价时，要求所有指标必须具有偏好性，即所有指标必须越大越好或者越小越好．然而，当评价指标体系中含有中性（即没有偏好性）指标时，传统的 DEA 方法无法对该类问题进行评价．因此，本章以经济效率与产业结构调整为背景，从系统性的角度出发提出一种用于评价含有中性指标的 DEA 模型．该模型不仅能给出一个经济系统的效率大小，而且还能给出该系统应如何通过产业结构调整来提高经济系统效率的信息．最后，本章应用所提出的新方法分析了天津市经济结构调整的有效性问题．

DEA 是一种非常重要的有效性分析方法 [1]，它特别适合评价具有多输入多输出系统的有效性问题 [2,3]．目前 DEA 模型的种类多达数百种，其中比较基本的模型有 C^2R 模型 [1] 和 BC^2 模型 [4]，它们与 FG 模型 [5] 和 ST 模型 [6] 一起构成了刻画生产系统规模收益的完整体系．从以往的研究看，传统 DEA 模型的理论基础是经济学的生产函数理论，它们评价的参考集是生产前沿面 [7,8]．然而，在现实中许多问题的评价参考集可能会更加广泛，比如高考中考生更加关注的是录取分数线，而不是最好成绩；经济转型企业参考的对象可能是已经成功转型的企业，而不是效率最高的企业．因此，文献 [9]~[13] 应用偏序集理论证明了 DEA 有效单元本质上就是偏序集的极大元，而 DEA 有效实际上就是被评价单元的指标偏好在偏序集上达到极大．这不仅为 DEA 有效提出了新的理论基础，同时也使得 DEA 模型的应用范围更加广泛；文献 [14] 则基于 DEA 方法的偏好性质，拓展了 DEA 的生产可能集合，进而给出了基于样本点评价的广义 DEA 方法，并进一步形成了该方法的完整体系 [15-23]．从上述研究来看，在应用 DEA 方法进行效率评价时，要求所有指标必须具有偏好性，即所有指标必须越大越好或者越小越好．然而，当评价指标体系中含有中性指标时，即某些指标本身没有明显的偏好性，传统的 DEA 方法则不能解决该类问题．比如，在分析如何通过产业结构的优化升级来提高经济发展效率时，产业结构指标反映的可能是产业结构的调整比例，而不是要求所有产业的产值越大越好；又如在评价整个社会的发展状况时，公共汽车数量太多会造成资源浪费，太少会影响市民的出行．并且，目前还没有专门用于评价含有中性指标问题的 DEA 模型，但有些论文曾经尝试用偏好指标替代中性指标

进行评价 [24,25]. 比如, 用三次产业的产值替代其所占 GDP 的比重值, 然后把它归入输出指标中, 再用传统 DEA 模型进行评价. 这种处理方法存在以下三方面的不足: ① 中性指标的输入输出属性难以确定; ② 中性指标很难找到偏好指标进行替代; ③ 即使能够找到替代指标, 最终的效率评价结果也可能会被误判. 因此, 本章以经济效率与产业结构调整为背景, 从系统性的角度出发提出一种用于评价含有中性指标问题的广义 DEA 模型. 该模型不仅能给出一个经济系统的效率大小, 而且还能给出该系统应如何通过产业结构调整来提高经济系统效率的信息. 最后, 本章将应用所提出的新方法对天津市经济结构调整的相关问题进行分析, 并比较该模型与传统模型的分析结果.

5.1 含有中性指标的 DEA 模型

假设已经测得单元 p 的指标值为 $((\boldsymbol{x}_p,\boldsymbol{y}_p),\boldsymbol{z}_p)$, 其中 $(\boldsymbol{x}_p,\boldsymbol{y}_p)$ 是单元 p 的输入输出指标值, $\boldsymbol{z}_p$ 是中性指标值. 同时, 设决策者选定的比较对象或评价标准为 $((\bar{\boldsymbol{x}}_j,\bar{\boldsymbol{y}}_j),\bar{\boldsymbol{z}}_j), j=1,2,\cdots,\bar{n}$. 而决策者评价的目标则是希望通过效率评价获得相应中性指标的调整信息.

比如, 在分析产业结构调整与经济效率提升问题时, 假设 $(\boldsymbol{x}_j,\boldsymbol{y}_j)$ 是经济系统的输入输出指标值, $\boldsymbol{z}_j$ 是经济结构指标值. 而决策者希望获得如何通过经济结构的调整来提高系统效率的信息. 从图 5.1 可以看出, 一个优秀的经济结构一定对应着一个较高的生产效率. 然而, 由于 DEA 模型评价的是效率, 不一定含有结构指标 $\boldsymbol{z}_j$. 因此, 要想应用 DEA 模型获得结构调整的信息, 就必须建立结构指标与

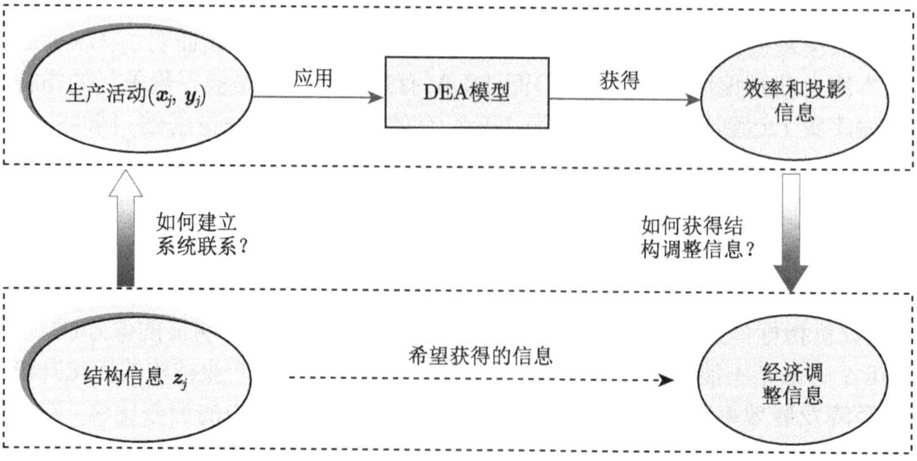

图 5.1 通过经济系统生产效率分析来获得经济结构调整信息的路径

输入输出指标之间的联系, 并最终通过 DEA 模型的计算结果获得相应的结构调整信息.

以下共分三部分进行讨论: ① 给出用于效率分析的广义综合 DEA 模型; ② 指出目前使用的指标替代方法中存在的误区; ③ 提出用于评价含有中性指标问题的 DEA 模型.

为了使分析更具针对性, 不失一般性, 以下主要以经济效率与产业结构调整为背景进行讨论.

5.1.1 广义综合 DEA 模型及其有效性定义

根据广义 DEA 的相关理论 [23], 可以应用以下模型 (G-DEA) 及其对偶模型 (DG-DEA) 来度量经济系统的效率问题.

$$
(\text{G-DEA})\begin{cases}\max(\boldsymbol{\mu}^{\mathrm{T}}\boldsymbol{y}_p+\delta_1\mu_0)=V(d),\\ \text{s.t.}\ \ \boldsymbol{\omega}^{\mathrm{T}}\bar{\boldsymbol{x}}_j-\boldsymbol{\mu}^{\mathrm{T}}d\bar{\boldsymbol{y}}_j-\delta_1\mu_0\geqq 0, j=1,\cdots,\bar{n},\\ \qquad \boldsymbol{\omega}^{\mathrm{T}}\boldsymbol{x}_p=1,\\ \qquad \delta_1\delta_2(-1)^{\delta_3}\mu_0\geqq 0,\\ \qquad \boldsymbol{\omega}\geqq\mathbf{0},\quad \boldsymbol{\mu}\geqq\mathbf{0}.\end{cases}
$$

$$
(\text{DG-DEA})\begin{cases}\min\theta-\varepsilon(\bar{\boldsymbol{e}}^{\mathrm{T}}\boldsymbol{s}^-+\boldsymbol{e}^{\mathrm{T}}\boldsymbol{s}^+)=D(d),\\ \text{s.t.}\ \ \displaystyle\sum_{j=1}^{\bar{n}}\bar{\boldsymbol{x}}_j\lambda_j+\boldsymbol{s}^-=\theta\boldsymbol{x}_p,\\ \qquad \displaystyle\sum_{j=1}^{\bar{n}}d\bar{\boldsymbol{y}}_j\lambda_j-\boldsymbol{s}^+=\boldsymbol{y}_p,\\ \qquad \delta_1\left(\displaystyle\sum_{j=1}^{\bar{n}}\lambda_j-\delta_2(-1)^{\delta_3}\tilde{\lambda}\right)=\delta_1,\\ \qquad \tilde{\lambda}\geqq 0,\lambda_j\geqq 0,j=1,2,\cdots,\bar{n},\boldsymbol{s}^-\geqq\mathbf{0},\boldsymbol{s}^+\geqq\mathbf{0},\end{cases}
$$

其中, $\boldsymbol{\omega}=(\omega_1,\omega_2,\cdots,\omega_m)^{\mathrm{T}}$, $\boldsymbol{\mu}=(\mu_1,\mu_2,\cdots,\mu_s)^{\mathrm{T}}$ 分别表示输入指标和输出指标的权重, δ_1,δ_2,δ_3 是取值为 0 和 1 的参数, 当它们的取值不同时, 就对应不同的 DEA 模型.

定义 5.1[23] 若模型 (G-DEA) 存在最优解 $\boldsymbol{\omega}^0$,$\boldsymbol{\mu}^0$,μ_0^0 满足 $\boldsymbol{\omega}^0>\mathbf{0}$, $\boldsymbol{\mu}^0>\mathbf{0}$, $V(d)=1$, 或模型 (G-DEA) 存在可行解使得 $V(d)>1$, 则称决策单元 p 为广义 DEA 有效.

如果第 p 种经济系统状态下的生产不为广义 DEA 有效, 并且线性规划模型

(DG-DEA) 的最优解为

$$\tilde{\lambda}^0, \quad \boldsymbol{\lambda}^0, \quad \boldsymbol{s}^{-0}, \quad \boldsymbol{s}^{+0}, \quad \theta^0.$$

则由广义 DEA 方法的投影理论 [23] 可知, 第 p 种经济系统的输入输出指标值的改进方向如下:

$$(\boldsymbol{x}_p, \boldsymbol{y}_p) \to (\hat{\boldsymbol{x}}_p, \hat{\boldsymbol{y}}_p),$$

其中

$$\hat{\boldsymbol{x}}_p = \theta^0 \boldsymbol{x}_p - \boldsymbol{s}^{-0}, \quad \hat{\boldsymbol{y}}_p = \boldsymbol{y}_p + \boldsymbol{s}^{+0},$$

即第 p 种经济系统状态可以通过这样的生产调整提升效率, 进而达到有效状态.

通过上述模型可以获得提升系统效率的调整信息, 但却无法获得经济结构的调整信息. 以下对这一问题做进一步讨论.

5.1.2 DEA 模型用于经济结构优化存在的问题

目前, 在应用 DEA 方法寻找经济结构的调整信息时, 一般常用的办法是先将经济系统的结构信息 $\boldsymbol{z}_j$ 转化成越大越好或越小越好的指标, 然后把它归入输入或输出指标中 [24,25]. 如果结构指标均为越大越好的指标, 则相应的用于经济结构调整的 DEA 模型可以表示如下:

$$(\text{GJ-DEA})\left\{\begin{array}{l}\min \theta - \varepsilon(\bar{\boldsymbol{e}}^{\mathrm{T}} \boldsymbol{s}^- + \boldsymbol{e}^{\mathrm{T}} \boldsymbol{s}^+ + \tilde{\boldsymbol{e}}^{\mathrm{T}} \boldsymbol{s}^{\#}),\\ \text{s.t.} \ \sum\limits_{j=1}^{\bar{n}} \bar{\boldsymbol{x}}_j \lambda_j + \boldsymbol{s}^- = \theta \boldsymbol{x}_p,\\ \qquad \sum\limits_{j=1}^{\bar{n}} \bar{\boldsymbol{y}}_j \lambda_j - \boldsymbol{s}^+ = \boldsymbol{y}_p,\\ \qquad \sum\limits_{j=1}^{\bar{n}} \bar{\boldsymbol{z}}_j \lambda_j - \boldsymbol{s}^{\#} = \boldsymbol{z}_p,\\ \qquad \delta_1 \left(\sum\limits_{j=1}^{\bar{n}} \lambda_j - \delta_2 (-1)^{\delta_3} \tilde{\lambda} \right) = \delta_1,\\ \qquad \tilde{\lambda} \geqq 0, \lambda_j \geqq 0, j = 1, 2, \cdots, \bar{n}, \boldsymbol{s}^- \geqq \boldsymbol{0}, \boldsymbol{s}^+ \geqq \boldsymbol{0}, \boldsymbol{s}^{\#} \geqq \boldsymbol{0}.\end{array}\right.$$

但该模型仍未解决以下几个问题:

(1) 由于 DEA 方法要求所有的指标越大越好或越小越好, 而结构指标不一定具有偏好关系, 比如第一产业、第二产业、第三产业的产值占 GDP 的比重.

(2) 即使结构指标均有偏好关系, 但经济系统结构的调整则重在调整, 要求所有的结构指标都越大越好或越小越好是不科学的, 而且也有可能造成效率的误判.

这可以通过例 5.1 加以说明.

例 5.1 假设有 n 种经济系统状态值. 其中, 输入指标有从业人数 (L)、资本形成总额 (C) 和能源消耗总量 (R); 输出指标有 GDP (Y); 反映经济结构的指标有第一产业、第二产业和第三产业产值占 GDP 的比重 (YF', YS', YT'). 那么, 如何获得经济结构调整的有效信息呢?

由于结构指标是第一产业、第二产业和第三产业产值占 GDP 的比重, 即这些指标既不是越大越好也不是越小越好. 因此, 传统 DEA 方法无法对该类指标进行评价. 而此时, 常用的处理方法是用第一产业、第二产业和第三产业的产值 (YF, YS, YT) 代替 (YF', YS', YT'), 并将这些结构指标归入系统的输出指标中. 这时, 应用模型 (GJ-DEA) 可以得出与第 j_0 种经济系统状态相应的用于经济结构调整的 DEA 模型:

$$
(\mathrm{DJ})\left\{\begin{array}{l}
\min \theta-\varepsilon(s_1^-+s_2^-+s_3^-+s_1^++s_2^++s_3^++s_4^+), \\
\text{s.t. } \sum\limits_{j=1}^n L_j\lambda_j+s_1^-=\theta L_{j_0}, \sum\limits_{j=1}^n C_j\lambda_j+s_2^-=\theta C_{j_0}, \\
\quad\ \sum\limits_{j=1}^n R_j\lambda_j+s_3^-=\theta R_{j_0}, \sum\limits_{j=1}^n Y_j\lambda_j-s_1^+=Y_{j_0}, \\
\quad\ \sum\limits_{j=1}^n YF_j\lambda_j-s_2^+=YF_{j_0}, \sum\limits_{j=1}^n YS_j\lambda_j-s_3^+=YS_{j_0}, \\
\quad\ \sum\limits_{j=1}^n YT_j\lambda_j-s_4^+=YT_{j_0}, \delta\sum\limits_{j=1}^n \lambda_j=\delta, \\
\lambda_j \geqq 0, j=1,2,\cdots,n, s_i^- \geqq 0, i=1,2,3, s_k^+ \geqq 0, k=1,2,3,4.
\end{array}\right.
$$

根据 DEA 的相关理论 [1,4], 对于第 j_0 种经济状态, 如果模型 (DJ) 给出的决策单元投影值为

$$((L_{j_0}^*, C_{j_0}^*, R_{j_0}^*), (Y_{j_0}^*, YF_{j_0}^*, YS_{j_0}^*, YT_{j_0}^*)),$$

则单元输出指标的改进值为

$$
\begin{aligned}
&(\Delta Y_{j_0}, \Delta YF_{j_0}, \Delta YS_{j_0}, \Delta YT_{j_0}) \\
&= (Y_{j_0}^*, YF_{j_0}^*, YS_{j_0}^*, YT_{j_0}^*) - (Y_{j_0}, YF_{j_0}, YS_{j_0}, YT_{j_0}) \\
&= (s_1^{+*}, s_2^{+*}, s_3^{+*}, s_4^{+*}) \geqq \mathbf{0}.
\end{aligned} \tag{5.1}
$$

这表明, 上述方法提供的决策单元的结构调整信息是在输出 (Y) 增加的同时, 第一产业、第二产业、第三产业的产值 (YF, YS, YT) 也必须同时增加. 而实际上,

经济结构的优化重在比例关系的调整和内部结构的优化, 并非一定要使所有的结构指标均越大越好. 因此, 传统 DEA 模型并不能给出有效的结构调整信息.

5.1.3 用于评价含有中性指标问题的 DEA 模型

为解决上述问题, 下面给出一种用于评价含有中性指标问题的 DEA 模型:

$$
(\text{ZX-DEA})\begin{cases}
\min\theta-\varepsilon(\bar{\boldsymbol{e}}^{\mathrm{T}}\boldsymbol{s}^-+\boldsymbol{e}^{\mathrm{T}}\boldsymbol{s}^+),\\
\text{s.t.}\ \displaystyle\sum_{j=1}^{\bar{n}}\bar{\boldsymbol{x}}_j\lambda_j+\boldsymbol{s}^-=\theta\boldsymbol{x}_p,\\
\displaystyle\sum_{j=1}^{\bar{n}}\bar{\boldsymbol{y}}_j\lambda_j-\boldsymbol{s}^+=\boldsymbol{y}_p,\\
\displaystyle\sum_{j=1}^{\bar{n}}\bar{\boldsymbol{z}}_j\lambda_j-\boldsymbol{s}^{\#}=\boldsymbol{z}_p,\\
\delta_1\left(\displaystyle\sum_{j=1}^{\bar{n}}\lambda_j-\delta_2(-1)^{\delta_3}\tilde{\lambda}\right)=\delta_1,\\
\tilde{\lambda}\geqq 0,\lambda_j\geqq 0,j=1,2,\cdots,\bar{n},\boldsymbol{s}^-\geqq\boldsymbol{0},\boldsymbol{s}^+\geqq\boldsymbol{0}.
\end{cases}
$$

定义 5.2 若线性规划模型 (ZX-DEA) 的最优解为 $\tilde{\lambda}^0$, $\boldsymbol{\lambda}^0$, $\boldsymbol{s}^{-0}$, $\boldsymbol{s}^{+0}$, $\boldsymbol{s}^{\#0}$, θ^0, 则第 p 种经济系统的投影值为

$$
\bar{\boldsymbol{x}}_p=\theta^0\boldsymbol{x}_p-\boldsymbol{s}^{-0},\quad \bar{\boldsymbol{y}}_p=\boldsymbol{y}_p+\boldsymbol{s}^{+0},\quad \bar{\boldsymbol{z}}_p=\boldsymbol{z}_p+\boldsymbol{s}^{\#0}. \tag{5.2}
$$

定理 5.1 (1) 若 $\tilde{\lambda}^0$, $\boldsymbol{\lambda}^0$, $\boldsymbol{s}^{-0}$,$\boldsymbol{s}^{+0}$,$\boldsymbol{s}^{\#0}$,θ^0 是线性规划模型 (ZX-DEA) 的最优解, 则 $\tilde{\lambda}^0$, $\boldsymbol{\lambda}^0$, $\boldsymbol{s}^{-0}$,$\boldsymbol{s}^{+0}$,θ^0 也是模型 (DG-DEA) 的最优解.

(2) 若线性规划模型 (DG-DEA) 的最优解是 $\tilde{\lambda}^0$, $\boldsymbol{\lambda}^0$, $\boldsymbol{s}^{-0}$,$\boldsymbol{s}^{+0}$,θ^0, 令

$$
\boldsymbol{s}^{\#0}=\sum_{j=1}^{\bar{n}}\bar{\boldsymbol{z}}_j\lambda_j^0-\boldsymbol{z}_p,
$$

则 $\tilde{\lambda}^0$, $\boldsymbol{\lambda}^0$, $\boldsymbol{s}^{-0}$,$\boldsymbol{s}^{+0}$,$\boldsymbol{s}^{\#0}$,θ^0 也是线性规划模型 (ZX-DEA) 的最优解.

证明 (1) 若 $\tilde{\lambda}^0$, $\boldsymbol{\lambda}^0$, $\boldsymbol{s}^{-0}$,$\boldsymbol{s}^{+0}$,$\boldsymbol{s}^{\#0}$,θ^0 是线性规划模型 (ZX-DEA) 的最优解, 假设 $\tilde{\lambda}^0$, $\boldsymbol{\lambda}^0$, $\boldsymbol{s}^{-0}$,$\boldsymbol{s}^{+0}$,θ^0 不是模型 (DG-DEA) 的最优解, 可以验证 $\tilde{\lambda}^0$, $\boldsymbol{\lambda}^0$, $\boldsymbol{s}^{-0}$,$\boldsymbol{s}^{+0}$,θ^0 是线性规划模型 (DG-DEA) 的可行解. 因此, 必存在模型 (DG-DEA) 的最优解 $\tilde{\lambda}$, $\lambda_j(j=1,2,\cdots,\bar{n})$, $\boldsymbol{s}^-$, $\boldsymbol{s}^+$, θ 满足

$$
\theta-\varepsilon(\bar{\boldsymbol{e}}^{\mathrm{T}}\boldsymbol{s}^-+\boldsymbol{e}^{\mathrm{T}}\boldsymbol{s}^+)<\theta^0-\varepsilon(\bar{\boldsymbol{e}}^{\mathrm{T}}\boldsymbol{s}^{-0}+\boldsymbol{e}^{\mathrm{T}}\boldsymbol{s}^{+0}),
$$

令

$$\boldsymbol{s}^{\#}=\sum_{j=1}^{\bar{n}}\bar{\boldsymbol{z}}_j\lambda_j-\boldsymbol{z}_p,$$

则 $\tilde{\lambda},\lambda_j(j=1,2,\cdots,\bar{n})$, $\boldsymbol{s}^-,\boldsymbol{s}^+,\boldsymbol{s}^{\#}$, θ 是线性规划模型 (ZX-DEA) 的可行解. 矛盾!

(2) 若线性规划模型 (DG-DEA) 的最优解为 $\tilde{\lambda}^0$, $\boldsymbol{\lambda}^0$, $\boldsymbol{s}^{-0},\boldsymbol{s}^{+0},\theta^0$, 令

$$\boldsymbol{s}^{\#0}=\sum_{j=1}^{\bar{n}}\bar{\boldsymbol{z}}_j\lambda_j^0-\boldsymbol{z}_p.$$

如果 $\tilde{\lambda}^0$, $\boldsymbol{\lambda}^0$, $\boldsymbol{s}^{-0},\boldsymbol{s}^{+0},\boldsymbol{s}^{\#0},\theta^0$ 不是线性规划模型 (ZX-DEA) 的最优解, 则必存在模型 (ZX-DEA) 的可行解

$$\tilde{\lambda},\ \lambda_j(j=1,2,\cdots,\bar{n}),\ \boldsymbol{s}^-,\ \boldsymbol{s}^+,\ \boldsymbol{s}^{\#},\ \theta$$

满足

$$\theta-\varepsilon(\bar{\boldsymbol{e}}^{\mathrm{T}}\boldsymbol{s}^-+\boldsymbol{e}^{\mathrm{T}}\boldsymbol{s}^+)<\theta^0-\varepsilon(\bar{\boldsymbol{e}}^{\mathrm{T}}\boldsymbol{s}^{-0}+\boldsymbol{e}^{\mathrm{T}}\boldsymbol{s}^{+0}),$$

由于 $\tilde{\lambda},\lambda_j(j=1,2,\cdots,\bar{n})$, $\boldsymbol{s}^-,\boldsymbol{s}^+$, θ 是线性规划模型 (DG-DEA) 的可行解. 矛盾! 证毕.

由定理 5.1 可知, 应用模型 (ZX-DEA) 可以求出模型 (DG-DEA) 的最优值和最优解. 由公式 (5.2) 可知, $(\bar{\boldsymbol{x}}_p,\bar{\boldsymbol{y}}_p)=(\hat{\boldsymbol{x}}_p,\hat{\boldsymbol{y}}_p)$. 因此, 模型 (ZX-DEA) 也可以给出决策单元的效率值和投影值. 更重要的是该模型还能给出关于决策单元结构调整的数值 $\Delta\boldsymbol{z}_p$, 即单元输入冗余和输出不足的值为

$$\Delta\boldsymbol{x}_p=(1-\theta^0)\boldsymbol{x}_p+\boldsymbol{s}^{-0},\quad \Delta\boldsymbol{y}_p=\boldsymbol{s}^{+0},$$

结构调整值为

$$\Delta\boldsymbol{z}_p=\boldsymbol{s}^{\#0}.$$

例 5.2 假设经济系统 1 和经济系统 2 的指标数据如表 5.1 所示.

表 5.1 经济系统 1 和经济系统 2 的指标数据

决策单元	投入指标			中性指标			输出指标
	从业人数	资本形成总额	能源消耗总量	第一产业产值	第二产业产值	第三产业产值	GDP
经济系统 1	1	1	1	3	2	1	6
经济系统 2	1	1	1	2	4	6	12

在规模收益不变的情况下, 应用模型 (GJ-DEA) 进行测算的结果显示: 经济系统 1 和经济系统 2 均为 DEA 有效. 但从表 5.1 可以看出, 输入相同的情况下,

经济系统 2 的总产值是经济系统 1 的两倍, 从而二者的效率值相同这种测算结果显然不合理.

在规模收益不变的情况下, 应用模型 (ZX-DEA) 进行测算的结果显示: 经济系统 1 的效率值为 0.5, 经济系统 2 的效率值为 1. 同时, 所给出的经济系统 1 的投入冗余为 (0.5, 0.5, 0.5) , 结构调整的信息为第一产业减少 2、第二产业不变、第三产业增加 2, 这样经济系统 1 的结构与经济系统 2 相同.

从上面的分析可以看出, 模型 (ZX-DEA) 的测算结果更具合理性.

5.2 模型 (ZX-DEA) 的经济含义与投影分析

以下从系统科学和数据包络分析的相关理论出发, 先构建经济系统的三种状态集合及其映射关系, 然后给出模型 (ZX-DEA) 的经济含义与投影分析.

5.2.1 经济系统状态集、经济结构状态集和生产可能集

假设 $State$ 是由经济系统 P 所有可能的生产和结构指标值构成的集合, 称之为经济系统状态集, 它可以表示如下:

$$State = \left\{ ((\boldsymbol{x},\boldsymbol{y}),\boldsymbol{z}) \left| \begin{array}{l} (\boldsymbol{x},\boldsymbol{y})\text{是经济系统 } P \text{ 的一种输入输出指标值,} \\ \boldsymbol{z}\text{是与这种输入输出}(\boldsymbol{x},\boldsymbol{y})\text{相对应的经济结构指标值} \end{array} \right. \right\}.$$

假设 Pro 是由经济系统 P 的所有输入输出关系构成的集合, 称之为经济系统的生产可能集, 它可以表示如下:

$$Pro = \left\{ (\boldsymbol{x},\boldsymbol{y}) \left| \text{经济系统}P\text{的输入指标值为}\boldsymbol{x}\text{时, 系统的输出指标值为}\boldsymbol{y} \right. \right\}.$$

假设 $Stru$ 是由经济系统 P 的所有经济结构状态构成的集合, 称之为经济系统的结构状态集, 它可以表示如下:

$$Stru = \left\{ \boldsymbol{z} \left| \text{存在}(\boldsymbol{x},\boldsymbol{y}) \in Pro, \text{使得}((\boldsymbol{x},\boldsymbol{y}),\boldsymbol{z}) \in State \right. \right\}.$$

经济系统状态集 $State$、生产可能集 Pro 和经济结构状态集 $Stru$ 的关系可以用图 5.2 表示.

一个地区的经济发展是一个复杂的系统问题, 不同的资源投入方式必然会导致不同的产出变化, 进而导致经济结构的差异. 显然, 经济系统的生产和结构具有一定的关联性和系统性, 是一个密不可分的整体. 如果经济系统的输入输出关系是 $(\boldsymbol{x},\boldsymbol{y})$, 则该系统一定存在一种结构 $\boldsymbol{z}$ 与之对应; 反之, 如果经济系统的结构处于 $\boldsymbol{z}$ 状态, 则该系统一定存在一种输入输出关系是 $(\boldsymbol{x},\boldsymbol{y})$.

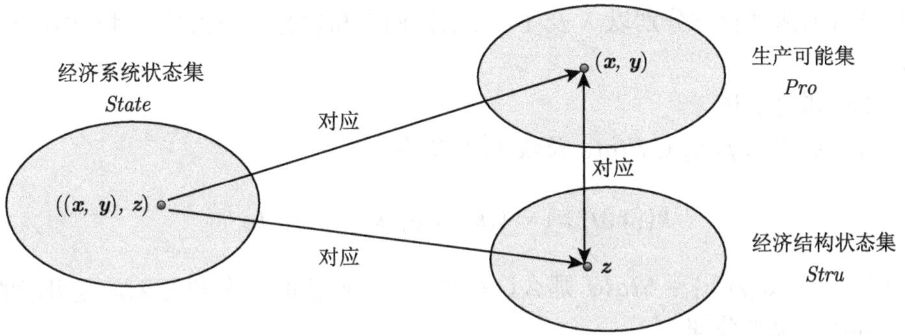

图 5.2 经济系统状态集、生产可能集与经济结构状态集的关系

5.2.2 模型 (ZX-DEA) 给出的经济系统投影的含义分析

为了进一步定量描述这几个集合, 根据广义 DEA 理论 [1,4-6], 生产可能集 Pro 可以表示如下:

$$Pro = \left\{ (\boldsymbol{x}, \boldsymbol{y}) \middle| \sum_{j=1}^{\bar{n}} \bar{\boldsymbol{x}}_j \lambda_j \leqq \boldsymbol{x}, \sum_{j=1}^{\bar{n}} \bar{\boldsymbol{y}}_j \lambda_j \geqq \boldsymbol{y}, \right.$$

$$\left. \delta_1 \left(\sum_{j=1}^{\bar{n}} \lambda_j - \delta_2 (-1)^{\delta_3} \tilde{\lambda} \right) = \delta_1, \tilde{\lambda} \geqq 0, \lambda_j \geqq 0, j = 1, \cdots, \bar{n} \right\}.$$

经济系统状态集 $State$ 包含经济系统的结构信息, 但经济结构的指标不一定具有偏好性, 即如果经济结构指标 $\boldsymbol{z}_1 \geqq \boldsymbol{z}_2$, 则不一定 $\boldsymbol{z}_1$ 优于 $\boldsymbol{z}_2$. 比如, 经济结构指标为第一产业、第二产业、第三产业的比重时, 若一个产业的比重增大, 则其他两个产业的比重可能会降低. 可见, 结构调整并不是所有产业比重都越大越好, 而是要找到一种合理的比例, 使系统效率最高. 因此, 经济系统状态集 $State$ 不一定能满足无效性公理条件, 应重新考虑. 下面, 对于经济系统状态集 $State$, 可以重新定义如下公理体系:

(1) **平凡性公理**.

$$((\bar{\boldsymbol{x}}_j, \bar{\boldsymbol{y}}_j), \bar{\boldsymbol{z}}_j) \in State, \quad j = 1, 2, \cdots, \bar{n}.$$

平凡性公理表明, 现实存在的一种经济状态 $((\bar{\boldsymbol{x}}_j, \bar{\boldsymbol{y}}_j), \bar{\boldsymbol{z}}_j)$ 理所当然是经济系统状态集 $State$ 中的一种关系.

(2) **凸性公理**.

对任意的 $((\boldsymbol{x}, \boldsymbol{y}), \boldsymbol{z}) \in State$ 和 $((\bar{\boldsymbol{x}}, \bar{\boldsymbol{y}}), \bar{\boldsymbol{z}}) \in State$, 以及任意的 $\lambda \in [0, 1]$ 均有

$$\lambda((\boldsymbol{x}, \boldsymbol{y}), \boldsymbol{z}) + (1-\lambda)((\bar{\boldsymbol{x}}, \bar{\boldsymbol{y}}), \bar{\boldsymbol{z}}) = (\lambda(\boldsymbol{x}, \boldsymbol{y}) + (1-\lambda)(\bar{\boldsymbol{x}}, \bar{\boldsymbol{y}}), \lambda \boldsymbol{z} + (1-\lambda)\bar{\boldsymbol{z}}) \in State,$$

即把系统的两种状态分别以 λ 及 $1-\lambda$ 的比例之和进行组合也是一种可能的系统状态.

(3a) **锥性公理**.

对任意 $((\boldsymbol{x},\boldsymbol{y}),\boldsymbol{z}) \in State$ 及数 $k \geqq 0$ 均有

$$k((\boldsymbol{x},\boldsymbol{y}),\boldsymbol{z}) = ((k\boldsymbol{x}, k\boldsymbol{y}), k\boldsymbol{z}) \in State,$$

这表明, 若 $((\boldsymbol{x},\boldsymbol{y}),\boldsymbol{z}) \in State$, 那么这种状态值以原值的 k 倍进行缩放是可能的.

(3b) **收缩性公理**.

对任意 $((\boldsymbol{x},\boldsymbol{y}),\boldsymbol{z}) \in State$ 及数 $k \in (0,1]$ 均有

$$k((\boldsymbol{x},\boldsymbol{y}),\boldsymbol{z}) = ((k\boldsymbol{x}, k\boldsymbol{y}), k\boldsymbol{z}) \in State,$$

这表明, 若 $((\boldsymbol{x},\boldsymbol{y}),\boldsymbol{z}) \in State$, 那么这种状态值以原值的 k 倍进行收缩是可能的.

(3c) **扩张性公理**.

对任意 $((\boldsymbol{x},\boldsymbol{y}),\boldsymbol{z}) \in State$ 及数 $k \geqq 1$, 均有

$$k((\boldsymbol{x},\boldsymbol{y}),\boldsymbol{z}) = ((k\boldsymbol{x}, k\boldsymbol{y}), k\boldsymbol{z}) \in State,$$

这表明, 若 $((\boldsymbol{x},\boldsymbol{y}),\boldsymbol{z}) \in State$, 那么这种状态值以原值的 k 倍进行扩张是可能的.

令集合

$$Sta = \left\{ ((\boldsymbol{x},\boldsymbol{y}),\boldsymbol{z}) \,\middle|\, (\boldsymbol{x},\boldsymbol{y}) = \left(\sum_{j=1}^{\bar{n}} \bar{\boldsymbol{x}}_j \lambda_j, \sum_{j=1}^{\bar{n}} \bar{\boldsymbol{y}}_j \lambda_j \right),\ \boldsymbol{z} = \sum_{j=1}^{\bar{n}} \bar{\boldsymbol{z}}_j \lambda_j, \right.$$
$$\left. \delta_1 \left(\sum_{j=1}^{\bar{n}} \lambda_j - \delta_2 (-1)^{\delta_3} \tilde{\lambda} \right) = \delta_1,\ \tilde{\lambda} \geqq 0,\ \lambda_j \geqq 0,\ j = 1, \cdots, \bar{n} \right\},$$

则易证定理 5.2 的结论成立.

定理 5.2　如果经济系统状态集 $State$ 满足公理 (1), (2) 或者 (1), (2) 以及 (3a), (3b), (3c) 之一, 则 $Sta \subseteq State$.

以下需要解决的是经济系统如何通过结构调整来提高生产效率. 首先, 对于第 p 种经济系统状态 $((\boldsymbol{x}_p,\boldsymbol{y}_p),\boldsymbol{z}_p) \in State$, 它包含了结构 $\boldsymbol{z}_p \in Stru$ 和生产 $(\boldsymbol{x}_p,\boldsymbol{y}_p) \in Pro$ 两方面的信息.

如果第 p 种经济系统状态下的生产不为广义 DEA 有效, 那么它可以通过 DEA 投影变为有效. 然而, 在这一调整过程中, 经济系统的结构是如何变化的呢? 即如何通过这些信息找到第 p 种经济系统的结构 $\boldsymbol{z}_p$ 的调整信息呢? 以下做进一步分析.

定理 5.3 若 $\tilde{\lambda}^0,\boldsymbol{\lambda}^0,\boldsymbol{s}^{-0},\boldsymbol{s}^{+0},\boldsymbol{s}^{\#0},\theta^0$ 为线性规划模型 (ZX-DEA) 的最优解, 则

$$((\bar{\boldsymbol{x}}_p,\bar{\boldsymbol{y}}_p),\bar{\boldsymbol{z}}_p)=((\theta^0\boldsymbol{x}_p-\boldsymbol{s}^{-0},\boldsymbol{y}_p+\boldsymbol{s}^{+0}),\boldsymbol{z}_p+\boldsymbol{s}^{\#0})\in State.$$

证明 若 $\tilde{\lambda}^0,\boldsymbol{\lambda}^0,\boldsymbol{s}^{-0},\boldsymbol{s}^{+0},\boldsymbol{s}^{\#0},\theta^0$ 为线性规划模型 (ZX-DEA) 的最优解, 则由模型 (ZX-DEA) 的约束条件可知, $\tilde{\lambda}^0\geqq 0$, $\lambda_j^0\geqq 0, j=1,2,\cdots,\bar{n},\boldsymbol{s}^{-0}\geqq\boldsymbol{0},\boldsymbol{s}^{+0}\geqq\boldsymbol{0}$, 并且

$$\bar{\boldsymbol{x}}_p=\theta^0\boldsymbol{x}_p-\boldsymbol{s}^{-0}=\sum_{j=1}^{\bar{n}}\bar{\boldsymbol{x}}_j\lambda_j^0,\quad \bar{\boldsymbol{y}}_p=\boldsymbol{y}_p+\boldsymbol{s}^{+0}=\sum_{j=1}^{\bar{n}}\bar{\boldsymbol{y}}_j\lambda_j^0,$$

$$\bar{\boldsymbol{z}}_p=\boldsymbol{z}_p+\boldsymbol{s}^{\#0}=\sum_{j=1}^{\bar{n}}\bar{\boldsymbol{z}}_j\lambda_j^0,\quad \delta_1\left(\sum_{j=1}^{\bar{n}}\lambda_j^0-\delta_2(-1)^{\delta_3}\tilde{\lambda}^0\right)=\delta_1.$$

因此, 由经济系统状态集 $State$ 的定义可知 $((\bar{\boldsymbol{x}}_p,\bar{\boldsymbol{y}}_p),\bar{\boldsymbol{z}}_p)\in Sta\subseteq State$. 证毕.

定理 5.4 若 $\tilde{\lambda}^0,\boldsymbol{\lambda}^0,\boldsymbol{s}^{-0},\boldsymbol{s}^{+0},\boldsymbol{s}^{\#0},\theta^0$ 为线性规划模型 (ZX-DEA) 的最优解, 并且第 p 种经济系统状态的生产为广义 DEA 无效, 则输入输出值 $(\bar{\boldsymbol{x}}_p,\bar{\boldsymbol{y}}_p)$ 为广义 DEA 有效.

证明 根据 DEA 方法的投影性质, 结论显然成立. 证毕.

定理 5.5 若 $((\bar{\boldsymbol{x}}_p,\bar{\boldsymbol{y}}_p),\bar{\boldsymbol{z}}_p)\in State$, 则必有 $\bar{\boldsymbol{z}}_p\in Stru$.

证明 根据 $Stru$ 的定义, 结论显然成立. 证毕.

由定理 5.3~ 定理 5.5 的结论, 即通过图 5.3 的路径可以发现第 p 种经济系统状态下结构调整的信息.

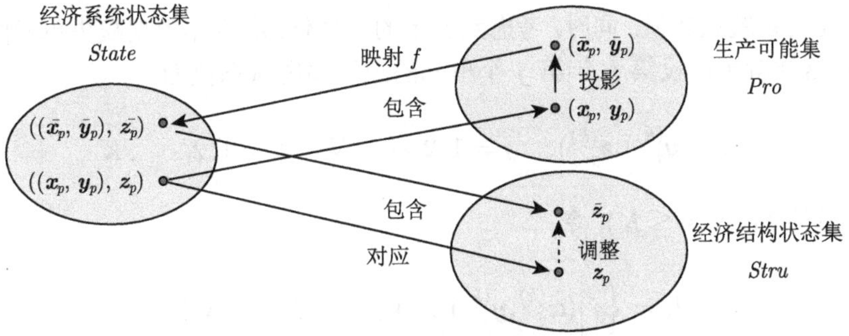

图 5.3 经济结构调整信息的发现路径

定理 5.3~ 定理 5.5 表明: $((\bar{\boldsymbol{x}}_p,\bar{\boldsymbol{y}}_p),\bar{\boldsymbol{z}}_p)$ 是经济系统的一种可能的系统状态, 在该系统状态下它的生产活动 $(\bar{\boldsymbol{x}}_p,\bar{\boldsymbol{y}}_p)$ 是有效的, 并且与这种有效生产状态相匹配的结构为 $\bar{\boldsymbol{z}}_p\in Stru$. 因此, 如果系统状态 $((\bar{\boldsymbol{x}}_p,\bar{\boldsymbol{y}}_p),\bar{\boldsymbol{z}}_p)$ 是第 p 种经济系统状态学习的样板和调整的方向, 则第 p 种经济系统状态在生产上的改进方向为

$$(\boldsymbol{x}_p, \boldsymbol{y}_p) \to (\bar{\boldsymbol{x}}_p, \bar{\boldsymbol{y}}_p),$$

而与之相对应的结构调整的方向应为

$$\boldsymbol{z}_p \in Stru \to \bar{\boldsymbol{z}}_p \in Stru.$$

令

$$\Delta \boldsymbol{z}_p = (\Delta z_{1p}, \Delta z_{2p}, \cdots, \Delta z_{lp}) = \bar{\boldsymbol{z}}_p - \boldsymbol{z}_p = \sum_{j=1}^{\bar{n}} \bar{\boldsymbol{z}}_j \lambda_j^0 - \boldsymbol{z}_p,$$

若 $\Delta z_{ip} > 0$, 则表示第 p 种经济系统状态的第 i 个结构指标应增大, 调整的尺度为 Δz_{ip};

若 $\Delta z_{ip} < 0$, 则表示第 p 种经济系统状态的第 i 个结构指标应减小, 调整的尺度为 Δz_{ip};

若 $\Delta z_{ip} = 0$, 则表示第 p 种经济系统状态的第 i 个结构指标无需调整.

5.3　基于面板数据的含有中性指标的 DEA 模型

由于本章提出的 (ZX-DEA) 模型可以进一步应用到面板数据的分析中, 以下讨论两种基于面板数据的经济结构调整模型及其经济含义.

假设决策者准备考察某 N 个决策单元在某 K 年内的结构调整信息及其变化情况, 由于信息的不完备, 假设决策者仅测得第 $k(1 \leqq k \leqq K)$ 年 $\bar{n}^{(k)}(\bar{n}^{(k)} \leqq N)$ 个决策单元的系统状态值. 同时, 考虑到表示的方便性, 取各年数据缺失单元的指标值为 0, 这样就可以设第 k 年第 j 个单元的经济系统状态值为

$$((\boldsymbol{x}_j^{(k)}, \boldsymbol{y}_j^{(k)}), \boldsymbol{z}_j^{(k)}), \quad j = 1, 2, \cdots, N, \quad k = 1, 2, \cdots, K.$$

对于任意的 $k(1 \leqq k \leqq K)$, 令

$$J_k = \left\{ j \,\middle|\, (\boldsymbol{x}_j^{(k)}, \boldsymbol{y}_j^{(k)}) > \boldsymbol{0}, j = 1, 2, \cdots, N \right\},$$

则有以下两种用于经济结构分析的 DEA 模型:

(1) 用于系统结构演化分析的 DEA 模型.

以下取一个固定年份第 k_0 年的生产水平作为参考集来测算各决策单元相对于这一年的情况.

对于第 $k(1 \leqq k \leqq K)$ 年的第 $j_0(j_0 \in J_k)$ 个单元, 有以下模型

$$
(\mathrm{GJ1})\left\{\begin{array}{l}
\min \theta-\varepsilon(\bar{\boldsymbol{e}}^{\mathrm{T}} \boldsymbol{s}^{-}+\boldsymbol{e}^{\mathrm{T}} \boldsymbol{s}^{+}), \\
\text{s.t. } \sum\limits_{j \in J_{k_0}} \boldsymbol{x}_j^{(k_0)} \lambda_j+\boldsymbol{s}^{-}=\theta \boldsymbol{x}_{j_0}^{(k)}, \\
\qquad \sum\limits_{j \in J_{k_0}} \boldsymbol{y}_j^{(k_0)} \lambda_j-\boldsymbol{s}^{+}=\boldsymbol{y}_{j_0}^{(k)}, \\
\qquad \sum\limits_{j \in J_{k_0}} \boldsymbol{z}_j^{(k_0)} \lambda_j-\boldsymbol{s}^{\#}=\boldsymbol{z}_{j_0}^{(k)}, \\
\qquad \delta_1\left(\sum\limits_{j \in J_{k_0}} \lambda_j-\delta_2(-1)^{\delta_3} \tilde{\lambda}\right)=\delta_1, \\
\qquad \tilde{\lambda} \geqq 0, \lambda_j \geqq 0, j \in J_{k_0}, \boldsymbol{s}^{-} \geqq \mathbf{0}, \boldsymbol{s}^{+} \geqq \mathbf{0}.
\end{array}\right.
$$

若线性规划模型 (GJ1) 的最优解为 $\tilde{\lambda}^0,\boldsymbol{\lambda}^0,\boldsymbol{s}^{-0},\boldsymbol{s}^{+0},\boldsymbol{s}^{\#0},\theta^0$, 则令

$$
\hat{\boldsymbol{x}}_{j_0}^{(k)}=\sum_{j \in J_{k_0}} \boldsymbol{x}_j^{(k_0)} \lambda_j^0, \quad \hat{\boldsymbol{y}}_{j_0}^{(k)}=\sum_{j \in J_{k_0}} \boldsymbol{y}_j^{(k_0)} \lambda_j^0, \quad \hat{\boldsymbol{z}}_{j_0}^{(k)}=\sum_{j \in J_{k_0}} \boldsymbol{z}_j^{(k_0)} \lambda_j^0. \tag{5.3}
$$

这样就可以获得第 $j_0(j_0 \in J_k)$ 个决策单元在第 $k(1 \leqq k \leqq K)$ 年的生产情况($\boldsymbol{x}_{j_0}^{(k)}$, $\boldsymbol{y}_{j_0}^{(k)}$) 相对于第 k_0 年有效技术水平 ($\hat{\boldsymbol{x}}_{j_0}^{(k)}, \hat{\boldsymbol{y}}_{j_0}^{(k)}$) 的情况, 以及相应的结构调整信息.

由于参考集不变, 因此从时间序列的角度看, 决策单元的效率值具有可比性. 但, 由于决策单元可能处于不同的技术水平之下, 因此这里给出的结构信息只是一种比较关系, 而不能成为结构调整的尺度. 比如, 天津市 2014 年的 GDP 值和全国 1980 年的平均 GDP 是可以比较的, 但这个差距仅能反映天津市经济的前后变化, 而不能成为天津市在下一年提升的尺度. 当然, 从时间序列的角度看, 效率值和投影值都可以反映决策单元的效率变化和结构演化的情况.

(2) 用于系统结构调整分析的 DEA 模型.

对于第 $k(1 \leqq k \leqq K)$ 年的第 $j_0(j_0 \in J_k)$ 个单元, 有以下模型

$$
(\mathrm{GJ2})\left\{\begin{array}{l}
\min \theta-\varepsilon(\bar{\boldsymbol{e}}^{\mathrm{T}} \boldsymbol{s}^{-}+\boldsymbol{e}^{\mathrm{T}} \boldsymbol{s}^{+}), \\
\text{s.t. } \sum\limits_{j \in J_k} \boldsymbol{x}_j^{(k)} \lambda_j+\boldsymbol{s}^{-}=\theta \boldsymbol{x}_{j_0}^{(k)}, \\
\qquad \sum\limits_{j \in J_k} \boldsymbol{y}_j^{(k)} \lambda_j-\boldsymbol{s}^{+}=\boldsymbol{y}_{j_0}^{(k)}, \\
\qquad \sum\limits_{j \in J_k} \boldsymbol{z}_j^{(k)} \lambda_j-\boldsymbol{s}^{\#}=\boldsymbol{z}_{j_0}^{(k)}, \\
\qquad \delta_1\left(\sum\limits_{j \in J_k} \lambda_j-\delta_2(-1)^{\delta_3} \tilde{\lambda}\right)=\delta_1, \\
\qquad \tilde{\lambda} \geqq 0, \lambda_j \geqq 0, j \in J_k, \boldsymbol{s}^{-} \geqq \mathbf{0}, \boldsymbol{s}^{+} \geqq \mathbf{0}.
\end{array}\right.
$$

若线性规划模型 (GJ2) 的最优解为 $\tilde{\lambda}^0,\boldsymbol{\lambda}^0,\boldsymbol{s}^{-0},\boldsymbol{s}^{+0},\boldsymbol{s}^{\#0},\theta^0$, 则令

$$\hat{\boldsymbol{x}}_{j_0}^{(k)}=\sum_{j\in J_k}\boldsymbol{x}_j^{(k)}\lambda_j^0,\quad \hat{\boldsymbol{y}}_{j_0}^{(k)}=\sum_{j\in J_k}\boldsymbol{y}_j^{(k)}\lambda_j^0,\quad \hat{\boldsymbol{z}}_{j_0}^{(k)}=\sum_{j\in J_k}\boldsymbol{z}_j^{(k)}\lambda_j^0. \tag{5.4}$$

这样就有第 $k(1\leqq k\leqq K)$ 年的第 $j_0(j_0\in J_k)$ 个决策单元在输入输出上的改进方式:

$$(\boldsymbol{x}_{j_0}^{(k)},\boldsymbol{y}_{j_0}^{(k)})\rightarrow(\hat{\boldsymbol{x}}_{j_0}^{(k)},\hat{\boldsymbol{y}}_{j_0}^{(k)}),$$

而与之相对应的结构调整方向应为

$$\boldsymbol{z}_{j_0}^{(k)}\rightarrow\hat{\boldsymbol{z}}_{j_0}^{(k)}.$$

上述模型实际上分析的是某个决策单元相对于当年的生产和结构情况, 该模型给出的信息是每个决策单元在当时的技术水平和生产条件下, 决策单元的生产和结构应该如何调整的信息.

5.4　基于 (ZX-DEA) 模型的天津市经济结构调整的有效性分析

经济效率与产业结构调整是经济学研究的热点领域. 中国经济经历了 30 多年的快速增长之后, 开始更加关注经济增长的质量和效率. 而以往的研究在应用 DEA 方法分析某一经济系统在一定时期内的经济结构调整信息时, 一般把反映经济结构的第一产业、第二产业、第三产业的产值作为输出指标代入模型, 并要求这些指标越大越好. 通过例 5.2 的分析可知, 这显然不符合经济结构调整的实际情况. 因此, 以下分别应用传统 DEA 模型以及本章给出的 (ZX-DEA) 模型对天津市经济结构调整的有效性进行分析, 进而比较应用两种模型获得结果的合理性.

5.4.1　经济效率指数与产业结构调整信息的计算

为了寻找天津市如何通过结构调整来提升经济效率的信息, 以下选取从业人数 (L) 、资本形成总额 (K) 和能源消耗总量 (C) 作为输入指标, 选取地区生产总值 (GDP) 作为输出指标, 选取第一产业、第二产业、第三产业产值作为经济结构指标. 各指标数据主要来源于中宏数据库和历年《中国统计年鉴》, 原始数据包括中国 30 个省份 (不含港、澳、台、西藏, 这些地区的能源数据不完整, 下同) 2002~2012 年的相关指标数据. 其中, 为使数据具有可比性, 已将相关数据转换为 2002 年的不变价.

为了便于比较, 表 5.2 中给出了 3 种模型选取的相应指标信息.

表 5.2 不同 DEA 模型对应的指标信息参照表

模型	决策单元	样本单元	输入指标	输出指标	结构指标
模型 (GJ-DEA)	天津市 2002～2012 年数据	中国 30 个省份 2012 年数据	L, K, C	GDP, 第一产业、第二产业、第三产业产值	—
模型 (GJ1)	天津市 2002～2012 年数据	中国 30 个省份 2012 年数据	L, K, C	GDP	第一产业、第二产业、第三产业产值
模型 (GJ2)	天津市 2002～2012 年数据	与被评价单元处于同一年的中国 30 个省份数据	L, K, C	GDP	第一产业、第二产业、第三产业产值

应用模型 (GJ-DEA)、模型 (GJ1) 和模型 (GJ2) 可以测算出天津市 2002～2012 年经济运行的综合效率和技术效率, 如图 5.4 所示. 进一步地, 应用公式 (5.1), (5.3) 和 (5.4) 可以算得经济系统的结构信息, 如图 5.5 所示.

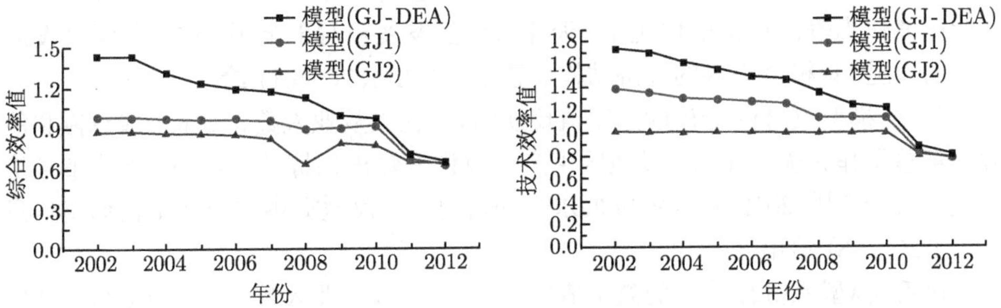

图 5.4 不同 DEA 模型下天津市经济运行的综合效率与技术效率

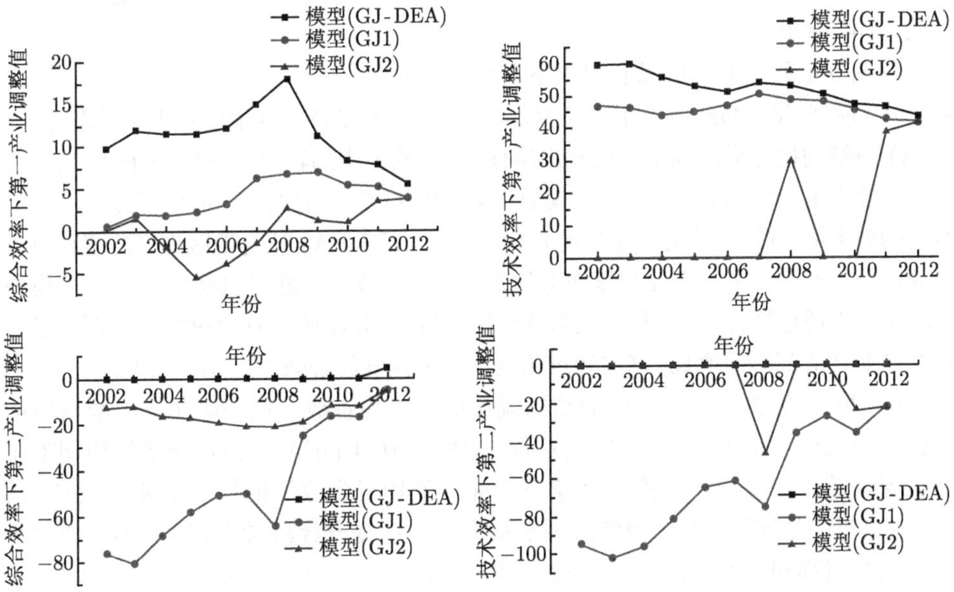

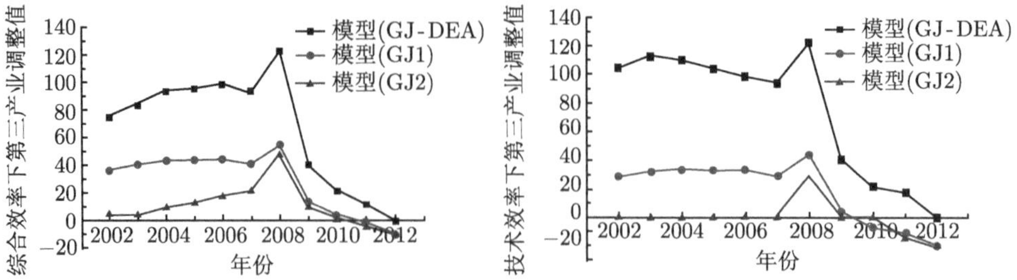

图 5.5　不同 DEA 模型下天津市经济运行的产业结构调整值

5.4.2　模型 (GJ-DEA) 与模型 (GJ1), (GJ2) 的计算结果比较

首先, 模型 (GJ-DEA) 给出的效率值反映的是, 在以从业人数、资本形成总额和能源消耗总量作为输入指标, 以地区生产总值和第一产业、第二产业、第三产业产值作为输出指标的情况下, 天津市经济发展相对于全国 2012 年经济发展水平的情况. 该模型提供的经济结构调整信息可由公式 (5.1) 给出.

其次, 模型 (GJ1) 给出的效率值反映的是, 在以从业人数、资本形成总额和能源消耗总量作为输入指标, 以地区生产总值作为输出指标的情况下, 天津市经济发展相对于全国 2012 年经济发展水平的情况. 该模型提供的经济结构调整信息可由公式 (5.3) 给出.

最后, 模型 (GJ2) 给出的效率值反映的是, 在以从业人数、资本形成总额和能源消耗总量作为输入指标, 以地区生产总值作为输出指标的情况下, 天津市经济发展相对于全国当年经济发展水平的情况. 该模型提供的经济结构调整信息可由公式 (5.4) 给出.

从图 5.4 和图 5.5 可以看出以下两点:

(1) 模型 (GJ-DEA) 给出的效率值高于模型 (GJ1). 这主要是由于模型 (GJ-DEA) 将结构指标增加到单元的输出指标中, 当模型中的输出指标被增加时, 被评价单元的效率值一定增大 [3]. 因此, 模型 (GJ-DEA) 在一定程度上高估了被评价经济系统的效率值. 同时, 从另一个角度来看, 模型 (GJ-DEA) 认为地区生产总值和第一产业、第二产业、第三产业产值均得到改进才是有效的改进, 这显然不合理; 而模型 (GJ1) 认为通过结构调整, 只要能够使经济总量得到改进即为有效的改进, 而不必使每个产业产值都必须增长, 这与通过结构调整来提升经济效率是相一致的.

(2) 模型 (GJ-DEA) 给出的结构调整值只能为正数, 而模型 (GJ2) 给出的结构调整值既可以是正数, 也可以是负数. 即模型 (GJ-DEA) 认为, 经济结构调整在必须保证第一产业、第二产业和第三产业产值均得到改进的情况下才有意义; 而模型 (GJ2) 认为经济结构调整只要能最大限度地提升经济效率即可, 不必使每个产业的产值都同时增长, 这与经济结构调整的本身含义是一致的.

从以上的分析可以看出: 模型 (GJ2) 提供的经济结构调整信息更符合实际情况. 而原有的 DEA 模型 (GJ-DEA) 在提供经济结构调整信息时存在一定的误区和局限性.

5.4.3 模型 (GJ1) 与模型 (GJ2) 的计算结果比较

模型 (GJ1) 和模型 (GJ2) 尽管在形式上十分相似, 但在含义和用法上却有很大的不同. 以下将结合本章的实例来进行进一步分析.

(1) 模型 (GJ1) 提供的效率值和经济结构信息分析.

从效率值来看, 模型 (GJ1) 给出的效率值反映的是天津市经济发展相对于全国 2012 年经济发展水平的情况. 由于评价的参考集为全国 2012 年经济发展的总体状况, 参考集不变, 因此, 所得到的天津市历年经济发展的效率值是可以进行纵向比较的. 它在一定程度上反映了天津市随不同年份的经济效率变化情况和总体趋势. 比如, 从图 5.4 可以看出, 2002~2012 年天津市经济发展的综合效率和技术效率均出现下降趋势, 特别是近年来的经济效率下降趋势更加明显. 因此, 天津市应该加快产业结构调整.

从结构变化的信息来看, 模型 (GJ1) 给出的是天津市历年经济结构与全国 2012 年高效率水平下的经济结构的差异和结构调整的长期目标. 从时间序列来看, 由于时间条件和外部环境不同, 因此, 这个结构变化信息只能揭示天津市经济结构在演化过程中与目前的理想状态接近的程度和变化情况, 而不是天津市经济结构应该调整的尺度. 比如, 在图 5.5 中, 从技术效率的角度来看, 天津市 2002~2012 年的第一产业产出不足; 第二产业发展较好, 但优势在逐步缩小; 第三产业在 2002~2008 年产出不足, 从 2009 年开始显现出较好的趋势. 这个信息只是反映 2002 年与现在的经济结构的差异, 而不能作为天津市短期经济结构调整的目标.

(2) 模型 (GJ2) 提供的效率值和经济结构信息分析.

从效率值来看, 模型 (GJ2) 给出的效率值反映的是天津市经济发展相对于全国当年经济发展水平的情况. 由于对天津市不同年度的经济发展的参考集不同, 因此, 所得到的各年经济发展的效率值是不能进行纵向比较的. 它只反映了天津市不同年份经济效率相对于当时经济发展的情况. 比如, 从图 5.4 可以看出, 2002~2010 年天津市经济发展的技术效率相对于当时的情况是有效和稳定的. 但从模型 (GJ1) 的测算结果来 (图 5.4) 看, 它的效率实际上是下降的.

从结构变化的信息看, 模型 (GJ2) 给出的是天津市历年经济结构相对于当时全国高效率水平下的经济结构的差距. 由于决策单元与样本单元所处时间和技术条件相同, 因此, 这个结构变化信息揭示的是天津市经济结构在演化过程中不合理和需要调整的信息, 反映的是短期调整信息. 比如, 在图 5.5 中, 从技术效率来看, 天津市在 2012 年的第一产业产出不足, 第二产业和第三产业发展较好.

从以上的分析可以看出: 模型 (GJ1) 提供的效率信息具有可比性, 提供的经济结构调整信息只显示一种演化趋势和差距, 而不是结构调整的信息. 而模型 (GJ2) 提供的效率信息只是天津市相对于当时技术水平下的效率, 不同年份之间不具有数值上的可比性, 提供的经济结构调整信息则是在当时的技术水平下天津市经济结构应该调整的信息.

5.5 结　束　语

从上述分析和应用结果可以看出, 本章给出的含有中性指标的 DEA 模型与传统方法相比具有明显优势, 该模型为指标体系中含有中性指标的效率评价问题提供了一个有效的方法和可能的思路. 另一方面, 由于本章给出的模型是以经济效率与产业结构调整为背景进行讨论的, 而中性指标的形式可能会有许多种情况. 因此, 本章给出的模型不能适用于所有情况, 仍有一定的局限性, 还有待于进一步研究和发展.

参 考 文 献

[1] Charnes A, Cooper W W, Rhodes E. Measuring the efficiency of decision making units [J]. European Journal of Operational Research, 1978, 2(6): 429-444.

[2] 马占新. 数据包络分析方法的研究进展 [J]. 系统工程与电子技术, 2002, 24(3): 42-46.

[3] 马占新. 数据包络分析模型与方法 [M]. 北京: 科学出版社, 2010.

[4] Banker R D, Charnes A, Cooper W W. Some models for estimating technical and scale inefficiencies in data envelopment analysis [J]. Management Science, 1984, 30(9): 1078-1092.

[5] Färe R, Grosskopf S. A nonparametric cost approach to scale efficiency [J]. Scandinavian Journal of Economics, 1985, 87(4): 594-604.

[6] Seiford L M, Thrall R M. Recent developments in DEA: The mathematical programming approach to frontier analysis [J]. Journal of Economics, 1990, 46(1-2): 7-38.

[7] 马占新, 马生昀, 包斯琴高娃. 数据包络分析及其应用案例 [M]. 北京: 科学出版社, 2013.

[8] 马占新. 一种基于样本前沿面的综合评价方法 [J]. 内蒙古大学学报, 2002, 33(6): 606-610.

[9] 马占新, 唐焕文. DEA 有效单元的特征及 SEA 方法 [J]. 大连理工大学学报, 1999, 39(4): 577-582.

[10] 马占新, 唐焕文, 戴仰山. 偏序集理论在数据包络分析中的应用研究 [J]. 系统工程学报, 2002, 17(1): 19-25.

[11] 马占新. 偏序集理论在 DEA 相关理论中的应用研究 [J]. 系统工程学报, 2002, 17(3): 193-198, 235.

[12] 马占新. 基于偏序集理论的数据包络分析方法研究 [J]. 系统工程理论与实践, 2003, 23(4): 11-16.

[13] 马占新. 偏序集与数据包络分析 [M]. 北京: 科学出版社, 2013.
[14] 马占新. 关于若干 DEA 模型与方法研究 [D]. 大连: 大连理工大学, 1999.
[15] 马占新. 样本数据包络面的研究与应用 [J]. 系统工程理论与实践, 2003, 23(12): 32-37, 58.
[16] 马占新, 吕喜明. 带有偏好锥的样本数据包络分析方法研究 [J]. 系统工程与电子技术, 2007, 29(8): 1275-1282.
[17] Wei Q L, Yan H. A data envelopment analysis (DEA) evaluation method based on sample decision making units [J]. International Journal of Information Technology & Decision Making, 2010, 9 (4): 601-624.
[18] 马占新. 广义参考集 DEA 模型及其相关性质 [J]. 系统工程与电子技术, 2012, 34(4): 709-714.
[19] 马占新, 马生昀. 基于 C^2W 模型的广义数据包络分析方法研究 [J]. 系统工程与电子技术, 2009, 31(02): 366-372.
[20] 马占新, 马生昀. 基于 C^2WY 模型的广义数据包络分析方法 [J]. 系统工程学报, 2011, 26(2): 251-261.
[21] Muren, Ma Z X, Cui W. Fuzzy data envelopment analysis approach based on sample decision making units [J]. Systems Engineering and Electronics, 2012, 23(3): 399-407.
[22] Muren, Ma Z X, Cui W. Generalized fuzzy data envelopment analysis methods [J]. Applied Soft Computing, 2014, 19(1): 215-225.
[23] 马占新. 广义数据包络分析方法 [M]. 北京: 科学出版社, 2012.
[24] 曹建标, 张小雷, 杜宏茹, 等. 基于 DEA 模型的城镇产业结构效率评价 [J]. 中国科学院研究生院学报, 2009, 26(6): 759-764.
[25] 周虹, 林梨. DEA 方法在我国产业结构调整中的应用 [J]. 统计与决策, 2006, 22(9): 156-157.

第 6 章 测算时间序列决策单元有效性的 DEA 方法

DEA 方法构建的基础是应用决策单元的指标数据来模拟经验生产函数, 而生产函数本身又是描绘在技术水平不变情况下各种生产要素与所能生产的最大产出之间的关系. 对于一组时间序列数据而言, 在不同时间点上决策单元的技术水平一般会发生变化, 所以 DEA 方法是否可以测算时间序列决策单元效率一直存在质疑和分歧. 为了寻找 DEA 方法测算时间序列决策单元效率的理论基础和更有效的测算方法, 本章先给出时间序列 DEA 模型成立的条件和基础. 然后, 从经验生产函数的构造出发, 给出三种测算时间序列决策单元效率的 DEA 模型, 并与目前存在的各种时间序列 DEA 模型进行比较, 从理论上讨论了不同时间序列 DEA 模型给出的效率值之间的关系. 同时, 改进了测算时间序列决策单元技术进步的方法. 最后, 应用本章模型分析了广东省 1985~2013 年的经济发展效率问题.

时间序列数据、截面数据和面板数据是决策单元的三种重要数据类型. DEA 方法在分析截面数据和面板数据方面具有广泛应用, 并产生了重要影响. 与此相比, DEA 方法在分析时间序列数据方面发展缓慢且分歧较大. 尽管时间序列 DEA 模型的提出已有 30 多年的历史, 但有关该模型的几个重要问题一直没得到很好的解决: ① 时间序列 DEA 模型的理论基础是什么? ② 时间序列 DEA 模型与基于截面数据的 DEA 模型的关系是什么? ③ 如何更好地测算时间序列决策单元的效率?

首先, 在截面数据分析方面, DEA 方法的成效显著. 自 1978 年, Charnes 等提出 C^2R 模型以来, DEA 方法不仅扩大了人们对生产理论的认识, 也使得研究生产函数理论的主要技术手段由参数方法发展成为参数与非参数方法并重 [1]. 如 1984 年, Banker 等针对生产可能集中的锥性假设不成立问题, 给出了另一个评价生产技术有效的 DEA 模型——BC^2 模型 [2]; 1985 年 Färe 等给出了满足规模收益非递增的 DEA 模型——FG 模型 [3]; 1990 年 Seiford 等给出了满足规模收益非递减的 DEA 模型——ST 模型 [4]. 可见, 上述几个模型系统地描绘了不同规模收益下多输入多输出生产系统的生产前沿面状况, 在 DEA 理论中具有重要地位.

其次, 在面板数据分析方面, DEA 方法也产生了重要影响. 目前, 应用 DEA 方法分析面板数据的成果主要有 DEA-Malmquist 指数模型 [5-7] 和 DEA 窗口分析模型 [8] 两大类. 其中, DEA-Malmquist 指数模型将 Malmquist 生产率变化指数分解为技术进步指数和综合效率变化指数, 而综合效率变化指数又可以进一步被分解为纯技术效率变化指数和规模效率变化指数. DEA 窗口分析模型则由 Charnes 等于 1984 年首次提出, 该模型通过窗口移动的方法来评价决策单元的效率 [9,10].

最后, 在时间序列数据分析方面, 尽管与 DEA 有关的研究较少, 但也取得了一些很有价值的成果. 如 1983 年, Diewert 等在讨论技术进步的影响时首次涉及了纯时间序列数据 [11]; 1985 年, Färe 等在有关菲律宾农业部门的技术效率研究中使用时间序列数据进行效率测度和分解, 其处理方式受到了 Diewert 等的思想影响 [12]; 1999 年, Lynde 等专门提出了针对时间序列数据的 FG 模型, 并将生产率分解为技术变化、技术效率和要素强度指数三部分 [13]. 后来, 文献 [14] 沿用 Lynde 等的思想, 应用 C^2R 模型对中国 1952~2006 年的生产率进行了实证分析; 文献 [15] 则从偏序集理论出发给出了带有权重约束的时间序列 DEA 模型, 并应用该模型分析了中国某省的经济效率状况; 而文献 [16] 给出了随机时间序列 DEA 模型.

由于生产函数的构造要求技术水平不变, 而时间序列数据在不同时间点上技术水平可能会发生变化, 因而 DEA 方法是否可以测算时间序列决策单元效率和是否可以使用不同时间下的投入产出数据构造生产前沿面一直存在众多分歧. 为了寻找 DEA 方法测算时间序列决策单元效率的理论基础和更有效的测算方法, 本章首先给出时间序列 DEA 模型成立的条件和基础. 其次, 从经验生产函数的构造出发, 给出一种测算时间序列决策单元的 DEA 模型, 并解析各种时间序列 DEA 模型的优点和不足, 进而从理论上讨论不同时间序列 DEA 模型给出的效率之间的关系. 同时, 还给出测算时间序列决策单元技术进步的方法. 最后, 应用本章方法分析广东省 1985~2013 年的经济发展效率问题.

6.1 时间序列 DEA 模型

在以往有关时间序列 DEA 模型的文献中, 均直接使用时间序列数据测算决策单元的效率, 并没有从理论上解释其合理性. 为进一步分析时间序列 DEA 模型的理论基础, 以下首先对目前较为重要的纯时间序列 DEA 模型进行简要介绍 ①.

6.1.1 FGG-DEA 模型

1985 年, Färe 等给出了一个时间序列 DEA 模型, 并应用该模型分析了菲律宾农业部门 1948~1967 年的技术效率 [12]. 该模型为了避免非有效和技术进步之

① 为了便于阅读和比较, 本章对原始模型中的符号进行了统一.

间的混淆, 采用被评价单元所属年份及其之前年份的数据构造生产前沿面. 同时, 该模型是针对多输入单输出的情况给出的. 其对应的模型和生产可能集如下:

假设已获得某一决策单元 T 个时期的输入和输出数据, 其中第 t 时期的输入 $\boldsymbol{x}_t=(x_{1t},x_{2t},\cdots,x_{mt})^{\mathrm{T}}$ 对应一个总输出 y_t, 令

$$N^t=(\boldsymbol{x}_1,\boldsymbol{x}_2,\cdots,\boldsymbol{x}_t),\quad M^t=(y_1,y_2,\cdots,y_t),$$

则有以下模型:

$$(\text{FGG-DEA})\begin{cases}\max M^t\boldsymbol{\lambda}^t,\\ \text{s.t.}\ \ N^t\boldsymbol{\lambda}^t\leqq\boldsymbol{x}_t,\\ \qquad \delta\displaystyle\sum_{j=1}^{t}\lambda_j^t=\delta,\\ \qquad \boldsymbol{\lambda}^t\geqq\mathbf{0}.\end{cases}$$

当 $\delta=0$ 时, 模型 (FGG-DEA) 为满足规模收益不变的时间序列 DEA 模型; 当 $\delta=1$ 时, 模型 (FGG-DEA) 为满足规模收益可变的时间序列 DEA 模型; 对应的生产可能集为

$$T_{\text{FGG-DEA}}=\left\{(\boldsymbol{x},y)\middle|\boldsymbol{x}\geqq N^t\boldsymbol{\lambda}^t,y\leqq M^t\boldsymbol{\lambda}^t,\delta\sum_{j=1}^{t}\lambda_j^t=\delta,\boldsymbol{\lambda}^t\geqq\mathbf{0}\right\}.$$

6.1.2 LR-DEA 模型及其拓展

1999 年, Lynde 等认为, 时间序列数据在不同时期对应的生产技术是不同的, 且很难区分技术变化和技术效率的影响, 由此给出了一个可以将技术变化融入 DEA 框架的时间序列 DEA 模型 [13].

对于给定的时间序列投入产出数据集 $S=\{(\boldsymbol{x}_t,\boldsymbol{y}_t)|t=1,2,\cdots,T\}$, Lynde 等给出了一个以 FG 模型 [3] 为基础的时间序列 DEA 模型, 具体表示如下:

$$(\text{LR-DEA})\begin{cases}\min\theta_t,\\ \text{s.t.}\ \ \displaystyle\sum_{j=1}^{T}\boldsymbol{x}_j\lambda_j^t+\boldsymbol{s}_t^-=\theta_t\boldsymbol{x}_t,\\ \qquad \displaystyle\sum_{j=1}^{T}\boldsymbol{y}_j\lambda_j^t-\boldsymbol{s}_t^+=\boldsymbol{y}_t,\\ \qquad \displaystyle\sum_{j=1}^{T}\lambda_j^t\leqq 1,\\ \qquad \boldsymbol{s}_t^-\geqq\mathbf{0},\boldsymbol{s}_t^+\geqq\mathbf{0},\lambda_j^t\geqq 0,j=1,2,\cdots,T.\end{cases}$$

其对应的生产可能集为

$$T_{\text{LR-DEA}}=\left\{(\boldsymbol{x},\boldsymbol{y})\middle|\boldsymbol{x}\geqq\sum_{j=1}^{T}\boldsymbol{x}_j\lambda_j^t,\boldsymbol{y}\leqq\sum_{j=1}^{T}\boldsymbol{y}_j\lambda_j^t,\right.$$

$$\left.\sum_{j=1}^{T}\lambda_j^t\leqq 1,\lambda_j^t\geqq 0,j=1,2,\cdots,T\right\}.$$

2006 年, 文献 [14] 在对中国 1952~2006 年的生产率进行分析时应用 Lynde 等的思想, 给出了如下形式的基于 C^2R 模型的时间序列 DEA 模型:

$$(\text{WLR-DEA})\begin{cases}\min\theta_t,\\ \text{s.t.}\ \displaystyle\sum_{j=1}^{T}\boldsymbol{x}_j\lambda_j^t\leqq\theta_t\boldsymbol{x}_t,\\ \displaystyle\sum_{j=1}^{T}\boldsymbol{y}_j\lambda_j^t\geqq\boldsymbol{y}_t,\\ \lambda_j^t\geqq 0,j=1,2,\cdots,T.\end{cases}$$

其对应的生产可能集为

$$T_{\text{WLR-DEA}}=\left\{(\boldsymbol{x},\boldsymbol{y})\middle|\boldsymbol{x}\geqq\sum_{j=1}^{T}\boldsymbol{x}_j\lambda_j^t,\boldsymbol{y}\leqq\sum_{j=1}^{T}\boldsymbol{y}_j\lambda_j^t,\lambda_j^t\geqq 0,j=1,2,\cdots,T\right\}.$$

6.1.3 WH-DEA 模型

2002 年, 文献 [15] 从偏序集的角度出发, 将非期望产出和权重约束融入 DEA 模型中, 给出了带有权重约束和非期望产出的时间序列 DEA 模型.

假设已获得某一决策单元 T 个时期的输入和输出数据, 其中第 t 时期的输入为 $\boldsymbol{x}_t=(x_{1t},x_{2t},\cdots,x_{mt})^{\mathrm{T}}$, 期望输出为 $\boldsymbol{y}_t=(y_{1t},y_{2t},\cdots,y_{st})^{\mathrm{T}}$, 非期望输出为 $\boldsymbol{z}_t=(z_{1t},z_{2t},\cdots,z_{pt})^{\mathrm{T}}$. 权重约束满足

$$\boldsymbol{A}(\boldsymbol{u},\boldsymbol{w},\boldsymbol{v})^{\mathrm{T}}=\boldsymbol{b},$$

则模型 (WH-DEA) 可表示如下:

$$(\text{WH-DEA})\begin{cases}\max\left(\boldsymbol{u}^{\mathrm{T}}\boldsymbol{y}_t+u_0\right),\\ \text{s.t.}\ \ \boldsymbol{w}^{\mathrm{T}}\boldsymbol{x}_j+\boldsymbol{v}^{\mathrm{T}}\boldsymbol{z}_j-\boldsymbol{u}^{\mathrm{T}}\boldsymbol{y}_j-u_0\geqq 0,j=1,2,\cdots,T,\\ \boldsymbol{w}^{\mathrm{T}}\boldsymbol{x}_t+\boldsymbol{v}^{\mathrm{T}}\boldsymbol{z}_t=1,\\ \boldsymbol{A}(\boldsymbol{u},\boldsymbol{w},\boldsymbol{v})^{\mathrm{T}}=\boldsymbol{b},\\ \boldsymbol{w}\geqq\boldsymbol{0},\boldsymbol{u}\geqq\boldsymbol{0},\boldsymbol{v}\geqq\boldsymbol{0}.\end{cases}$$

另外, 还有随机时间序列 DEA 模型 [16] 等, 因篇幅限制不做一一介绍.

生产函数描绘的是在技术水平不变情况下各种生产要素与所能生产的最大产出之间的关系. 从上述几种模型来看, 这些模型均使用时间序列数据来模拟了经验生产函数. 而对于一组时间序列数据而言, 在不同时间点上决策单元的技术水平一般发生了变化, 这显然和生产函数的定义相背离. 因此, 时间序列 DEA 模型应该对这一问题给出合理解释, 但相关文献并没有给出回答. 为此, 以下将进一步探讨时间序列 DEA 模型的基础和含义.

6.2　测算时间序列数据 DEA 模型的理论基础

以下首先从多输入多输出生产系统的角度出发, 探讨生产函数与经验生产可能集之间的关系. 然后, 给出应用时间序列数据构造经验生产可能集的理论基础.

6.2.1　时间序列数据构造经验生产可能集应满足的条件

假设决策者已经测得某个生产系统在 T 个时期的一组时间序列数据如下:

$$S=\left\{(\boldsymbol{x}_t^0,\boldsymbol{y}_t^0)\middle|\,t=1,2,\cdots,T\right\},$$

其中, $\boldsymbol{x}_t^0=(x_{1t}^0,x_{2t}^0,\cdots,x_{mt}^0)^{\mathrm{T}}>\mathbf{0}$ 和 $\boldsymbol{y}_t^0=(y_{1t}^0,y_{2t}^0,\cdots,y_{st}^0)^{\mathrm{T}}>\mathbf{0}$ 分别表示决策单元在第 t 时期的输入输出指标数据. 为了进一步探讨应用时间序列数据构造经验生产可能集的方法, 本章对生产系统给出以下假设.

假设第 t 时期的生产函数为

$$\boldsymbol{y}=(y_1,\cdots,y_s)=(f_1^t(\boldsymbol{x}),\cdots,f_s^t(\boldsymbol{x}))=f^t(\boldsymbol{x}).$$

其中,$f_r^t(\boldsymbol{x})$,$r=1,2,\cdots,s$ 为单调递增凹函数, 并且生产系统的技术进步不可逆.

6.2.2　决策单元的生产可能集构造与有效性定义

下面在基于截面数据构造生产可能集思想的基础上, 探讨应用时间序列数据构造生产可能集的基础.

1. 基于截面数据的生产可能集构造

假设 P_T 是某生产系统在第 T 时期的真实生产可能集:

$$P_T=\left\{(\boldsymbol{x},\boldsymbol{y})|f^T(\boldsymbol{x})\geqq\boldsymbol{y},\boldsymbol{x}\geqq\mathbf{0}\right\}.$$

首先, 介绍以下几个公理体系 [17].

(1) **平凡性公理.**

$$(\boldsymbol{x}_j,\boldsymbol{y}_j)\in P_T,\quad j=1,2,\cdots,n.$$

平凡性公理是指: 第 T 时期生产系统已经存在的一组生产活动 $(\boldsymbol{x}_j,\boldsymbol{y}_j)$, $j=1,2,\cdots,n$ 理所当然是生产可能集中的一种输入输出关系.

(2) **凸性公理**.

对任意的 $(\boldsymbol{x},\boldsymbol{y})\in P_T$ 和 $(\bar{\boldsymbol{x}},\bar{\boldsymbol{y}})\in P_T$, 以及任意的 $\lambda\in[0,1]$ 均有

$$\lambda(\boldsymbol{x},\boldsymbol{y})+(1-\lambda)(\bar{\boldsymbol{x}},\bar{\boldsymbol{y}})=(\lambda\boldsymbol{x}+(1-\lambda)\bar{\boldsymbol{x}},\lambda\boldsymbol{y}+(1-\lambda)\bar{\boldsymbol{y}})\in P_T.$$

即如果分别以 $\boldsymbol{x}$ 和 $\bar{\boldsymbol{x}}$ 的 λ 及 $1-\lambda$ 比例之和输入, 可以产出分别以 $\boldsymbol{y}$ 和 $\bar{\boldsymbol{y}}$ 的相同比例之和的输出.

(3) **无效性公理**.

若 $(\boldsymbol{x},\boldsymbol{y})\in P_T$, 并且 $\hat{\boldsymbol{x}}\geqq\boldsymbol{x}$, $\boldsymbol{y}\geqq\hat{\boldsymbol{y}}$, 均有 $(\hat{\boldsymbol{x}},\hat{\boldsymbol{y}})\in P_T$.

无效性公理是指: 以较多的输入和较少的输出进行生产总是可能的.

(4a) **锥性公理**.

对任意 $(\boldsymbol{x},\boldsymbol{y})\in P_T$ 和实数 $k\geqq 0$, 均有

$$k(\boldsymbol{x},\boldsymbol{y})=(k\boldsymbol{x},k\boldsymbol{y})\in P_T.$$

锥性公理是指: 若以投入量 $\boldsymbol{x}$ 的 k 倍进行输入, 那么输出量也以原来产出 $\boldsymbol{y}$ 的 k 倍产出是可能的.

(4b) **收缩性公理**.

对任意 $(\boldsymbol{x},\boldsymbol{y})\in P_T$ 和实数 $k\in(0,1]$, 均有

$$k(\boldsymbol{x},\boldsymbol{y})=(k\boldsymbol{x},k\boldsymbol{y})\in P_T.$$

收缩性公理是指: 生产方式是可以缩小规模的.

(4c) **扩张性公理**.

对任意 $(\boldsymbol{x},\boldsymbol{y})\in P_T$ 和实数 $k\geqq 1$, 均有

$$k(\boldsymbol{x},\boldsymbol{y})=(k\boldsymbol{x},k\boldsymbol{y})\in P_T.$$

扩张性公理是指: 生产方式是可以扩大规模的.

(5) **最小性公理**.

生产可能集 P_T 是满足公理 (1) $\sim$ (3) , 或者公理 (1) $\sim$ (3) 以及公理 (4a), (4b), (4c) 三者之一的所有集合的交集.

由文献 [17] 可知: 如果 $(\boldsymbol{x}_j,\boldsymbol{y}_j)$,$j=1,2,\cdots,n$ 是生产系统第 T 时期的一组截面数据, 则由该组数据确定的第 T 时期的经验生产可能集可以用统一形式表示如下:

$$P_{TS}=\left\{(\boldsymbol{x},\boldsymbol{y})\,\middle|\,\boldsymbol{x}\geqq\sum_{j=1}^{n}\boldsymbol{x}_j\lambda_j,\ \boldsymbol{y}\leqq\sum_{j=1}^{n}\boldsymbol{y}_j\lambda_j,\right.$$

$$\left.\delta_1\left(\sum_{j=1}^{n}\lambda_j-\delta_2(-1)^{\delta_3}\lambda_{n+1}\right)=\delta_1,\lambda_j\geqq 0,j=1,2,\cdots,n+1\right\}.$$

2. 基于时间序列数据的生产可能集构造

假设 $(\boldsymbol{x}_t^0,\boldsymbol{y}_t^0),t=1,2,\cdots,T$ 是一个生产系统的一组时间序列数据, 那么应用该组数据构造的生产可能集 P_{SerT} 的含义是什么呢? 以下就这一问题给出讨论.

首先, 证明以下几个结论成立.

定理 6.1　假设生产系统的技术进步不可逆, 则有 $(\boldsymbol{x}_t^0,\boldsymbol{y}_t^0)\in P_T,\ \ t=1,2,\cdots,T$.

证明　由于 $(\boldsymbol{x}_t^0,\boldsymbol{y}_t^0)$ 是决策单元在第 t 时期的输入输出指标值, 所以

$$f^t(\boldsymbol{x}_t^0)\geqq \boldsymbol{y}_t^0,\quad t=1,2,\cdots,T.$$

又由于生产系统的技术进步不可逆, 因此

$$f^T(\boldsymbol{x}_t^0)\geqq f^t(\boldsymbol{x}_t^0)\geqq \boldsymbol{y}_t^0,\quad t=1,2,\cdots,T.$$

由此可知

$$(\boldsymbol{x}_t^0,\boldsymbol{y}_t^0)\in P_T=\left\{(\boldsymbol{x},\boldsymbol{y})|f^T(\boldsymbol{x})\geqq \boldsymbol{y},\boldsymbol{x}\geqq \boldsymbol{0}\right\}.$$

证毕.

定理 6.2　假设函数 $f_r^T(\boldsymbol{x}),r=1,2,\cdots,s$ 为单调递增凹函数, 并且生产系统的技术进步不可逆, 则生产可能集 P_T 满足凸性公理和无效性公理.

证明　对任意 $(\boldsymbol{x},\boldsymbol{y})\in P_T$ 和 $(\bar{\boldsymbol{x}},\bar{\boldsymbol{y}})\in P_T$, 以及任意 $\lambda\in[0,1]$, 由于 $(\boldsymbol{x},\boldsymbol{y})\in P_T,(\bar{\boldsymbol{x}},\bar{\boldsymbol{y}})\in P_T$, 因此

$$f^T(\boldsymbol{x})\geqq \boldsymbol{y},\quad f^T(\bar{\boldsymbol{x}})\geqq \bar{\boldsymbol{y}}.$$

并由函数 $f_r^T(\boldsymbol{x}),r=1,2,\cdots,s$ 为凹函数可知

$$f^T(\lambda\boldsymbol{x}+(1-\lambda)\bar{\boldsymbol{x}})\geqq \lambda f^T(\boldsymbol{x})+(1-\lambda)f^T(\bar{\boldsymbol{x}})\geqq \lambda\boldsymbol{y}+(1-\lambda)\bar{\boldsymbol{y}},$$

所以

$$\lambda(\boldsymbol{x},\boldsymbol{y})+(1-\lambda)(\bar{\boldsymbol{x}},\bar{\boldsymbol{y}})=(\lambda\boldsymbol{x}+(1-\lambda)\bar{\boldsymbol{x}},\lambda\boldsymbol{y}+(1-\lambda)\bar{\boldsymbol{y}})\in P_T.$$

凸性公理成立.

若 $(\boldsymbol{x},\boldsymbol{y})\in P_T$, 并且 $\tilde{\boldsymbol{x}}\geqq\boldsymbol{x}$, $\tilde{\boldsymbol{y}}\leqq\boldsymbol{y}$ 则有

$$f^T(\boldsymbol{x})\geqq\boldsymbol{y}\geqq\tilde{\boldsymbol{y}}.$$

由于函数 $f_r^T(\boldsymbol{x})$, $r=1,2,\cdots,s$ 为单调递增函数, 因此 $f^T(\tilde{\boldsymbol{x}}) \geqq f^T(\boldsymbol{x})$. 所以, $f^T(\tilde{\boldsymbol{x}}) \geqq \tilde{\boldsymbol{y}}$, 故有 $(\tilde{\boldsymbol{x}},\tilde{\boldsymbol{y}}) \in P_T$. 所以, 无效性公理成立. 证毕.

定理 6.3 对于函数 $f^T:E_m^+ \to E_s^+$ 有以下结论成立:

(1P) 对任意 $\boldsymbol{x} \geqq \boldsymbol{0}$ 及任意 $k \geqq 0$, 如果 $f^T(k\boldsymbol{x}) \geqq kf^T(\boldsymbol{x})$, 则生产可能集 P_T 满足锥性公理.

(2P) 对任意 $\boldsymbol{x} \geqq \boldsymbol{0}$ 及任意 $k \in (0,1]$, 如果 $f^T(k\boldsymbol{x}) \geqq kf^T(\boldsymbol{x})$, 则生产可能集 P_T 满足收缩性公理.

(3P) 对任意 $\boldsymbol{x} \geqq \boldsymbol{0}$ 及任意 $k \geqq 1$, 如果 $f^T(k\boldsymbol{x}) \geqq kf^T(\boldsymbol{x})$, 则生产可能集 P_T 满足扩张性公理.

证明 (1) 若 $(\boldsymbol{x},\boldsymbol{y}) \in P_T$,$k \geqq 0$, 则有 $\boldsymbol{x} \geqq \boldsymbol{0}$, $f^T(\boldsymbol{x}) \geqq \boldsymbol{y}$. 所以 $k\boldsymbol{x} \geqq \boldsymbol{0}$, $f^T(k\boldsymbol{x}) \geqq kf^T(\boldsymbol{x}) \geqq k\boldsymbol{y}$. 因此, $k(\boldsymbol{x},\boldsymbol{y}) = (k\boldsymbol{x},k\boldsymbol{y}) \in P_T$.

(2) 若 $(\boldsymbol{x},\boldsymbol{y}) \in P_T$,$k \in (0,1]$, 则有 $\boldsymbol{x} \geqq \boldsymbol{0}$,$f^T(\boldsymbol{x}) \geqq \boldsymbol{y}$. 所以 $k\boldsymbol{x} \geqq \boldsymbol{0}$, $f^T(k\boldsymbol{x}) \geqq kf^T(\boldsymbol{x}) \geqq k\boldsymbol{y}$. 因此, $k(\boldsymbol{x},\boldsymbol{y}) = (k\boldsymbol{x},k\boldsymbol{y}) \in P_T$.

(3) 若 $(\boldsymbol{x},\boldsymbol{y}) \in P_T$,$k \geqq 1$, 则有 $\boldsymbol{x} \geqq \boldsymbol{0}$,$f^T(\boldsymbol{x}) \geqq \boldsymbol{y}$. 所以 $k\boldsymbol{x} \geqq \boldsymbol{0}$, $f^T(k\boldsymbol{x}) \geqq kf^T(\boldsymbol{x}) \geqq k\boldsymbol{y}$. 因此, $k(\boldsymbol{x},\boldsymbol{y}) = (k\boldsymbol{x},k\boldsymbol{y}) \in P_T$. 证毕.

定理 6.1 表明: 在生产系统技术进步不可逆的情况下, 时间序列数据的输入输出关系在第 T 时期也是可以实现的. 也就是在第 T 时期有一组生产关系, 它的输入输出值和 $(\boldsymbol{x}_t^0,\boldsymbol{y}_t^0)$,$t=1,2,\cdots,T$ 是相等的. 这时可以将 $(\boldsymbol{x}_t^0,\boldsymbol{y}_t^0)$,$t=1,2,\cdots,T$ 看成是第 T 时期的一组截面数据. 同时, 在定理 6.2 和定理 6.3 的假设下, 第 T 时期的生产可能集 P_T 满足公理 (2)~(3), 或者公理 (2)~(3) 以及公理 (4a), (4b), (4c) 三者之一. 因此, 根据 DEA 构造生产可能集的原理, 由 $(\boldsymbol{x}_t^0,\boldsymbol{y}_t^0)$,$t=1,2,\cdots,T$ 确定的第 T 时期的经验生产可能集为

$$P_{SerT} = \left\{ (\boldsymbol{x},\boldsymbol{y}) \middle| \boldsymbol{x} \geqq \sum_{t=1}^{T} \boldsymbol{x}_t^0 \lambda_t \ , \boldsymbol{y} \leqq \sum_{t=1}^{T} \boldsymbol{y}_t^0 \lambda_t, \right.$$

$$\left. \delta_1 \left(\sum_{t=1}^{T} \lambda_t - \delta_2 (-1)^{\delta_3} \lambda_{T+1} \right) = \delta_1, \lambda_t \geqq 0, t=1,\cdots,T+1 \right\}.$$

如图 6.1 所示, 假设 A 点、B 点和 C 点分别是第 T 时期的一组生产关系, 它们是一组截面数据, 它们的输入和输出值恰好等于 (x_1^0,y_1^0), (x_t^0,y_t^0) 和 (x_T^0,y_T^0). 这样在规模收益可变的情况下, 由 A 点、B 点和 C 点确定的第 T 时期的经验生产可能集即为图中阴影所示的部分. 这时 $P_{TS} = P_{SerT}$.

定义 6.1 如果不存在 $(\boldsymbol{x},\boldsymbol{y}) \in P_{SerT}$, 使得

$$(\boldsymbol{x}_t^0,\boldsymbol{y}_t^0) \neq (\boldsymbol{x},\boldsymbol{y}), \quad (\boldsymbol{x},-\boldsymbol{y}) \leqq (\boldsymbol{x}_t^0,-\boldsymbol{y}_t^0),$$

则称 $(\boldsymbol{x}_t^0, \boldsymbol{y}_t^0)$ 相对于其他决策单元为 TS-DEA 有效; 反之, 称为 TS-DEA 无效.

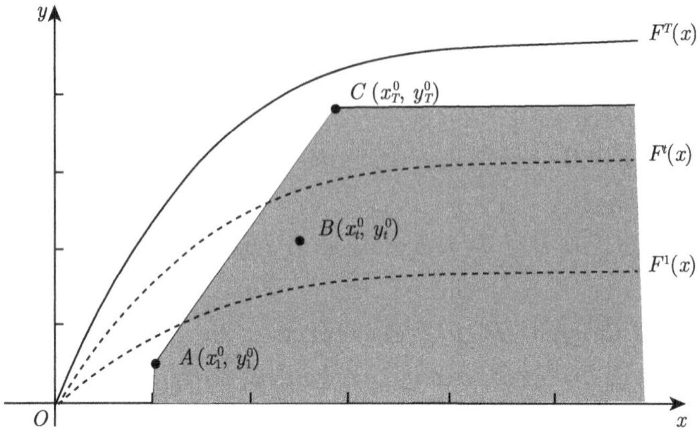

图 6.1 时间序列数据确定的生产可能集

TS-DEA 有效的含义为决策者以第 T 时期的生产系统的最佳经验生产前沿面为评价标准, 如果第 T 时期的经验生产可能集 P_{SerT} 中不存在一种生产方式比 $(\boldsymbol{x}_t^0, \boldsymbol{y}_t^0)$ 更有效, 即在输入不变的情况下输出更大, 或者在输出不变的情况下输入更小, 则认为第 t 时期决策单元的生产是有效的.

6.3 时间序列决策单元的有效性测算

在现实生活中由于保密、没有统计机构以及数据获取困难等多种原因, 有时很难获得完整的面板数据, 有时甚至只能依据时间序列数据进行评价. 从本质上看, DEA 方法评价的是相对效率, 即在实际生产可能集 P_T 中选择若干点来构造经验生产函数, 进而考虑这些点之间的相对有效性. 从这个角度来看, 由于 $(\boldsymbol{x}_t^0, \boldsymbol{y}_t^0) \in P_T, t = 1, 2, \cdots, T$, P_T 的经验生产可能集 P_{SerT} 的构造完全符合 DEA 方法的思想. 因此, 以下根据定义 6.1 进一步给出基于纯时间序列数据的 DEA 模型.

从另一方面看, 由于时间序列数据的相关性较强, 应用时间序列数据构造生产可能集也存在一定不足, 而使用残缺面板数据或者一组完整的截面数据构造生产可能集可以很好地修正时间序列数据的不足. 因此, 以下又给出了基于残缺面板数据和截面数据测算时间序列决策单元效率的方法.

6.3.1 基于时间序列数据的测算方法

由 TS-DEA 有效的定义, 可以给出以下测算时间序列决策单元效率的 DEA 模型:

$$
(\text{TS-DEA})\begin{cases}
\min \theta_t - \varepsilon(\hat{\boldsymbol{e}}^{\mathrm{T}}\boldsymbol{s}_t^- + \boldsymbol{e}^{\mathrm{T}}\boldsymbol{s}_t^+),\\
\text{s.t.}\ \displaystyle\sum_{j=1}^{T}\boldsymbol{x}_j^0\lambda_j^t + \boldsymbol{s}_t^- = \theta_t\boldsymbol{x}_t^0,\\
\displaystyle\sum_{j=1}^{T}\boldsymbol{y}_j^0\lambda_j^t - \boldsymbol{s}_t^+ = \boldsymbol{y}_t^0,\\
\delta_1\left(\displaystyle\sum_{j=1}^{T}\lambda_j^t - \delta_2(-1)^{\delta_3}\lambda_{T+1}\right) = \delta_1,\\
\boldsymbol{s}_t^- \geqq \mathbf{0}, \boldsymbol{s}_t^+ \geqq \mathbf{0}, \lambda_j^t \geqq 0, j = 1,2,\cdots,T+1.
\end{cases}
$$

当 $\delta_1,\delta_2,\delta_3$ 取不同值时, 模型 (TS-DEA) 表示满足不同规模收益的时间序列 DEA 模型.

(1) 当 $\delta_1 = 0$ 时, 模型 (TS-DEA) 为满足规模收益不变的时间序列 DEA 模型.

(2) 当 $\delta_1 = 1,\delta_2 = 0$ 时, 模型 (TS-DEA) 为满足规模收益可变的时间序列 DEA 模型.

(3) 当 $\delta_1 = 1,\delta_2 = 1,\delta_3 = 1$ 时, 模型 (TS-DEA) 为满足规模收益非递增的时间序列 DEA 模型.

(4) 当 $\delta_1 = 1,\delta_2 = 1,\delta_3 = 0$ 时, 模型 (TS-DEA) 为满足规模收益非递减的时间序列 DEA 模型.

从上面 4 种情况来看, 当 $\delta_1 = 1,\delta_2 = 1,\delta_3 = 1$ 时, 模型 (TS-DEA) 即为 (LR-DEA) 模型 [13]; 当 $\delta_1 = 0$ 时, 模型 (TS-DEA) 即为 (WLR-DEA) 模型 [14]. 因此, 模型 (LR-DEA) 和模型 (WLR-DEA) 包含在模型 (TS-DEA) 中. 同时, 6.1 节的分析也为这些模型提供了理论支持.

如果线性规划模型 (TS-DEA) 的最优解 $\theta_t^*,\boldsymbol{s}_t^{-*},\boldsymbol{s}_t^{+*},\lambda_j^{t*},j = 1,2,\cdots,T+1$ 满足 $\theta_t^* = 1$, 则称 $(\boldsymbol{x}_t^0,\boldsymbol{y}_t^0)$ 为弱 TS-DEA 有效.

定理 6.4 假设线性规划模型 (TS-DEA) 的最优解 $\theta_t^*,\boldsymbol{s}_t^{-*},\boldsymbol{s}_t^{+*},\lambda_j^{t*},j = 1,2,\cdots,T+1$ 满足 $\theta_t^* = 1,\boldsymbol{s}_t^{-*} = \mathbf{0},\boldsymbol{s}_t^{+*} = \mathbf{0}$, 则 $(\boldsymbol{x}_t^0,\boldsymbol{y}_t^0)$ 为 TS-DEA 有效.

证明 (反证法) 若线性规划模型 (TS-DEA) 的最优解 $\theta_t^*,\boldsymbol{s}_t^{-*},\boldsymbol{s}_t^{+*},\lambda_j^{t*},j = 1,2,\cdots,T+1$ 满足 $\theta_t^* = 1,\boldsymbol{s}_t^{-*} = \mathbf{0},\boldsymbol{s}_t^{+*} = \mathbf{0}$, 假设 $(\boldsymbol{x}_t^0,\boldsymbol{y}_t^0)$ 相对于其他决策单元为 TS-DEA 无效, 由定义 6.1 可知存在 $(\boldsymbol{x},\boldsymbol{y}) \in P_{SerT}$, 使得

$$
(\boldsymbol{x},-\boldsymbol{y}) \leqq (\boldsymbol{x}_t^0,-\boldsymbol{y}_t^0), \quad (\boldsymbol{x}_t^0,\boldsymbol{y}_t^0) \neq (\boldsymbol{x},\boldsymbol{y}).
$$

由于 $(\boldsymbol{x},\boldsymbol{y}) \in P_{SerT}$, 故存在 $\lambda_j \geqq 0,\ j = 1,\cdots,T+1$, 使得

$$
\boldsymbol{x} \geqq \sum_{j=1}^{T}\boldsymbol{x}_j^0\lambda_j, \quad \boldsymbol{y} \leqq \sum_{j=1}^{T}\boldsymbol{y}_j^0\lambda_j, \quad \delta_1\left(\sum_{j=1}^{T}\lambda_j - \delta_2(-1)^{\delta_3}\lambda_{T+1}\right) = \delta_1,
$$

所以

$$\boldsymbol{x}_t^0 \geqq \sum_{j=1}^{T} \boldsymbol{x}_j^0 \lambda_j, \quad \boldsymbol{y}_t^0 \leqq \sum_{j=1}^{T} \boldsymbol{y}_j^0 \lambda_j,$$

且至少有一个不等式严格成立. 令

$$\boldsymbol{s}_t^- = \boldsymbol{x}_t^0 - \sum_{j=1}^{T} \boldsymbol{x}_j^0 \lambda_j, \quad \boldsymbol{s}_t^+ = \sum_{j=1}^{T} \boldsymbol{y}_j^0 \lambda_j - \boldsymbol{y}_t^0, \quad \theta_t = 1,$$

则可以验证 $\boldsymbol{s}_t^-,\boldsymbol{s}_t^+,\theta_t,\lambda_j, j=1,2,\cdots,T+1$ 是线性规划模型 (TS-DEA) 的可行解, 但

$$\theta_t - \varepsilon(\hat{\boldsymbol{e}}^{\mathrm{T}}\boldsymbol{s}_t^- + \boldsymbol{e}^{\mathrm{T}}\boldsymbol{s}_t^+) < 1, \quad \theta_t^* - \varepsilon(\hat{\boldsymbol{e}}^{\mathrm{T}}\boldsymbol{s}_t^{-*} + \boldsymbol{e}^{\mathrm{T}}\boldsymbol{s}_t^{+*}) = 1,$$

矛盾! 证毕.

以下给出决策单元投影的定义.

定义 6.2 设 $\theta_t^*,\boldsymbol{s}_t^{-*},\boldsymbol{s}_t^{+*},\lambda_j^{t*}, j=1,2,\cdots,T+1$ 是线性规划模型 (TS-DEA) 的最优解, 令

$$\hat{\boldsymbol{x}}_t^0 = \theta_t^* \boldsymbol{x}_t^0 - \boldsymbol{s}_t^{-*}, \quad \hat{\boldsymbol{y}}_t^0 = \boldsymbol{y}_t^0 + \boldsymbol{s}_t^{+*},$$

则称 $(\hat{\boldsymbol{x}}_t^0, \hat{\boldsymbol{y}}_t^0)$ 为 $(\boldsymbol{x}_t^0, \boldsymbol{y}_t^0)$ 在生产可能集 P_{SerT} 的相对有效面上的“投影”.

令

$$\Delta \boldsymbol{x}_t^0 = \boldsymbol{x}_t^0 - \hat{\boldsymbol{x}}_t^0 = (1-\theta_t^*)\boldsymbol{x}_t^0 + \boldsymbol{s}_t^{-*}, \quad \Delta \boldsymbol{y}_t^0 = \hat{\boldsymbol{y}}_t^0 - \boldsymbol{y}_t^0 = \boldsymbol{s}_t^{+*},$$

则在规模收益可变情况下, 对于单输入和单输出情况的时间序列决策单元, 效率 (TS-DEA) 的测算和投影可用图 6.2 来说明.

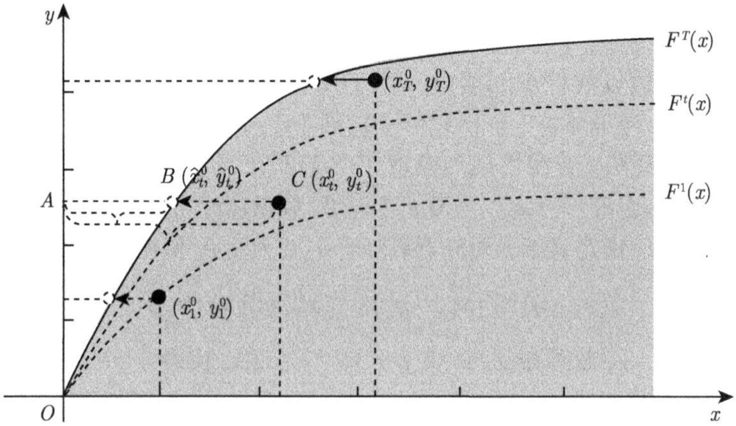

图 6.2 生产函数与时间序列数据的关系

在图 6.2 中, 单元 (x_t^0, y_t^0) 的效率值 $\theta_t^*=AB/AC$, 表示在输出不变的情况下, C 点的实际输入和第 T 时期有效输入的比值. 而 Δx_t^0 和 Δy_t^0 表示的不再是决策单元的不足, 而是从长期来看, 决策单元在第 t 时期的输入输出值与第 T 时期有效输入输出值的差距, 也可以看成是决策单元长期调整的方向.

6.3.2 基于极大生产前沿面的测算方法

模型 (TS-DEA) 要求技术进步不可逆, 即对任意 $\boldsymbol{x} \geqq 0$, 生产函数满足

$$f^1(\boldsymbol{x}) \leqq f^2(\boldsymbol{x}) \leqq \cdots \leqq f^T(\boldsymbol{x}).$$

其实, 上述条件可以被适当放松为以下情况:

如果存在某个时期 $t_0(1 \leqq t_0 \leqq T)$, 对任意 $\boldsymbol{x} \geqq 0$, $1 \leqq t \leqq T$ 满足 $f^t(\boldsymbol{x}) \leqq f^{t_0}(\boldsymbol{x})$, 则有 $(\boldsymbol{x}_t^0, \boldsymbol{y}_t^0) \in P_{t_0}$, $t=1,\cdots,T$. 这样可以构造第 t_0 时期的经验生产可能集:

$$\bar{P}_{t_0} = \left\{ (\boldsymbol{x}, \boldsymbol{y}) \middle| \boldsymbol{x} \geqq \sum_{t=1}^{T} \boldsymbol{x}_t^0 \lambda_t, \quad \boldsymbol{y} \leqq \sum_{t=1}^{T} \boldsymbol{y}_t^0 \lambda_t, \right.$$
$$\left. \delta_1 \left(\sum_{t=1}^{T} \lambda_t - \delta_2 (-1)^{\delta_3} \lambda_{T+1} \right) = \delta_1, \lambda_j \geqq 0, j=1,\cdots,T+1 \right\}.$$

定义 6.3 如果不存在 $(\boldsymbol{x}, \boldsymbol{y}) \in \bar{P}_{t_0}$, 使得 $(\boldsymbol{x}_t^0, \boldsymbol{y}_t^0) \neq (\boldsymbol{x}, \boldsymbol{y})$, $(\boldsymbol{x}, -\boldsymbol{y}) \leqq (\boldsymbol{x}_t^0, -\boldsymbol{y}_t^0)$, 则称 $(\boldsymbol{x}_t^0, \boldsymbol{y}_t^0)$ 相对于第 t_0 时期的生产情况为 MTS-DEA 有效; 反之, 称为 MTS-DEA 无效.

MTS-DEA 有效的含义为决策者以第 t_0 时期的经验生产前沿面为评价标准, 如果第 t_0 时期的生产可能集 $\bar{P}_{t_0}$ 中不存在一种生产方式比 $(\boldsymbol{x}_t^0, \boldsymbol{y}_t^0)$ 更有效, 即在输入不变的情况下输出更大, 或者在输出不变的情况下输入更小, 则认为第 t 时期的决策单元生产有效.

其相应的测算 MTS-DEA 有效的模型如下:

$$(\text{MTS-DEA}) \begin{cases} \min \theta_t - \varepsilon(\hat{\boldsymbol{e}}^{\mathrm{T}} \boldsymbol{s}_t^- + \boldsymbol{e}^{\mathrm{T}} \boldsymbol{s}_t^+), \\ \text{s.t.} \ \displaystyle\sum_{j=1}^{T} \boldsymbol{x}_j^0 \lambda_j^t + \boldsymbol{s}_t^- = \theta_t \boldsymbol{x}_t^0, \\ \qquad \displaystyle\sum_{j=1}^{T} \boldsymbol{y}_j^0 \lambda_j^t - \boldsymbol{s}_t^+ = \boldsymbol{y}_t^0, \\ \qquad \delta_1 \left(\displaystyle\sum_{j=1}^{T} \lambda_j^t - \delta_2 (-1)^{\delta_3} \lambda_{T+1} \right) = \delta_1, \\ \qquad \boldsymbol{s}_t^- \geqq \boldsymbol{0}, \boldsymbol{s}_t^+ \geqq \boldsymbol{0}, \lambda_j^t \geqq 0, j=1,2,\cdots,T+1. \end{cases}$$

定义 6.4　设 $\theta_t^*, \boldsymbol{s}_t^{-*}, \boldsymbol{s}_t^{+*}, \lambda_j^{t*}, j=1,2,\cdots,T+1$ 是线性规划模型 (MTS-DEA) 的最优解, 令

$$\hat{\boldsymbol{x}}_t^0 = \theta_t^* \boldsymbol{x}_t^0 - \boldsymbol{s}_t^{-*}, \quad \hat{\boldsymbol{y}}_t^0 = \boldsymbol{y}_t^0 + \boldsymbol{s}_t^{+*},$$

则称 $(\hat{\boldsymbol{x}}_t^0, \hat{\boldsymbol{y}}_t^0)$ 为 $(\boldsymbol{x}_t^0, \boldsymbol{y}_t^0)$ 在生产可能集 $\bar{P}_{t_0}$ 的相对有效面上的“投影”. 令

$$\Delta \boldsymbol{x}_t^0 = \boldsymbol{x}_t^0 - \hat{\boldsymbol{x}}_t^0 = (1-\theta_t^*)\boldsymbol{x}_t^0 + \boldsymbol{s}_t^{-*}, \quad \Delta \boldsymbol{y}_t^0 = \hat{\boldsymbol{y}}_t^0 - \boldsymbol{y}_t^0 = \boldsymbol{s}_t^{+*}.$$

从上面的分析可以看出, 与模型 (TS-DEA) 相比, 模型 (MTS-DEA) 在技术进步方面的要求有所放松. 同时, 模型 (MTS-DEA) 在经验生产可能集构造的精度上并没有降低.

6.3.3　基于残缺面板数据的测算方法

假设技术进步不可逆, 并且决策者已测得某 $\bar{n}$ 个决策单元在 T 个时期内的若干残缺面板数据为: $(\bar{\boldsymbol{x}}_t^{(j)}, \bar{\boldsymbol{y}}_t^{(j)}) \geqq \boldsymbol{0}, j=1,2,\cdots,\bar{n}, t=1,2,\cdots,T$, 这里取

$$S = \left\{(j,t) \,|(\bar{\boldsymbol{x}}_t^{(j)}, \bar{\boldsymbol{y}}_t^{(j)}) > \boldsymbol{0}, 1 \leqq j \leqq \bar{n}, 1 \leqq t \leqq T\right\}.$$

由于技术进步不可逆, 因此可以证明:

$$(\boldsymbol{x}_t^0, \boldsymbol{y}_t^0) \in P_T, \quad t=1,2,\cdots,T, \quad (\bar{\boldsymbol{x}}_t^{(j)}, \bar{\boldsymbol{y}}_t^{(j)}) \in P_T, \quad (j,t) \in S.$$

类似可将第 T 时期的经验生产可能集表示如下:

$$\begin{aligned}\bar{P}_T = \Bigg\{ (\boldsymbol{x}, \boldsymbol{y}) \Bigg| & \boldsymbol{x} \geqq \sum_{(j,t)\in S} \bar{\boldsymbol{x}}_t^{(j)} \lambda_{jt} + \sum_{t=1}^{T} \boldsymbol{x}_t^0 \lambda_t, \boldsymbol{y} \leqq \sum_{(j,t)\in S} \bar{\boldsymbol{y}}_t^{(j)} \lambda_{jt} + \sum_{t=1}^{T} \boldsymbol{y}_t^0 \lambda_t, \\ & \delta_1 \left(\sum_{(j,t)\in S} \lambda_{jt} + \sum_{t=1}^{T} \lambda_t - \delta_2 (-1)^{\delta_3} \lambda_{T+1} \right) = \delta_1, \\ & \lambda_{jt} \geqq 0, (j,k) \in S, \lambda_t \geqq 0, t=1,\cdots,T+1 \Bigg\}.\end{aligned}$$

定义 6.5　如果不存在 $(\boldsymbol{x}, \boldsymbol{y}) \in \bar{P}_T$, 使得 $(\boldsymbol{x}_t^0, \boldsymbol{y}_t^0) \neq (\boldsymbol{x}, \boldsymbol{y}), (\boldsymbol{x}, -\boldsymbol{y}) \leqq (\boldsymbol{x}_t^0, -\boldsymbol{y}_t^0)$, 则称 $(\boldsymbol{x}_t^0, \boldsymbol{y}_t^0)$ 相对于第 T 时期的生产情况为 PTS-DEA 有效; 反之, 称为 PTS-DEA 无效.

相应的测算 PTS-DEA 有效的模型如下:

$$
(\text{PTS-DEA})\begin{cases}\min \theta_t-\varepsilon(\hat{\boldsymbol{e}}^{\mathrm{T}}\boldsymbol{s}_t^-+\boldsymbol{e}^{\mathrm{T}}\boldsymbol{s}_t^+),\\ \text{s.t.}\quad \sum\limits_{(j,k)\in S}\bar{\boldsymbol{x}}_k^{(j)}\lambda_{jk}+\sum\limits_{k=1}^{T}\boldsymbol{x}_k^0\lambda_k+\boldsymbol{s}_t^-=\theta_t\boldsymbol{x}_t^0,\\ \qquad \sum\limits_{(j,k)\in S}\bar{\boldsymbol{y}}_k^{(j)}\lambda_{jk}+\sum\limits_{k=1}^{T}\boldsymbol{y}_k^0\lambda_k-\boldsymbol{s}_t^+=\boldsymbol{y}_t^0,\\ \qquad \delta_1\left(\sum\limits_{(j,k)\in S}\lambda_{jk}+\sum\limits_{k=1}^{T}\lambda_k-\delta_2(-1)^{\delta_3}\lambda_{T+1}\right)=\delta_1,\\ \qquad \boldsymbol{s}_t^-\geqq\boldsymbol{0},\boldsymbol{s}_t^+\geqq\boldsymbol{0},\lambda_{jk}\geqq 0,(j,k)\in S,\lambda_k\geqq 0,k=1,\cdots,T+1.\end{cases}
$$

模型 (PTS-DEA) 的构造思想是以尽可能多的第 T 时期的实际生产情况 (包括残缺面板数据和已有的时间序列数据) 来构造生产可能集 $\bar{P}_T$, 使 $\bar{P}_T$ 的最佳经验生产前沿面更接近实际生产前沿面.

定义 6.6 设 $\theta_t^*,\boldsymbol{s}_t^{-*},\boldsymbol{s}_t^{+*},\lambda_{jk}^*,(j,k)\in S,\lambda_k^*,k=1,\cdots,T+1$ 是线性规划模型 (PTS-DEA) 的最优解, 令

$$
\hat{\boldsymbol{x}}_t^0=\theta_t^*\boldsymbol{x}_t^0-\boldsymbol{s}_t^{-*},\quad \hat{\boldsymbol{y}}_t^0=\boldsymbol{y}_t^0+\boldsymbol{s}_t^{+*},
$$

则称 $(\hat{\boldsymbol{x}}_t^0,\hat{\boldsymbol{y}}_t^0)$ 为 $(\boldsymbol{x}_t^0,\boldsymbol{y}_t^0)$ 在生产可能集 $\bar{P}_T$ 的相对有效面上的“投影”.

从上面的分析可以看出, 与模型 (TS-DEA) 相比, 模型 (PTS-DEA) 同样要求技术进步不可逆, 但模型 (PTS-DEA) 构造的经验前沿面更接近第 T 时期的实际生产前沿面.

6.3.4 基于完整截面数据的测算方法

假设决策者已测得第 t_0 时期的某 $\bar{n}$ 个决策单元的输入输出数据 $(\bar{\boldsymbol{x}}_j,\bar{\boldsymbol{y}}_j)>\boldsymbol{0}$, $j=1,2,\cdots,\bar{n}$, 则第 t_0 时期的生产可能集可表示如下:

$$
P_{t_0}=\left\{(\boldsymbol{x},\boldsymbol{y})\,\middle|\,\boldsymbol{x}\geqq\sum_{j=1}^{\bar{n}}\bar{\boldsymbol{x}}_j\lambda_j\ ,\ \boldsymbol{y}\leqq\sum_{j=1}^{\bar{n}}\bar{\boldsymbol{y}}_j\lambda_j,\right.
\left.\delta_1\left(\sum_{j=1}^{\bar{n}}\lambda_j-\delta_2(-1)^{\delta_3}\lambda_{\bar{n}+1}\right)=\delta_1,\lambda_j\geqq 0,j=1,\cdots,\bar{n}+1\right\}.
$$

定义 6.7 如果不存在 $(\boldsymbol{x},\boldsymbol{y})\in P_{t_0}$, 使得 $(\boldsymbol{x}_t^0,\boldsymbol{y}_t^0)\neq(\boldsymbol{x},\boldsymbol{y})$, $(\boldsymbol{x},-\boldsymbol{y})\leqq(\boldsymbol{x}_t^0,-\boldsymbol{y}_t^0)$, 则称 $(\boldsymbol{x}_t^0,\boldsymbol{y}_t^0)$ 相对于第 t_0 时期的 $\bar{n}$ 个决策单元为 CTS-DEA 有效; 反之, 称为 CTS-DEA 无效.

CTS-DEA 有效的含义为决策者以第 t_0 时期生产系统某 $\bar{n}$ 个决策单元构成的最佳经验生产前沿面为评价标准, 如果第 t_0 时期的经验生产可能集 P_{t_0} 中不存在一种生产方式比 $(\boldsymbol{x}_t^0,\boldsymbol{y}_t^0)$ 更有效, 则认为第 t 时期决策单元的生产有效.

相应的测算 CTS-DEA 有效的模型如下:

$$
(\text{CTS-DEA})\begin{cases}
\min \theta_t - \varepsilon(\hat{\boldsymbol{e}}^{\mathrm{T}}\boldsymbol{s}_t^- + \boldsymbol{e}^{\mathrm{T}}\boldsymbol{s}_t^+),\\
\text{s.t.}\ \displaystyle\sum_{j=1}^{\bar{n}} \bar{\boldsymbol{x}}_j\lambda_j + \boldsymbol{s}_t^- = \theta_t\boldsymbol{x}_t^0,\\
\displaystyle\sum_{j=1}^{\bar{n}} \bar{\boldsymbol{y}}_j\lambda_j - \boldsymbol{s}_t^+ = \boldsymbol{y}_t^0,\\
\delta_1\left(\displaystyle\sum_{j=1}^{\bar{n}}\lambda_j - \delta_2(-1)^{\delta_3}\lambda_{\bar{n}+1}\right) = \delta_1,\\
\boldsymbol{s}_t^- \geqq \boldsymbol{0}, \boldsymbol{s}_t^+ \geqq \boldsymbol{0}, \lambda_j \geqq 0, j = 1, 2, \cdots, \bar{n}+1.
\end{cases}
$$

定义 6.8　设 $\theta_t^*,\boldsymbol{s}_t^{-*},\boldsymbol{s}_t^{+*},\lambda_j^*,j = 1, 2, \cdots, \bar{n}+1$ 是线性规划模型 (CTS-DEA) 的最优解, 令

$$\hat{\boldsymbol{x}}_t^0 = \theta_t^*\boldsymbol{x}_t^0 - \boldsymbol{s}_t^{-*},\quad \hat{\boldsymbol{y}}_t^0 = \boldsymbol{y}_t^0 + \boldsymbol{s}_t^{+*},$$

则称 $(\hat{\boldsymbol{x}}_t^0, \hat{\boldsymbol{y}}_t^0)$ 为 $(\boldsymbol{x}_t^0, \boldsymbol{y}_t^0)$ 在生产可能集 P_{t_0} 的相对有效面上的"投影".

令

$$\Delta\boldsymbol{x}_t^0 = \boldsymbol{x}_t^0 - \hat{\boldsymbol{x}}_t^0 = (1-\theta_t^*)\boldsymbol{x}_t^0 + \boldsymbol{s}_t^{-*},\quad \Delta\boldsymbol{y}_t^0 = \hat{\boldsymbol{y}}_t^0 - \boldsymbol{y}_t^0 = \boldsymbol{s}_t^{+*}.$$

则在规模收益可变情况下, 对于单输入和单输出情况的时间序列决策单元, 效率 (CTS-DEA) 的测算和投影可用图 6.3 来说明.

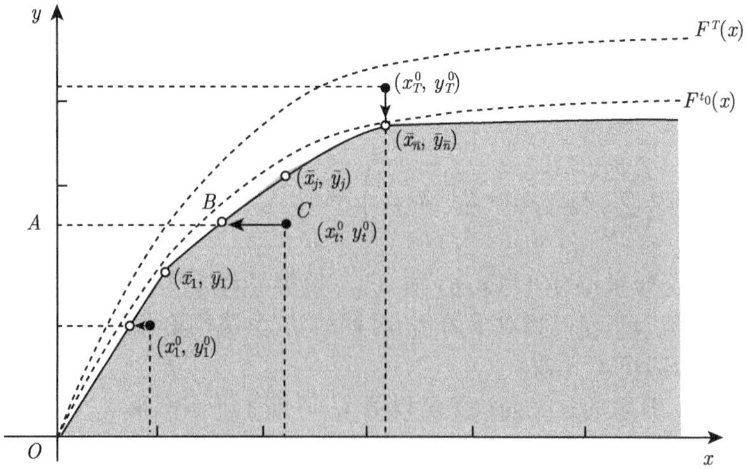

图 6.3　时间序列数据在截面数据构成的前沿面上的投影

在图 6.3 中, 单元 (x_t^0, y_t^0) 的效率值 $\theta_t^*=AB/AC$, 表示在输出不变情况下, C 点的输入值和第 t_0 时期有效输入的比值. 而 Δx_t^0 和 Δy_t^0 表示的不再是决策单元的不足, 而是与第 t_0 时期的有效生产情况相比, 时间序列决策单元 (x_t^0, y_t^0) 相对于第 t_0 时期有效生产的不足或者相对优势.

从上面分析可以看出, 与模型 (TS-DEA) 相比, 模型 (CTS-DEA) 不必要求技术进步的不可逆, 而且由第 t_0 时期的截面数据构造的经验前沿面更接近第 t_0 时期的实际生产前沿面.

6.4 相关模型的比较与决策单元的灵敏度分析

下面主要围绕两个问题进行分析: ① 完善时间序列 DEA 模型的必要性. ② 如何更加准确地测算时间序列决策单元的效率.

6.4.1 完善时间序列 DEA 模型的必要性

首先, 研究时间序列 DEA 模型是实际应用的需要. 尽管以面板数据分析时间序列数据的应用十分广泛, 但现实生活中有时很难获取完整的面板数据. 比如, 对一些保密部门 (对象) 或者没有专门的统计机构进行数据收集的部门 (对象), 决策者一般只能得到本部门内部的时间序列数据, 最多也只能得到其他组织的残缺数据, 这时只能依据时间序列数据或者残缺面板数据进行分析.

其次, 研究时间序列 DEA 模型是对 DEA 理论的重要补充. 从截面数据、时间序列数据和面板数据几种重要的数据类型来看, DEA 方法在截面数据和面板数据分析方面取得了巨大成功, 应用十分广泛. 然而, 在时间序列数据分析方面成果较少, 争议较大.

因此, 对时间序列 DEA 模型开展研究具有比较重要的理论意义和现实意义.

6.4.2 时间序列 DEA 模型的对比分析

从前面的分析可知, 如果单纯从决策单元相对效率的角度看, 时间序列 DEA 模型给出的效率值完全符合 DEA 方法的构造思想和含义. 但从 DEA 生产前沿面和实际生产前沿面的比较来看, 时间序列数据毕竟有其特殊性. 即由于技术进步效应的累加和数据来源的单一, 应用截面数据构造生产可能集可能比应用时间序列数据更能逼近真实生产可能集. 这可以由图 6.4 给出说明.

首先, 本章给出的方法本质上是以第 T 时期的真实生产前沿面 $F^T(x)$ 为参考面度量 $(x_t^0, y_t^0), t = 1, 2, \cdots, T$ 的效率值, 而现实中第 T 时期的真实生产前沿面很难获取. 因此, 通过应用经验数据构造经验生产前面来代替 $F^T(x)$ 进行相关分析. 从图 6.4 可见, 应用时间序列数据构造的生产前沿面 AC 与实际生产函数 $F^T(x)$ 的差距最大, 依据该前沿面进行评价时, A 点和 C 点都是有效的, 因而无法给出任何改进的信息. 如果能进一步获得一些残缺面板数据 (比如 D 点的数据), 则获得的参考集 $\bar{P}_T$ 比 P_{SerT} 更能接近真实生产可能集, 这时不仅能给出 A 点的改进信息, 而且对 B 点给出的改进信息的尺度更大. 当然, 如果能够获得极大生产前沿面 EFG (即 $\bar{P}_{t_0}$ 给出的前沿面) 来测算时间序列决策单元的效率, 结果会最大程度的接近实际效率.

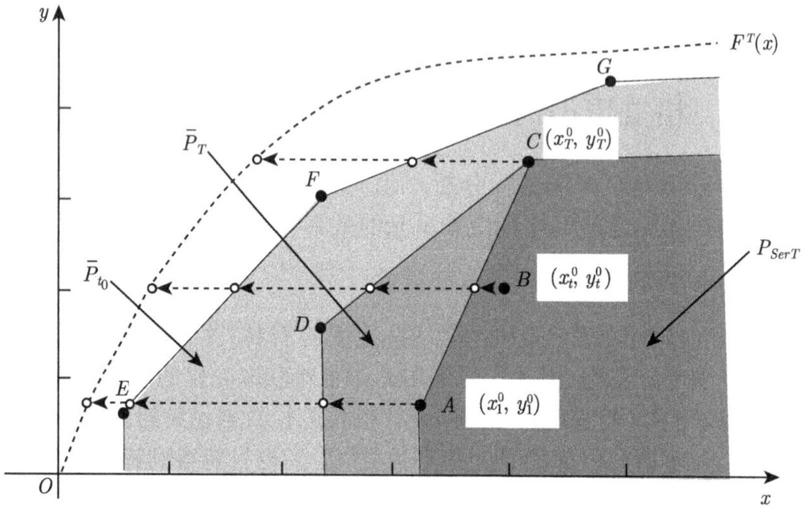

图 6.4　DEA 经验生产前沿面与生产函数的关系

根据上述分析可知, 对于一组时间序列决策单元, 在测算其效率时, 应尽量获取更多的数据信息, 以便更加准确地测算时间序列决策单元的效率值和投影信息. 数据的残缺程度越低, 测算结果越精确. 因此, 从优先次序上看, 应优先应用极大生产前沿面 (模型 (MTS-DEA)) 测算时间序列决策单元效率, 其次是基于残缺面板数据 (模型 (PTS-DEA)) 进行测算, 最后才选用纯时间序列数据 (模型 (TS-DEA)) 进行评价.

6.4.3　时间序列 DEA 模型的灵敏度分析

DEA 方法的灵敏度分析是 DEA 理论中一个十分重要的研究内容. 由于本章提出的方法是借助已知样本单元的输入输出数据对时间序列决策单元进行评价的, 因而不论是样本单元还是决策单元, 其输入输出数据的采集难免会出现误差, 故有必要对决策单元的有效性进行灵敏度分析. 由于模型 (TS-DEA)、模型 (CTS-DEA) 和模型 (PTS-DEA) 可以统一写成模型 (ZH-T) 的形式, 因而各模型的灵敏度分析可以进行统一分析, 具体如下:

$$
(\text{ZH-T})\begin{cases}\min \theta_t-\varepsilon(\hat{\boldsymbol{e}}^{\mathrm{T}}\boldsymbol{s}_t^-+\boldsymbol{e}^{\mathrm{T}}\boldsymbol{s}_t^+),\\ \text{s.t.}\ \displaystyle\sum_{j=1}^{\hat{n}}\hat{\boldsymbol{x}}_j\lambda_j+\boldsymbol{s}_t^-=\theta_t\boldsymbol{x}_t^0,\\ \quad\ \displaystyle\sum_{j=1}^{\hat{n}}\hat{\boldsymbol{y}}_j\lambda_j-\boldsymbol{s}_t^+=\boldsymbol{y}_t^0,\\ \quad\ \delta_1\left(\displaystyle\sum_{j=1}^{\hat{n}}\lambda_j-\delta_2(-1)^{\delta_3}\lambda_{\hat{n}+1}\right)=\delta_1,\\ \quad\ \boldsymbol{s}_t^-\geqq\boldsymbol{0},\boldsymbol{s}_t^+\geqq\boldsymbol{0},\lambda_j\geqq0,j=1,2,\cdots,\hat{n}+1.\end{cases}
$$

定理 6.5 令 $\tilde{x}_{ij}=\alpha_i\hat{x}_{ij}$,$\tilde{y}_{rj}=\beta_r\hat{y}_{rj}$,$\tilde{x}_{it}^0=\alpha_i x_{it}^0$,$\tilde{y}_{rt}^0=\beta_r y_{rt}^0$,$\alpha_i>0$,$\beta_r>0$. 如果将模型 (ZH-T) 中的输入输出指标数据替换为 $\tilde{x}_{ij}$,$\tilde{y}_{rj}$,$\tilde{x}_{it}^0$,$\tilde{y}_{rt}^0$, 则数据变换前后决策单元的效率值不变.

证明 假设 θ_t^*,$\boldsymbol{s}_t^{-*}$,$\boldsymbol{s}_t^{+*}$,λ_j^*,$j=1,2,\cdots,\hat{n}+1$ 是模型 (ZH-T) 的最优解, 则有

$$
\sum_{j=1}^{\hat{n}}\hat{\boldsymbol{x}}_j\lambda_j^*+\boldsymbol{s}_t^{-*}=\theta_t^*\boldsymbol{x}_t^0,\quad \sum_{j=1}^{\hat{n}}\hat{\boldsymbol{y}}_j\lambda_j^*-\boldsymbol{s}_t^{+*}=\boldsymbol{y}_t^0,
$$

故有

$$
\sum_{j=1}^{\hat{n}}\tilde{x}_{ij}\lambda_j^*+\alpha_i s_{it}^{-*}=\theta_t^*\tilde{x}_{it}^0,\quad i=1,2,\cdots,m,
$$

$$
\sum_{j=1}^{\hat{n}}\tilde{y}_{rj}\lambda_j^*-\beta_r s_{rt}^{+*}=\tilde{y}_{rt}^0,\quad r=1,2,\cdots,s.
$$

由此可知,θ_t^*,$\alpha_i s_{it}^{-*}$,$i=1,2,\cdots,m$,$\beta_r s_{rt}^{+*}$, $r=1,2,\cdots,s$,λ_j^*,$j=1,2,\cdots,\hat{n}+1$ 是输入输出数据变换后模型 (ZH-T) 的可行解. 假设 θ_t^0,$\boldsymbol{s}_t^{-0}$, $\boldsymbol{s}_t^{+0}$,λ_j^0,$j=1,2,\cdots,\hat{n}+1$ 是输入输出数据变换后模型 (ZH-T) 的最优解, 则有 $\theta_t^0\leqq\theta_t^*$. 类似可证 $\theta_t^0\geqq\theta_t^*$. 由此可知 $\theta_t^0=\theta_t^*$. 证毕.

由定理 6.5 及其证明过程可以直接得到以下结论.

定理 6.6 令 $\tilde{x}_{ij}=\alpha_i\hat{x}_{ij}$,$\tilde{y}_{rj}=\beta_r\hat{y}_{rj}$,$\tilde{x}_{it}^0=\alpha_i x_{it}^0$,$\tilde{y}_{rt}^0=\beta_r y_{rt}^0$,$\alpha_i>0$,$\beta_r>0$. 如果将模型 (ZH-T) 中的输入输出数据替换为 $\tilde{x}_{ij}$,$\tilde{y}_{rj}$,$\tilde{x}_{it}^0$,$\tilde{y}_{rt}^0$, 则数据变换前后决策单元的弱有效性和有效性均不改变.

定理 6.7 假设 θ_t^*,$\boldsymbol{s}_t^{-*}$,$\boldsymbol{s}_t^{+*}$,λ_j^*,$j=1,2,\cdots,\hat{n}+1$ 是模型 (ZH-T) 的最优解,

(1) 如果 $(\boldsymbol{x}_t^0,\boldsymbol{y}_t^0)$ 为无效单元, 则令 $(\tilde{\boldsymbol{x}}_t^0,\tilde{\boldsymbol{y}}_t^0)$ 满足

$$
\theta_t^*\boldsymbol{x}_t^0-\boldsymbol{s}_t^{-*}<\tilde{\boldsymbol{x}}_t^0\leqq\boldsymbol{x}_t^0,\quad \boldsymbol{y}_t^0\leqq\tilde{\boldsymbol{y}}_t^0\leqq\boldsymbol{y}_t^0+\boldsymbol{s}_t^{+*}.
$$

(2) 如果 $(\boldsymbol{x}_t^0,\boldsymbol{y}_t^0)$ 为有效单元, 则令 $(\tilde{\boldsymbol{x}}_t^0,\tilde{\boldsymbol{y}}_t^0)$ 满足

$$\tilde{\boldsymbol{x}}_t^0<\theta_t^*\boldsymbol{x}_t^0,\quad \tilde{\boldsymbol{y}}_t^0\geqq \boldsymbol{y}_t^0.$$

则当被评价单元的输入输出数据由 $(\boldsymbol{x}_t^0,\boldsymbol{y}_t^0)$ 变为 $(\tilde{\boldsymbol{x}}_t^0,\tilde{\boldsymbol{y}}_t^0)$ 时, 数据变换前后被评价单元的有效性不会改变.

证明　(1) 假设数据变换前被评价单元 $(\boldsymbol{x}_t^0,\boldsymbol{y}_t^0)$ 不是有效的, 那么必存在 θ_t^*, $\boldsymbol{s}_t^{-*}$,$\boldsymbol{s}_t^{+*}$,λ_j^*,$j=1,2,\cdots,\hat{n}+1$ 是数据变换前模型 (ZH-T) 的最优解, 并且 $\theta_t^*\leqq 1$ 或者 $\theta_t^*=1$, $(\boldsymbol{s}_t^{-*},\boldsymbol{s}_t^{+*})\neq\boldsymbol{0}$. 由模型 (ZH-T) 的约束条件可知

$$\sum_{j=1}^{\hat{n}}\hat{\boldsymbol{x}}_j\lambda_j^*=\theta_t^*\boldsymbol{x}_t^0-\boldsymbol{s}_t^{-*}<\tilde{\boldsymbol{x}}_t^0,\quad \sum_{j=1}^{\hat{n}}\hat{\boldsymbol{y}}_j\lambda_j^*=\boldsymbol{y}_t^0+\boldsymbol{s}_t^{+*}\geqq\tilde{\boldsymbol{y}}_t^0,$$

令

$$\theta_t=1,\quad \boldsymbol{s}_t^-=\tilde{\boldsymbol{x}}_t^0-\sum_{j=1}^{\hat{n}}\hat{\boldsymbol{x}}_j\lambda_j^*,\quad \boldsymbol{s}_t^+=\sum_{j=1}^{\hat{n}}\hat{\boldsymbol{y}}_j\lambda_j^*-\tilde{\boldsymbol{y}}_t^0,$$

则 θ_t,$\boldsymbol{s}_t^-$,$\boldsymbol{s}_t^+$,λ_j^*,$j=1,2,\cdots,\hat{n}+1$ 是数据变换后模型 (ZH-T) 的可行解, 但 $(\boldsymbol{s}_t^-,\boldsymbol{s}_t^+)\neq\boldsymbol{0}$, 由此可知数据变换后 $(\tilde{\boldsymbol{x}}_t^0,\tilde{\boldsymbol{y}}_t^0)$ 不是有效单元.

(2) 假设数据变换前被评价单元 $(\boldsymbol{x}_t^0,\boldsymbol{y}_t^0)$ 是有效的, 则模型 (ZH-T) 存在最优解 θ_t^*,$\boldsymbol{s}_t^{-*}$,$\boldsymbol{s}_t^{+*}$,λ_j^*,$j=1,2,\cdots,\hat{n}+1$, 或者无可行解.

如果模型 (ZH-T) 无可行解, 由于 $\tilde{\boldsymbol{y}}_t^0\geqq\boldsymbol{y}_t^0$, 可知数据变换后模型 (ZH-T) 仍然无可行解, 所以 $(\tilde{\boldsymbol{x}}_t^0,\tilde{\boldsymbol{y}}_t^0)$ 是有效单元.

如果模型 (ZH-T) 存在最优解 θ_t^*,$\boldsymbol{s}_t^{-*}$,$\boldsymbol{s}_t^{+*}$,λ_j^*,$j=1,2,\cdots,\hat{n}+1$, 假设数据变换后 $(\tilde{\boldsymbol{x}}_t^0,\tilde{\boldsymbol{y}}_t^0)$ 不是有效的, 那么必存在 θ_t^0,$\boldsymbol{s}_t^{-0}$,$\boldsymbol{s}_t^{+0}$,λ_j^0,$j=1,2,\cdots,\hat{n}+1$ 是数据变换后模型 (ZH-T) 的最优解, 并且 $\theta_t^0<1$ 或者 $\theta_t^0=1$,$(\boldsymbol{s}_t^{-0},\boldsymbol{s}_t^{+0})\neq\boldsymbol{0}$. 由模型 (ZH-T) 的约束条件可知

$$\sum_{j=1}^{\hat{n}}\hat{\boldsymbol{x}}_j\lambda_j^0+\boldsymbol{s}_t^{-0}=\theta_t^0\tilde{\boldsymbol{x}}_t^0,\quad \sum_{j=1}^{\hat{n}}\hat{\boldsymbol{y}}_j\lambda_j^0-\boldsymbol{s}_t^{+0}=\tilde{\boldsymbol{y}}_t^0,$$

由于 $\tilde{\boldsymbol{x}}_t^0<\theta_t^*\boldsymbol{x}_t^0$, 令 $w=\max\{\tilde{x}_{1t}^0/\theta_t^*x_{1t}^0,\cdots,\tilde{x}_{mt}^0/\theta_t^*x_{mt}^0\}$, 则必有 $w<1$.

因为

$$\sum_{j=1}^{\hat{n}}\hat{\boldsymbol{x}}_j\lambda_j^0+\boldsymbol{s}_t^{-0}=\theta_t^0\tilde{\boldsymbol{x}}_t^0\leqq w\theta_t^0\theta_t^*\boldsymbol{x}_t^0,\quad \sum_{j=1}^{\hat{n}}\hat{\boldsymbol{y}}_j\lambda_j^0-\boldsymbol{s}_t^{+0}=\tilde{\boldsymbol{y}}_t^0\geqq\boldsymbol{y}_t^0,$$

令

$$\theta_t = w\theta_t^0\theta_t^*, \quad \boldsymbol{s}_t^- = \theta_t\boldsymbol{x}_t^0 - \sum_{j=1}^{\hat{n}}\hat{\boldsymbol{x}}_j\lambda_j^0 - \boldsymbol{s}_t^{-0}, \quad \boldsymbol{s}_t^+ = \sum_{j=1}^{\hat{n}}\hat{\boldsymbol{y}}_j\lambda_j^0 - \boldsymbol{s}_t^{+0} - \boldsymbol{y}_t^0,$$

则 θ_t,$\boldsymbol{s}_t^-+\boldsymbol{s}_t^{-0}$,$\boldsymbol{s}_t^++\boldsymbol{s}_t^{+0}$,$\lambda_j^0$,$j=1,2,\cdots,\hat{n}+1$ 是数据变换前模型 (ZH-T) 的可行解, 由于 $\theta_t<\theta_t^*$, 这与 θ_t^*,$\boldsymbol{s}_t^{-*}$,$\boldsymbol{s}_t^{+*}$,λ_j^*,$j=1,2,\cdots,\hat{n}+1$ 是数据变换前模型 (ZH-T) 的最优解矛盾! 证毕.

6.5 时间序列决策单元的技术进步指数估计

由于时间序列数据中包含着技术水平的变动, 所以对 TS-DEA 有效性的经济学含义进行解释时需要对技术进步、技术效率的作用结果进行剥离. 为此, 以下对与 “生产率增长” 相关的三个概念——技术进步、技术效率和投入要素松弛给出相应的估计.

假设决策者已获得一组多输入多输出的时间序列数据集:

$$S=\left\{(\boldsymbol{x}_t^0,\boldsymbol{y}_t^0)\middle|\, t=1,2,\cdots,T\right\}.$$

其中, 第 t 时期的输入和输出指标分别为 $\boldsymbol{x}_t^0=(x_{1t}^0,x_{2t}^0,\cdots,x_{mt}^0)^{\mathrm{T}}>\mathbf{0}$ 和 $\boldsymbol{y}_t^0=(y_{1t}^0,y_{2t}^0,\cdots,y_{st}^0)^{\mathrm{T}}>\mathbf{0}$.

假设共有 T 个时期, 第 t 个时期的生产函数为

$$\boldsymbol{y}=(y_1,\cdots,y_s)=(f_1^t(\boldsymbol{x}),\cdots,f_s^t(\boldsymbol{x}))=f^t(\boldsymbol{x}).$$

其中, $f_r^t(\boldsymbol{x})$,$r=1,2,\cdots,s$ 为单调递增凹函数, 并且生产系统的技术进步不可逆. 同时, 假设 $t=T$ 时的生产系统生产可能集为

$$P_T=\left\{(\boldsymbol{x},\boldsymbol{y})\,\middle|\,f^T(\boldsymbol{x})\geqq\boldsymbol{y},\boldsymbol{x}\geqq\mathbf{0}\right\},$$

显然, 对于任意的 $(\boldsymbol{x},\boldsymbol{y})\in P_T$, 一定存在 $\boldsymbol{s}^+\geqq\mathbf{0}$ 使得

$$\boldsymbol{y}+\boldsymbol{s}^+=f^T(\boldsymbol{x}).$$

对于时间序列数据 $(\boldsymbol{x}_t^0,\boldsymbol{y}_t^0)$,$t=1,2,\cdots,T$, Lynde 等 [13] 将 $\boldsymbol{x}_t^0$ 的有效输入部分 $\hat{\boldsymbol{z}}_t^0$ 表示为

$$\hat{\boldsymbol{z}}_t^0=\eta_t^0A_t^0(\boldsymbol{x}_t^0-\boldsymbol{h}_t^0)=\eta_t^0A_t^0\boldsymbol{x}_t^0-\eta_t^0A_t^0\boldsymbol{h}_t^0, \tag{6.1}$$

其中, 参数 $A_t^0\in E^+$,$\eta_t^0\in E^+$,$\boldsymbol{h}_t^0\in E_m^+$, 因此有

$$\boldsymbol{y}_t^0+\boldsymbol{s}_t^{+0}=f^T(\eta_t^0A_t^0(\boldsymbol{x}_t^0-\boldsymbol{h}_t^0)), \quad t=1,2,\cdots,T, \tag{6.2}$$

$$A_1^0 \leqq A_2^0 \leqq \cdots \leqq A_T^0 = 1, \tag{6.3}$$

$$0 \leqq \eta_t^0 \leqq 1, \tag{6.4}$$

其中, A_t 表示技术水平, 在第 $t=T$ 时期标准化为 1. 不等式 (6.3) 意味着技术进步不可逆, $\boldsymbol{h}_t^0$ 表示投入要素松弛向量.

Lovell[18] 提出 C^2R 模型的生产可能集描述的前沿技术为参照技术, 而 BC^2 模型的生产可能集描述的前沿技术为现实中存在的技术, 并指出在对技术进步进行估计时, 应采用 BC^2 模型进行估计. 另外, 也有文献采用 FG 模型对技术进步进行估计 [13].

根据以上分析, 本章选取规模收益非递增情况下的模型 (TS-DEA) 进行分析. 当能够获得更多数据信息时, 也可以使用模型 (PTS-DEA) 或模型 (MTS-DEA).

假设模型 (TS-DEA) 的最优解为 $\theta_t^*, \boldsymbol{s}_t^{-*}, \boldsymbol{s}_t^{+*}, \lambda_j^{t*}, j=1,2,\cdots,T+1$, 则有

$$\sum_{j=1}^{T} \boldsymbol{x}_j^0 \lambda_j^{t*} + \boldsymbol{s}_t^{-*} = \theta_t^* \boldsymbol{x}_t^0, \tag{6.5}$$

其中, $\boldsymbol{s}_t^{-*}$ 表示投入冗余向量. 因此, 根据公式 (6.5) 可以估计第 t 时期的有效投入向量为

$$\hat{\boldsymbol{z}}_t^0 = \sum_{j=1}^{T} \boldsymbol{x}_j^0 \lambda_j^{t*} = \theta_t^* \boldsymbol{x}_t^0 - \boldsymbol{s}_t^{-*}. \tag{6.6}$$

根据公式 (6.1) 和公式 (6.6) , 可以得到参数 A_t, η_t 满足以下等式:

$$\theta_t^* = \eta_t^0 A_t^0, \tag{6.7}$$

$$\boldsymbol{s}_t^{-*} = \eta_t^0 A_t^0 \boldsymbol{h}_t^0, \tag{6.8}$$

由公式 (6.3), (6.4) 和 (6.7) 可以得到关于技术进步指数的一个非递减可计算的下限:

$$\hat{A}_t^L = \begin{cases} \theta_t^*, & t=1, \\ \max(\theta_t^*, \hat{A}_{t-1}^L), & 2 \leqq t \leqq T-1, \\ 1, & t=T. \end{cases} \tag{6.9}$$

因此, 模型最终求得每个时期 t 的技术进步指数的波动范围如下:

$$\hat{A}_t^L \leqq A_t^0 \leqq 1. \tag{6.10}$$

同样, 根据约束条件 (6.7) 和 (6.8), 可以得到关于技术效率 η_t^0 的上下边界:

$$\theta_t^* \leqq \eta_t^0 \leqq \frac{\theta_t^*}{\hat{A}_t^L}. \tag{6.11}$$

上述公式不仅给出了时间序列决策单元技术进步和技术效率的估计值, 同时也阐明了模型 (TS-DEA) 给出的 DEA 有效性的含义.

6.6 不同模型下广东省人员产出效率的比较研究

在评价时间序列决策单元效率时, 决策者有时能获取大量其他的相关数据, 但有时获得的数据却很少. 因此, 针对不同情况, 测算时间序列决策单元效率的方法也会有所不同.

首先, 如果决策者能够获得一组与该时间序列决策单元对应的面板数据, 则可以应用 DEA-Malmquist 指数模型 [19,20] 等对时间序列决策单元的效率进行分析. 这时应用 DEA-Malmquist 指数模型评价时间序列决策单元的效率并不存在困难.

其次, 如果决策者能够获得一组对应的截面数据, 则依据这组截面数据来测算时间序列决策单元的效率也是可行的. 在测算决策单元技术进步 [21] 和全要素生产率 [19,20] 时, 许多文献都使用了跨期比较和固定参比的效率测算方法, 该类方法实际上也可以测算时间序列决策单元的效率, 即可以给出时间序列决策单元相对于某一固定时期生产前沿面的效率 [22,23].

最后, 如果决策者能够获得的决策单元信息极为有限, 除时间序列数据或者少量残缺面板数据外, 再也无法获得其他数据信息. 这时, 基于截面数据或面板数据的测算方法无法评价该类问题, 但本章提出的方法则可以对该类问题进行测算和分析.

为了更加直观地对比各种模型对时间序列决策单元效率测算的有效性, 以下采用单输入单输出形式的模型分析广东省 1985~2013 年的人员产出效率. 其中, 输入指标为地区年末从业人数, 输出指标为地区 GDP, 被评价对象数据为广东省 1985~2013 年的时间序列数据. 而评价的参照对象数据分别选取 1985~2013 年广东省的时间序列数据、1985~2013 年部分省份 (包括广东省) 的残缺面板数据、2013 年中国 30 个省份 (不含港、澳、台、西藏, 这些地区的数据收集不完整, 下同) 的截面数据. 上述所有相关数据均来源于国泰安数据库和历年《中国统计年鉴》.

6.6.1 不同数据条件下生产前沿面的构造与比较

由于 DEA 方法的理论基础是生产函数理论, 而生产函数本身描绘的是在技术水平不变情况下各种生产要素与所能生产的最大产出之间的关系. 因此, 在构造各省份某一时期的经验生产前沿面时, 必须使用该期的截面数据才符合生产函数的含义. 比如, 构造 2013 年各省份的经验生产前沿面时就应该使用各省份 2013 年的数据, 这样才能反映 2013 年的技术水平. 那么, 当决策者只有时间序列数据时, 应用该类数据构造生产可能集的合理性是什么呢? 以下首先对这一问题加以分析.

1. 应用时间序列数据构造生产可能集的理论基础

下面通过一个例子来说明时间序列数据构造的生产可能集的含义.

假设决策者获得的 t_1, t_2, T 三个序列时间点上的决策单元的输入输出指标值为 $(x^1, y^1), (x^2, y^2), (x^T, y^T)$, 如图 6.5 (a) 中的 A 点, B 点和 C 点.

由于上述 3 个点表示的是不同技术水平下的决策单元的生产情况, 因而应用这几个点无法构造决策单元的经验生产可能集. 然而, 在生产系统技术进步不可逆的情况下, 由定理 6.1 可知: 输入输出关系 (x^1, y^1) 和 (x^2, y^2) 在第 T 时期也是可以实现的, 如图 6.5 (b) 中的 A_1 点和 B_1 点. 这样由第 T 时期的经验数据点 A_1, B_1 和 C 即可构造出第 T 时期的一个经验生产函数 $f^T(x)$. 进一步借助测算决策单元技术进步 [21] 和全要素生产率 [19,20] 时使用的跨期比较的方法, 就可以应用 $f^T(x)$ 来测算时间序列数据 $(x^1, y^1), (x^2, y^2), (x^T, y^T)$ 的效率大小.

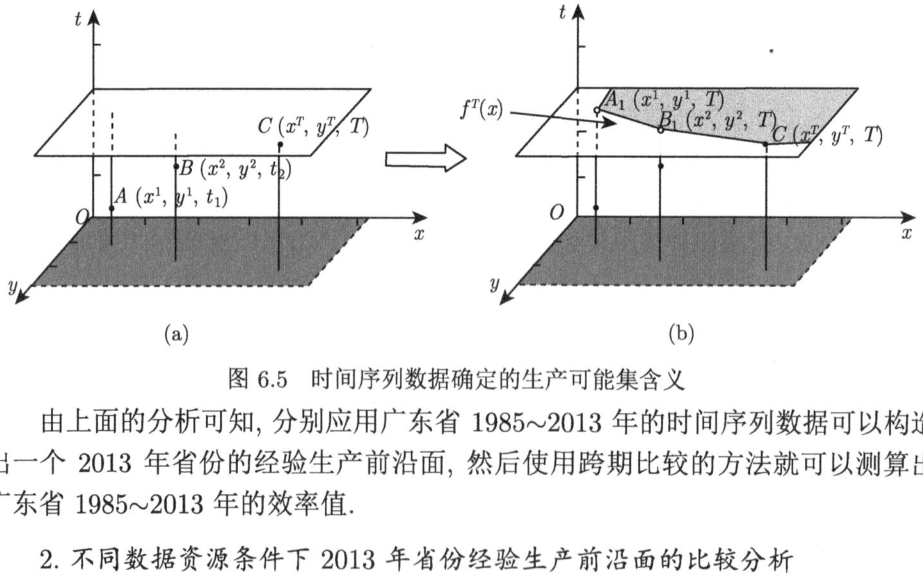

图 6.5　时间序列数据确定的生产可能集含义

由上面的分析可知, 分别应用广东省 1985~2013 年的时间序列数据可以构造出一个 2013 年省份的经验生产前沿面, 然后使用跨期比较的方法就可以测算出广东省 1985~2013 年的效率值.

2. 不同数据资源条件下 2013 年省份经验生产前沿面的比较分析

以下通过图形对不同数据条件下构造的 2013 年的经验生产前沿面进行比较分析. 由模型的对应关系可知, 在模型 (TS-DEA) 中构造生产可能集的数据只有广东省 1985~2013 年的一组时间序列数据, 在模型 (PTS-DEA) 中构造生产可能集的数据除广东省 1985~2013 年的时间序列数据之外还有一些残缺的面板数据, 在模型 (CTS-DEA) 中构造生产可能集的数据为 2013 年中国 30 个省份的截面数据.

(1) 应用截面数据、时间序列数据以及残缺面板数据均可以构造出 2013 年中国省份输入与输出的经验生产可能集.

图 6.6~ 图 6.9 中, 方形点表示 2013 年中国 30 个省份的截面数据, 菱形点表示广东省 1985~2013 年的时间序列数据, 三角形点表示部分省份 1985~2013 年的残缺面板数据. 尽管每个图中的 3 个曲线有所不同, 但它们均从不同程度上刻画了 2013 年中国人员投入与产出的生产前沿面情况, 随着所获得信息量的增加, 经验生产函数也逐渐逼近真实生产函数.

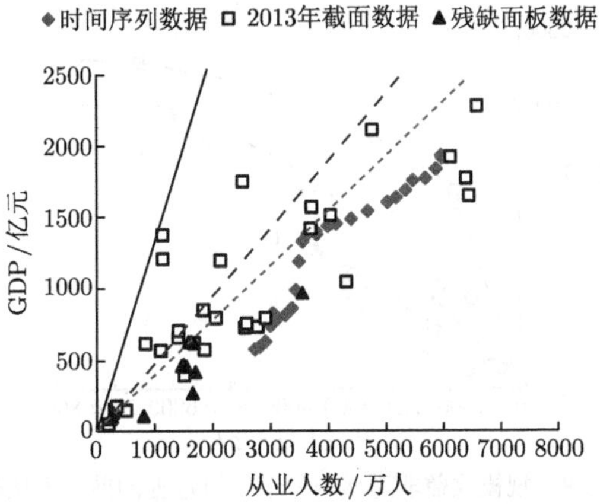

图 6.6 规模收益不变条件下三组数据的前沿面比较

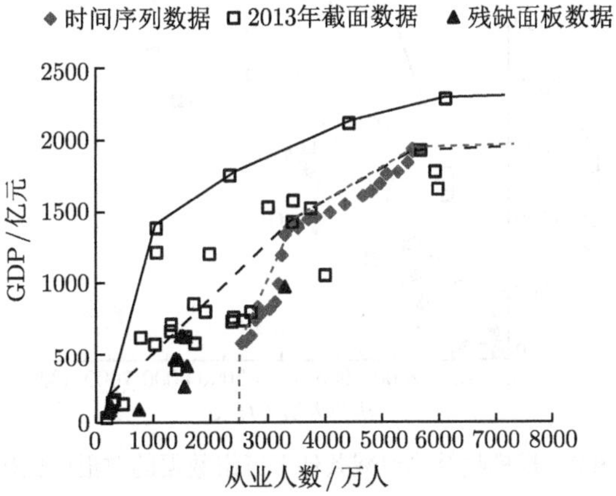

图 6.7 规模收益可变条件下三组数据的前沿面比较

(2) 构造生产可能集数据的残缺程度越低, 获得的 DEA 生产前沿面越接近真实生产函数.

图 6.6~ 图 6.9 中, 由方形点连成的线、菱形点连成的线以及菱形点加上三角形点连成的线分别表示由截面数据、时间序列数据和时间序列数据加上残缺面板数据给出的 2013 年中国省级劳动投入对 GDP 产出的经验生产前沿面. 从图中的折线可以看出, 由 2013 年 30 个省份截面数据构造的经验生产前沿面最接近 2013

年实际前沿面, 而广东省 1985~2013 年的时间序列数据信息单一, 因而对 2013 年实际前沿面的拟合程度较差. 因此, 当对时间序列数据进行评价时, 如果无法获得完整的截面数据, 那么尽可能地多收集一些残缺数据也可以在一定程度上提高对实际生产函数的接近程度.

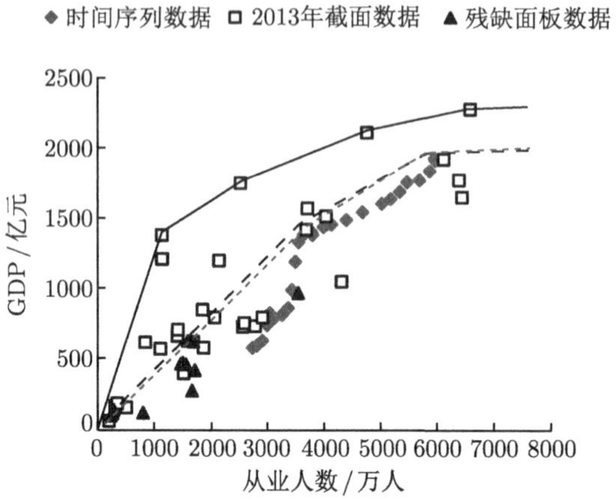

图 6.8　规模收益非递增条件下三组数据的前沿面比较

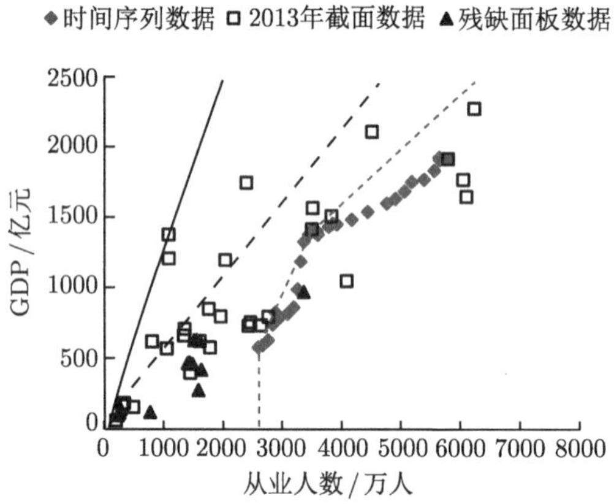

图 6.9　规模收益非递减条件下三组数据的前沿面比较

6.6.2　不同模型测算结果的比较与分析

一方面, 由于 DEA 方法评价的是相对效率, 因此, 不管选用时间序列数据、残缺面板数据, 还是第 T 时期的截面数据, 给出的决策单元的效率值都是一个相对值, 这和 DEA 方法的相对有效性是相一致的. 另一方面, 从 DEA 经验生产前沿面和实际生产前沿面的视角看, 不同测算方式下效率的比较还是有意义的①.

① 由于 DEA-Malmquist 指数模型给出的是决策单元的效率变化值, 而不是决策单元的效率值. 因此, 以下并未对 DEA-Malmquist 指数模型的结果进行比较.

从上文的分析可知, 对于一组时间序列决策单元, 在测度其效率时, 应尽可能地获取更多的数据信息, 以便更加准确地测算时间序列决策单元的效率值和投影信息. 数据的残缺程度越低, 测度结果越精确. 以下分别以广东省 1985~2013 年的时间序列数据、广东省 1985~2013 年的时间序列数据加上部分残缺面板数据、2013 年中国 30 个省份的截面数据作为评价参考集, 对广东省 1985~2013 年的时间序列数据进行效率分析, 一方面要说明这些方法的优势, 另一方面反映这些方法可能产生的误差.

应用本章构造的模型 (TS-DEA)、模型 (CTS-DEA)、模型 (PTS-DEA) 获得的规模收益不变、规模收益可变、规模收益非递增、规模收益非递减情况下的效率测算结果如图 6.10~ 图 6.13 所示.

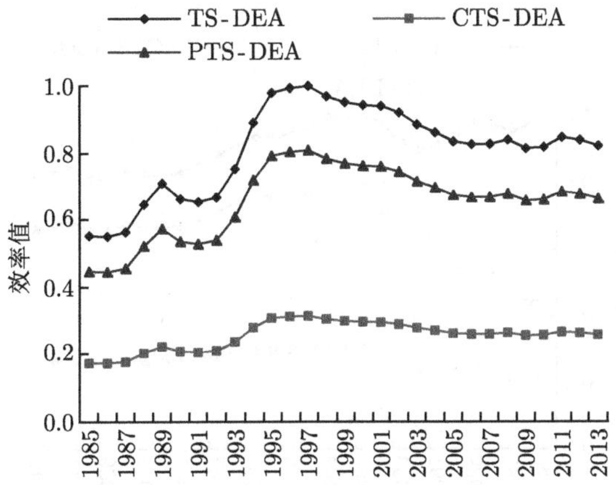

图 6.10 规模收益不变条件下三种模型的效率比较

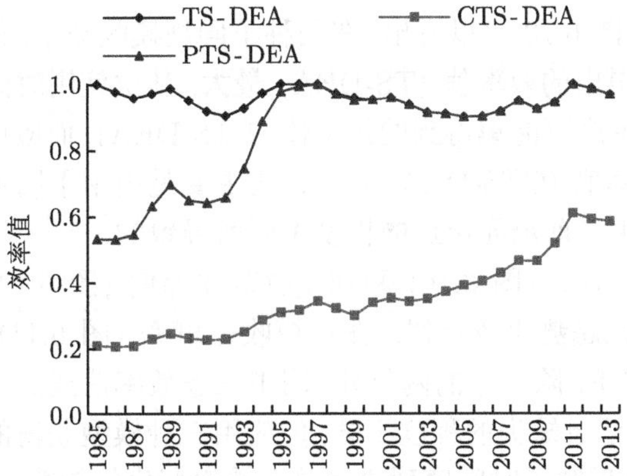

图 6.11 规模收益可变条件下三种模型的效率比较

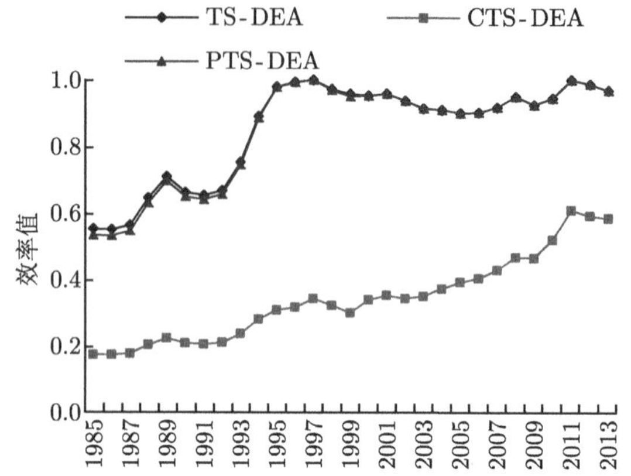

图 6.12 规模收益非递增条件下三种模型的效率比较

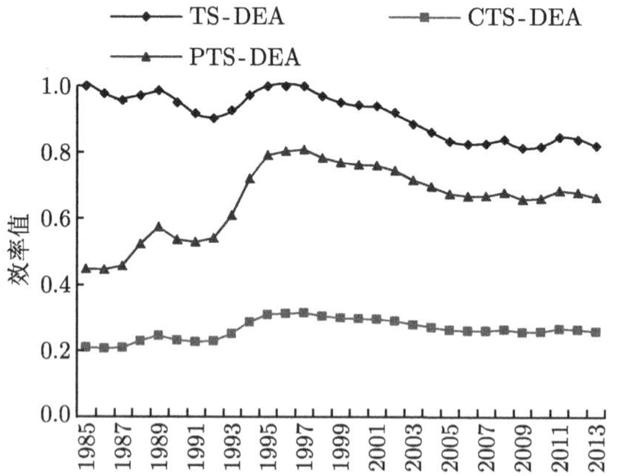

图 6.13 规模收益非递减条件下三种模型的效率比较

(1) 从图 6.10~图 6.13 可以看出, 在四种不同规模收益下, 使用纯时间序列数据构造生产可能集得出的效率值 (TS-DEA) 最大, 其次使用时间序列数据和残缺面板数据共同构造生产可能集得到的效率值 (PTS-DEA), 而应用截面数据构造生产可能集得到的效率值 (CTS-DEA) 最小. 这主要是由用不同数据组构造的经验生产前沿面与实际生产前沿面接近的程度不同所导致的.

(2) 在规模收益不变 (图 6.10) 和规模收益非递增 (图 6.12) 的情况下, 图中三条效率曲线的变化趋势比较相似. 在规模收益可变 (图 6.11) 和规模收益非递减 (图 6.13) 的情况下, 除初始的两年外, 图中三条效率曲线的变化趋势也比较相似. 因此, 尽管数据信息缺失的程度不同, 但应用三种模型获得的效率值在整体趋势上比较一致, 基本反映了时间序列决策单元效率变化的趋势. 同时, 几种模型给出的投影信息对时间序列决策单元提高效率、发现不足也具有积极意义.

(3) 从图 6.6~图 6.9 也可以看出, 使用 2013 年中国 30 个省份截面数据构造

的第 T 时期 (2013 年) 的生产可能集完全包含了由纯时间序列数据和残缺面板数据构造的生产可能集, 即模型 (CTS-DEA) 中构造的最佳经验生产前沿面处于最外侧, 因而使用模型 (CTS-DEA) 获得的时间序列决策单元效率值最接近实际效率值. 在无法获得 2013 年中国 30 个省份完整截面数据的情况下, 如果能够尽可能地多找到一些残缺面板数据, 并与时间序列数据联合构造生产可能集, 则在时间序列决策单元的效率测算上也可得到较好效果. 因此, 在测算时间序列决策单元的效率时, 应尽可能找到多的数据信息来构造评价的参考集.

(4) 对于单纯应用时间序列数据构造第 T 时期 (2013 年) 的生产可能集而言, 尽管在精度上有所欠缺, 但从 DEA 相对有效性的角度看, 该方法还是能够在一定程度上反映时间序列数据的效率变化趋势, 特别是在规模收益不变和规模收益非递增的情况下测算的效果较好.

总之, 在现实生活中由于保密、没有统计机构、数据获取困难等多种原因, 有时用于构造评价参考集的数据信息并不充分. 尽管如此, 应用时间序列 DEA 模型仍能获得很多有价值的信息.

6.6.3 时间序列决策单元的技术进步指数估计

由于上文中获得的效率是时间序列数据相对于 2013 年技术水平下的效率. 而测算时间序列决策单元的技术进步程度时, 因为与时间序列数据对应年份的生产函数难以获得, 所以可以通过 6.5 节的办法获得决策单元技术进步的大致区间. 从上文分析可以看出, 在对技术进步进行剥离的过程中, 采取规模收益非递增的假设测算技术效率更加适合. 这主要是由于规模收益可变假设下构造的生产前沿面中通常包括第一个时间序列数据, 致使首年的效率测度为 1, 进而导致技术进步下限的估计方程 (6.9) 失效. 因此, 以下采用规模收益非递增的假设进行效率测算, 并应用公式 (6.10) 计算出时间序列决策单元技术进步的上限和下限, 如图 6.14 所示.

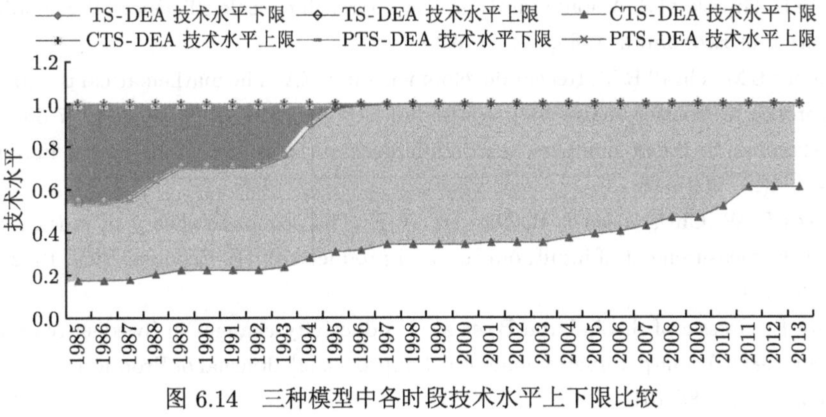

图 6.14 三种模型中各时段技术水平上下限比较

从图 6.14 可以看出, 模型 (CTS-DEA) 对技术进步的范围估计最为精准, 对每一年的技术进步范围都可以得到一个相应的范围 (见图 6.14 中浅色阴影部分). 而依赖模型 (TS-DEA) 和模型 (PTS-DEA) 只能对其中的部分年份的技术进步范围做出估计 (见图 6.14 中深色阴影部分). 模型 (TS-DEA) 和模型 (PTS-DEA) 对技术水平下限的测算能力偏弱, 1997 年之后的技术水平均无法测算, 显示为一条直线. 这主要是由于随着决策者能够获得的数据信息量的下降, 模型对决策单元技术进步的测算能力也随之减弱的结果.

6.7 结　束　语

总之, 对一组时间序列数据的效率和技术进步情况进行测算时, 如果能另外得到一组截面数据, 便可以大大提高模型测算的精度. 如果得不到截面数据, 则在单纯时间序列数据的基础上, 再收集一些残缺的面板数据也可以提高模型测算的精度. 通过本章分析, 当生产系统保持技术进步不可逆的情况下, 用 DEA 模型测算时间序列决策单元的效率不仅是可行的, 而且也是合理的. 然而, 当无法保证生产系统技术进步不可逆时, 应用纯时间序列数据构造生产可能集的方法就失去了理论基础. 这时, 采用某一时期的截面数据来测算时间序列决策单元的效率也不失为一种很好的选择.

参 考 文 献

[1] Charnes A, Cooper W W, Rhodes E. Measuring the efficiency of decision making units [J]. European Journal of Operational Research, 1978, 2(6): 429-444.

[2] Banker R D, Charnes A, Cooper W W. Some models for estimating technical and scale inefficiencies in data envelopment analysis [J]. Management Science, 1984, 30(9): 1078-1092.

[3] Färe R, Grosskopf S. A nonparametric cost approach to scale efficiency [J]. Scandinavian Journal of Economics, 1985, 87(4): 594-604.

[4] Seiford L M, Thrall R M. Recent developments in DEA: The mathematical programming approach to frontier analysis [J]. Journal of Econometrics, 1990, 46(1/2): 7-38.

[5] Malmquist S. Index numbers and indifference surfaces [J]. Trabajos De Estadistica, 1953, 4(2): 209-242.

[6] Caves D W, Christensen L R, Diewert W E. The economic theory of index numbers and the measurement of input, output, and productivity [J]. Econometrica, 1982, 50(6): 1393-1414.

[7] Färe R, Grosskopf S, Lindgren B, et al. Productivity changes in Swedish pharamacies 1980–1989: A non-parametric malmquist approach [J]. Journal of Productivity Analysis, 1992, 3(1/2): 85-101.

[8] Charnes A, Clark C T, Cooper W W, et al. A developmental study of data envelopment analysis in measuring the efficiency of maintenance units in the US air forces [J]. Annals of Operations Research, 1984, 2(1): 95-112.

[9] Cullinane K, Song D W, Ji P, et al. An application of DEA windows analysis to container port production efficiency [J]. Review of Network Economics, 2004, 3(2): 184-206.

[10] Bowlin W F. Evaluating the efficiency of the US air force real-property maintenance activities [J]. Journal of the Operational Research Society, 1987, 38(2): 127-135.

[11] Diewert W E, Parkan C. Linear Programming Tests of Regularity Conditions for Production Functions [M]. Heidelberg: Physica-Verlag, 1983: 131-158.

[12] Färe R, Grabowski R, Grosskopf S. Technical efficiency of Philippine agriculture [J]. Applied Economics, 1985, 17(2): 205-214.

[13] Lynde C, Richmond J. Productivity and efficiency in the UK: A time series application of DEA [J]. Economic Modelling, 1999, 16(1): 105-122.

[14] 王兵, 颜鹏飞. 中国的生产率与效率:1952—2000——基于时间序列的 DEA 分析 [J]. 数量经济技术经济研究, 2006, 21(8): 22-30.

[15] 马占新, 唐焕文. 宏观经济发展状况综合评价的 DEA 方法 [J]. 系统工程, 2002, 20(2) : 30-34.

[16] 蓝以信, 王应明. 时间序列随机 DEA 期望值模型研究 [J]. 福州大学学报 (自然科学版) , 2014, 42(4): 491-497.

[17] 魏权龄. 数据包络分析 [M]. 北京: 科学出版社, 2004.

[18] Lovell C A K. The decomposition of Malmquist productivity indexes [J]. Journal of Productivity Analysis, 2003, 20(3): 437-458.

[19] Oh D H. A global Malmquist-Luenberger productivity index [J]. Journal of Productivity Analysis, 2010, 34(3): 183-197.

[20] Kalai M, Helali K. Technical change and total factor productivity growth in the tunisian manufacturing industry: A Malmquist index approach [J]. African Development Review, 2016, 28(3): 344-356.

[21] 魏权龄, Sun D B, 肖志杰. DEA 方法与技术进步评估 [J]. 系统工程学报, 1991, 6(2): 1-11.

[22] 马占新. 广义参考集 DEA 模型及其相关性质 [J]. 系统工程与电子技术, 2012, 34(4): 709-714.

[23] 马占新. 广义数据包络分析方法 [M]. 北京: 科学出版社, 2012.

第 7 章 多层次复杂系统的资源优化配置方法

DEA 是一种重要的效率评价方法, 特别适合复杂系统的效率评价问题. 但指标体系的复杂性使得 DEA 方法在评价复杂系统效率问题时也遇到了一些无法回避的困难, 主要表现在评价结果过于强调次要指标的作用、常常出现多数单元有效、对投影的要求过于苛刻、指标集成后无法找到针对原始指标的改进信息等. 为了解决上述问题, 本章给出了一种用于复杂系统评价的 DEA 模型, 并对相应的 DEA 有效性含义、模型性质以及模型的求解方法进行了探讨. 同时, 通过实例比较发现, 该方法不仅具有传统 DEA 方法的优点, 而且还很好地克服了上述缺点.

现实中的许多系统都是复杂系统, 比如社会管理系统、区域经济系统、大型的人群网络系统等. 伴随着现代社会的不断进步和信息化程度的不断增强, 复杂系统越来越多地出现在社会的各个方面, 系统内部的联系越来越紧密、系统结构日趋复杂, 对复杂系统的研究已经成为管理学研究的重点和难点问题. DEA 方法是评价复杂系统问题的一类重要方法, 自 1978 年 Charnes 等提出 C^2R 模型以来 [1], DEA 方法在评价复杂经济社会系统问题时显示出独特的优势. 并且, 在技术经济与管理 [2-5]、资源优化配置 [6,7]、物流与供应链管理 [8]、风险评估 [9,10]、组合博弈 [11]、结构调整 [12] 等很多领域得到了广泛应用和快速发展 [13-16]. 尽管如此, 当应用 DEA 方法评价复杂系统问题时还是存在很多困难. 比如: ① 对于多层次复杂系统问题. 有时指标层次不同、地位相差悬殊, 如全市 GDP 总量和城市有害固体废物处理率, 但应用 C^2R 模型和 BC^2 模型时, 它们权重的地位相同, 这会导致 DEA 评价结果过于强调次要因素的作用, 并使评价结果失去意义, 而加入权重限制又会过多地增加主观因素; ② 当指标数目较多、具有多个层次时, DEA 方法的计算结果常常会出现多数单元的效率值均为 1 的情况, 进而无法提供有用的信息. 为了解决上述问题, 许多文献进行了积极探索. 其中, 将 DEA 方法和 AHP 方法相结合的方法在处理具有多层次结构的复杂系统问题方面取得了较好的效果. DEA 方法与 AHP 方法的结合能够把定性数据转换为定量数据 [17-20], 并有效地度量决策单元的有效性 [21], 除了对有效和无效决策单元进行排序外 [22-23], 还能确定 DEA 方法中输出输入指标的权重改变量 [24]、限制和度量

DEA 模型中输入和输出指标的权重 [25-29]、估计缺失数据 [30]、构建凸的权重组合 [31] 等等. 从以上分析可以看出, 通过权重将部分指标集成为几个指标的方法, 在一定程度上可以有效解决上述问题, 但计算结果却只能获得集成后指标的改进信息, 而无法得到针对原始指标的改进信息. 同时, 从系统调整的角度来看, 不一定所有的指标都必须同时改进. 比如, 通过适当转移第一产业劳动人数到第三产业, 进而使 GDP 总量得到有效提升也是可取的, 但 DEA 方法与 AHP 方法的结合无法找到这种改进方案. 为了解决这些问题, 以下给出一种用于多层次复杂系统评价的 DEA 模型——ComD 模型, 并对模型的含义、模型的性质以及模型的求解方法进行探讨.

7.1 用于分析多层次复杂系统资源优化配置的 DEA 模型

由于复杂系统一般为系统规模较大、涉及的要素较多、系统内部关系复杂, 以下在对原有 DEA 模型的不足进行分析的基础上, 提出用于评价多层次复杂系统的 DEA 模型.

7.1.1 复杂系统指标体系的层次结构描述

由于复杂系统的整个指标体系一般呈现规模较大、层次较多的特点. 各指标从宏观指标到微观指标、从综合指标到个性指标也各不相同. 假设某类决策单元的指标体系可以分解成图 7.1 所示的层次结构.

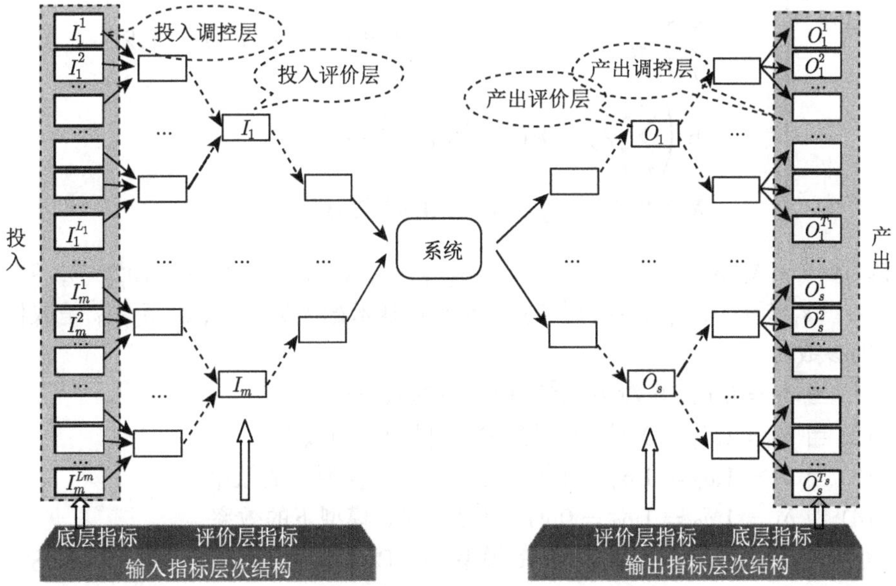

图 7.1 复杂系统多层次评价指标体系结构图

在评价中决策者通常根据评价目标, 选择某一层次的指标作为评价指标. 比如对于一个培训企业, 在投入方面决策者可能考虑人、财、物做为投入, 培训人数做为产出. 当决策者希望进一步分析人力资本的结构配置与效率大小的关系时, 人力资本指标 (I_1) 可能会被考虑得更为详细. 比如, 可以再继续分解为高级培训师 (I_1^1) 、中级培训师 (I_1^2) 、初级培训师 (I_1^3) 等.

假设决策者用于评价的输入指标为 $I_1, I_2, \cdots, I_m$, 输出指标为 $O_1, O_2, \cdots, O_s$. 其中, 第 i 个输入指标又可以继续分解出 L_i 个底层指标; 第 r 个输出指标又可以继续分解出 T_r 个底层指标. 这里底层指标一般是决策者需要调控的指标, 也是决策者在进行效率改进时比较关注的指标.

7.1.2 传统 DEA 方法在评价复杂系统效率时存在的问题

假设有 n 个决策单元, 其中 $x_{ij}^{(l)}$ 表示第 j 个决策单元的第 i 个输入指标的第 l 个底层指标值, $y_{rj}^{(t)}$ 表示第 j 个决策单元的第 r 个输出指标的第 t 个底层指标值, 且 $x_{ij}^{(l)}$ 和 $y_{rj}^{(t)}$ 均为正数. 当应用传统 DEA 模型对上述底层指标进行评价时, 对第 $j_0(1 \leqq j_0 \leqq n)$ 个决策单元有以下模型:

$$
(\text{CBFS})\left\{\begin{array}{l}
\min \theta-\varepsilon\left(\displaystyle\sum_{i=1}^{m} \sum_{l=1}^{L_i} s_i^{l-}+\sum_{r=1}^{s} \sum_{t=1}^{T_r} s_r^{t+}\right), \\
\text{s.t.} \quad \displaystyle\sum_{j=1}^{n} x_{ij}^{(l)} \lambda_j+s_i^{l-}=\theta x_{ij_0}^{(l)}, \quad l=1,2,\cdots,L_i, i=1,2,\cdots,m, \\
\qquad \displaystyle\sum_{j=1}^{n} y_{rj}^{(t)} \lambda_j-s_r^{t+}=y_{rj_0}^{(t)}, \quad t=1,2,\cdots,T_r, r=1,2,\cdots,s, \\
\qquad \delta_1\left(\displaystyle\sum_{j=1}^{n} \lambda_j-\delta_2(-1)^{\delta_3} \lambda_{n+1}\right)=\delta_1, \\
\qquad \boldsymbol{\lambda} \geqq \mathbf{0}, \lambda_{n+1} \geqq 0, \tilde{\boldsymbol{s}}^{-} \geqq \mathbf{0}, \tilde{\boldsymbol{s}}^{+} \geqq \mathbf{0}.
\end{array}\right.
$$

其中, $\boldsymbol{\lambda}=(\lambda_1, \lambda_2, \cdots, \lambda_n)$, $\tilde{\boldsymbol{s}}^{-}=(s_1^{1-}, \cdots, s_1^{L_1-}, \cdots, s_m^{1-}, \cdots, s_m^{L_m-})$, $\tilde{\boldsymbol{s}}^{+}=(s_1^{1+}, \cdots, s_1^{T_1+}, \cdots, s_s^{1+}, \cdots, s_s^{T_s+})$, ε 为非阿基米德无穷小量, $\delta_1, \delta_2, \delta_3$ 是取值为 0, 1 的参数.

(1) 当 $\delta_1=0$ 时, 可测算 $\mathrm{C^2R}$ 模型下的效率.

(2) 当 $\delta_1=1, \delta_2=0$ 时, 可测算 $\mathrm{BC^2}$ 模型下的效率.

(3) 当 $\delta_1=1, \delta_2=1, \delta_3=1$ 时, 可测算 FG 模型下的效率.

(4) 当 $\delta_1=1, \delta_2=1, \delta_3=0$ 时, 可测算 ST 模型下的效率.

由于上述模型可以被看成 $\mathrm{C^2R}$ 模型 [1]、$\mathrm{BC^2}$ 模型 [3]、FG 模型 [4] 和 ST 模型 [5] 的直接应用, 所以由传统 DEA 理论 [1,3-5] 可以给出引理 7.1 和定义 7.1.

引理 7.1 如果模型 (CBFS) 的最优解 $\theta^0,\boldsymbol{\lambda}^0,\lambda_{n+1}^0,\tilde{\boldsymbol{s}}^{-0},\tilde{\boldsymbol{s}}^{+0}$ 满足 $\theta^0=1$ 且 $\tilde{\boldsymbol{s}}^{-0}=\boldsymbol{0},\tilde{\boldsymbol{s}}^{+0}=\boldsymbol{0}$, 则称第 j_0 个决策单元为 DEA 有效, 为区别于其他模型给出的有效性, 简称 DEA 有效 (CT).

定义 7.1 设 $\theta^0,\boldsymbol{\lambda}^0,\lambda_{n+1}^0,\tilde{\boldsymbol{s}}^{-0},\tilde{\boldsymbol{s}}^{+0}$ 是模型 (CBFS) 的最优解, 令 $\hat{x}_{ij_0}^{(l)}=\theta^0 x_{ij_0}^{(l)}-s_i^{l-0}$, $\hat{y}_{rj_0}^{(t)}=y_{rj_0}^{(t)}+s_r^{t+0},l=1,2,\cdots,L_i,i=1,2,\cdots,m,t=1,2,\cdots,T_r,r=1,2,\cdots,s$, 则称

$$((\hat{x}_{1j_0}^{(1)},\cdots,\hat{x}_{1j_0}^{(L_1)},\cdots,\hat{x}_{mj_0}^{(1)},\cdots,\hat{x}_{mj_0}^{(L_m)}),(\hat{y}_{1j_0}^{(1)},\cdots,\hat{y}_{1j_0}^{(T_1)},\cdots,\hat{y}_{sj_0}^{(1)},\cdots,\hat{y}_{sj_0}^{(T_s)}))$$

为第 j_0 个决策单元在 DEA 相对有效面上的 “投影” (CT).

记 $\Delta x_{ij_0}^{(l)}=x_{ij_0}^{(l)}-\hat{x}_{ij_0}^{(l)},\Delta y_{rj_0}^{(t)}=\hat{y}_{rj_0}^{(t)}-y_{rj_0}^{(t)}$.

在应用模型 (CBFS) 评价多层次复杂系统效率时, 常常遇到以下问题:

(1) 当指标数目较多、具有多个层次时, DEA 方法的计算结果常常出现多数单元的效率值均为 1 的情况, 因而, 无法提供有用的信息.

(2) 对于多层次复杂系统问题, 有时指标层次不同、地位相差悬殊. 但应用 $\mathrm{C^2R}$ 模型和 $\mathrm{BC^2}$ 模型时它们权重的地位相同, 这会导致 DEA 评价结果过于强调次要因素的作用, 并使评价结果失去意义, 而加入权重限制又会过多的增加主观因素.

(3) 从系统调整的角度看, 不一定所有的指标都必须同时改进, 但 DEA 方法与 AHP 方法的结合并不能找到这种改进方案.

由于复杂系统问题的指标体系过于庞大, 常常会出现多数单元有效的情况, 为此, 一些改进的模型被提出. 比如, 采用主成分分析方法、指标集成的办法将评价指标合成为几个主要指标, 再进行评价. 下面是文献 [32] 给出的一种将指标按不同层次进行加权降维的 DEA 模型:

$$(\mathrm{NJD})\begin{cases}\min\theta-\varepsilon\left(\displaystyle\sum_{i=1}^{m}s_i^-+\sum_{r=1}^{s}s_r^+\right),\\ \text{s.t.}\ \displaystyle\sum_{j=1}^{n}\sum_{l=1}^{L_i}(a_i^l x_{ij}^{(l)})\lambda_j+s_i^-=\theta\sum_{l=1}^{L_i}a_i^l x_{ij_0}^{(l)},i=1,\cdots,m,\\ \displaystyle\sum_{j=1}^{n}\sum_{t=1}^{T_r}(b_r^t y_{rj}^{(t)})\lambda_j-s_r^+=\sum_{t=1}^{T_r}b_r^t y_{rj_0}^{(t)},r=1,\cdots,s,\\ \delta_1\left(\displaystyle\sum_{j=1}^{n}\lambda_j-\delta_2(-1)^{\delta_3}\lambda_{n+1}\right)=\delta_1,\\ \boldsymbol{\lambda}\geqq\boldsymbol{0},\lambda_{n+1}\geqq 0,\boldsymbol{s}^-\geqq\boldsymbol{0},\boldsymbol{s}^+\geqq\boldsymbol{0}.\end{cases}$$

其中, $\boldsymbol{s}^-=(s_1^-,s_2^-,\cdots,s_m^-),\boldsymbol{s}^+=(s_1^+,s_2^+,\cdots,s_s^+)$, a_i^l 表示第 i 个输入指标的第 l 种底层指标的相对权重, b_r^t 表示第 r 个输出指标的第 t 种底层指标的相对权重,

且 $a_i^l > 0$, $b_r^t > 0$. $\delta_1,\delta_2,\delta_3$ 的含义与模型 (CBFS) 相同.

引理 7.2[32] 如果模型 (NJD) 的最优解 $\theta^0,\boldsymbol{\lambda}^0,\lambda_{n+1}^0,\boldsymbol{s}^{-0},\boldsymbol{s}^{+0}$ 满足 $\theta^0=1$, $\boldsymbol{s}^{-0}=\mathbf{0},\boldsymbol{s}^{+0}=\mathbf{0}$, 则决策单元 j_0 为 DEA 有效, 简称 DEA 有效 (NJ).

定义 7.2[32] 设 $\theta^0,\boldsymbol{\lambda}^0,\lambda_{n+1}^0,\boldsymbol{s}^{-0},\boldsymbol{s}^{+0}$ 是模型 (NJD) 的最优解, 令

$$\hat{X}_i=\theta^0\sum_{l=1}^{L_i}a_i^l x_{ij_0}^{(l)}-s_i^{-0},\quad i=1,2,\cdots,m,$$

$$\hat{Y}_r=\sum_{t=1}^{T_r}b_r^t y_{rj_0}^{(t)}+s_r^{+0},\quad r=1,2,\cdots,s,$$

称 $((\hat{X}_1,\cdots,\hat{X}_m),(\hat{Y}_1,\cdots,\hat{Y}_s))$ 为决策单元 j_0 在 DEA 相对有效面上的“投影” (NJ).

记

$$\Delta X_i=\sum_{l=1}^{L_i}a_i^l x_{ij_0}^{(l)}-\hat{X}_i,\quad \Delta Y_r=\hat{Y}_r-\sum_{t=1}^{T_r}b_r^t y_{rj_0}^{(t)}.$$

这种指标降维的方法尽管可以解决多数决策单元有效的问题, 但获得的决策单元投影只能是针对集成后指标的改进信息, 而无法得到针对原始指标的决策信息. 从而在很大程度上弱化了 DEA 投影方法的功能. 为了解决这些问题, 以下给出一种评价复杂系统效率的 DEA 方法.

7.1.3 一种用于复杂系统效率评价的 DEA 方法

对于决策单元 j_0, 给出以下模型

$$(\text{ComD})\left\{\begin{array}{l}\min\theta-\varepsilon\left(\displaystyle\sum_{i=1}^{m}\sum_{l=1}^{L_i}a_i^l s_i^{l-}+\sum_{r=1}^{s}\sum_{t=1}^{T_r}b_r^t s_r^{t+}\right),\\ \text{s.t.}\ \displaystyle\sum_{j=1}^{n}x_{ij}^{(l)}\lambda_j+s_i^{l-}=\theta x_{ij_0}^{(l)},l=1,2,\cdots,L_i,i=1,2,\cdots,m,\\ \qquad\displaystyle\sum_{j=1}^{n}y_{rj}^{(t)}\lambda_j-s_r^{t+}=y_{rj_0}^{(t)},t=1,2,\cdots,T_r,r=1,2,\cdots,s,\\ \qquad\delta_1\left(\displaystyle\sum_{j=1}^{n}\lambda_j-\delta_2(-1)^{\delta_3}\lambda_{n+1}\right)=\delta_1,\\ \qquad\displaystyle\sum_{l=1}^{L_i}a_i^l s_i^{l-}\geqq 0,i=1,2,\cdots,m,\\ \qquad\displaystyle\sum_{t=1}^{T_r}b_r^t s_r^{t+}\geqq 0,r=1,2,\cdots,s,\\ \qquad\lambda_j\geqq\mathbf{0},j=1,2,\cdots,n+1.\end{array}\right.$$

定义 7.3 如果模型 (ComD) 的最优解 $\theta^0,\boldsymbol{\lambda}^0,\lambda_{n+1}^0,\tilde{\boldsymbol{s}}^{-0},\tilde{\boldsymbol{s}}^{+0}$ 满足 $\theta^0=1$ 且 $\sum\limits_{l=1}^{L_i}a_i^l s_i^{l-0}=0,i=1,2,\cdots,m,\sum\limits_{t=1}^{T_r}b_r^t s_r^{t+0}=0,r=1,2,\cdots,s$, 则称决策单元 j_0 为 DEA 有效, 简称 DEA 有效 (FZ).

定义 7.4 假设模型 (ComD) 的最优解为 $\theta^0,\boldsymbol{\lambda}^0,\lambda_{n+1}^0,\tilde{\boldsymbol{s}}^{-0},\tilde{\boldsymbol{s}}^{+0}$, 令 $\tilde{x}_{ij_0}^{(l)}=\theta^0 x_{ij_0}^{(l)}-s_i^{l-0},l=1,2,\cdots,L_i,i=1,2,\cdots,m,\tilde{y}_{rj_0}^{(t)}=y_{rj_0}^{(t)}+s_r^{t+0},t=1,2,\cdots,T_r$, $r=1,2,\cdots,s$, 则称

$$((\tilde{x}_{1j_0}^{(1)},\cdots,\tilde{x}_{1j_0}^{(L_1)},\cdots,\tilde{x}_{mj_0}^{(1)},\cdots,\tilde{x}_{mj_0}^{(L_m)}),(\tilde{y}_{1j_0}^{(1)},\cdots,\tilde{y}_{1j_0}^{(T_1)},\cdots,\tilde{y}_{sj_0}^{(1)},\cdots,\tilde{y}_{sj_0}^{(T_s)}))$$

为决策单元 j_0 在 DEA 相对有效面上的“投影” (FZ).

令 $\Delta x_{ij_0}^{(l)}=x_{ij_0}^{(l)}-\tilde{x}_{ij_0}^{(l)},\Delta y_{rj_0}^{(t)}=\tilde{y}_{rj_0}^{(t)}-y_{rj_0}^{(t)}$, 则其含义如下:

(1) 如果 $\Delta x_{ij_0}^{(l)}>0$ (或 $\Delta x_{ij_0}^{(l)}<0$), 表示决策单元 j_0 在第 i 个输入指标的第 l 种底层指标上的投入过大 (或投入过小).

(2) 如果 $\Delta y_{rj_0}^{(t)}>0$ (或 $\Delta y_{rj_0}^{(t)}<0$), 表示决策单元 j_0 在第 r 个输出指标的第 t 种底层指标上的输出亏空 (或存在的优势).

以下应用例 7.1 来说明模型 (ComD) 的优势.

例 7.1 决策者要评价 5 个企业的生产效率, 并通过效率评价找到效率无效的原因和调整的方案. 假设选取的输入输出指标体系如图 7.2 所示. 其中, 输入指标为高级工工资 (I_1^1)、中级工工资 (I_1^2)、初级工工资 (I_1^3)、质检人员工资 (I_1^4)、资产投入总额 (I_2), 输出指标为企业生产利润 (O_1).

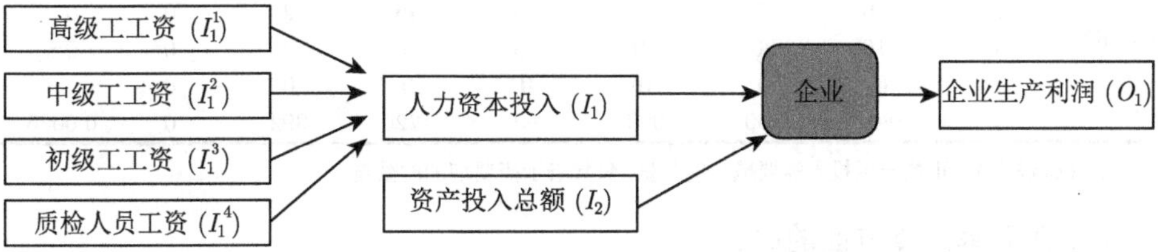

图 7.2 企业生产效率评价指标体系结构图

为了便于说明问题, 这里假设各企业的输出值相同, 并且决策单元的输入输出值满足规模收益不变, 各决策单元的输入和输出指标数据如表 7.1 所示.

由于

$$\begin{aligned}\text{人员工资}(I_1)=&\text{高级工工资}(I_1^1)+\text{中级工工资}(I_1^2)\\&+\text{初级工工资}(I_1^3)+\text{质检人员工资}(I_1^4).\end{aligned}$$

表 7.1　某 5 个企业的输入和输出指标数据

企业序号	1	2	3	4	5
高级工工资/亿元	4	4	4	20	100
中级工工资/亿元	8	100	80	50	200
初级工工资/亿元	200	20	50	1	1000
质检人员工资/亿元	2	2	2	10	1
资产投入总额/亿元	10	10	10	8	1000
企业生产利润/亿元	10	10	10	10	10

因此, 这里取 $a_1^1 = 1, a_1^2 = 1, a_1^3 = 1, a_1^4 = 1$. 同时, 由于资产投入总额 (I_2) 和企业生产利润 (O_1) 没有被继续分解, 只有一个指标, 故令 $a_2^1 = 1$, $b_1^1 = 1$. 应用模型 (CBFS) 、模型 (NJD) 和模型 (ComD) 可以测得 5 个企业的效率值和投影值, 如表 7.2 所示.

表 7.2　应用不同模型获得的企业在规模收益不变情况下的改进值和效率值

模型	决策单元	改进值/亿元 (ΔI_1^1)	改进值/亿元 (ΔI_1^2)	改进值/亿元 (ΔI_1^3)	改进值/亿元 (ΔI_1^4)	改进值/亿元 (ΔI_1)	改进值/亿元 (ΔI_2)	改进值/亿元 (ΔO_1)	效率值
(CBFS)	1	0	0	0	0	—	0	0	1
	2	0	0	0	0	—	0	0	1
	3	0	0	0	0	—	0	0	1
	4	0	0	0	0	—	0	0	1
	5	0	0	0	0	—	0	0	1
(NJD)	1	—	—	—	—	133	2	0	0.8
	2	—	—	—	—	45	2	0	0.8
	3	—	—	—	—	55	2	0	0.8
	4	—	—	—	—	0	0	0	1
	5	—	—	—	—	1220	992	0	0.0085
(ComD)	1	−16	−42	199	−8	133	2	0	0.8
	2	−16	50	19	−8	45	2	0	0.8
	3	−16	30	49	−8	55	2	0	0.8
	4	0	0	0	0	0	0	0	1
	5	80	150	999	−9	1220	992	0	0.0085

注: 在改进值中, 正数表示投入需要减少的数量, 负数表示需要增加的数量.

(1) 在效率测算方面的比较.

首先, 从表 7.1 可以看出, 各决策单元的输出相同, 但决策单元 5 的总输入至少是其他单元的 10 倍以上. 然而应用模型 (CBFS) 所测得的决策单元效率值均为 1 (表 7.2). 可见, 模型 (CBFS) 无法有效区分各决策单元的效率值大小, 也无法给出决策单元改进的信息. 而模型 (ComD) 和模型 (NJD) 能够对各企业的效率值大小进行区分.

其次, 从表 7.1 可以看出, 决策单元 5 在相同的输出条件下, 人力资本总投入超过其他单元的 6 倍, 资产投入总额超过其他单元的 100 倍, 效率明显低下. 但决策单元 5 仅仅因质检人员工资的投入较小而应用模型 (CBFS) 所测得的效率值即为 1 (表 7.2) , 这是不合理的. 而应用模型 (ComD) 和模型 (NJD) 则可以反映这种输入输出上的差距, 其结果更具合理性.

(2) 在投影分析方面的比较.

首先, 从表 7.2 可以看出, 指标合成后, 决策单元 5 的效率值仅为 0.0085 时, 模型 (CBFS) 给出的改进值均为 0. 这说明模型 (CBFS) 无法给出改进信息. 而模型 (NJD) 只能给出集成指标的改进信息, 无法给出原始指标的改进信息. 但模型 (ComD) 可以给出原始指标的改进信息. 比如, 在人力资源的改进上, 对于决策单元 5 而言, 模型 (CBFS) 认为高级工、中级工、初级工、质检人员的结构无需改进, 模型 (NJD) 无法给出这些指标的详细信息. 但模型 (ComD) 可以给出这些指标合理的改进信息, 由表 7.1 和表 7.2 可以看出, 当高级工减少 80%(80/100), 中级工减少 75% (150/200)、初级工减少 99.9% (999/1000)、质检人员增加 900% (9/1) 时, 单元 5 可以获得同样大小的产出.

(3) 在实际决策中, 如果以个别指标上的较小代价可以换取整体效率的大幅度改进, 那么, 这种改进也是可取的, 但应用传统 DEA 方法并不能找到这种改进方案. 从上面的投影分析可以看出, 本章给出的模型 (ComD) 可以找到这种的改进方案. 比如, 模型 (ComD) 的分析结果认为, 如果决策单元 5 增加 9 位质检人员, 并大幅减少其他人员的数量, 则有可能会大幅提高自身的效率.

7.2 用于复杂系统资源优化配置模型的相关性质

为了给出复杂系统资源优化配置模型与其他 DEA 模型的关系, 并进一步分析该模型的含义, 以下首先讨论模型 (ComD) 的相关性质.

定理 7.1 如果决策单元 j_0 为 DEA 有效 (FZ), 则决策单元 j_0 为 DEA 有效 (CT).

证明 假设决策单元 j_0 为 DEA 有效 (FZ) , 则由定义 7.3 可知模型 (ComD) 的最优解 $\theta^1,\boldsymbol{\lambda}^1,\lambda_{n+1}^1,\tilde{\boldsymbol{s}}^{-1},\tilde{\boldsymbol{s}}^{+1}$ 满足 $\theta^1=1$ 且 $\sum\limits_{l=1}^{L_i}a_i^l s_i^{l-1}=0,i=1,2,\cdots,m$, $\sum\limits_{t=1}^{T_r}b_r^t s_r^{t+1}=0,r=1,2,\cdots,s$, 因此, 模型 (ComD) 的最优值为 1.

以下假设决策单元 j_0 不为 DEA 有效 (CT), 则模型 (CBFS) 存在最优解 $\theta^0,\boldsymbol{\lambda}^0,\lambda_{n+1}^0,\tilde{\boldsymbol{s}}^{-0},\tilde{\boldsymbol{s}}^{+0}$ 满足 $\theta^0<1$ 或者 $\theta^0=1,(\tilde{\boldsymbol{s}}^{-0},\tilde{\boldsymbol{s}}^{+0})\neq\mathbf{0}$. 由于 $\theta^0,\boldsymbol{\lambda}^0,\lambda_{n+1}^0,\tilde{\boldsymbol{s}}^{-0}$, $\tilde{\boldsymbol{s}}^{+0}$ 是模型 (CBFS) 的最优解, 因此

$$\sum_{j=1}^{n}x_{ij}^{(l)}\lambda_j^0+s_i^{l-0}=\theta^0x_{ij_0}^{(l)},\quad l=1,2,\cdots,L_i,\quad i=1,2,\cdots,m,$$

$$\sum_{j=1}^{n} y_{rj}^{(t)}\lambda_j^0 - s_r^{t+0} = y_{rj_0}^{(t)}, \quad t=1,2,\cdots,T_r, \quad r=1,2,\cdots,s,$$

$$\delta_1\left(\sum_{j=1}^{n}\lambda_j^0 - \delta_2(-1)^{\delta_3}\lambda_{n+1}^0\right) = \delta_1,$$

$$\boldsymbol{\lambda}^0 \geqq \mathbf{0}, \quad \lambda_{n+1}^0 \geqq 0, \quad \tilde{\boldsymbol{s}}^{-0} \geqq \mathbf{0}, \quad \tilde{\boldsymbol{s}}^{+0} \geqq \mathbf{0}.$$

由于 $a_i^l > 0, b_r^t > 0$, 所以

$$\sum_{l=1}^{L_i} a_i^l s_i^{l-0} \geqq 0, \quad i=1,2,\cdots,m, \quad \sum_{t=1}^{T_r} b_r^t s_r^{t+0} \geqq 0, \quad r=1,2,\cdots,s,$$

因此, θ^0,$\boldsymbol{\lambda}^0$,λ_{n+1}^0,$\tilde{\boldsymbol{s}}^{-0}$,$\tilde{\boldsymbol{s}}^{+0}$ 是模型 (ComD) 的可行解, 但

$$\theta^0 - \varepsilon\left(\sum_{i=1}^{m}\sum_{l=1}^{L_i} a_i^l s_i^{l-0} + \sum_{r=1}^{s}\sum_{t=1}^{T_r} b_r^t s_r^{t+0}\right) < 1.$$

矛盾! 证毕.

定理 7.1 表明如果应用模型 (ComD) 进行效率评价时决策单元有效, 则应用模型 (CBFS) 进行评价时的决策单元也有效.

定理 7.2　(1) 假设 θ^1,$\boldsymbol{\lambda}^1$,λ_{n+1}^1,$\tilde{\boldsymbol{s}}^{-1}$,$\tilde{\boldsymbol{s}}^{+1}$ 为模型 (ComD) 的最优解, 令

$$s_i^{-1} = \sum_{l=1}^{L_i} a_i^l s_i^{l-1}, \quad i=1,2,\cdots,m, \quad s_r^{+1} = \sum_{t=1}^{T_r} b_r^t s_r^{t+1}, \quad r=1,2,\cdots,s,$$

$$\boldsymbol{s}^{-1} = (s_1^{-1}, s_2^{-1}, \cdots, s_m^{-1}), \quad \boldsymbol{s}^{+1} = (s_1^{+1}, s_2^{+1}, \cdots, s_s^{+1}),$$

则 θ^1,$\boldsymbol{\lambda}^1$,λ_{n+1}^1,$\boldsymbol{s}^{-1}$,$\boldsymbol{s}^{+1}$ 是模型 (NJD) 的可行解.

(2) 假设 θ^0,$\boldsymbol{\lambda}^0$,λ_{n+1}^0,$\boldsymbol{s}^{-0}$,$\boldsymbol{s}^{+0}$ 为模型 (NJD) 的最优解, 令

$$s_i^{l-2} = \theta^0 x_{ij_0}^{(l)} - \sum_{j=1}^{n} x_{ij}^{(l)}\lambda_j^0, \quad l=1,2,\cdots,L_i, \quad i=1,2,\cdots,m,$$

$$s_r^{t+2} = \sum_{j=1}^{n} y_{rj}^{(t)}\lambda_j^0 - y_{rj_0}^{(t)}, \quad t=1,2,\cdots,T_r, \quad r=1,2,\cdots,s,$$

$$\tilde{\boldsymbol{s}}^{-2} = (s_1^{1-2}, \cdots, s_1^{L_1-2}, \cdots, s_m^{1-2}, \cdots, s_m^{L_m-2}),$$

$$\tilde{\boldsymbol{s}}^{+2} = (s_1^{1+2}, \cdots, s_1^{T_1+2}, \cdots, s_s^{1+2}, \cdots, s_s^{T_s+2}),$$

则 θ^0,$\boldsymbol{\lambda}^0$,λ_{n+1}^0,$\tilde{\boldsymbol{s}}^{-2}$,$\tilde{\boldsymbol{s}}^{+2}$ 为模型 (ComD) 的可行解.

证明　(1) 如果模型 (ComD) 的最优解为 θ^1,$\boldsymbol{\lambda}^1$,λ_{n+1}^1,$\tilde{\boldsymbol{s}}^{-1}$,$\tilde{\boldsymbol{s}}^{+1}$, 则有

$$\begin{aligned}
&\sum_{j=1}^{n} x_{ij}^{(l)}\lambda_j^1 + s_i^{l-1} = \theta^1 x_{ij_0}^{(l)}, \quad l=1,2,\cdots,L_i, \quad i=1,2,\cdots,m,\\
&\sum_{j=1}^{n} y_{rj}^{(t)}\lambda_j^1 - s_r^{t+1} = y_{rj_0}^{(t)}, \quad t=1,2,\cdots,T_r, \quad r=1,2,\cdots,s,\\
&\delta_1\left(\sum_{j=1}^{n}\lambda_j^1 - \delta_2(-1)^{\delta_3}\lambda_{n+1}^1\right) = \delta_1,\\
&\sum_{l=1}^{L_i} a_i^l s_i^{l-1} \geqq 0, \quad i=1,2,\cdots,m,\\
&\sum_{t=1}^{T_r} b_r^t s_r^{t+1} \geqq 0, \quad r=1,2,\cdots,s,\\
&\lambda_j^1 \geqq 0, \quad j=1,2,\cdots,n+1.
\end{aligned}$$

由于 $a_i^l > 0$, $b_r^t > 0$, 可得

$$\sum_{j=1}^{n}\sum_{l=1}^{L_i}(a_i^l x_{ij}^{(l)})\lambda_j^1 + \sum_{l=1}^{L_i} a_i^l s_i^{l-1} = \theta^1 \sum_{l=1}^{L_i} a_i^l x_{ij_0}^{(l)}, \quad i=1,\cdots,m,$$

$$\sum_{j=1}^{n}\sum_{t=1}^{T_r}(b_r^t y_{rj}^{(t)})\lambda_j^1 - \sum_{t=1}^{T_r} b_r^t s_r^{t+1} = \sum_{t=1}^{T_r} b_r^t y_{rj_0}^{(t)}, \quad r=1,\cdots,s,$$

令

$$s_i^{-1} = \sum_{l=1}^{L_i} a_i^l s_i^{l-1}, \quad i=1,\cdots,m, \quad s_r^{+1} = \sum_{t=1}^{T_r} b_r^t s_r^{t+1}, \quad r=1,\cdots,s,$$

$$\boldsymbol{s}^{-1} = (s_1^{-1}, s_2^{-1}, \cdots, s_m^{-1}), \quad \boldsymbol{s}^{+1} = (s_1^{+1}, s_2^{+1}, \cdots, s_s^{+1}),$$

则 $\theta^1,\boldsymbol{\lambda}^1,\lambda_{n+1}^1,\boldsymbol{s}^{-1},\boldsymbol{s}^{+1}$ 是模型 (NJD) 的可行解.

(2) 如果模型 (NJD) 的最优解为 $\theta^0,\boldsymbol{\lambda}^0,\lambda_{n+1}^0,\boldsymbol{s}^{-0},\boldsymbol{s}^{+0}$, 则有

$$\begin{aligned}
&\sum_{j=1}^{n}\sum_{l=1}^{L_i}(a_i^l x_{ij}^{(l)})\lambda_j^0 + s_i^{-0} = \theta^0 \sum_{l=1}^{L_i} a_i^l x_{ij_0}^{(l)}, \quad i=1,\cdots,m,\\
&\sum_{j=1}^{n}\sum_{t=1}^{T_r}(b_r^t y_{rj}^{(t)})\lambda_j^0 - s_r^{+0} = \sum_{t=1}^{T_r} b_r^t y_{rj_0}^{(t)}, \quad r=1,\cdots,s,
\end{aligned}$$

$$\delta_1\left(\sum_{j=1}^{n}\lambda_j^0-\delta_2(-1)^{\delta_3}\lambda_{n+1}^0\right)=\delta_1,$$

$$s_i^{-0}\geqq 0,\quad i=1,2,\cdots,m,\quad s_r^{+0}\geqq 0,\quad r=1,2,\cdots,s,$$

$$\lambda_j^0\geqq 0,\quad j=1,2,\cdots,n+1.$$

令

$$s_i^{l-2}=\theta^0x_{ij_0}^{(l)}-\sum_{j=1}^{n}x_{ij}^{(l)}\lambda_j^0,\quad l=1,2,\cdots,L_i,\quad i=1,2,\cdots,m,$$

$$s_r^{t+2}=\sum_{j=1}^{n}y_{rj}^{(t)}\lambda_j^0-y_{rj_0}^{(t)},\quad t=1,2,\cdots,T_r,\quad r=1,2,\cdots,s,$$

可得

$$\sum_{j=1}^{n}x_{ij}^{(l)}\lambda_j^0+s_i^{l-2}=\theta^0x_{ij_0}^{(l)},\quad l=1,2,\cdots,L_i,\quad i=1,2,\cdots,m,$$

$$\sum_{j=1}^{n}y_{rj}^{(t)}\lambda_j^0-s_r^{t+2}=y_{rj_0}^{(t)},\quad t=1,2,\cdots,T_r,\quad r=1,2,\cdots,s,$$

$$\begin{aligned}\sum_{l=1}^{L_i}a_i^ls_i^{l-2}&=\sum_{l=1}^{L_i}a_i^l\left(\theta^0x_{ij_0}^{(l)}-\sum_{j=1}^{n}x_{ij}^{(l)}\lambda_j^0\right)\\&=\theta^0\sum_{l=1}^{L_i}a_i^lx_{ij_0}^{(l)}-\sum_{j=1}^{n}\sum_{l=1}^{L_i}(a_i^lx_{ij}^{(l)})\lambda_j^0=s_i^{-0}\geqq 0,\end{aligned}$$

$$\begin{aligned}\sum_{t=1}^{T_r}b_r^ts_r^{t+2}&=\sum_{t=1}^{T_r}b_r^t\left(\sum_{j=1}^{n}y_{rj}^{(t)}\lambda_j^0-y_{rj_0}^{(t)}\right)\\&=\sum_{j=1}^{n}\sum_{t=1}^{T_r}(b_r^ty_{rj}^{(t)})\lambda_j^0-\sum_{t=1}^{T_r}b_r^ty_{rj_0}^{(t)}=s_r^{+0}\geqq 0,\end{aligned}$$

可得 $\theta^0,\boldsymbol{\lambda}^0,\lambda_{n+1}^0,\tilde{\boldsymbol{s}}^{-2},\tilde{\boldsymbol{s}}^{+2}$ 为模型 (ComD) 的可行解. 证毕.

定理 7.3　假设模型 (ComD) 的最优解为 $\theta^1,\boldsymbol{\lambda}^1,\lambda_{n+1}^1,\tilde{\boldsymbol{s}}^{-1},\tilde{\boldsymbol{s}}^{+1}$, 模型 (NJD) 的最优解为 $\theta^0,\boldsymbol{\lambda}^0,\lambda_{n+1}^0,\boldsymbol{s}^{-0},\boldsymbol{s}^{+0}$, 则 $\theta^0=\theta^1$.

证明　假设 $\theta^1,\boldsymbol{\lambda}^1,\lambda_{n+1}^1,\tilde{\boldsymbol{s}}^{-1},\tilde{\boldsymbol{s}}^{+1}$ 为模型 (ComD) 的最优解, 由定理 7.2 可知, 如果令

$$s_i^{-1}=\sum_{l=1}^{L_i}a_i^ls_i^{l-1},\quad i=1,2,\cdots,m,\quad s_r^{+1}=\sum_{t=1}^{T_r}b_r^ts_r^{t+1},\quad r=1,2,\cdots,s,$$

$$\boldsymbol{s}^{-1}=(s_1^{-1},s_2^{-1},\cdots,s_m^{-1}),\quad \boldsymbol{s}^{+1}=(s_1^{+1},s_2^{+1},\cdots,s_s^{+1}),$$

则 $\theta^1,\boldsymbol{\lambda}^1,\lambda_{n+1}^1,\boldsymbol{s}^{-1},\boldsymbol{s}^{+1}$ 是模型 (NJD) 的可行解. 由于模型 (NJD) 的最优解为 $\theta^0,\boldsymbol{\lambda}^0,\ \lambda_{n+1}^0,\boldsymbol{s}^{-0},\boldsymbol{s}^{+0}$, 因此

$$\theta^1-\varepsilon\left(\sum_{i=1}^m s_i^{-1}+\sum_{r=1}^s s_r^{+1}\right)\geqq\theta^0-\varepsilon\left(\sum_{i=1}^m s_i^{-0}+\sum_{r=1}^s s_r^{+0}\right).$$

由于 ε 为非阿基米德无穷小量, 故有 $\theta^1\geqq\theta^0$.

反过来, 如果模型 (NJD) 的最优解为 $\theta^0,\boldsymbol{\lambda}^0,\ \lambda_{n+1}^0,\boldsymbol{s}^{-0},\boldsymbol{s}^{+0}$, 由定理 7.2 可知, 如果令

$$s_i^{l-2}=\theta^0x_{ij_0}^{(l)}-\sum_{j=1}^n x_{ij}^{(l)}\lambda_j^0,\quad l=1,2,\cdots,L_i,\quad i=1,2,\cdots,m,$$

$$s_r^{t+2}=\sum_{j=1}^n y_{rj}^{(t)}\lambda_j^0-y_{rj_0}^{(t)},\quad t=1,2,\cdots,T_r,\quad r=1,2,\cdots,s,$$

$$\tilde{\boldsymbol{s}}^{-2}=(s_1^{1-2},\cdots,s_1^{L_1-2},\cdots,s_m^{1-2},\cdots,s_m^{L_m-2}),$$

$$\tilde{\boldsymbol{s}}^{+2}=(s_1^{1+2},\cdots,s_1^{T_1+2},\cdots,s_s^{1+2},\cdots,s_s^{T_s+2}),$$

则有 $\theta^0,\boldsymbol{\lambda}^0,\lambda_{n+1}^0,\tilde{\boldsymbol{s}}^{-2},\tilde{\boldsymbol{s}}^{+2}$ 为模型 (ComD) 的可行解. 同理可得 $\theta^0\geqq\theta^1$. 由上可得 $\theta^0=\theta^1$, 证毕.

定理 7.3 表明模型 (ComD) 给出的决策单元效率值与模型 (NJD) 给出的效率值相等.

定理 7.4 决策单元 j_0 为 DEA 有效 (FZ) 当且仅当决策单元 j_0 为 DEA 有效 (NJ).

证明 (必要性) 若决策单元 j_0 为 DEA 有效 (FZ), 由定义 7.3 可知模型 (ComD) 的最优解 $\theta^1,\boldsymbol{\lambda}^1,\lambda_{n+1}^1,\tilde{\boldsymbol{s}}^{-1},\tilde{\boldsymbol{s}}^{+1}$ 满足 $\theta^1=1$ 且

$$\sum_{l=1}^{L_i} a_i^l s_i^{l-1}=0,\quad i=1,2,\cdots,m,\quad \sum_{t=1}^{T_r} b_r^t s_r^{t+1}=0,\quad r=1,2,\cdots,s.$$

因此, 模型 (ComD) 的最优值等于 1.

假设决策单元 j_0 不是 DEA 有效 (NJ) , 则由引理 7.2 和定理 7.3 可知模型 (NJD) 存在最优解 $\theta^0,\boldsymbol{\lambda}^0,\lambda_{n+1}^0,\boldsymbol{s}^{-0},\boldsymbol{s}^{+0}$ 满足 $\theta^0=\theta^1=1$, $(\boldsymbol{s}^{-0},\boldsymbol{s}^{+0})\neq\boldsymbol{0}$. 由定理 7.2 可知, 如果令

$$s_i^{l-2}=\theta^0x_{ij_0}^{(l)}-\sum_{j=1}^n x_{ij}^{(l)}\lambda_j^0,\quad l=1,2,\cdots,L_i,\quad i=1,2,\cdots,m,$$

$$s_r^{t+2}=\sum_{j=1}^{n}y_{rj}^{(t)}\lambda_j^0-y_{rj_0}^{(t)},\quad t=1,2,\cdots,T_r,\quad r=1,2,\cdots,s,$$

$$\tilde{\boldsymbol{s}}^{-2}=(s_1^{1-2},\cdots,s_1^{L_1-2},\cdots,s_m^{1-2},\cdots,s_m^{L_m-2}),$$

$$\tilde{\boldsymbol{s}}^{+2}=(s_1^{1+2},\cdots,s_1^{T_1+2},\cdots,s_s^{1+2},\cdots,s_s^{T_s+2}),$$

则 $\theta^0,\boldsymbol{\lambda}^0,\lambda_{n+1}^0,\tilde{\boldsymbol{s}}^{-2},\tilde{\boldsymbol{s}}^{+2}$ 为模型 (ComD) 的可行解, 但

$$\theta^0-\varepsilon\left(\sum_{i=1}^{m}\sum_{l=1}^{L_i}a_i^l s_i^{l-2}+\sum_{r=1}^{s}\sum_{t=1}^{T_r}b_r^t s_r^{t+2}\right)<1,$$

矛盾! 证毕.

(充分性) 若决策单元 j_0 为 DEA 有效 (NJ), 则由引理 7.2 可知模型 (NJD) 的最优解 $\theta^0,\boldsymbol{\lambda}^0,\lambda_{n+1}^0,\boldsymbol{s}^{-0},\boldsymbol{s}^{+0}$ 满足 $\theta^0=1$ 且 $\boldsymbol{s}^{-0}=\boldsymbol{0},\boldsymbol{s}^{+0}=\boldsymbol{0}$. 模型 (NJD) 的最优值等于 1.

假设决策单元 j_0 不是 DEA 有效 (FZ) , 则由定义 7.3 和定理 7.3 可知模型 (ComD) 存在最优解 $\theta^1,\boldsymbol{\lambda}^1,\lambda_{n+1}^1,\tilde{\boldsymbol{s}}^{-1},\tilde{\boldsymbol{s}}^{+1}$ 满足 $\theta^1=\theta^0=1$, 并且 $\sum\limits_{l=1}^{L_i}a_i^l s_i^{l-1},i=1,2,\cdots,m,\ \sum\limits_{t=1}^{T_r}b_r^t s_r^{t+1},\ r=1,2,\cdots,s$ 中至少有一个不为 0. 由定理 7.2 可知, 如果令

$$s_i^{-1}=\sum_{l=1}^{L_i}a_i^l s_i^{l-1},\quad i=1,2,\cdots,m,\quad s_r^{+1}=\sum_{t=1}^{T_r}b_r^t s_r^{t+1},\quad r=1,2,\cdots,s,$$

$$\boldsymbol{s}^{-1}=(s_1^{-1},s_2^{-1},\cdots,s_m^{-1}),\quad \boldsymbol{s}^{+1}=(s_1^{+1},s_2^{+1},\cdots,s_s^{+1}),$$

则 $\theta^1,\boldsymbol{\lambda}^1,\lambda_{n+1}^1,\boldsymbol{s}^{-1},\boldsymbol{s}^{+1}$ 是模型 (NJD) 的可行解. 但

$$\theta^1-\varepsilon\left(\sum_{i=1}^{m}s_i^{-1}+\sum_{r=1}^{s}s_r^{+1}\right)<1,$$

矛盾! 证毕.

定理 7.4 表明, 模型 (ComD) 与模型 (NJD) 给出的决策单元 j_0 的有效性相同.

定理 7.5　(1) 假设 $\theta^1,\boldsymbol{\lambda}^1,\lambda_{n+1}^1,\tilde{\boldsymbol{s}}^{-1},\tilde{\boldsymbol{s}}^{+1}$ 为模型 (ComD) 的最优解, 令

$$s_i^{-1}=\sum_{l=1}^{L_i}a_i^l s_i^{l-1},\quad i=1,2,\cdots,m,\quad s_r^{+1}=\sum_{t=1}^{T_r}b_r^t s_r^{t+1},\quad r=1,2,\cdots,s,$$

$$\boldsymbol{s}^{-1}=(s_1^{-1},s_2^{-1},\cdots,s_m^{-1}),\quad \boldsymbol{s}^{+1}=(s_1^{+1},s_2^{+1},\cdots,s_s^{+1}),$$

则 $\theta^1,\boldsymbol{\lambda}^1,\lambda_{n+1}^1,\boldsymbol{s}^{-1},\boldsymbol{s}^{+1}$ 是模型 (NJD) 的最优解.

(2) 假设 $\theta^0,\boldsymbol{\lambda}^0,\lambda_{n+1}^0,\boldsymbol{s}^{-0},\boldsymbol{s}^{+0}$ 为模型 (NJD) 的最优解, 令

$$s_i^{l-2}=\theta^0x_{ij_0}^{(l)}-\sum_{j=1}^{n}x_{ij}^{(l)}\lambda_j^0,\quad l=1,2,\cdots,L_i,\quad i=1,2,\cdots,m,$$

$$s_r^{t+2}=\sum_{j=1}^{n}y_{rj}^{(t)}\lambda_j^0-y_{rj_0}^{(t)},\quad t=1,2,\cdots,T_r,\quad r=1,2,\cdots,s,$$

$$\tilde{\boldsymbol{s}}^{-2}=(s_1^{1-2},\cdots,s_1^{L_1-2},\cdots,s_m^{1-2},\cdots,s_m^{L_m-2}),$$

$$\tilde{\boldsymbol{s}}^{+2}=(s_1^{1+2},\cdots,s_1^{T_1+2},\cdots,s_s^{1+2},\cdots,s_s^{T_s+2}),$$

则 $\theta^0,\boldsymbol{\lambda}^0,\lambda_{n+1}^0,\tilde{\boldsymbol{s}}^{-2},\tilde{\boldsymbol{s}}^{+2}$ 为模型 (ComD) 的最优解.

证明 (1) 反证法. 若 $\theta^1,\boldsymbol{\lambda}^1,\lambda_{n+1}^1,\tilde{\boldsymbol{s}}^{-1},\tilde{\boldsymbol{s}}^{+1}$ 为模型 (ComD) 的最优解, 则由定理 7.2 可知 $\theta^1,\boldsymbol{\lambda}^1,\lambda_{n+1}^1,\boldsymbol{s}^{-1},\boldsymbol{s}^{+1}$ 是模型 (NJD) 的可行解. 假设 $\theta^1,\boldsymbol{\lambda}^1,\lambda_{n+1}^1,\boldsymbol{s}^{-1},\boldsymbol{s}^{+1}$ 不是模型 (NJD) 的最优解, 则存在模型 (NJD) 的最优解 $\theta^0,\boldsymbol{\lambda}^0,\lambda_{n+1}^0,\boldsymbol{s}^{-0},\boldsymbol{s}^{+0}$ 使得

$$\theta^0-\varepsilon\left(\sum_{i=1}^{m}s_i^{-0}+\sum_{r=1}^{s}s_r^{+0}\right)<\theta^1-\varepsilon\left(\sum_{i=1}^{m}s_i^{-1}+\sum_{r=1}^{s}s_r^{+1}\right),$$

因此, 可知

$$\theta^0-\varepsilon\left(\sum_{i=1}^{m}s_i^{-0}+\sum_{r=1}^{s}s_r^{+0}\right)<\theta^1-\varepsilon\left(\sum_{i=1}^{m}\sum_{l=1}^{L_i}a_i^ls_i^{l-1}+\sum_{r=1}^{s}\sum_{t=1}^{T_r}b_r^ts_r^{t+1}\right).\tag{7.1}$$

同时, 由于 $\theta^0,\boldsymbol{\lambda}^0,\lambda_{n+1}^0,\boldsymbol{s}^{-0},\boldsymbol{s}^{+0}$ 是模型 (NJD) 的最优解, 令

$$s_i^{l-2}=\theta^0x_{ij_0}^{(l)}-\sum_{j=1}^{n}x_{ij}^{(l)}\lambda_j^0,\quad l=1,2,\cdots,L_i,\quad i=1,2,\cdots,m,$$

$$s_r^{t+2}=\sum_{j=1}^{n}y_{rj}^{(t)}\lambda_j^0-y_{rj_0}^{(t)},\quad t=1,2,\cdots,T_r,\quad r=1,2,\cdots,s,$$

$$\tilde{\boldsymbol{s}}^{-2}=(s_1^{1-2},\cdots,s_1^{L_1-2},\cdots,s_m^{1-2},\cdots,s_m^{L_m-2}),$$

$$\tilde{\boldsymbol{s}}^{+2}=(s_1^{1+2},\cdots,s_1^{T_1+2},\cdots,s_s^{1+2},\cdots,s_s^{T_s+2}),$$

则由定理 7.2 可知, $\theta^0,\boldsymbol{\lambda}^0,\lambda_{n+1}^0,\tilde{\boldsymbol{s}}^{-2},\tilde{\boldsymbol{s}}^{+2}$ 为模型 (ComD) 的可行解. 故有

$$\theta^1-\varepsilon\left(\sum_{i=1}^{m}\sum_{l=1}^{L_i}a_i^l s_i^{l-1}+\sum_{r=1}^{s}\sum_{t=1}^{T_r}b_r^t s_r^{t+1}\right)$$
$$\leqq \theta^0-\varepsilon\left(\sum_{i=1}^{m}\sum_{l=1}^{L_i}a_i^l\left(\theta^0 x_{ij_0}^{(l)}-\sum_{j=1}^{n}x_{ij}^{(l)}\lambda_j^0\right)+\sum_{r=1}^{s}\sum_{t=1}^{T_r}b_r^t\left(\sum_{j=1}^{n}y_{rj}^{(t)}\lambda_j^0-y_{rj_0}^{(t)}\right)\right),$$

由于

$$\theta^0-\varepsilon\left(\sum_{i=1}^{m}\sum_{l=1}^{L_i}a_i^l\left(\theta^0 x_{ij_0}^{(l)}-\sum_{j=1}^{n}x_{ij}^{(l)}\lambda_j^0\right)+\sum_{r=1}^{s}\sum_{t=1}^{T_r}b_r^t\left(\sum_{j=1}^{n}y_{rj}^{(t)}\lambda_j^0-y_{rj_0}^{(t)}\right)\right)$$
$$=\theta^0-\varepsilon\left(\sum_{i=1}^{m}\left(\theta^0\sum_{l=1}^{L_i}a_i^l x_{ij_0}^{(l)}-\sum_{j=1}^{n}\sum_{l=1}^{L_i}(a_i^l x_{ij}^{(l)})\lambda_j^0\right)\right.$$
$$\left.+\sum_{r=1}^{s}\left(\sum_{j=1}^{n}\sum_{t=1}^{T_r}(b_r^t y_{rj}^{(t)})\lambda_j^0-\sum_{t=1}^{T_r}b_r^t y_{rj_0}^{(t)}\right)\right)$$
$$=\theta^0-\varepsilon\left(\sum_{i=1}^{m}s_i^{-0}+\sum_{r=1}^{s}s_r^{+0}\right),$$

所以

$$\theta^1-\varepsilon\left(\sum_{i=1}^{m}\sum_{l=1}^{L_i}a_i^l s_i^{l-1}+\sum_{r=1}^{s}\sum_{t=1}^{T_r}b_r^t s_r^{t+1}\right)\leqq\theta^0-\varepsilon\left(\sum_{i=1}^{m}s_i^{-0}+\sum_{r=1}^{s}s_r^{+0}\right).$$

这与式 (7.1) 矛盾!

(2) 反证法. 如果 $\theta^0,\boldsymbol{\lambda}^0,\lambda_{n+1}^0,\boldsymbol{s}^{-0},\boldsymbol{s}^{+0}$ 为模型 (NJD) 的最优解, 由定理 7.2 可知 $\theta^0,\boldsymbol{\lambda}^0,\lambda_{n+1}^0,\tilde{\boldsymbol{s}}^{-2},\tilde{\boldsymbol{s}}^{+2}$ 是模型 (ComD) 的可行解, 假设 $\theta^0,\boldsymbol{\lambda}^0,\lambda_{n+1}^0,\tilde{\boldsymbol{s}}^{-2},\tilde{\boldsymbol{s}}^{+2}$ 不是模型 (ComD) 的最优解, 则存在模型 (ComD) 的最优解 $\theta^1,\boldsymbol{\lambda}^1,\lambda_{n+1}^1,\tilde{\boldsymbol{s}}^{-1},\tilde{\boldsymbol{s}}^{+1}$ 使得

$$\theta^1-\varepsilon\left(\sum_{i=1}^{m}\sum_{l=1}^{L_i}a_i^l s_i^{l-1}+\sum_{r=1}^{s}\sum_{t=1}^{T_r}b_r^t s_r^{t+1}\right)<\theta^0-\varepsilon\left(\sum_{i=1}^{m}\sum_{l=1}^{L_i}a_i^l s_i^{l-2}+\sum_{r=1}^{s}\sum_{t=1}^{T_r}b_r^t s_r^{t+2}\right),$$

由于

$$\theta^0-\varepsilon\left(\sum_{i=1}^{m}\sum_{l=1}^{L_i}a_i^l s_i^{l-2}+\sum_{r=1}^{s}\sum_{t=1}^{T_r}b_r^t s_r^{t+2}\right)$$
$$=\theta^0-\varepsilon\left(\sum_{i=1}^{m}\sum_{l=1}^{L_i}a_i^l\left(\theta^0 x_{ij_0}^{(l)}-\sum_{j=1}^{n}x_{ij}^{(l)}\lambda_j^0\right)+\sum_{r=1}^{s}\sum_{t=1}^{T_r}b_r^t\left(\sum_{j=1}^{n}y_{rj}^{(t)}\lambda_j^0-y_{rj_0}^{(t)}\right)\right)$$

$$
\begin{aligned}
&= \theta^0 - \varepsilon\left(\sum_{i=1}^{m}\left(\theta^0\sum_{l=1}^{L_i}a_i^l x_{ij_0}^{(l)} - \sum_{j=1}^{n}\sum_{l=1}^{L_i}(a_i^l x_{ij}^{(l)})\lambda_j^0\right)\right.\\
&\quad\left.+\sum_{r=1}^{s}\left(\sum_{j=1}^{n}\sum_{t=1}^{T_r}(b_r^t y_{rj}^{(t)})\lambda_j^0 - \sum_{t=1}^{T_r}b_r^t y_{rj_0}^{(t)}\right)\right)\\
&= \theta^0 - \varepsilon\left(\sum_{i=1}^{m}s_i^{-0} + \sum_{r=1}^{s}s_r^{+0}\right),
\end{aligned}
$$

因此, 可知

$$
\theta^1 - \varepsilon\left(\sum_{i=1}^{m}\sum_{l=1}^{L_i}a_i^l s_i^{l-1} + \sum_{r=1}^{s}\sum_{t=1}^{T_r}b_r^t s_r^{t+1}\right) < \theta^0 - \varepsilon\left(\sum_{i=1}^{m}s_i^{-0} + \sum_{r=1}^{s}s_r^{+0}\right). \quad (7.2)
$$

同时, 由于 $\theta^1,\boldsymbol{\lambda}^1,\lambda_{n+1}^1,\tilde{\boldsymbol{s}}^{-1},\tilde{\boldsymbol{s}}^{+1}$ 为模型 (ComD) 的最优解, 由定理 7.2 可知, 令

$$
s_i^{-1} = \sum_{l=1}^{L_i}a_i^l s_i^{l-1},\quad i=1,2,\cdots,m,\quad s_r^{+1} = \sum_{t=1}^{T_r}b_r^t s_r^{t+1},\quad r=1,2,\cdots,s,
$$

$$
\boldsymbol{s}^{-1} = (s_1^{-1}, s_2^{-1},\cdots,s_m^{-1}),\quad \boldsymbol{s}^{+1} = (s_1^{+1}, s_2^{+1},\cdots,s_s^{+1}),
$$

则 $\theta^1,\boldsymbol{\lambda}^1,\lambda_{n+1}^1,\boldsymbol{s}^{-1},\boldsymbol{s}^{+1}$ 是模型 (NJD) 的可行解. 故有

$$
\begin{aligned}
\theta^0 - \varepsilon\left(\sum_{i=1}^{m}s_i^{-0} + \sum_{r=1}^{s}s_r^{+0}\right) &\leqq \theta^1 - \varepsilon\left(\sum_{i=1}^{m}s_i^{-1} + \sum_{r=1}^{s}s_r^{+1}\right)\\
&= \theta^1 - \varepsilon\left(\sum_{i=1}^{m}\sum_{l=1}^{L_i}a_i^l s_i^{l-1} + \sum_{r=1}^{s}\sum_{t=1}^{T_r}b_r^t s_r^{t+1}\right),
\end{aligned}
$$

这与式 (7.2) 矛盾! 证毕.

以下证明决策单元的投影为 DEA 有效.

定理 7.6 设 $\theta^0,\boldsymbol{\lambda}^0,\lambda_{n+1}^0,\boldsymbol{s}^{-0},\boldsymbol{s}^{+0}$ 是模型 (NJD) 的最优解, 则决策单元 j_0 的投影 $((\hat{X}_1,\cdots,\hat{X}_m),(\hat{Y}_1,\cdots,\hat{Y}_s))$ 为 DEA 有效 (NJ).

证明 假设 $((\hat{X}_1,\cdots,\hat{X}_m),(\hat{Y}_1,\cdots,\hat{Y}_s))$ 不为 DEA 有效 (NJ), 则存在 θ^1, $\boldsymbol{\lambda}_0^1,\boldsymbol{\lambda}^1,\lambda_{n+1}^1$, $\boldsymbol{s}^{-1},\boldsymbol{s}^{+1}$ 使得 $\theta^1 \neq 1$ 或者 $\theta^1 = 1$, $(\boldsymbol{s}^{-1},\boldsymbol{s}^{+1}) \neq \boldsymbol{0}$. 由模型 (NJD) 的约束条件可知

$$
\hat{X}_i\lambda_0^1 + \sum_{j=1}^{n}\sum_{l=1}^{L_i}(a_i^l x_{ij}^{(l)})\lambda_j^1 + s_i^{-1} = \theta^1\hat{X}_i,\quad i=1,\cdots,m,
$$

$$\hat{Y}_r\lambda_0^1+\sum_{j=1}^{n}\sum_{t=1}^{T_r}(b_r^t y_{rj}^{(t)})\lambda_j^1-s_r^{+1}=\hat{Y}_r,\quad r=1,\cdots,s,$$

$$\delta_1\left(\lambda_0^1+\sum_{j=1}^{n}\lambda_j^1-\delta_2(-1)^{\delta_3}\lambda_{n+1}^1\right)=\delta_1.$$

由于

$$\hat{X}_i=\theta^0\sum_{l=1}^{L_i}a_i^l x_{ij_0}^{(l)}-s_i^{-0},\quad i=1,2,\cdots,m,$$

$$\hat{Y}_r=\sum_{t=1}^{T_r}b_r^t y_{rj_0}^{(t)}+s_r^{+0},\quad r=1,2,\cdots,s,$$

故得

$$\left(\theta^0\sum_{l=1}^{L_i}a_i^l x_{ij_0}^{(l)}-s_i^{-0}\right)\lambda_0^1+\sum_{j=1}^{n}\sum_{l=1}^{L_i}(a_i^l x_{ij}^{(l)})\lambda_j^1+s_i^{-1}$$

$$=\theta^1\left(\theta^0\sum_{l=1}^{L_i}a_i^l x_{ij_0}^{(l)}-s_i^{-0}\right),\quad i=1,\cdots,m,$$

$$\left(\sum_{t=1}^{T_r}b_r^t y_{rj_0}^{(t)}+s_r^{+0}\right)\lambda_0^1+\sum_{j=1}^{n}\sum_{t=1}^{T_r}(b_r^t y_{rj}^{(t)})\lambda_j^1-s_r^{+1}$$

$$=\sum_{t=1}^{T_r}b_r^t y_{rj_0}^{(t)}+s_r^{+0},\quad r=1,\cdots,s,$$

因此

$$\sum_{j=1}^{n}\sum_{l=1}^{L_i}(a_i^l x_{ij}^{(l)})\lambda_j^1+(s_i^{-1}+(1-\lambda_0^1)s_i^{-0})$$

$$\leqq(1-\lambda_0^1)\left(\theta^0\sum_{l=1}^{L_i}a_i^l x_{ij_0}^{(l)}\right),\quad i=1,\cdots,m,$$

$$\sum_{j=1}^{n}\sum_{t=1}^{T_r}(b_r^t y_{rj}^{(t)})\lambda_j^1-(s_r^{+1}+(1-\lambda_0^1)s_r^{+0})$$

$$=(1-\lambda_0^1)\sum_{t=1}^{T_r}b_r^t y_{rj_0}^{(t)},\quad r=1,\cdots,s,$$

所以

$$
\begin{aligned}
&\sum_{j=1}^{n}\sum_{l=1}^{L_i}(a_i^l x_{ij}^{(l)})(\lambda_j^1/(1-\lambda_0^1))+s_i^{-0}+(s_i^{-1}/(1-\lambda_0^1))\\
&\leqq \theta^0\sum_{l=1}^{L_i}a_i^l x_{ij_0}^{(l)},\quad i=1,\cdots,m,\\
&\sum_{j=1}^{n}\sum_{t=1}^{T_r}(b_r^t y_{rj}^{(t)})(\lambda_j^1/(1-\lambda_0^1))-s_r^{+0}-(s_r^{+1}/(1-\lambda_0^1))\\
&=\sum_{t=1}^{T_r}b_r^t y_{rj_0}^{(t)},\quad r=1,\cdots,s,
\end{aligned}
$$

$$
\delta_1\left(\sum_{j=1}^{n}(\lambda_j^1/(1-\lambda_0^1))-\delta_2(-1)^{\delta_3}(\lambda_{n+1}^1/(1-\lambda_0^1))\right)=\delta_1.
$$

令

$$
\bar{s}_i^-=\theta^0\sum_{l=1}^{L_i}a_i^l x_{ij_0}^{(l)}-\sum_{j=1}^{n}\sum_{l=1}^{L_i}(a_i^l x_{ij}^{(l)})(\lambda_j^1/(1-\lambda_0^1)),
$$

$$
\bar{s}_r^+=\sum_{j=1}^{n}\sum_{t=1}^{T_r}(b_r^t y_{rj}^{(t)})(\lambda_j^1/(1-\lambda_0^1))-\sum_{t=1}^{T_r}b_r^t y_{rj_0}^{(t)},
$$

可以验证 $\theta^0,\bar{\boldsymbol{s}}^-,\bar{\boldsymbol{s}}^+,\lambda_{n+1}^1/(1-\lambda_0^1),\lambda_j^1/(1-\lambda_0^1),j=1,2,\cdots,n$ 是模型 (NJD) 的可行解, 但

$$
\begin{aligned}
&\theta^0-\varepsilon\left(\sum_{i=1}^{m}\bar{s}_i^-+\sum_{r=1}^{s}\bar{s}_r^+\right)\\
&\leqq \theta^0-\varepsilon\left(\sum_{i=1}^{m}s_i^{-0}+\sum_{r=1}^{s}s_r^{+0}\right)-\varepsilon\left(\sum_{i=1}^{m}s_i^{-1}/(1-\lambda_0^1)+\sum_{r=1}^{s}s_r^{+1}/(1-\lambda_0^1)\right)\\
&<\theta^0-\varepsilon\left(\sum_{i=1}^{m}s_i^{-0}+\sum_{r=1}^{s}s_r^{+0}\right),
\end{aligned}
$$

这与假设 $\theta^0,\boldsymbol{\lambda}^0,\lambda_{n+1}^0,\boldsymbol{s}^{-0},\boldsymbol{s}^{+0}$ 是模型 (NJD) 的最优解矛盾! 证毕.

一般来说, 用于复杂系统评价的指标体系都比较庞大, 指标个数远远多于决策单元个数, 这有可能导致大部分决策单元均为 DEA 有效. 同时, 将不同层次的指标数据列入 DEA 模型或者选择的底层指标过多, 常常会导致评价结果过于强调次要因素的作用, 从而使得 DEA 方法的评价结果失去现实意义. 因此, 一般把

底层指标凝聚成若干综合指标后再应用 DEA 方法进行评价, 但这种处理方法只能求出针对上层指标的改进信息, 无法找到基于底层指标的改进信息. 上述讨论为决策者找到了基于底层指标的改进信息.

由定理 7.3 可知应用模型 (ComD) 获得的效率值和应用模型 (NJD) 获得的效率值相等. 即应用模型 (ComD) 可以获得模型 (NJD) 的效率评价结果. 同时, 由定理 7.5 可知, 如果

$$\Delta X_i = (1-\theta^0)\sum_{l=1}^{L_i} a_i^l x_{ij_0}^{(l)} + s_i^{-0},$$

$$\Delta Y_r = s_r^{+0}, \quad i=1,2,\cdots,m, \quad r=1,2,\cdots,s$$

为决策单元 j_0 的改进值, 令

$$s_i^{l-2} = \theta^0 x_{ij_0}^{(l)} - \sum_{j=1}^{n} x_{ij}^{(l)}\lambda_j^0, \quad l=1,2,\cdots,L_i, \quad i=1,2,\cdots,m,$$

$$s_r^{t+2} = \sum_{j=1}^{n} y_{rj}^{(t)}\lambda_j^0 - y_{rj_0}^{(t)}, \quad t=1,2,\cdots,T_r, \quad r=1,2,\cdots,s,$$

则决策单元 j_0 的改进值可以分解如下:

$$\Delta x_{ij_0}^{(l)} = (1-\theta^0)x_{ij_0}^{(l)} + s_i^{l-2}, \quad l=1,2,\cdots,L_i, \quad i=1,2,\cdots,m,$$

$$\Delta y_{rj_0}^{(t)} = s_r^{t+2}, \quad t=1,2,\cdots,T_r, \quad r=1,2,\cdots,s,$$

由定理 7.6 可知, 通过该底层指标的调整, 可以使决策单元 j_0 在改进后达到 DEA 有效 (NJ).

7.3 用于复杂系统资源优化配置模型的拓展

为了进一步拓展复杂系统资源优化配置模型的应用范围, 以下将评价的样本集拓展到更一般的情况, 由于篇幅所限, 有关样本集的确定方法参见文献 [33] 和文献 [34].

假设另选 $\bar{n}$ 个样本单元作为评价的参照样本, 其中 $\bar{x}_{ij}^{(l)}$ 表示第 j 个样本单元的第 i 个输入指标的第 l 个底层指标值, $\bar{y}_{rj}^{(t)}$ 表示第 j 个样本单元的第 r 个输出指标的第 t 个底层指标值, 且 $\bar{x}_{ij}^{(l)}$ 和 $\bar{y}_{rj}^{(t)}$ 均为正数. 其他符号含义不变, 则对第 $p(1 \leqq p \leqq n)$ 个决策单元有以下模型:

$$
(\text{G-Com})\begin{cases}
\min \theta-\varepsilon\left(\sum\limits_{i=1}^{m}\sum\limits_{l=1}^{L_i}a_i^l s_i^{l-}+\sum\limits_{r=1}^{s}\sum\limits_{t=1}^{T_r}b_r^t s_r^{t+}\right),\\
\text{s.t. } \sum\limits_{j=1}^{\bar{n}}\bar{x}_{ij}^{(l)}\lambda_j+s_i^{l-}=\theta x_{ip}^{(l)}, l=1,2,\cdots,L_i, i=1,2,\cdots,m,\\
\sum\limits_{j=1}^{\bar{n}}\bar{y}_{rj}^{(t)}\lambda_j-s_r^{t+}=y_{rp}^{(t)}, t=1,2,\cdots,T_r, r=1,2,\cdots,s,\\
\delta_1\left(\sum\limits_{j=1}^{\bar{n}}\lambda_j-\delta_2(-1)^{\delta_3}\lambda_{\bar{n}+1}\right)=\delta_1,\\
\sum\limits_{l=1}^{L_i}a_i^l s_i^{l-}\geqq 0, i=1,2,\cdots,m,\\
\sum\limits_{t=1}^{T_r}b_r^t s_r^{t+}\geqq 0, r=1,2,\cdots,s,\\
\lambda_j\geqq 0, j=1,2,\cdots,\bar{n}+1,
\end{cases}
$$

这里

$$
\tilde{\boldsymbol{\lambda}}=(\lambda_1,\lambda_2,\cdots,\lambda_{\bar{n}}),
$$

$$
\tilde{\boldsymbol{s}}^-=(s_1^{1-},\cdots,s_1^{L_1-},\cdots,s_m^{1-},\cdots,s_m^{L_m-}),
$$

$$
\tilde{\boldsymbol{s}}^+=(s_1^{1+},\cdots,s_1^{T_1+},\cdots,s_s^{1+},\cdots,s_s^{T_s+}).
$$

定义 7.5 如果模型 (G-Com) 的最优解 $\theta^0,\tilde{\boldsymbol{\lambda}}^0,\lambda_{\bar{n}+1}^0,\tilde{\boldsymbol{s}}^{-0},\tilde{\boldsymbol{s}}^{+0}$ 满足以下条件之一:

(1) $\theta^0=1$ 且 $\sum\limits_{l=1}^{L_i}a_i^l s_i^{l-0}=0, i=1,2,\cdots,m, \sum\limits_{t=1}^{T_r}b_r^t s_r^{t+0}=0, r=1,2,\cdots,s;$

(2) $\theta^0>1;$

(3) 模型 (G-Com) 无可行解.

则称决策单元 p 为 G-DEA 有效.

定义 7.6 假设模型 (G-Com) 的最优解为 $\theta^0,\tilde{\boldsymbol{\lambda}}^0,\lambda_{\bar{n}+1}^0,\tilde{\boldsymbol{s}}^{-0},\tilde{\boldsymbol{s}}^{+0}$, 令

$$
\tilde{x}_{ip}^{(l)}=\theta^0 x_{ip}^{(l)}-s_i^{l-0},\quad l=1,2,\cdots,L_i,\quad i=1,2,\cdots,m,
$$

$$
\tilde{y}_{rp}^{(t)}=y_{rp}^{(t)}+s_r^{t+0},\quad t=1,2,\cdots,T_r,\quad r=1,2,\cdots,s,
$$

则称

$$
((\tilde{x}_{1p}^{(1)},\cdots,\tilde{x}_{1p}^{(L_1)},\cdots,\tilde{x}_{mp}^{(1)},\cdots,\tilde{x}_{mp}^{(L_m)}),(\tilde{y}_{1p}^{(1)},\cdots,\tilde{y}_{1p}^{(T_1)},\cdots,\tilde{y}_{sp}^{(1)},\cdots,\tilde{y}_{sp}^{(T_s)}))
$$

为决策单元 p 在样本有效面上的"投影".

令

$$\Delta x_{ip}^{(l)} = x_{ip}^{(l)} - \tilde{x}_{ip}^{(l)}, \quad \Delta y_{rp}^{(t)} = \tilde{y}_{rp}^{(t)} - y_{rp}^{(t)},$$

则其含义如下:

(1) 如果 $\Delta x_{ip}^{(l)} > 0$ (或 $\Delta x_{ip}^{(l)} < 0$), 则表示和样本单元相比, 决策单元 p 在第 i 个输入指标的第 l 种底层指标上的投入过大 (或投入过小).

(2) 如果 $\Delta y_{rp}^{(t)} > 0$ (或 $\Delta y_{rp}^{(t)} < 0$), 则表示和样本单元相比, 决策单元 p 在第 r 个输出指标的第 t 种底层指标上的输出亏空 (或存在的优势).

7.4 中国副省级城市的经济与社会发展效率分析

为了进行比较研究, 以下对中国 15 个副省级城市 2015 年的经济与社会发展数据进行相关分析. 其中, 15 个副省级城市包括沈阳、大连、长春、哈尔滨、南京、杭州、宁波、厦门、济南、青岛、武汉、广州、深圳、成都、西安. 决策者希望从经济发展、科技进步、社会生活和生态保护等较为宏观的层面对各个城市的经济与社会发展效率做出全面的评估, 并且能获得更加微观的调整信息, 这样更有利于制定更为具体的改进方案和对策.

7.4.1 指标选取与权重确定

由于决策者的评价目标是希望从经济发展、科技进步、社会生活和生态保护等几个方面对中国城市的经济与社会发展效率进行综合考察. 因此, 本章从这几个方面出发, 参照文献 [35] 和文献 [36] 中有关经济与社会发展指标体系的设计方法, 选取全社会劳动人数 (I_1) 和固定资产投资总额 (I_2) 作为输入指标. 选取经济综合指数 (O_1)、科技综合指数 (O_2)、社会生活综合指数 (O_3) 和生态综合指数 (O_4) 作为宏观层面的输出指标, 且认为这四个方面的重要性相同. 而在微观层面上, 选取 GDP (O_1^1) 和人均 GDP (O_1^2) 作为反映经济目标的指标; 选取科技人员占总人口比重 (O_2^1) 和专利申请数 (O_2^2) 作为反映科技目标的指标; 选取职工平均工资占生活支出的比重 (O_3^1) 和人均居住面积 (O_3^2) 作为反映社会生活目标的指标; 选取建成区绿化覆盖率 (O_4^1) 、工业废水排放量 (O_4^2) 、工业废气排放量 (O_4^3) 和工业固体废物产生量 (O_4^4) 作为反映生态目标的指标. 各指标之间的输入输出关系以及指标权重如图 7.3 所示.

由于各指标的单位不同, 数量差距较大. 因此, 以下先对相关数据进行归一化处理, 令

$$x_{ij}^{\prime(l)} = x_{ij}^{(l)} / \max_{1 \leq k \leq n} \{x_{ik}^{(l)}\}, \quad y_{rj}^{\prime(t)} = y_{rj}^{(t)} / \max_{1 \leq k \leq n} \{y_{rk}^{(t)}\}.$$

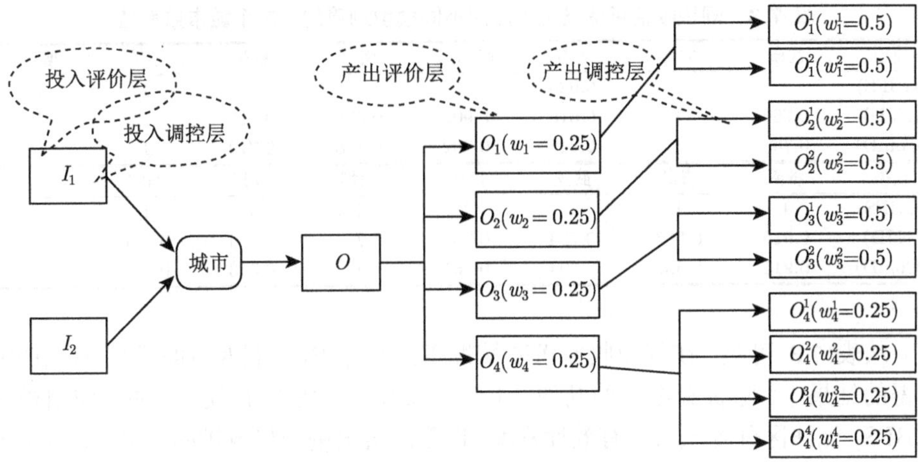

图 7.3 评价指标体系关系与权重选择

由于第 j 个城市的输入指标为

$$x_{1j}^{\prime(1)}=x_{1j}^{(1)}/\max_{1\leqq k\leqq n}\{x_{1k}^{(1)}\},\quad x_{2j}^{\prime(1)}=x_{2j}^{(1)}/\max_{1\leqq k\leqq n}\{x_{2k}^{(1)}\}.$$

所以取

$$a_1^1=1/\max_{1\leqq k\leqq n}\{x_{1k}^{(1)}\},\quad a_2^1=1/\max_{1\leqq k\leqq n}\{x_{2k}^{(1)}\},$$

由于第 j 个城市的总输出指标 (y_j) 中, 经济综合指数在宏观层面的 4 个指标中的权重 w_1 为 0.25, 而 GDP 在反映经济综合指数的两个指标中的权重 w_1^1 为 0.5. 因此, 记 GDP 对输出 (y_j) 的总权重为 $w_1w_1^1=0.25\times0.5$.

$$\begin{aligned}
y_j&=w_1w_1^1y_{1j}^{(1)}/\max_{1\leqq k\leqq 15}\{y_{1k}^{(1)}\}+w_1w_1^2y_{1j}^{(2)}/\max_{1\leqq k\leqq 15}\{y_{1k}^{(2)}\}\\
&\quad+\cdots+w_4w_4^4y_{4j}^{(4)}/\max_{1\leqq k\leqq 15}\{y_{4k}^{(4)}\}\\
&=\left(w_1w_1^1/\max_{1\leqq k\leqq 15}\{y_{1k}^{(1)}\}\right)y_{1j}^{(1)}+\left(w_1w_1^2/\max_{1\leqq k\leqq 15}\{y_{1k}^{(2)}\}\right)y_{1j}^{(2)}\\
&\quad+\cdots+\left(w_4w_4^4/\max_{1\leqq k\leqq 15}\{y_{4k}^{(4)}\}\right)y_{4j}^{(4)}.
\end{aligned}\tag{7.3}$$

所以取

$$b_1^1=w_1w_1^1/\max_{1\leqq k\leqq 15}\{y_{1k}^{(1)}\},b_1^2=w_1w_1^2/\max_{1\leqq k\leqq 15}\{y_{1k}^{(2)}\},\cdots,b_4^4=w_4w_4^4/\max_{1\leqq k\leqq 15}\{y_{4k}^{(4)}\}.$$

7.4.2 决策单元的有效性测评结果比较

应用模型 (CBFS)、模型 (NJD) 和模型 (ComD) 可以测算出 15 个城市的效率值, 如表 7.3 所示.

表 7.3　规模收益可变情况下应用不同模型测算的 15 个城市效率值

模型	沈阳	大连	长春	哈尔滨	南京	杭州	宁波	厦门
(CBFS)	1	1	0.923	1	1	1	1	1
(NJD)	0.762	1	0.815	0.902	0.838	0.719	1	1
(ComD)	0.762	1	0.815	0.902	0.838	0.719	1	1
模型	济南	青岛	武汉	广州	深圳	成都	西安	
(CBFS)	1	1	1	1	1	1	1	
(NJD)	0.915	0.687	0.704	0.761	1	0.553	0.811	
(ComD)	0.915	0.687	0.704	0.761	1	0.553	0.811	

从表 7.3 可见, 在规模收益可变情况下, 应用 BC^2 模型 (即模型 (CBFS)) 测得的结果中, 除长春之外的其他 14 个城市均为 DEA 有效. 因此, 应用模型 (CBFS) 无法区分各城市的有效性程度, 也无法给出进一步改进的信息. 而应用模型 (NJD) 和模型 (ComD) 测得的结果中只有深圳、大连、厦门、宁波四个城市为 DEA 有效, 而其他 11 个城市均无效, 其有效性次序为

深圳、厦门、大连、宁波 > 济南 > 哈尔滨 > 南京 > 长春 > 西安 > 沈阳 > 广州 > 杭州 > 武汉 > 青岛 > 成都.

7.4.3　决策单元的投影分析结果比较

在规模收益可变情况下, 对于表 7.3 中的效率值, 应用定义 7.1、定义 7.2 和定义 7.4 的公式可以进一步得到 15 个城市的投影值, 如表 7.4 所示.

从表 7.4 可以看出, 应用模型 (CBFS) 给出的改进值中, 除长春外其余城市的改进值均为 0; 应用模型 (NJD) 只能给出集成指标的改进信息, 却无法给出原始指标的改进信息. 而模型 (ComD) 可以给出原始指标的改进信息. 比如, 对于西安市测得的效率值为 0.811, 和最优目标值 1 还有一定的差距. 需要调整的方向为全社会劳动人数冗余 62 万人, 固定资产投资冗余 962.7 亿元, GDP 和人均 GDP 的不足量分别是 1333.1 亿元和 3.83 万元, 科技人员占总人口比重需要再增加 0.75%. 主要的优势表现在职工平均工资占生活支出的比重相对较高、专利申请数相对较大. 因此, 西安市的改进方向是努力提高资源的使用效率和 GDP 的产出量, 提高科技人员的引进力度、加大职工的进修和培训, 进而提高科技人员的占比. 同时, 尽管专利申请数较大, 但 GDP 的产出存在较大不足, 因此, 应努力提高科技成果转化的力度.

从长春的改进信息来看, 模型 (CBFS) 只能给出决策单元的不足, 而模型 (ComD) 既可以给出决策单元的不足, 也能给出决策单元存在的优势.

此外, 从表 7.5 可以看出, 广州市是经济大市, 在 GDP 和人均 GDP 上具有绝对的优势, 与有效水平相比超出 39.79%和 12.29%; 但在劳动人员效率和固定资产投资效率方面还有待进一步提高, 特别是科技人员占总人口比重过低, 这也

印证了劳动人员效率较低现象的存在, 也是导致应用模型 (ComD) 测算的广州市经济效率不是很高的原因.

表 7.4 规模收益可变情况下应用不同模型获得的 15 个城市的指标改进值

改进值	模型	1 沈阳	2 大连	3 长春	4 哈尔滨	5 南京	6 杭州	7 宁波	8 厦门
I_1/万人	(CBFS)	0	0	23.30	0	0	0	0	0
	(NJD)	—	—	—	—	—	—	—	—
	(ComD)	72.80	0	56.10	24.30	86.60	150.60	0.00	0.00
I_2/亿元	(CBFS)	0	0	679.10	0	0	0	0	0
	(NJD)	—	—	—	—	—	—	—	—
	(ComD)	1266.70	0	799.70	448.60	1113.30	1562.90	0	0
O_1^1/亿元	(CBFS)	0	0	796.30	0	0	0	0	0
	(NJD)	—	—	—	—	—	—	—	—
	(ComD)	−325.80	0	554.70	1322.20	−192.50	−2203.00	0	0
O_1^2/元	(CBFS)	0	0	15983.50	0	0	0	0	0
	(NJD)	—	—	—	—	—	—	—	—
	(ComD)	18858	0	29519	48522	−6871	−8350	0	0
O_2^1/%	(CBFS)	0	0	0.11	0	0	0	0	0
	(NJD)	—	—	—	—	—	—	—	—
	(ComD)	0.59	0	0.80	0.34	0.41	0.83	0	0
O_2^2/件	(CBFS)	0	0	4301.80	0	0	0	0	0
	(NJD)	—	—	—	—	—	—	—	—
	(ComD)	−4998	0	2631	−14025	3177	−3012	0	0
O_3^1/%	(CBFS)	0	0	51.40	0	0	0	0	0
	(NJD)	—	—	—	—	—	—	—	—
	(ComD)	22.20	0	42.70	8.60	−39.10	19.10	0	0
O_3^2/平方米	(CBFS)	0	0	0	0	0	0	0	0
	(NJD)	—	—	—	—	—	—	—	—
	(ComD)	−7.86	0	−5.36	2.70	0.66	1.60	0	0
O_4^1/%	(CBFS)	0	0	1.89	0	0	0	0	0
	(NJD)	—	—	—	—	—	—	—	—
	(ComD)	2.29	0	4.94	8.95	−5.10	−1.12	0	0
O_4^2/万吨	(CBFS)	0	0	0	0	0	0	0	0
	(NJD)	—	—	—	—	—	—	—	—
	(ComD)	−10.24	0	−12.39	−19.09	5.11	6.23	0	0
O_4^3/亿标立方米	(CBFS)	0	0	5.73	0	0	0	0	0
	(NJD)	—	—	—	—	—	—	—	—
	(ComD)	−0.83	0	4.47	4.65	17.71	−11.40	0	0
O_4^4/万吨	(CBFS)	0	0	0	0	0	0	0	0
	(NJD)	—	—	—	—	—	—	—	—
	(ComD)	0	0	0	8.37	0	−0.01	0	0

改进值	模型	9 济南	10 青岛	11 武汉	12 广州	13 深圳	14 成都	15 西安
I_1/万人	(CBFS)	0	0	0	0	0	0	0
	(NJD)	—	—	—	—	—	—	—
	(ComD)	24.90	131.90	131.70	165.90	0	346.40	62.00

续表

改进值	模型	9 济南	10 青岛	11 武汉	12 广州	13 深圳	14 成都	15 西安
I_2/亿元	(CBFS)	0	0	0	0	0	0	0
	(NJD)	—	—	—	—	—	—	—
	(ComD)	298.60	2051.90	3158.10	1294.50	0	3105.40	962.70
O_1^1/亿元	(CBFS)	0	0	0	0	0	0	0
	(NJD)	—	—	—	—	—	—	—
	(ComD)	−522.20	−1467.90	−2985.40	−7201.50	0	−2270	1333.10
O_1^2/元	(CBFS)	0	0	0	0	0	0	0
	(NJD)	—	—	—	—	—	—	—
	(ComD)	14057	3542	790	−16742	0	33907	38275
O_2^1/%	(CBFS)	0	0	0	0	0	0	0
	(NJD)	—	—	—	—	—	—	—
	(ComD)	0.94	1.03	0.79	2.10	0	1.12	0.75
O_2^2/件	(CBFS)	0	0	0	0	0	0	0
	(NJD)	—	—	—	—	—	—	—
	(ComD)	308	−13267	4518	3734	0	7072	−36348
O_3^1/%	(CBFS)	0	0	0	0	0	0	0
	(NJD)	—	—	—	—	—	—	—
	(ComD)	−13.20	−6.70	35.10	25.00	0	−68.20	−23.40
O_3^2/平方米	(CBFS)	0	0	0	0	0	0	0
	(NJD)	—	—	—	—	—	—	—
	(ComD)	−5.71	3.56	−0.36	1.97	0	−4.20	−0.04
O_4^1/%	(CBFS)	0	0	0	0	0	0	0
	(NJD)	—	—	—	—	—	—	—
	(ComD)	3.05	1.88	−2.22	−1.17	0	0.13	0.02
O_4^2/万吨	(CBFS)	0	0	0	0	0	0	0
	(NJD)	—	—	—	—	—	—	—
	(ComD)	−12.71	−6.48	−7.97	1.20	0	−0.85	−5.60
O_4^3/亿标立方米	(CBFS)	0	0	0	0	0	0	0
	(NJD)	—	—	—	—	—	—	—
	(ComD)	−2.29	−9.14	−10.79	−7.22	0	−5.43	−1.29
O_4^4/万吨	(CBFS)	0	0	0	0	0	0	0
	(NJD)	—	—	—	—	—	—	—
	(ComD)	0	0	0	4.76	0	−0.01	1.91

注: 产出指标中, 正数表示产出不足的数量, 负数表示产出好于投影单元的数量.

表 7.5 2015 年广州市的指标数据与改进值

指标	广州市指标值	15 个城市中的最大值	广州市指标改进值	改进值占指标值百分比
全社会劳动人数/万人	693.20	906.19	165.90	23.93%
固定资产投资总额/亿元	5405.95	7680.87	1294.50	23.95%
GRP/亿元	18100.41	18100.41	−7201.50	−39.79%
人均 GRP(常住)/元	136188	157985	−16742.10	−12.29%
科技人员占总人口比重/%	7.78	5.81	2.10	271.10%
职工平均工资占生活支出比重/%	227.04	316.72	25.00	11.01%

注: 产出指标中, 正数表示产出不足的数量, 负数表示产出好于投影单元的数量.

由于这里分析的是经济与社会的综合结果, 而且把经济、科技、社会生活和生态环境放在同等重要位置去考虑而得出的结果. 从表 7.5 可以看出, 广州市的科技人员占总人口比重过低, 只有 0.775%, 想要达到有效程度需要提高到 2.8% 以上, 但与深圳市的 5.8%比这个值也并不是很高. 因此, 综合看广州市的效率不高也是合理的. 当然如果决策者提高经济指标的权重或者单纯从经济目标去分析, 广州市的效率会有较大的提高.

总之, 模型 (ComD) 在评价复杂系统有效性方面不仅能有效区分各城市的效率值大小, 而且也能指出各城市的不足和优势, 具有比较重要的现实意义.

7.5 结 束 语

复杂系统存在于经济与社会发展的许多方面, 对它的研究意义重大. 尽管 DEA 方法在处理复杂系统问题方面获得了许多进展, 但也遇到了一些无法回避的困难. 本章提出的方法不仅具有传统 DEA 方法的优点, 而且还很好地克服了 DEA 方法在处理复杂系统问题时存在的一些缺陷, 为应用 DEA 方法评价多层次复杂系统问题提供了可行的思路和办法. 当然, 该方面的研究才刚刚开始, 许多问题还有待进一步研究. 比如, 指标权重的确定方法等, 还有待丰富和发展.

参考文献

[1] Charnes A, Cooper W W, Rhodes E. Measuring the efficiency of decision making units [J]. European Journal of Operational Research, 1978, 2(6): 429-444.

[2] Wei Q L, Yu G, Lu S J. The necessary and sufficient conditions for returns to scale properties in generalized data envelopment analysis model [J]. Science in China Series E: Technological Science, 2002, 45(5): 503-517.

[3] Banker R D, Charnes A, Cooper W W. Some models for estimating technical and scale inefficiencies in data envelopment analysis [J]. Management Science, 1984, 30(9): 1078-1092.

[4] Färe R, Grosskopf S. A nonparametric cost approach to scale efficiency [J]. Scandinavian Journal of Economics, 1985, 87(4): 594-604.

[5] Seiford L M, Thrall R M. Recent developments in DEA: The mathematical programming approach to frontier analysis [J]. Journal of Economics, 1990, 46(1/2): 7-38.

[6] Asmild M, Paradi J C, Pastor J T. Centralized resource allocation BCC models [J]. Omega, 2009, 37(1): 40-49.

[7] Lozano S, Villa G. Centralized resource allocation using data envelopment analysis [J]. Journal of Productivity Analysis, 2004, 22(1): 143-161.

[8] Liang L, Yang F, Cook W D, et al. DEA models for supply chain efficiency evaluation [J]. Annals of Operations Research, 2006, 145(1): 35-49.

[9] 马占新, 任慧龙. 一种基于样本的综合评价方法及其在 FSA 中的应用研究 [J]. 系统工程理论与实践, 2003, 23(2): 95-100.

[10] 马占新. 样本数据包络面的研究与应用 [J]. 系统工程理论与实践, 2003, 23(12): 32-37, 58.

[11] Ma Z X, Zhang H J, Cui X H. Study on the combination efficiency of industrial enterprises [C]. Proceedings of International Conference on Management of Technology, Australia: Aussino Academic Publishing House, 2007 : 225-230.

[12] 马占新, 郑雪琳, 安建业, 等. 一种含有中性指标的数据包络分析方法 [J]. 系统工程理论与实践, 2017, 37(2): 418-430.

[13] 马生昀, 马占新. 基于 C^2W 模型的广义数据包络分析方法 [J]. 系统工程理论与实践, 2014, 34(4): 899-909.

[14] 马占新. 数据包络分析方法的研究进展 [J]. 系统工程与电子技术, 2002, 24(3): 42-46.

[15] Cooper W W, Seiford L M, Zhu J. Handbook on Data Envelopment Analysis [M]. Boston: Kluwer Academic Publishers, 2004.

[16] Cooper W W, Seiford L M, Thanassoulis E, et al. DEA and its uses in different countries [J]. European Journal of Operational Research, 2004, 154(2): 337-344.

[17] Yang T, Kuo C. A hierarchical AHP/DEA methodology for the facilities layout design problem [J]. European Journal of Operational Research, 2003, 147(1): 128-136.

[18] Ramanathan R. Supplier selection problem: Integrating DEA with the approaches of total cost of ownership and AHP [J]. Supply Chain Management, 2007, 12(4): 258-261.

[19] Lin M, Lee Y, Ho T. Applying integrated DEA/AHP to evaluate the economic performance of local governments in China [J]. European Journal of Operational Research, 2011, 209(2): 129-140.

[20] Raut R D. Environmental performance: A hybrid method for supplier selection using AHP-DEA [J]. International Journal of Business Insights & Transformation, 2011, 5(1): 16-29.

[21] Chen T Y. Measuring firm performance with DEA and prior information in Taiwan's banks [J]. Applied Economics Letters, 2002, 9(3): 201-204.

[22] Jablonsky J. Measuring the efficiency of production units by AHP models [J]. Mathematical & Computer Modelling, 2007 , 46(7/8): 1091-1098

[23] Ho C B, Oh K B. Selecting internet company stocks using a combined DEA and AHP approach [J]. International Journal of Systems Science, 2010, 41(3): 325-336.

[24] Villa G. Multi objective target setting in data envelopment analysis using AHP [J]. Computers & Operations Research, 2009, 36(2): 549-564.

[25] Shang J, Sueyoshi T. Theory and methodology-a unified framework for the selection of a flexible manufacturing system [J]. European Journal of Operational Research, 1995, 85(2): 297-315.

[26] Premachandra I M. Controlling factor weights in data envelopment analysis by Incorporating decision maker's value judgement: An approach based on AHP [J]. International Journal of Information & Management Sciences, 2001, 12(2): 67-82.

[27] Takamura Y, Tone K. A comparative site evaluation study for relocating Japanese

government agencies out of Tokyo [J]. Socio-Economic Planning Sciences, 2003, 37(2): 85-102.
[28] Kong W H, Fu T T. Assessing the performance of business colleges in Taiwan using data envelopment analysis and student based value-added performance indicators [J]. Omega, 2012, 40(5): 541-549.
[29] Feng Y J, Lu H, Bi K. An AHP/DEA method for measurement of the efficiency of R&D management activities in universities [J]. International Transactions in Operational Research, 2010, 11(2): 181-191.
[30] Saen R F, Memariani A, Lotfi F H. Determining relative efficiency of slightly non-homogeneous decision making units by data envelopment analysis: A case study in IROST [J]. Applied Mathematics & Computation, 2005, 165(2): 313-328.
[31] Liu C C, Chen C Y. Incorporating value judgments into data envelopment analysis to improve decision quality for organization [J]. Journal of American Academy of Business, Cambridge , 2004, 5(1/2): 423-427.
[32] 马占新. 关于若干 DEA 模型与方法研究 [D]. 大连: 大连理工大学, 1999.
[33] 马占新. 广义参考集 DEA 模型及其相关性质 [J]. 系统工程与电子技术, 2012, 34(4): 709-714.
[34] 马占新. 数据包络分析 (第二卷): 广义数据包络分析方法 [M]. 北京: 科学出版社, 2012.
[35] 王宗军, 冯珊. 我国计划单列城市整体发展水平的多目标多层次模糊综合评价研究 [J]. 系统工程与电子技术, 1993, 15(8): 29-40.
[36] 邓志刚, 汪星明, 李宝山, 等. 社会经济系统工程 [M]. 北京: 中国人民大学出版社, 1994.

第 8 章 基于效率博弈的决策单元合作与竞争策略分析

数据包络分析方法在评价决策单元 (decision making units, DMU) 基于效率的合作与竞争方面发挥了重要作用, 但如何更加系统和全面地分析决策单元群体的策略和动态影响仍需进一步研究. 本章基于广义 DEA 方法和博弈理论, 提出了一种适用于决策单元群体博弈策略与影响的优化模型. 该模型不仅能有效刻画某种合作与竞争博弈后决策单元的效率变化, 而且还可以得到各种博弈关系对个体与群体单元产生的影响. 这对决策者寻找合作伙伴、掌控区域内竞争对象的合作与竞争态势具有积极意义. 最后, 本章应用所提出的方法分析某地区 9 家快递企业的合作与竞争关系.

DEA 方法作为一种重要的非参数效率评价方法 [1], 在评价决策单元有效性方面发挥着重要作用. 其中, 在基于效率的合作与竞争关系分析方面, DEA 方法也有许多重要工作. 早在 1980 年, 文献 [2] 将博弈论与 DEA 方法相结合, 提出了一种用于评价决策单元之间竞争关系的无约束二人零和有限博弈模型. 之后, 文献 [3] 提出有约束二人零和有限博弈模型, 弥补和完善了前期模型的不足. 并且, 后续研究中也出现了很多基于二人零和博弈框架的效率评价模型, 如文献 [4] 提出的二人零和有限博弈模型、文献 [5] 提出的二人零和连续无限博弈模型以及文献 [6] 提出的有约束二人零和无限博弈模型等. 而有关 DEA 方法在群体效率博弈方面的研究却很少见. 其中, 文献 [7] 曾对多人博弈的效率问题进行研究, 并基于决策单元之间的联盟对决策单元进行了属性分类. 在此基础上, 文献 [8] 将多人博弈与 DEA 方法相结合, 提出了 DEA 博弈模型, 这些模型的提出为决策单元之间效率博弈的应用奠定了基础.

目前, 有关效率博弈方面的研究均基于传统 DEA 理论开展的. 如文献 [9] 将交叉效率模型与非合作博弈相结合, 提出了 DEA 博弈交叉效率模型. 在此基础上, 文献 [10] 提出规模收益可变情形下的 DEA 博弈交叉效率模型. 后来, 文献 [11] 和文献 [12] 在两阶段 DEA 模型的基础上, 使用博弈论的概念进行了扩展研究. 因此, 基于已有的研究成果, 本章将广义 DEA 方法与博弈理论相结合, 提出一种适用于决策单元群体博弈策略的优化模型. 通过该模型不仅能有效刻画某种合作与竞争博弈后决策单元的效率变化, 而且还可以得到各种博弈关系对个体与群体单元产生的影响. 这对决策者寻找合作伙伴、掌控区域内竞争对象的合作与竞争态势具有积极意义. 最后, 本章将应用该方法对某地区 9 家快递企业的合作与竞争关系进行相关分析.

8.1 单方主导下的合作与竞争策略分析

在一些复杂的管理决策中, 最终的决策方案往往是由少数人主导的, 且方案制定的目标也各不相同. 比如, 一个优秀的领导者常常会提出一个有利于每位成员发展的决策方案, 以获得更多成员的支持. 当然, 现实中也有一些情况与此不同. 比如, 有些主导者为了打击其竞争对手, 可能会与另一些成员形成利益联盟. 同样, 受打击的成员之间也会形成联盟进行反制. 因此, 针对上述问题, 下面先分析单方主导下的竞争压力问题与合作伙伴选择问题.

假设某单位或部门具有 n 个决策单元, 每个决策单元都有 m 种输入和 s 种输出. 其中, 第 p 个决策单元的输入指标向量为 $\boldsymbol{x}_p=(x_{1p},x_{2p},\cdots,x_{mp})^{\mathrm{T}}$, 输出指标向量为 $\boldsymbol{y}_p=(y_{1p},y_{2p},\cdots,y_{sp})^{\mathrm{T}}$, 输入指标权重为 $\boldsymbol{\omega}=(\omega_1,\omega_2,\cdots,\omega_m)^{\mathrm{T}}$, 输出指标权重为 $\boldsymbol{\mu}=(\mu_1,\mu_2,\cdots,\mu_s)^{\mathrm{T}}$.

8.1.1 单方主导下决策单元益损分析

假设 DMU_p 是唯一具有决策权的决策者, DMU_k 为其竞争者, 他们之间的关系如图 8.1 所示. 其中, DMU_p 的目标是希望在自身效率值最大的情况下, 选定适合的权重, 使 DMU_k 的效率下降幅度最大. 下面以 $\mathrm{C^2R}$ 模型为例进行讨论.

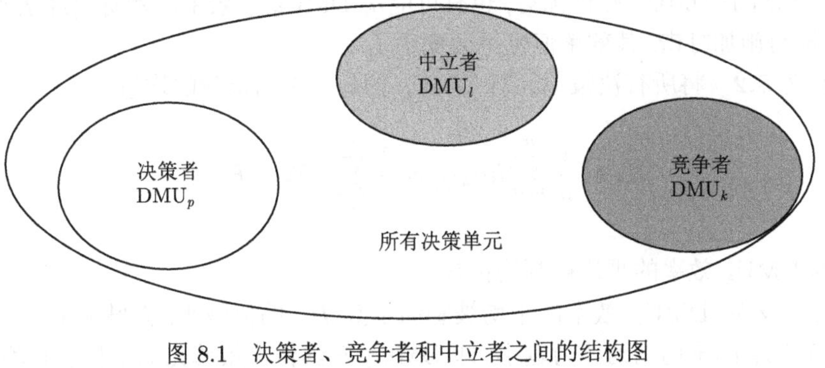

图 8.1 决策者、竞争者和中立者之间的结构图

首先, 应用模型 $(\mathrm{C^2R_1})$ 可以获得 DMU_p 的效率值 E_p 和 DMU_k 的效率值 E_k.

$$
(\mathrm{C^2R_1})\begin{cases}E_{j_0}=\max \boldsymbol{\mu}^{\mathrm{T}}\boldsymbol{y}_{j_0},\\ \text{s.t.}\ \ \boldsymbol{\omega}^{\mathrm{T}}\boldsymbol{x}_j-\boldsymbol{\mu}^{\mathrm{T}}\boldsymbol{y}_j\geqq 0,\ j=1,2,\cdots,n,\\ \qquad \boldsymbol{\omega}^{\mathrm{T}}\boldsymbol{x}_{j_0}=1,\\ \qquad \boldsymbol{\omega}\geqq \mathbf{0},\boldsymbol{\mu}\geqq \mathbf{0}.\end{cases}
$$

然后, 应用模型 $(\mathrm{C^2R_{Ga1}})$ 可以求出 DMU_p 的效率值最大情况下 DMU_k 的最低效率值 $E_{k(p)}$.

$$
(\mathrm{C^2R_{Ga1}})\begin{cases}E_{k(p)}=\min \boldsymbol{\mu}^{\mathrm{T}}\boldsymbol{y}_k,\\ \text{s.t.}\ \ \boldsymbol{\omega}^{\mathrm{T}}\boldsymbol{x}_j-\boldsymbol{\mu}^{\mathrm{T}}\boldsymbol{y}_j\geqq 0,\ j=1,2,\cdots,n,\\ \qquad \boldsymbol{\omega}^{\mathrm{T}}\boldsymbol{x}_k=1,\\ \qquad \boldsymbol{\mu}^{\mathrm{T}}\boldsymbol{y}_p-E_p\boldsymbol{\omega}^{\mathrm{T}}\boldsymbol{x}_p\geqq 0,\\ \qquad \boldsymbol{\omega}\geqq \mathbf{0},\boldsymbol{\mu}\geqq \mathbf{0}.\end{cases}
$$

下面给出决策者 DMU_p 对竞争对手 DMU_k 的效率制约指数 $(hit_{k(p)})$ 的定义.

定义 8.1　若 E_k 是应用模型 $(\mathrm{C^2R_1})$ 获得的 DMU_k 的效率值, $E_{k(p)}$ 是模型 $(\mathrm{C^2R_{Ga1}})$ 的最优值, 则定义

$$
hit_{k(p)}=E_k-E_{k(p)}
$$

为决策者 DMU_p 对竞争对手 DMU_k 的效率制约指数.

不难发现, $hit_{k(p)}$ 的值越大表明 DMU_p 对 DMU_k 的潜在制约能力越强. 如果 $hit_{k(p)}=0$, 则意味着 DMU_p 无法实现对 DMU_k 的有效制约. 但这并不意味着 DMU_k 相对于 DMU_p 存在优势, 也有可能是 DMU_k 的效率值本身已经达到了最低值, 即再施加打击, 其效率值也不会变小了.

定义 8.2　将所有决策单元对 DMU_k 的效率制约指数的均值

$$
H_k=\frac{1}{n}\sum_{j=1}^{n}hit_{k(j)}=\frac{1}{n}\sum_{j=1}^{n}(E_k-E_{k(j)})
$$

定义为 DMU_k 效率的平均被制约指数.

容易发现, DMU_k 效率的平均被制约指数 H_k 的值越小, 意味着其他决策单元对 DMU_k 的平均制约能力越小, 即 DMU_k 对其他决策单元的干扰越具稳定性.

定义 8.3　对于 DMU_k, 定义

$$
A_k=E_k-H_k
$$

为 DMU_k 的抗干扰能力.

DMU_k 的抗干扰能力表示在受到来自其他单元的制约和干扰后 DMU_k 效率的平均状况.

定义 8.4 对于 DMU_p, 若

$$hit_{j_0(p)}=\max_{j\in\{1,2,\cdots,n\}} hit_{j(p)},$$

则称 DMU_{j_0} 为 DMU_p 的最受制约单元.

对 DMU_p 而言, 总存在一个 DMU_{j_0} 使得 DMU_p 对它的制约力度最大.

上述定义可以通过例 8.1 进行进一步说明.

例 8.1 假设一个地区或组织中共有 5 个决策单元, 各决策单元的输入输出指标数据如表 8.1 所示.

表 8.1 5 个决策单元的输入和输出数据

决策单元	DMU_1	DMU_2	DMU_3	DMU_4	DMU_5
输入 1	3	2	9	8	1
输入 2	4	3	6	8	6
输出 1	1	2	5	4	3

为了进一步分析决策单元的效率状况、平均被制约指数、抗干扰能力以及最受制约单元, 本章通过编写相关 MATLAB 程序对各决策单元的相关指标进行了计算, 计算结果如表 8.2 所示.

表 8.2 单方主导下各决策单元的相关指数测算结果

决策单元	DMU_1	DMU_2	DMU_3	DMU_4	DMU_5
效率值	0.3659	1	1	0.6818	1
平均被制约指数	0.0653	0.1733	0.1865	0.1272	0.1506
抗干扰能力	0.3006	0.8267	0.8135	0.5546	0.8494
抗干扰能力排序	5	2	3	4	1
最受制约单元	DMU_5	DMU_5	DMU_5	DMU_5	DMU_3

表 8.2 给出了各决策单元可能受到的来自竞争者的干扰和抵御干扰的能力. 比如, DMU_2 的效率值相对较高, 效率取值为 1; 而其效率的平均被制约指数为 0.1733, 这表明在受其他单元的制约和干扰时, DMU_2 的效率值下降 0.1733. 并且, DMU_2 具有较强的抗击外部干扰的能力, 其抗干扰能力指数取值为 0.8267, 在所有决策单元中排名第二. 此外, DMU_2 对 DMU_5 的干扰力度最大, 即 DMU_2 的干扰对 DMU_5 的影响最大.

8.1.2 单方主导下决策单元最优合作伙伴选择

假设所有决策单元的集合为

$$S=\{\mathrm{DMU}_1, \mathrm{DMU}_2, \cdots, \mathrm{DMU}_n\},$$

DMU_p 和 DMU_k 分别为 S 中的决策者和竞争者. 其中, DMU_k 为了缓解来自 DMU_p 的制约和干扰, 准备与 S 中的其他决策单元进行合作形成联盟体来提升团体效率和整体抗干扰能力.

1. 基于效率为目标的联盟

基于效率为目标的联盟是指竞争者 DMU_k 在 S 中寻找合作伙伴, 以使联盟体的规模和效率均得到提高, 从而对抗来自外部的制约和干扰.

令 $I=\{1,2,\cdots,n\}$, 可以构造以下模型:

$$(\mathrm{C^2R_{Ga2}})\left\{\begin{array}{l} E_{kj_0}=\max\limits_{j\in I\backslash\{k,p\}}\max\limits_{\boldsymbol{\omega},\boldsymbol{\mu}}\ \boldsymbol{\mu}^{\mathrm{T}}(\boldsymbol{y}_j+\boldsymbol{y}_k),\\ \text{s.t.}\ \ \boldsymbol{\omega}^{\mathrm{T}}\boldsymbol{x}_l-\boldsymbol{\mu}^{\mathrm{T}}\boldsymbol{y}_l\geqq 0,\ l\in I\backslash\{j,k\},\\ \qquad \boldsymbol{\omega}^{\mathrm{T}}(\boldsymbol{x}_j+\boldsymbol{x}_k)-\boldsymbol{\mu}^{\mathrm{T}}(\boldsymbol{y}_j+\boldsymbol{y}_k)\geqq 0,\\ \qquad \boldsymbol{\omega}^{\mathrm{T}}(\boldsymbol{x}_j+\boldsymbol{x}_k)=1,\\ \qquad \boldsymbol{\omega}\geqq \mathbf{0},\boldsymbol{\mu}\geqq \mathbf{0}. \end{array}\right.$$

定义 8.5 假设 E_{kj_0} 为模型 $(\mathrm{C^2R_{Ga2}})$ 的最优值, 则称 DMU_{j_0} 为 DMU_k 在 DMU_p 制约下的最优效率合作伙伴.

从定义 8.5 可以看出, DMU_k 与 DMU_{j_0} 合作后, 联盟体的效率是最优的.

2. 基于抗干扰的联盟

基于抗干扰为目标的联盟是指竞争者 DMU_k 在 S 中寻找合作伙伴, 以使联盟体的规模和抗干扰能力均得到提高, 从而对抗来自外部的制约和干扰.

$$(\mathrm{C^2R_{Ga3}})\left\{\begin{array}{l} H_{kj_0}=\max\limits_{j\in I\backslash\{k,p\}}\min\limits_{\boldsymbol{\omega},\boldsymbol{\mu}}\ \boldsymbol{\mu}^{\mathrm{T}}(\boldsymbol{y}_j+\boldsymbol{y}_k),\\ \text{s.t.}\ \ \boldsymbol{\omega}^{\mathrm{T}}\boldsymbol{x}_l-\boldsymbol{\mu}^{\mathrm{T}}\boldsymbol{y}_l\geqq 0,\ l\in I\backslash\{j,k\},\\ \qquad \boldsymbol{\omega}^{\mathrm{T}}(\boldsymbol{x}_j+\boldsymbol{x}_k)-\boldsymbol{\mu}^{\mathrm{T}}(\boldsymbol{y}_j+\boldsymbol{y}_k)\geqq 0,\\ \qquad \boldsymbol{\omega}^{\mathrm{T}}(\boldsymbol{x}_j+\boldsymbol{x}_k)=1,\\ \qquad \boldsymbol{\mu}^{\mathrm{T}}\boldsymbol{y}_p-E_p\boldsymbol{\omega}^{\mathrm{T}}\boldsymbol{x}_p\geqq 0,\\ \qquad \boldsymbol{\omega}\geqq \mathbf{0},\boldsymbol{\mu}\geqq \mathbf{0}. \end{array}\right.$$

定义 8.6 假设 H_{kj_0} 为模型 $(\mathrm{C^2R_{Ga3}})$ 的最优值, 则称 DMU_{j_0} 为 DMU_k 的最佳抗干扰合作伙伴.

从定义 8.6 可以看出, DMU_k 与 DMU_{j_0} 合作后, 联盟体的抗干扰能力是最强的. 以下通过例 8.2 对上述定义加以说明.

例 8.2 为了抵御竞争者可能带来的制约和干扰, 每个决策单元都可以选择合适的合作伙伴以应对竞争带来的不利影响. 下面以表 8.1 中的 5 个决策单元为例, 分析在各种制约和干扰下, 各决策单元应如何选择最佳抗干扰合作伙伴问题.

应用模型 (C^2R_{Ga3}) 可计算出各决策单元的最佳抗干扰合作伙伴, 如表 8.3 所示. 其中, 第 1 列为主导单元, 第 1 行为竞争单元.

表 8.3 各决策单元的最佳抗干扰合作伙伴选择结果

DMU_p \ DMU_k	DMU_1	DMU_2	DMU_3	DMU_4	DMU_5
DMU_1	—	DMU_3	DMU_2	DMU_3	DMU_2
DMU_2	DMU_3	—	DMU_5	DMU_3	DMU_3
DMU_3	DMU_2	DMU_5	—	DMU_2	DMU_2
DMU_4	DMU_3	DMU_3	DMU_2	—	DMU_2
DMU_5	DMU_3	DMU_3	DMU_2	DMU_3	—

由表 8.3 中的结果可以找到每个决策单元的最佳抗干扰合作伙伴. 比如, 表中第 3 行第 2 列为 DMU_3, 这表示在 DMU_2 主导决策的情况下, 竞争单元 DMU_1 的最佳抗干扰合作伙伴是 DMU_3.

8.1.3 单方主导下决策单元联盟意愿分析

根据上述分析, 在 DMU_p 主导决策的情况下, DMU_k 虽然能够找到有利于自身的最佳合作伙伴, 但对方未必愿意与之合作. 换句话说, 这种合作可能只是一厢情愿. 因此, 还需要进一步研究其他决策单元与 DMU_k 联盟的意愿问题:

$$
(C^2R_{Ga4})\begin{cases} E_{jk} = \max \boldsymbol{\mu}^T(\boldsymbol{y}_j + \boldsymbol{y}_k), \\ \text{s.t. } \boldsymbol{\omega}^T\boldsymbol{x}_l - \boldsymbol{\mu}^T\boldsymbol{y}_l \geqq 0, l \in I\backslash\{j,k\}, \\ \quad\ \ \boldsymbol{\omega}^T(\boldsymbol{x}_j + \boldsymbol{x}_k) - \boldsymbol{\mu}^T(\boldsymbol{y}_j + \boldsymbol{y}_k) \geqq 0, \\ \quad\ \ \boldsymbol{\omega}^T(\boldsymbol{x}_j + \boldsymbol{x}_k) = 1, \\ \quad\ \ \boldsymbol{\omega} \geqq \boldsymbol{0}, \boldsymbol{\mu} \geqq \boldsymbol{0}. \end{cases}
$$

定义 8.7 (1) 若 $E_{jk} \geqq E_{j(p)}, E_{jk} \geqq E_{k(p)}$, $E_{jk} > (E_{j(p)} + E_{k(p)})/2$, 则称 DMU_k 为 DMU_j 的优先合作伙伴.

(2) 若 $\max\{E_{j(p)}, E_{k(p)}\} \geqq E_{jk} \geqq (E_{j(p)} + E_{k(p)})/2$, 则称 DMU_k 为 DMU_j 的潜在合作伙伴.

(3) 若 $E_{jk} < (E_{j(p)} + E_{k(p)})/2$, 则称 DMU_k 为 DMU_j 的不可行合作伙伴.

定义 8.7 表明: DMU_j 的优先合作伙伴是指那些合作后双方效率值均得到提高的决策单元; DMU_j 的潜在合作伙伴是指那些合作后双方效率值没有得到同时

提高, 但合作后的效率值不小于双方效率平均水平的决策单元; DMU_j 的不可行伙伴是指那些合作后的效率小于双方效率平均值的决策单元.

其实, 也可以用 H_{jk} 代替 E_{jk} 来进行分析, H_{jk} 可用模型 $(\mathrm{C^2R_{Ga5}})$ 获得.

$$
(\mathrm{C^2R_{Ga5}})\begin{cases}
H_{jk}=\min \boldsymbol{\mu}^{\mathrm{T}}(\boldsymbol{y}_j+\boldsymbol{y}_k),\\
\text{s.t.}\ \ \boldsymbol{\omega}^{\mathrm{T}}\boldsymbol{x}_l-\boldsymbol{\mu}^{\mathrm{T}}\boldsymbol{y}_l \geqq 0, l\in I\backslash\{j,k\},\\
\qquad \boldsymbol{\omega}^{\mathrm{T}}(\boldsymbol{x}_j+\boldsymbol{x}_k)-\boldsymbol{\mu}^{\mathrm{T}}(\boldsymbol{y}_j+\boldsymbol{y}_k)\geqq 0,\\
\qquad \boldsymbol{\omega}^{\mathrm{T}}(\boldsymbol{x}_j+\boldsymbol{x}_k)=1,\\
\qquad \boldsymbol{\mu}^{\mathrm{T}}\boldsymbol{y}_p-E_p\boldsymbol{\omega}^{\mathrm{T}}\boldsymbol{x}_p\geqq 0,\\
\qquad \boldsymbol{\omega}\geqq \mathbf{0},\boldsymbol{\mu}\geqq \mathbf{0}.
\end{cases}
$$

以下通过例 8.3 对上述定义加以说明.

例 8.3 试求单方主导下, 表 8.1 中各决策单元的不同类型合作伙伴.

应用模型 $(\mathrm{C^2R_{Ga4}})$ 可求出各决策单元的不同类型合作伙伴, 如表 8.4 所示.

表 8.4 单方主导下各决策单元的不同类型合作伙伴选择情况

	DMU_1	DMU_2	DMU_3	DMU_4	DMU_5
DMU_1	—	(-), (3,4,5), (-)	(-), (4,5), (2)	(-), (3,5), (2)	(-), (3,4), (2)
DMU_2	(-), (-), (3,4,5)	—	(-), (-), (1,4,5)	(-), (-), (1,3,5)	(-), (-), (1,3,4)
DMU_3	(-), (5), (2,4)	(5), (1), (4)	—	(-), (1), (2,5)	(-), (1,4), (2)
DMU_4	(-), (-), (2,3,5)	(-), (1), (3,5)	(5), (1), (2)	—	(-), (1,3), (2)
DMU_5	(-), (3), (2,4)	(-), (1), (3,4)	(4), (1), (2)	(-), (1,3), (2)	—

其中, 第 4 行第 2 列中的 "(-)" 表示, 在 DMU_3 的主导决策和干扰下, 竞争单元 DMU_1 没有优先合作伙伴; "(5)" 表示在 DMU_3 的主导决策和干扰下, DMU_5 是竞争单元 DMU_1 的潜在合作伙伴, 即 DMU_1 与 DMU_5 合作后的效率值不低于这两个单元的平均效率值; "(2,4)" 表示在 DMU_3 的主导决策和干扰下, DMU_2 和 DMU_4 是竞争单元 DMU_1 的不可行合作伙伴, 即 DMU_1 与 DMU_2 和 DMU_4 合作后的效率值均低于合作前两个单元的平均效率值. 表中其他位置的数据解释也与上述表述类似.

8.2 多方合作博弈条件下的最优策略选择

在很多现实博弈问题中, 拥有决策权的主体可能不止一个, 多个具有决策权的主体可以构成一个联盟, 如图 8.2 所示. 下面在 8.1 节的基础上, 进一步探讨多方合作博弈条件下的最优策略选择问题.

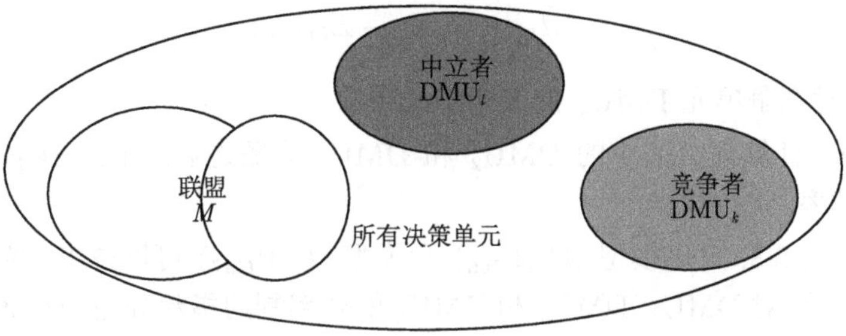

图 8.2 联盟、竞争者和中立者之间的结构图

8.2.1 多方合作博弈条件下决策单元益损分析

以下主要考虑当多个决策单元形成具有决策权的联盟, 并在使联盟效率最大的情况下, 联盟者选定适合的权重使竞争者的效率值尽可能地降低.

设 M 是形成联盟的决策单元的下标集合, $j \in I\backslash M$, $M \subseteq I$, 则有以下模型:

$$
(\mathrm{C^2R_{Ga6}})\begin{cases}
\tilde{E}_j = \max \boldsymbol{\mu}^{\mathrm{T}}\boldsymbol{y}_j, \\
\text{s.t.}\ \ \boldsymbol{\omega}^{\mathrm{T}}\boldsymbol{x}_l - \boldsymbol{\mu}^{\mathrm{T}}\boldsymbol{y}_l \geqq 0,\ l \in I\backslash M, \\
\qquad \boldsymbol{\omega}^{\mathrm{T}}\left(\displaystyle\sum_{p\in M}\boldsymbol{x}_p\right) - \boldsymbol{\mu}^{\mathrm{T}}\left(\displaystyle\sum_{p\in M}\boldsymbol{y}_p\right) \geqq 0, \\
\qquad \boldsymbol{\omega}^{\mathrm{T}}\boldsymbol{x}_j = 1, \\
\qquad \boldsymbol{\omega} \geqq \mathbf{0}, \boldsymbol{\mu} \geqq \mathbf{0}.
\end{cases}
$$

在模型 $(\mathrm{C^2R_{Ga6}})$ 中用 $\left(\displaystyle\sum_{p\in M}\boldsymbol{x}_p, \sum_{p\in M}\boldsymbol{y}_p\right)$ 代替 $(\boldsymbol{x}_j, \boldsymbol{y}_j)$ 可计算出联盟 M 的效率 E_M. 进一步, 可以给出具有决策权的联盟 M 在保证联盟效率不变小的情况下, 对 DMU$_k$ 最不利权重的模型:

$$
(\mathrm{C^2R_{Ga7}})\begin{cases}
E_{k(M)} = \min \boldsymbol{\mu}^{\mathrm{T}}\boldsymbol{y}_k, \\
\text{s.t.}\ \ \boldsymbol{\omega}^{\mathrm{T}}\boldsymbol{x}_l - \boldsymbol{\mu}^{\mathrm{T}}\boldsymbol{y}_l \geqq 0,\ l \in I\backslash M, \\
\qquad \boldsymbol{\omega}^{\mathrm{T}}\boldsymbol{x}_k = 1, \\
\qquad \boldsymbol{\mu}^{\mathrm{T}}\left(\displaystyle\sum_{p\in M}\boldsymbol{y}_p\right) - E_M\boldsymbol{\omega}^{\mathrm{T}}\left(\displaystyle\sum_{p\in M}\boldsymbol{x}_p\right) \geqq 0, \\
\qquad \boldsymbol{\omega} \geqq \mathbf{0}, \boldsymbol{\mu} \geqq \mathbf{0}.
\end{cases}
$$

定义 8.8 如果 $E_{k(M)}$ 是模型 $(\mathrm{C^2R_{Ga7}})$ 的最优值, 则定义

$$hit_{k(M)} = \tilde{E}_k - E_{k(M)}$$

为联盟 M 对竞争单元 DMU_k 的效率制约指数.

例 8.4 计算表 8.1 中的 DMU_2 和 DMU_3 联盟之后, 对 DMU_1, DMU_4 和 DMU_5 的效率制约指数.

基于定义 8.8, 应用模型 ($\mathrm{C^2R_{Ga6}}$) 和模型 ($\mathrm{C^2R_{Ga7}}$) 可以得出, 当 DMU_2 和 DMU_3 联盟后, 对 DMU_1, DMU_4 和 DMU_5 的效率制约指数分别为 0.3659, 0.6818 和 0.8824. 这说明, DMU_2 和 DMU_3 构成联盟后, 对 DMU_5 的干扰最大.

8.2.2 多方主导下决策单元最优联盟伙伴选择

当联盟 M 拥有决策权时, 针对非联盟成员 $\mathrm{DMU}_k(k \in I\backslash M)$ 如何在其他非联盟成员中寻找最佳抗干扰合作伙伴这一问题, 可以给出以下模型 ($\mathrm{C^2R_{Ga8}}$).

$$(\mathrm{C^2R_{Ga8}})\begin{cases} E_{kj_0}^M = \max\limits_{j \in I\backslash(M\cup\{k\})} \min\limits_{\omega,\mu} \boldsymbol{\mu}^{\mathrm{T}}(\boldsymbol{y}_j + \boldsymbol{y}_k), \\ \text{s.t.} \ \ \boldsymbol{\omega}^{\mathrm{T}}\boldsymbol{x}_l - \boldsymbol{\mu}^{\mathrm{T}}\boldsymbol{y}_l \geqq 0, l \in I\backslash(M \cup \{j,k\}), \\ \qquad \boldsymbol{\omega}^{\mathrm{T}}(\boldsymbol{x}_j + \boldsymbol{x}_k) - \boldsymbol{\mu}^{\mathrm{T}}(\boldsymbol{y}_j + \boldsymbol{y}_k) \geqq 0, \\ \qquad \boldsymbol{\omega}^{\mathrm{T}}(\boldsymbol{x}_j + \boldsymbol{x}_k) = 1, \\ \qquad \boldsymbol{\mu}^{\mathrm{T}}\left(\sum\limits_{p\in M} \boldsymbol{y}_p\right) - E_M\boldsymbol{\omega}^{\mathrm{T}}\left(\sum\limits_{p\in M} \boldsymbol{x}_p\right) \geqq 0, \\ \qquad \boldsymbol{\omega} \geqq \boldsymbol{0}, \boldsymbol{\mu} \geqq \boldsymbol{0}. \end{cases}$$

定义 8.9 假设 $E_{kj_0}^M$ 为模型 ($\mathrm{C^2R_{Ga8}}$) 的最优值, 则称 DMU_{j_0} 为在联盟 M 的制约下 DMU_k 的最佳抗干扰合作伙伴.

例 8.5 试求表 8.1 中, 在 DMU_2 和 DMU_3 的联合制约下, 非联盟成员 DMU_1 的最佳抗干扰合作伙伴.

通过应用模型 ($\mathrm{C^2R_{Ga8}}$) 可以得出, 在 DMU_2 和 DMU_3 的联合制约下, 非联盟成员 DMU_1 与 DMU_4 和 DMU_5 合作后的效率值分别为 0.5814 和 0.6522. 因此, DMU_5 是 DMU_1 的最佳抗干扰合作伙伴. 显而易见, 通过 DMU 的合并可以有效地提高 DMU 的抗多人制约的能力.

8.2.3 多方主导下决策单元联盟意愿分析

当联盟 M 拥有决策权时, DMU_k 虽然能够找到最佳合作伙伴, 但对方未必愿意与之合作. 因此, 其他非联盟单元与 DMU_k 联盟的意愿问题需要进一步分析.

$$
(\mathrm{C^2R_{Ga9}})\left\{\begin{array}{l}
E_{jk}^{M}=\min \boldsymbol{\mu}^{\mathrm{T}}(\boldsymbol{y}_j+\boldsymbol{y}_k),\\
\text{s.t.}\ \ \boldsymbol{\omega}^{\mathrm{T}}\boldsymbol{x}_l-\boldsymbol{\mu}^{\mathrm{T}}\boldsymbol{y}_l \geqq 0,\ l\in I\backslash(M\cup\{j,k\}),\\
\qquad \boldsymbol{\omega}^{\mathrm{T}}(\boldsymbol{x}_j+\boldsymbol{x}_k)-\boldsymbol{\mu}^{\mathrm{T}}(\boldsymbol{y}_j+\boldsymbol{y}_k)\geqq 0,\\
\qquad \boldsymbol{\omega}^{\mathrm{T}}(\boldsymbol{x}_j+\boldsymbol{x}_k)=1,\\
\qquad \boldsymbol{\mu}^{\mathrm{T}}\left(\sum\limits_{p\in M}\boldsymbol{y}_p\right)-E_M\boldsymbol{\omega}^{\mathrm{T}}\left(\sum\limits_{p\in M}\boldsymbol{x}_p\right)\geqq 0,\\
\qquad \boldsymbol{\omega}\geqq \mathbf{0},\boldsymbol{\mu}\geqq \mathbf{0}.
\end{array}\right.
$$

定义 8.10 (1) 若 $E_{jk}^M \geqq E_{j(M)}$,$E_{jk}^M \geqq E_{k(M)}$,$E_{jk}^M > (E_{j(M)}+E_{k(M)})/2$, 则称 DMU_k 为 DMU_j 的优先合作伙伴.

(2) 若 $\max\{E_{j(M)},E_{k(M)}\} \geqq E_{jk}^M \geqq (E_{j(M)}+E_{k(M)})/2$, 则称 DMU_k 为 DMU_j 的潜在合作伙伴.

(3) 若 $E_{jk}^M < (E_{j(M)}+E_{k(M)})/2$, 则称 DMU_k 为 DMU_j 的不可行合作伙伴.

例 8.6 试求表 8.1 中, 在 DMU_2 和 DMU_3 的联合制约下, DMU_5 的合作伙伴选择问题.

通过应用模型 $(\mathrm{C^2R_{Ga9}})$ 可以得出, 在 DMU_2 和 DMU_3 的联合制约下, 每个 DMU 的合作伙伴选择情况. 比如, 在 DMU_2 和 DMU_3 的联合制约下, 非联盟成员 DMU_1 与 DMU_4 和 DMU_5 合作后的效率值分别为 0.5814 和 0.6522. 而在 DMU_2 和 DMU_3 的联合制约下, DMU_1, DMU_4 和 DMU_5 的效率值则分别为 0.3659, 0.6818 和 0.8824. 因此, 根据定义 8.10 可知, 在 DMU_2 和 DMU_3 的联合制约下, DMU_4 和 DMU_5 是 DMU_1 的潜在合作伙伴, 即合作对 DMU_1 更有利.

8.3 算例分析

假设一个地区有 9 家快递企业, 选择企业点部数、管理费用、员工人数和配送成本为输入指标, 日均收发件数量、日均收入和有效申诉率为输出指标, 各快递企业的输入输出指标数据如表 8.5 所示. 以下将基于本章提出的方法, 对 9 家快递企业之间的合作与竞争关系进行分析.

表 8.5 9 家快递企业的输入和输出数据

快递企业序号	点部数量	管理费用	员工人数	配送成本	日均收发件数量	日均收入	有效申诉率
1	30	18.219	45	14.496	72.48	38.796	6.88
2	20	3.125	21	3.765	10.68	5.904	5.53
3	28	16.546	52	36.591	130.82	76.616	0.9
4	24	6.473	38	7.301	38.17	15.642	7.86
5	20	34.351	320	69.231	696.52	124.202	9.96

续表

快递企业序号	点部数量	管理费用	员工人数	配送成本	日均收发件数量	日均收入	有效申诉率
6	21	3.602	21	4.421	19.21	6.929	7.92
7	47	33.58	270	36.521	416.66	73.702	12.09
8	38	28.564	226	31.078	357.74	63.064	10.68
9	40	26.089	54	22.785	230.88	55.623	1.84

8.3.1　某地区 9 家快递企业的抗干扰能力分析

应用本章提出的方法, 对 9 家快递企业的效率值、平均被制约指数、抗干扰力及最受制约单元进行相关分析, 分析结果如表 8.6 所示.

表 8.6　基于效率博弈的 9 家快递企业相关指数测算结果

快递企业序号	效率值	平均被制约指数	抗干扰能力	抗干扰能力排序	最受制约单元
1	1.000	0.464	0.536	4	5
2	0.668	0.372	0.296	9	5
3	1.000	0.368	0.632	2	5
4	0.868	0.414	0.455	7	5
5	1.000	0.458	0.542	3	6
6	1.000	0.489	0.511	5	5
7	0.993	0.566	0.427	8	6
8	1.000	0.545	0.455	6	6
9	1.000	0.290	0.710	1	5

表 8.6 给出了每家快递企业的效率值、抗干扰能力及最受制约单元. 从表中的平均被制约指数测算结果可以看出, 受其他快递企业的干扰后, 每个快递企业的效率都会显著降低. 这表明, 企业之间的不良竞争必将造成严重影响, 合作共赢才是每个企业的最佳选择.

8.3.2　某地区 9 家快递企业的最佳合作伙伴选择

根据本章提出的方法, 可以进一步找出每个快递企业的最佳抗干扰合作伙伴. 从整体来看, 一个企业与另一个企业合作后的效率状况大致可以分为以下三类: ① 合作可以提高双方的效率, 实现合作的双赢; ② 合作后尽管不能使双方的效率均得到提升, 但合作后的效率不低于合作前的平均效率, 并且企业的规模得到较大提升; ③ 合作后的效率低于合作前两个企业的平均效率. 下面以企业 8 主导或企业 8 与企业 7 联合主导的两种情况为例加以说明 (表 8.7).

表 8.7 中, 第 2 列和第 4 列分别给出了企业 8 主导和企业 8 与企业 7 联合主导时, 每家快递企业的最佳抗干扰合作伙伴选择情况; 第 3 列和第 5 列则分别给出了企业 8 主导和企业 8 与企业 7 联合主导时每家快递企业的不同类型合作伙伴选择情况.

表 8.7 快递企业的最佳合作伙伴选择情况

快递企业序号	企业 8 主导		企业 8 和企业 7 联合主导	
	最佳抗干扰合作单元	合作单元分类	最佳抗干扰合作单元	合作单元分类
1	7	(-), (2, 4, 5, 6, 7, 9), (3)	5	(-), (2, 4, 5, 6, 9), (3)
2	7	(-), (1, 3, 4, 5, 7, 9), (6)	5	(-), (1, 3, 4, 5, 9), (6)
3	5	(6), (2, 4, 5, 7), (1, 9)	5	(-), (2, 4, 5, 6), (1, 9)
4	7	(-), (1, 2, 3, 5, 6, 7, 9), (-)	5	(-), (1, 2, 3, 5, 6, 9), (-)
5	7	(9), (1, 2, 3, 4, 6), (7)	9	(-), (1, 2, 3, 4, 6), (9)
6	7	(3), (1, 4, 5, 7, 9), (2)	5	(-), (1, 3, 4, 5, 9), (2)
7	9	(-), (1, 2, 3, 4, 6, 9), (5)	(-)	(-), (-), (-)
8	(-)	(-), (-), (-)	(-)	(-), (-), (-)
9	7	(5), (1, 2, 4, 6, 7), (3)	6	(-), (1, 2, 4, 6), (3, 5)

以快递企业 2 为例, 第 4 行第 3 列中的 “(-)” 表示, 在企业 8 的主导下, 企业 2 没有优先合作伙伴; “(1, 3, 4, 5, 7, 9)” 表示, 在企业 8 的主导下, 企业 1, 3, 4, 5, 7, 9 是企业 2 的潜在合作伙伴; “(6)” 表示, 在企业 8 的主导下, 企业 6 是企业 2 的不可行合作伙伴. 这说明, 在企业 8 的主导下, 企业 2 与企业 1, 3, 4, 5, 7, 9 合作后的效率值均不低于合作前两个单元的平均效率值, 而与企业 6 合作后的效率值低于合作前两个单元的平均效率值.

同时, 第 4 行第 5 列中的 “(-)” 表示, 在企业 8 与企业 7 的联合主导下, 企业 2 没有优先合作伙伴; “ (1, 3, 4, 5, 9)” 表示, 在企业 8 与企业 7 的联合主导下, 企业 1, 3, 4, 5, 9 是企业 2 的潜在合作伙伴; “(6)” 表示, 在企业 8 与企业 7 的联合主导下, 企业 6 是企业 2 的不可行合作伙伴. 这说明, 在企业 8 与企业 7 的联合主导下, 企业 2 与企业 1, 3, 4, 5, 9 合作后的效率值均不低于合作前两个单元的平均效率值, 而与企业 6 合作后的效率值低于合作前两个单元的平均效率值.

8.4 结 束 语

合作与竞争是经济管理学科研究的重要课题, 本章围绕基于效率博弈的合作与竞争问题开展研究, 给出了一系列基于 DEA 方法的优化模型, 这对进一步分析复杂竞争环境下的企业对策制定具有积极意义.

参 考 文 献

[1] Charnes A, Cooper W W, Rhodes E. Measuring the efficiency of decision-making units [J]. European Journal of Operational Research, 1978, 2(6): 429-444.

[2] Banker R D. A game theoretic approach to measuring efficiency [J]. European Journal of Operational Research, 1980, 5(4): 265-266.

[3] Banker R D, Charnes A, Cooper W W, et al. Constrained game formulations and interpretations for data envelopment analysis [J]. European Journal of Operational Research, 1989, 40(3): 299-308.

[4] Sengupta J K. Transformations in stochastic DEA models [J]. Journal of Econometrics, 1990, 46 (1): 109-123.

[5] Semple J H, Rousseau J J. Two-person ratio efficiency games [J]. Management Science, 1995, 41(3): 435-441.

[6] Hao G, Wei Q L, Yan H. The generalized DEA model and the convex cone constrained game [J]. European Journal of Operational Research, 2000, 126(3): 515-525.

[7] Golany B, Rousseau J J. Efficiency Evaluation Games [M]. US, Boston, MA: Springer, 1992: 66-72.

[8] Nakabayashi K, Tone K. Egoist's dilemma: A DEA game [J]. Omega, 2006, 34(2): 135-148.

[9] Liang L, Wu J, Cook W D, et al. The DEA game cross-efficiency model and its Nashi quilibrium [J]. Operations Research, 2008, 56(5):1278-1288.

[10] Wu J, Liang L, Chen Y. DEA game cross-efficiency approach to Olympic rankings [J]. Omega, 2009, 37(4): 909-918.

[11] Liang L, Cook W D, Zhu J. DEA models for two-stage processes: Game approach and efficiency decomposition [J]. Naval Research Logistics, 2008, 55(7): 643-653.

[12] Chen Y, Zhu J. Measuring information technology's indirect impact on firm performance [J]. Information Technology & Management, 2004, 5(1/2): 9-22.

第 9 章　个体对群体效率贡献的测算方法

DEA 评价的是决策单元个体间的相对效率, 其成果很少涉及个体单元对群体效率贡献的测算. 然而, 现实中的许多问题需要度量个体对群体效率的影响, 例如企业对行业的贡献、个人对组织的贡献等. 因此, 本章首先提出了一种用于测算个体对群体效率贡献的测算模型. 其次, 从理论上分析了群体调控与个体效率之间的关系. 最后, 应用该方法分析了 16 家上市商业银行对中国银行业的效率贡献情况.

在全球化、信息化大背景下, 整个社会的竞争已不再是简单的个体竞争, 更多则是群体之间的竞争. 然而, 一个优秀的群体离不开群体成员的共同努力和协同发展. 通过研究个体和群体之间的效率关系, 能更有针对性地找到如何通过个体协同来提升群体效率的路径和方法. 在效率分析中, DEA 方法在评价生产效率、经济效益以及资源分配等方面具有独特的优势 [1,2]. 该方法既能判断决策单元的相对有效性, 也能够给出决策单元的改进信息, 为多指标综合评价提供了重要的分析工具. 其中, C^2R 模型 [3]、BC^2 模型 [4]、FG 模型 [5] 和 ST 模型 [6] 由于成功地测算了不同规模收益下决策单元的效率问题而得到了广泛应用, 并在 DEA 模型体系中具有十分重要的地位.

首先, DEA 方法在个体效率分析方面的应用十分广泛. 其中, 与银行效率评价相关的文献就多达 2000 多篇 (主要数据来源于 ISI 数据库和中国知网). 比如, 文献 [7] 应用 DEA 方法分析了 1987 年和 1992 年美国大型银行的投入产出效率问题, 并讨论了各银行的 DEA 有效性与贷款和利润的关系; 文献 [8] 从个体银行效率分析出发, 应用 DEA 模型测算了韩国 108 家银行 6 年的经营效率; 文献 [9] 将 DEA 模型与 Malmquist 指数相结合, 对中国商业银行效率进行了动态分析; 文献 [10] 通过分析 1995~1999 年澳大利亚银行业的效率变化发现, 银行的配置效率高于技术效率, 并且地区性银行往往在技术和配置方面的效率较低; 文献 [11] 从银行效率的影响因素出发, 应用 DEA 方法分析了 2000~2004 年希腊商业银行的综合效率, 发现将贷款损失准备金当成投入指标会提升效率评价的结果; 文献 [12] 测算了加纳 26 家银行的技术和成本效益, 并研究了银行业效率与行业竞争之间的关系, 发现行业竞争会对银行业成本效率产生积极影响.

其次, DEA 方法在群体效率方面的研究也十分丰富. 比如, 文献 [13] 通过应用 DEA 模型对欧盟各国能源及环境效率进行研究发现, 能源使用越少, 环境标准越高, 环境效率分数越高; 文献 [14] 应用 DEA 模型分析了行业对特许经营连锁效率的影响. 由于一个地区的每个行业都是由多个同类企业构成的, 因此, 对该地区行业效率的研究实际上就是对该地区企业群体效率的研究. 同样, 在对多个同类组织或部门的人员效率进行评价时, DEA 模型给出的某个组织的评价值实际上反映的是该组织全体成员的群体状况. DEA 方法在类似问题中的应用非常广泛.

最后, DEA 方法在资源配置方面已有很多研究成果. 尽管资源集中配置的 DEA 模型在一定程度上探讨了个体与整体的关系问题, 但并未涉及个体单元对决策单元群体的效率贡献测算问题. 比如, 文献 [15] 和文献 [16] 提出了基于 DEA 的替代效率评估程序, 并用以评估研发项目的绩效; 文献 [17] 基于 DEA 方法提出了一种通过平衡各决策单元的资源分配以使所有决策单元的效率平均值最大的资源分配模型, 并通过消防部门及其分支机构的资源配置网络进行了验证; 文献 [18] 针对资源配置问题, 提出了一种基于不同标准的均衡影子价格的效率测量模型, 决策者可以通过该模型获得风险最小化的组合, 并在研发项目预算编制问题中通过项目效率分布来分配资金. 从上述分析来看, 资源集中配置 DEA 模型研究的是如何通过资源在决策单元之间的分配使所有决策单元的平均效率最大, 而不是个体单元对整个决策单元群体的贡献.

网络 DEA 模型尽管也讨论了整体与内部的关系问题, 但其目标是为了打开黑箱, 并不是为了测算个体对群体效率的贡献. 实际上, 传统 DEA 方法不考虑组织内部结构, 即将决策单元内部当成 “黑箱”, 通过决策单元的投入产出关系来测度系统的相对效率. 而网络 DEA 模型 [19] 的设计目的是进一步考虑决策单元的内部机制, 而不是测算个体对整体的效率贡献. 有关网络 DEA 的模型十分丰富, 现已出现了串联结构、平行结构等多种网络形式 [20,21]. 文献 [22] 曾以西班牙的 396 家企业为样本, 通过向企业高管发放调查问卷, 并应用统计方法分析了核心人员与组织效率之间的相关性, 但该文的方法并不能测算个体成员对组织效率贡献的大小.

从上述分析发现, DEA 方法在个体或组织效率评估中具有重要地位, 但多数研究还仅限于个体或群体本身的效率分析. 尽管资源集中配置的 DEA 模型与网络 DEA 模型在一定程度上探讨了个体或局部与整体的关系, 但这些方法并不能测算个体单元对决策单元群体效率的贡献. 因此, 以下应用数据包络分析方法, 给出一种用于测算个体对群体效率贡献的 DEA 模型. 然后, 从理论上分析群体调控与个体效率之间的关系. 最后, 应用该方法分析中国 16 家上市商业银行对中国银行业效率的贡献情况.

9.1 问题的提出与研究对象的差异分析

在全球化大背景下，整个社会的竞争已不再是简单的个体竞争，更多的则是群体之间的竞争. 因此，本章研究的目标不是分析个体效率的大小，而是测算个体对群体效率做出的贡献大小. 关于个体与群体的例子在现实生活中广泛存在. 比如，各行业中的龙头企业，教育系统中的各重点大学，一个高校中的优秀科研工作者、优秀教师、优秀班主任、优秀大学生、优秀党员等都是从某个集体中选出的对集体做出突出贡献的个体. 那么，如何测算一个个体对群体效率的贡献呢？

首先，高校中的优秀工作者、优秀班主任、优秀大学生、优秀党员都是从一个集体中的同类单元中选拔得到的. 因此，本章将评价的对象限定为由具有同质性且相对独立的个体构成的集体. 其次，将研究的问题限定为评价一个或几个单元对群体效率的贡献.

如果一个决策单元群 G (比如，一个社会组织) 有 n 个决策单元 (组织成员)，群 G 及其每个成员都有 m 种输入指标和 s 种输出指标. 其中，第 j 个成员的输入指标值为 $\boldsymbol{x}_j=(x_{1j},x_{2j},\cdots,x_{mj})^{\mathrm{T}}>\mathbf{0}$，输出指标值为 $\boldsymbol{y}_j=(y_{1j},y_{2j},\cdots,y_{sj})^{\mathrm{T}}>\mathbf{0}$. 群 G 的输入输出指标值为 $(\boldsymbol{X}_G,\boldsymbol{Y}_G)$.

比如，在考察一位教师在学院课程教学方面的贡献时，输入为每位教师的授课时间 (课时/年)，输出为每个教师的授课课程数 (门/年)，决策单元群 G 为一个大学的学院，其成员是该学院的教师，则本章提出的模型与基本 DEA 模型和网络 DEA 模型的区别可用图 9.1 来表示.

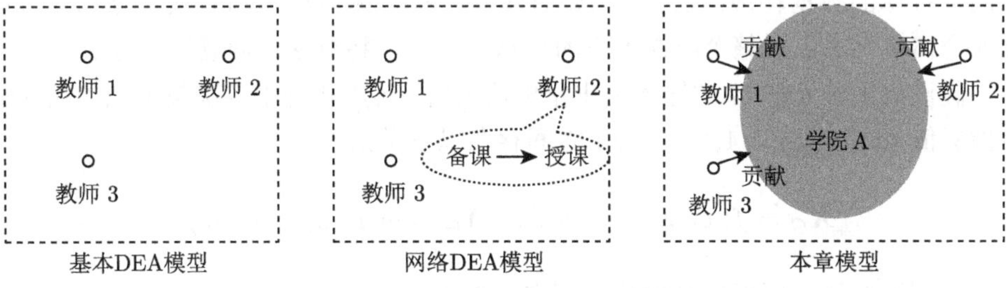

图 9.1 个体与群体的关系

从图 9.1 可以看出，基本 DEA 模型 (如 C^2R 模型) 评价的是 3 个教师的效率大小，网络 DEA 模型评价的也是 3 个教师的效率大小，只不过考虑了决策单元的内部结构，将教学过程分成了两个串行结构，即先备课，再授课. 而本章模型考虑的不是教师效率大小，而是教师对学院的贡献.

概括而言，本章模型与原有 DEA 模型的差异主要体现在以下三个方面：

(1) 研究的目标不同.

网络 DEA 模型与 C^2R 模型的差异是前者考虑了决策单元的内部结构, 而后者则将决策单元内部视为 "黑箱", 但实质上评价的仍然是决策单元之间的相对效率, 并没有考虑个体对群体效率的贡献. 而本章方法是要探讨一个或者几个单元对整个群体效率的贡献.

(2) 研究的关系不同.

基本 DEA 模型和网络 DEA 模型考虑的都是决策单元之间的关系, 实际上是群体内部的个体间的关系, 而本章模型研究的是决策单元对整个群体的影响, 实际上是个体和集体之间的关系.

(3) 模型构造原理不同.

本章模型中的单元之间要求是相对独立的单元, 并且所有单元构成一个群体. 比如, 一个银行的各个分行、学院的全体教师等. 而网络 DEA 模型中决策单元的内部网络结构一般是按照生产流程划分. 比如, 在对银行进行效率分析时, 一般是按银行的经营活动 (比如分成存款和贷款两个阶段) 来划分, 而不是按分行的个数来划分. 否则, 网络 DEA 模型将无法进行计算, 因为网络 DEA 模型要求每个决策单元的子系统的结构必须相同.

9.2 用于度量个体对群体效率贡献的非参数模型

对决策单元个体的效率贡献进行评估时, 个体成员 (比如教师) 的评价参考集应由若干同类个体单元的相关数据构成, 而群体 (比如学院) 的评价参考集应由若干同类群体的数据构成. 那么, 应如何建立一种个体与组织的联系来测算个体单元或个体单元小组对整个组织效率的贡献呢? 以下将对这一问题进行分析.

假设决策单元群 G 的输入输出指标值 $(\boldsymbol{X}_G, \boldsymbol{Y}_G)$ 和群中各决策单元的输入输出指标值 $(\boldsymbol{x}_j, \boldsymbol{y}_j)(j = 1, 2, \cdots, n)$ 之间存在以下关系:

$$\boldsymbol{X}_G = f(\boldsymbol{x}_1, \boldsymbol{x}_2, \cdots, \boldsymbol{x}_n), \quad \boldsymbol{Y}_G = g(\boldsymbol{y}_1, \boldsymbol{y}_2, \cdots, \boldsymbol{y}_n), \tag{9.1}$$

其中, 函数 f 和 g 要根据具体情况而定. 比如:

(1) 若群体指标值是由组成它的每个个体的指标值汇总而成, 则取

$$\boldsymbol{X}_G = \sum_{j=1}^{n} \boldsymbol{x}_j, \quad \boldsymbol{Y}_G = \sum_{j=1}^{n} \boldsymbol{y}_j.$$

类似的指标有地区 GDP、地区总人数、行业总利润、行业总成本等.

(2) 若群体指标值为群体内各个部分的指标平均值, 则取

$$\boldsymbol{X}_G = \frac{1}{n}\sum_{j=1}^{n}\boldsymbol{x}_j, \quad \boldsymbol{Y}_G = \frac{1}{n}\sum_{j=1}^{n}\boldsymbol{y}_j.$$

类似的指标有平均 GDP、平均工资等. 下面通过例 9.1 来说明一个个体单元对群体效率可能产生的积极或消极影响.

例 9.1 假设车间 G 批量生产衬衫, 其中 X_G 为车间 G 输入的时间 (人月), Y_G 为车间 G 输出的衬衫数量 (百件). 现在车间 G 有一个空余岗位, 准备招聘 a, b, c 三名工人中的一名, 车间 G 对应的生产可能集 T_G 如图 9.2 中的阴影部分所示.

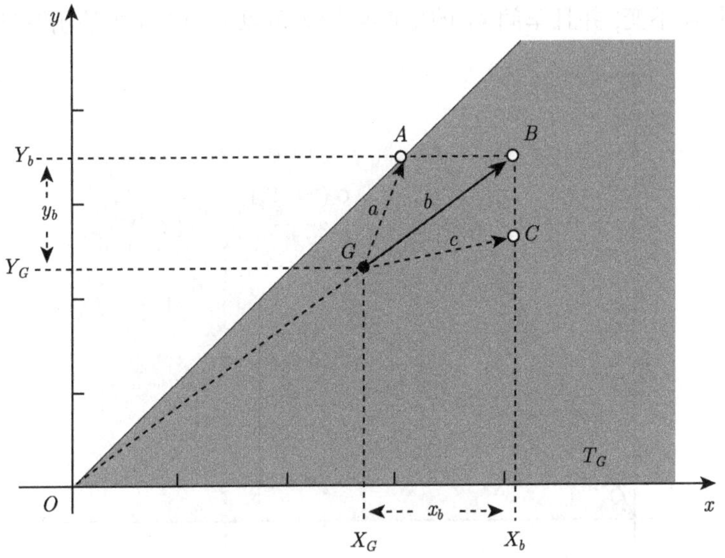

图 9.2 个体单元对群体贡献示意图

假设 (x_b, y_b) 为工人 b 的输入输出指标值, (X_b, Y_b) 为工人 b 加入后车间 G 的输入输出指标值. 由于 (X_G, Y_G) 为车间 G 的输入输出指标值, 显然有

$$X_b = X_G + x_b, \quad Y_b = Y_G + y_b. \tag{9.2}$$

从图 9.2 可以看出, (X_G, Y_G) 和 (X_b, Y_b) 均在射线 OB 上, 这表明工人 b 被聘用时, 车间 G 将保持已有的生产效率;

当工人 a 被聘用时, 车间 G 的输入输出指标值 (X_a, Y_a) 在射线 OA 上, 这表明工人 a 的加入将会提升车间 G 的生产效率;

当工人 c 被聘用时, 车间 G 的输入输出指标值 (X_c, Y_c) 在射线 OC 上, 这说明工人 c 的加入将会降低车间 G 的生产效率.

由例 9.1 可以看出, 不同个体单元对决策单元群体的效率贡献显然不同. 那么, 如何测定一个决策单元对群体效率贡献的大小呢? 下面通过例 9.2 加以说明.

例 9.2　假设车间 G 批量生产衬衫，车间内共有 3 名工人. 其中, 输入为时间 (人月), 输出为衬衫数量 (百件), 每位工人的输入和输出指标数据如表 9.1 所示.

表 9.1　三名工人的输入和输出指标数据

工人名称	a	b	c	总计
时间 /人月	2	2	2	6
衬衫数量 /百件	1	2	3	6

由于该车间每位工人的生产能力相对稳定, 因此, 假设决策单元的生产活动满足规模收益不变, 并且车间 G 的生产可能集可以由图 9.3 中的阴影部分表示.

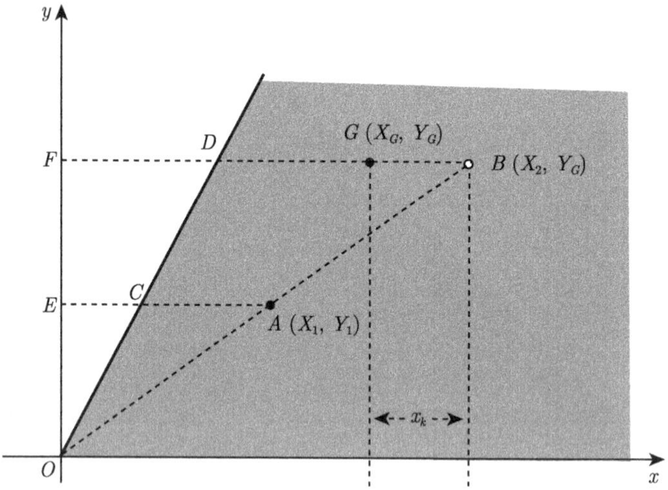

图 9.3　个体单元对群体贡献示意图

其中, 车间 G 的输入输出指标值为 $(X_G,Y_G) = (6, 6)$, 对应图 9.3 中的 G 点.

当去除工人 c 的投入产出值 (即工人 c 不参加生产) 时, 车间 G 的投入产出值为 $(X_1,Y_1)= (4, 3)$, 对应图 9.3 中的 A 点. 根据规模收益不变可知, 当工人 c 不参加生产时, 想把车间 G 的产量达到 Y_G, 车间需要投入的时间为 X_2, 对应图 9.3 中的 B 点. 这表明工人 c 的加入可以使车间 G 投入的时间缩短 x_k, 因此, 工人 c 对车间的贡献 C^c 可以用输入缩小的百分比表示如下：

$$C^c = \frac{x_k}{X_2} = \frac{X_2 - X_G}{X_2}.$$

由于

$$\tan\angle AOE = X_1/Y_1 = X_2/Y_G,$$
$$\tan\angle COE = EC/Y_1 = FD/Y_G,$$

所以

$$X_2 = (FD/EC)X_1,$$

因此

$$C^c = \frac{X_2 - X_G}{X_2} = \frac{(X_2 - X_G)/FD}{X_2/FD} = 1 - \frac{EC/X_1}{FD/X_G} = 1 - \frac{\theta_A}{\theta_G} = \frac{\theta_G - \theta_A}{\theta_G},$$

这里 θ_G 和 θ_A 分别是 G 点和 A 点对应的效率值 (C^2R). 由此可知

$$C^c = \frac{\theta_G - \theta_A}{\theta_G},$$

由此可知, 工人 c 对车间 G 的效率贡献可以表示为工人 c 参与车间工作前后, 车间 G 的效率变化率.

从图 9.2 可以看出, 一个工人的表现将对整个车间的最终效率产生不同的影响. 从贡献率的角度看, 这种影响可以分成以下三种情况:

(1) $C^a > 0$, 这时工人 a 的加入将使整个车间的生产更加有效, 工人 a 对车间效率的贡献是正向的.

(2) $C^b = 0$, 这时工人 b 的加入对车间的整体效率并没有影响, 工人 b 使车间效率已有的生产效率保持不变.

(3) $C^c < 0$, 这时工人 c 的加入使整个车间的生产效率被降低, 工人 c 对车间效率的贡献是负向的.

下面对多输入输出情况进行讨论.

假设 $\bar{\boldsymbol{X}}_j = (\bar{X}_{1j}, \bar{X}_{2j}, \cdots, \bar{X}_{mj})^{\mathrm{T}} > \mathbf{0}$, $\bar{\boldsymbol{Y}}_j = (\bar{Y}_{1j}, \bar{Y}_{2j}, \cdots, \bar{Y}_{sj})^{\mathrm{T}} > \mathbf{0}$, $j = 1, 2, \cdots, N$ 为某 N 个和群 G 类型相同群的指标值, 则根据相应的生产理论 [25], 由 N 个群的指标数据确定的生产可能集可表示如下:

$$T_G = \left\{ (\boldsymbol{X}, \boldsymbol{Y}) \left| \sum_{j=1}^{N} \bar{\boldsymbol{X}}_j \lambda_j \leqq \boldsymbol{X}, \sum_{j=1}^{N} \bar{\boldsymbol{Y}}_j \lambda_j \geqq \boldsymbol{Y}, \right. \right.$$
$$\left. \delta_1 \left(\sum_{j=1}^{N} \lambda_j - \delta_2 (-1)^{\delta_3} \lambda_{N+1} \right) = \delta_1, \lambda_j \geqq 0, j = 1, 2, \cdots, N+1 \right\},$$

其中 $\delta_1, \delta_2, \delta_3$ 为取值 0 或 1 的参数,

(1) 当 $\delta_1 = 0$ 时, T_G 为满足规模收益不变的生产可能集.

(2) 当 $\delta_1 = 1, \delta_2 = 0$ 时, T_G 为满足规模收益可变的生产可能集.

(3) 当 $\delta_1 = 1, \delta_2 = 1, \delta_3 = 1$ 时, T_G 为满足规模收益非递增的生产可能集.

(4) 当 $\delta_1 = 1, \delta_2 = 1, \delta_3 = 0$ 时, T_G 为满足规模收益非递减的生产可能集.

假设从群 G 中将第 j_0 个决策单元去除后决策单元群 G 的输入输出指标值为

$$\boldsymbol{X}_{j_0} = f(\boldsymbol{x}_1, \cdots, \boldsymbol{x}_{j_0-1}, \boldsymbol{x}_{j_0+1}, \cdots, \boldsymbol{x}_n), \quad \boldsymbol{Y}_{j_0} = g(\boldsymbol{y}_1, \cdots, \boldsymbol{y}_{j_0-1}, \boldsymbol{y}_{j_0+1}, \cdots, \boldsymbol{y}_n), \tag{9.3}$$

则根据文献 [23]~[26], 有以下两个模型:

$$(\text{P-GD})\begin{cases} \min \theta_{j_0} - \varepsilon(\hat{\boldsymbol{e}}^{\mathrm{T}}\boldsymbol{S}^- + \boldsymbol{e}^{\mathrm{T}}\boldsymbol{S}^+), \\ \text{s.t.} \ \sum_{j=1}^{N} \bar{\boldsymbol{X}}_j\lambda_j + \boldsymbol{S}^- = \theta_{j_0}\boldsymbol{X}_{j_0}, \\ \sum_{j=1}^{N} \bar{\boldsymbol{Y}}_j\lambda_j - \boldsymbol{S}^+ = \boldsymbol{Y}_{j_0}, \\ \delta_1\left(\sum_{j=1}^{N}\lambda_j - \delta_2(-1)^{\delta_3}\lambda_{N+1}\right) = \delta_1, \\ \lambda_j \geqq 0, j = 1, 2, \cdots, N+1, \boldsymbol{S}^- \geqq \boldsymbol{0}, \boldsymbol{S}^+ \geqq \boldsymbol{0}. \end{cases}$$

$$(\text{G-GD})\begin{cases} \min \theta_{G} - \varepsilon(\hat{\boldsymbol{e}}^{\mathrm{T}}\boldsymbol{S}^- + \boldsymbol{e}^{\mathrm{T}}\boldsymbol{S}^+), \\ \text{s.t.} \ \sum_{j=1}^{N} \bar{\boldsymbol{X}}_j\lambda_j + \boldsymbol{S}^- = \theta_{G}\boldsymbol{X}_{G}, \\ \sum_{j=1}^{N} \bar{\boldsymbol{Y}}_j\lambda_j - \boldsymbol{S}^+ = \boldsymbol{Y}_{G}, \\ \delta_1\left(\sum_{j=1}^{N}\lambda_j - \delta_2(-1)^{\delta_3}\lambda_{N+1}\right) = \delta_1, \\ \lambda_j \geqq 0, j = 1, 2, \cdots, N+1, \boldsymbol{S}^- \geqq \boldsymbol{0}, \boldsymbol{S}^+ \geqq \boldsymbol{0}. \end{cases}$$

若 $\theta_{j_0}^*$ 为模型 (P-GD) 对应的效率值, θ_G^0 为模型 (G-GD) 对应的效率值, 则第 j_0 个决策单元对决策单元群 G 的效率贡献指数可以定义为

$$C^{j_0} = (\theta_G^0 - \theta_{j_0}^*)/\theta_G^0, \tag{9.4}$$

这里 C^{j_0} 反映了去除第 j_0 个决策单元前后的决策单元群 G 的效率变化情况.

(1) 若 $C^{j_0} > 0$, 则说明第 j_0 个决策单元提升了群 G 的效率.

(2) 若 $C^{j_0} = 0$, 则说明第 j_0 个决策单元保持了群 G 的效率.

(3) 若 $C^{j_0} < 0$, 则说明第 j_0 个决策单元拉低了群 G 的效率.

通过决策单元的效率贡献指数 C^{j_0} 可以给出一个群体中的每个单元对群效率的贡献大小. 同时, 通过适当地排除或改造对群体具有负面贡献的决策单元, 可以使集体效率得到有效提升.

9.3 多单元贡献测算与群体参考集估计

上面探讨了一个单元对群体效率贡献的情况, 以下将探讨多个单元对群体效率贡献的情况.

9.3.1 多个决策单元对群体效率贡献的测算

假设决策者想测算决策单元群 G 中的若干个单元对群体效率的总体贡献, 不妨设这些单元的集合为 S,

$$S = \{(\boldsymbol{x}_j, \boldsymbol{y}_j) \,|\, j = 1, 2, \cdots, l\},$$

显然, $l \leqq n, S \subseteq G$. 根据公式 (9.1) , 将集合 S 中的决策单元从群中去除时, 决策单元群 G 的输入输出指标值将变为

$$\boldsymbol{X}_S = f(\boldsymbol{x}_{l+1}, \cdots, \boldsymbol{x}_n), \quad \boldsymbol{Y}_S = g(\boldsymbol{y}_{l+1}, \cdots, \boldsymbol{y}_n),$$

应用模型 (G-GD) 对 $(\boldsymbol{X}_S, \boldsymbol{Y}_S)$ 进行效率测算, 则有以下模型:

$$(\text{S-GD}) \begin{cases} \min \theta_S - \varepsilon(\hat{\boldsymbol{e}}^{\mathrm{T}} \boldsymbol{S}^- + \boldsymbol{e}^{\mathrm{T}} \boldsymbol{S}^+), \\ \text{s.t.} \ \displaystyle\sum_{j=1}^{N} \bar{\boldsymbol{X}}_j \lambda_j + \boldsymbol{S}^- = \theta_S \boldsymbol{X}_S, \\ \qquad \displaystyle\sum_{j=1}^{N} \bar{\boldsymbol{Y}}_j \lambda_j - \boldsymbol{S}^+ = \boldsymbol{Y}_S, \\ \qquad \delta_1 \left(\displaystyle\sum_{j=1}^{N} \lambda_j - \delta_2 (-1)^{\delta_3} \lambda_{N+1} \right) = \delta_1, \\ \qquad \lambda_j \geqq 0, j = 1, 2, \cdots, N+1, \boldsymbol{S}^- \geqq \boldsymbol{0}, \boldsymbol{S}^+ \geqq \boldsymbol{0}. \end{cases}$$

若模型 (S-GD) 的最优解为 $\lambda_j^*(j = 1, 2, \cdots, N+1), \boldsymbol{S}^{-*}, \boldsymbol{S}^{+*}, \theta_S^*$, 则集合 S 中的决策单元对群 G 的总体效率贡献指数可以定义为

$$C^S = (\theta_G^0 - \theta_S^*)/\theta_G^0. \tag{9.5}$$

通过计算效率贡献指数 C^S 可以进一步给出多个决策单元对群 G 效率的组合贡献.

(1) 当 $C^S > 0$ 时, 说明集合 S 中的单元对群 G 效率的贡献是正向的.

(2) 当 $C^S < 0$ 时, 说明集合 S 中的单元对群 G 效率的贡献是负向的.

(3) 当 $C^S = 0$ 时, 说明集合 S 中的单元没有改变群 G 的效率.

(4) 如果 $C^S > \sum\limits_{j\in S} C^j$, 则表明多个单元对群体效率的影响产生了放大作用.

9.3.2 样本缺失情况下决策单元的效率贡献分析

在某些情况下, 用于构造生产可能集 T_G 的单元 $(\bar{\boldsymbol{X}}_j, \bar{\boldsymbol{Y}}_j)(j = 1, 2, \cdots, N)$ 无法获得, 即在群体层面只有群体 G 的数据, 这时可以应用以下方法构造群体 G 的生产可能集 T_G.

对于决策单元群 G, 每次从群中仅去除一个决策单元, 则应用公式 (9.2) 可以得到和群 G 具有相同属性的 n 组群的输入输出数据 $(\boldsymbol{X}_j, \boldsymbol{Y}_j)(j = 1, 2, \cdots, n)$, 类似于模型 (S-GD) 可得以下模型:

$$
(\text{Q-GD})\left\{\begin{array}{l}
\min \theta_S - \varepsilon(\hat{\boldsymbol{e}}^{\mathrm{T}}\boldsymbol{S}^- + \boldsymbol{e}^{\mathrm{T}}\boldsymbol{S}^+),\\
\text{s.t.}\ \ \boldsymbol{X}_G\lambda_0 + \sum\limits_{j=1}^{n}\boldsymbol{X}_j\lambda_j + \boldsymbol{S}^- = \theta_S\boldsymbol{X}_S,\\
\qquad \boldsymbol{Y}_G\lambda_0 + \sum\limits_{j=1}^{n}\boldsymbol{Y}_j\lambda_j - \boldsymbol{S}^+ = \boldsymbol{Y}_S,\\
\qquad \delta_1\left(\lambda_0 + \sum\limits_{j=1}^{n}\lambda_j - \delta_2(-1)^{\delta_3}\lambda_{n+1}\right) = \delta_1,\\
\qquad \lambda_j \geqq 0, j = 0, 1, \cdots, n+1, \boldsymbol{S}^- \geqq \boldsymbol{0}, \boldsymbol{S}^+ \geqq \boldsymbol{0}.
\end{array}\right.
$$

如果分别取

$$
S = \varnothing, \quad S = \{(\boldsymbol{x}_{j_0}, \boldsymbol{y}_{j_0})\},
$$

则应用模型 (Q-GD) 就可以计算出 θ_G^0 和 $\theta_{j_0}^*$. 然后, 再应用公式 (9.4) 和 (9.5) 就可以得到决策单元效率的贡献指数 C^{j_0} 和 C^S.

9.4 用于群体效率优化的方法

如果一个决策单元群的效率不够理想, 那么, 决策者如何调整群内单元来有效提升群体的效率呢? 以下将对这一问题加以探讨.

9.4.1 个体单元效率对群体效率的影响分析

对于决策单元群 G, 增加或减少一个更有效的决策单元, 其效率会如何变化呢? 下面首先给出定理 9.1.

定理 9.1 假设 $(\boldsymbol{x}_j,\boldsymbol{y}_j),(\boldsymbol{x}_k,\boldsymbol{y}_k)\in G$, 并且

$$(\boldsymbol{x}_j,-\boldsymbol{y}_j)\geqq(\boldsymbol{x}_k,-\boldsymbol{y}_k),\quad (\boldsymbol{X}_k,-\boldsymbol{Y}_k)\geqq(\boldsymbol{X}_j,-\boldsymbol{Y}_j),$$

则有 $\theta_j^*\geqq\theta_k^*$.

证明 由于

$$(\boldsymbol{x}_j,-\boldsymbol{y}_j)\geqq(\boldsymbol{x}_k,-\boldsymbol{y}_k),$$

因此, 由文献 [26] 可知, 决策单元 k 比决策单元 j 更有效.

假设 $(\boldsymbol{X}_j,\boldsymbol{Y}_j)$ 对应的模型 (P-GD) 有最优解 $\lambda_l^*(l=1,2,\cdots,N+1),\boldsymbol{S}^{-*},\boldsymbol{S}^{+*}$, θ_j^*, 则由模型 (P-GD) 的约束条件有

$$\sum_{l=1}^{N}\bar{\boldsymbol{X}}_l\lambda_l^*+\boldsymbol{S}^{-*}=\theta_j^*\boldsymbol{X}_j,\quad \sum_{l=1}^{N}\bar{\boldsymbol{Y}}_l\lambda_l^*-\boldsymbol{S}^{+*}=\boldsymbol{Y}_j,$$

$$\delta_1\left(\sum_{l=1}^{N}\lambda_l^*-\delta_2(-1)^{\delta_3}\lambda_{N+1}^*\right)=\delta_1,$$

由于

$$(\boldsymbol{X}_k,-\boldsymbol{Y}_k)\geqq(\boldsymbol{X}_j,-\boldsymbol{Y}_j),$$

因此

$$\sum_{l=1}^{N}\bar{\boldsymbol{X}}_l\lambda_l^*+\boldsymbol{S}^{-*}\leqq\theta_j^*\boldsymbol{X}_k,\quad \sum_{l=1}^{N}\bar{\boldsymbol{Y}}_l\lambda_l^*-\boldsymbol{S}^{+*}\geqq\boldsymbol{Y}_k,$$

令

$$\boldsymbol{S}^{-1}=\theta_j^*\boldsymbol{X}_k-\sum_{l=1}^{N}\bar{\boldsymbol{X}}_l\lambda_l^*,\quad \boldsymbol{S}^{+1}=\sum_{l=1}^{N}\bar{\boldsymbol{Y}}_l\lambda_l^*-\boldsymbol{Y}_k.$$

则 $\lambda_l^*(l=1,2,\cdots,N+1),\boldsymbol{S}^{-1},\boldsymbol{S}^{+1},\theta_j^*$ 为决策单元 $(\boldsymbol{x}_k,\boldsymbol{y}_k)$ 对应的模型 (P-GD) 的可行解, 因此有 $\theta_j^*\geqq\theta_k^*$. 证毕.

定理 9.1 表明, 对于决策单元群 G, 如果减少 (或增加) 一个更有效的决策单元, 群 G 的效率会变得更小 (或更大). 因此, 高效率的决策单元对整个群体具有较大的贡献和影响.

9.4.2 个体效率贡献与群体结构优化分析方法

由定理 9.1 可知, 单元效率越高, 则它对群体效率提升的速度越快, 贡献也越大. 但由于该类单元更接近技术前沿, 内部调整空间也相对有限. 因此, 为了进一

步协调个体单元调整与群体效率提升之间的关系, 以下给出效率贡献与结构调整分析图 (图 9.4).

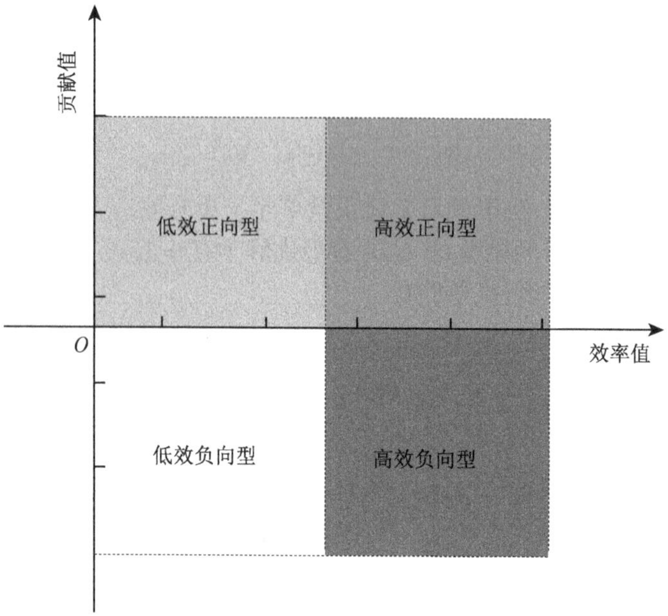

图 9.4　效率贡献与结构调整分析图

在图 9.4 中, 横轴表示决策单元的效率值, 纵轴表示决策单元对群 G 效率的贡献指数, 群 G 中的所有决策单元可以分成低效正向型、高效正向型、低效负向型、高效负向型四类, 在整个决策单元群的优化调整过程中, 上述四类单元的优化具有以下特点:

(1) 高效正向型: 该类决策单元的效率较高, 并且对群效率的贡献较大, 如果该类单元缺失, 将对群效率产生重要影响.

(2) 低效正向型: 该类决策单元的效率较低, 但对群效率的贡献却较大. 由于该类决策单元的效率提升空间较大, 因此, 可以通过内部优化和治理使效率得到较大提升. 由定理 9.1 可知, 该类单元的效率提升会继续拉动整个群体的效率提升.

(3) 低效负向型: 该类决策单元的效率较低, 对群效率的负面影响较大. 由定理 9.1 可知, 该类单元的低效率是整个群体低效的重要根源, 必须重点改进和优化. 当然, 由于该类决策单元的效率提升空间较大, 因此, 该类单元的优化很可能会大幅提升整个群体的效率.

(4) 高效负向型: 该类决策单元的效率较高, 对群效率的负面影响较大. 由于该类决策单元的效率提升空间有限, 因此, 对该类单元进行优化的难度较大, 只有提高技术进步水平, 才能提升整个群体的效率.

9.5 中国商业银行效率贡献与银行内部结构优化分析

中国商业银行不仅在国家金融体系中发挥金融杠杆作用, 而且还直接参与市场经济活动, 对整个国家的经济和社会发展起到至关重要的作用. 以下首先测算中国各商业银行的相对效率以及各商业银行对银行业效率的贡献.

9.5.1 中国商业银行的整体效率状况及对中国银行业效率的贡献

以下选择中国 16 家上市商业银行作为研究对象, 并基于 2016 年的数据对其经营效率进行分析. 同时, 还测算各商业银行对中国银行业效率的贡献. 其中, 相关分析数据来源于各商业银行 2016 年的年度报告以及《中国金融年鉴》和《中国统计年鉴》.

1. 中国 16 家商业银行的效率状况分析

根据本章研究问题的特点以及中介法的相关理论 [27], 选取员工人数和存款总额作为输入指标, 选取利润总额和贷款总额作为输出指标. 在模型 (P-GD) 中, 令 $\delta_1 = 0$, 则可算出各商业银行的效率值, 如表 9.2 所示.

表 9.2 中国上市商业银行效率及排名

银行分类	效率均值	银行名称	效率值	效率排名
国有商业银行	0.8269	中国工商银行	0.8223	12
		中国建设银行	0.8294	11
		中国农业银行	0.7023	15
		中国银行	0.8375	9
		交通银行	0.9428	4
股份制商业银行	0.9215	招商银行	0.9322	5
		浦发银行	1.0000	1
		兴业银行	0.9471	3
		中国民生银行	0.8678	8
		中信银行	0.9046	7
		光大银行	0.9198	6
		平安银行	0.8344	10
		华夏银行	0.9662	2
城市商业银行	0.8615	北京银行	1.0000	1
		南京银行	0.7747	14
		宁波银行	0.8097	13

从表 9.2 可以看出, 中国 16 家上市商业银行的相对效率具有以下特点.

(1) 从整体上来看, 中国股份制商业银行的效率相对较高, 而国有商业银行和城市商业银行的效率相对较低. 另外, 城市商业银行的平均效率值高于国有商业银行是北京银行效率较高拉动的结果. 实际上, 其他两家城市银行的效率并不理想.

(2) 从各个银行的情况来看, 浦发银行和北京银行的效率较高, 其次是华夏银行、兴业银行、交通银行、招商银行、光大银行和中信银行, 它们的效率值均超过了 0.9. 效率较低的银行有中国农业银行和南京银行, 其效率值均未超过 0.8.

(3) 从国有商业银行的表现来看, 国有商业银行的整体排名相对靠后, 平均效率值仅为 0.8269. 因此, 作为中国银行体系的主体力量, 国有商业银行有必要进一步优化内部结构、努力提升整体效率.

2. 中国 16 家商业银行对中国银行业效率的贡献分析

取群 G 为中国 16 家商业银行的集合, 令 $\delta_1 = 0$, 然后应用模型 (P-GD)、模型 (G-GD) 以及公式 (9.4) 可以算出各银行对中国银行业效率的贡献指数, 如表 9.3 所示.

表 9.3　中国上市商业银行对中国银行业效率的贡献指数

银行分类	效率贡献指数均值	银行名称	效率贡献指数	效率贡献排名
国有商业银行	0.000341	中国工商银行	0.002144	7
		中国建设银行	0.006522	1
		中国农业银行	−0.011030	16
		中国银行	0.002657	4
		交通银行	0.001411	9
股份制商业银行	0.001903	招商银行	0.004776	3
		浦发银行	0.005457	2
		兴业银行	0.001254	10
		中国民生银行	0.002191	6
		中信银行	−0.002980	15
		光大银行	0.002416	5
		平安银行	0.000030	12
		华夏银行	0.002077	8
城市商业银行	−0.000405	北京银行	0.000635	11
		南京银行	−0.001260	14
		宁波银行	−0.000590	13

注: 贡献指数为正数, 表示该商业银行对银行业效率具有提升作用; 贡献指数为负数, 表示该商业银行对银行业效率具有负面作用; 贡献指数为 0, 表示该商业银行没有改变银行业原有效率.

从表 9.3 可以看出, 中国 16 家上市商业银行对整个银行业效率的贡献具有以下特点.

(1) 从整体上来看, 股份制商业银行的效率贡献相对较高, 其次是国有商业银行, 而城市商业银行的效率贡献为负. 并且, 三家城市商业银行中, 只有北京银行的效率贡献为正, 但仅排在 16 家商业银行的第 11 位.

(2) 从国有商业银行的表现来看, 中国建设银行对银行业效率的贡献最大, 排在 16 家商业银行的第 1 位. 其次是中国银行、中国工商银行和交通银行, 分别排在 16 家商业银行的第 4 位、第 7 位和第 9 位. 而中国农业银行则排在 16 家商业银行的最后一位, 且效率贡献为负.

(3) 在股份制商业银行中, 浦发银行和招商银行的效率贡献较大, 分别排在 16 家商业银行的第 2 位和第 3 位. 而中信银行则在 8 家股份制商业银行中效率贡献最低, 效率贡献为负.

9.5.2 中国商业银行效率与贡献的联合分析

结合表 9.2 和表 9.3 中的各商业银行效率值及其对银行业的贡献指数, 以横轴为效率值, 纵轴为效率贡献指数, 以效率中值 (0.85) 和效率贡献指数 0 为分界线, 可以对 16 家商业银行进行如下四种分类 (图 9.5).

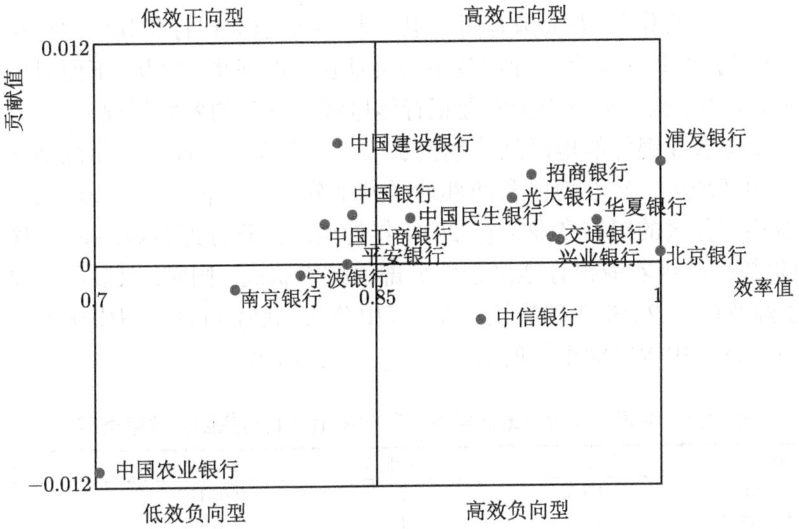

图 9.5 效率与效率贡献的联合分析图

(1) 高效正向型.

高效正向型的银行有: 北京银行、浦发银行、华夏银行、兴业银行、交通银行、招商银行、光大银行、中国民生银行. 这类银行的效率相对较高, 并且对整个银行业效率的贡献较大. 但由于该类银行更接近技术前沿, 因而, 其自身效率的进一步提升空间也相对有限.

(2) 低效正向型.

低效正向型的银行有: 中国建设银行、中国银行、中国工商银行、平安银行. 虽然这类银行的自身效率较低, 但对整个银行业的效率贡献较大. 并且, 这类银行自身效率的继续提升空间也很大, 其效率的提升将对整个银行业的效率提升具有积极意义.

(3) 高效负向型.

高效负向型的银行有: 中信银行. 尽管这类银行的自身效率较高, 但对整个银行业效率却有负面影响. 由于该类银行效率的提升空间有限, 因此, 通过优化该类银行来提升整个银行业效率的难度较大.

(4) 低效负向型.

低效负向型的银行有: 南京银行、宁波银行、中国农业银行. 该类银行的自身效率较低, 并对银行业的整体效率产生一定的负面影响. 但由于这些银行的效率较低, 具有较大的自我调整空间. 因此, 如果能对该类银行进行重点改进和优化, 则有可能会使整个群体的效率得到显著提升.

9.5.3 中国农业银行地区经营分部的效率贡献

从图 9.5 可以看出, 五大国有商业银行中, 中国农业银行和其他银行相比不仅自身效率较低, 而且对整个银行业效率的贡献也不够理想. 因此, 下面以中国农业银行为分析对象, 重点分析中国农业银行地区经营分部的效率状况.

由于中国农业银行的地区划分包括长江三角洲地区、珠江三角洲地区、环渤海地区、中部地区、东北地区和西部地区六个分部. 以下取 $\delta_1 = 0$, 取参照对象集为具有相同分区的国有商业银行 2016 年的地区经营分部数据, 并应用模型 (S-GD) 可以算出中国农业银行地区经营分部的效率状况. 同时, 取参照对象集为中国 16 家商业银行 2016 年的集团数据, 应用公式 (9.5) 可以获得中国农业银行的地区经营分部对中国农业银行的效率贡献, 如表 9.4 所示.

表 9.4 中国农业银行地区经营分部效率值及其对集团的效率贡献度

地区	分部的效率	效率排名	分部的效率贡献	效率贡献排名
长江三角洲地区	0.8765	2	0.00417	2
珠江三角洲地区	0.9036	1	0.01304	1
环渤海地区	0.7230	4	−0.02916	5
中部地区	0.6427	5	−0.04089	6
东北地区	0.6359	6	−0.01139	4
西部地区	0.7781	3	−0.00994	3
均值	0.7600	—	−0.01236	—

由表 9.4 可以进一步分析中国农业银行无效的内部原因.

(1) 从地区效率来看, 中国农业银行的地区经营分部中, 珠江三角洲地区和长江三角洲地区的效率较好, 其次为西部地区和环渤海地区, 而中部地区和东北地区效率最低. 由此可见, 中部地区和东北地区效率较低是中国农业银行效率较低的重要原因.

(2) 从对集团的效率贡献来看, 珠江三角洲地区和长江三角洲地区的效率贡献是正向的. 而其他四个地区的效率贡献均为负向的, 特别是中部地区的负面影响最大.

9.6 结 束 语

群体在整个人类社会发展中具有举足轻重的作用, 而一个优秀的群体必然依靠成员的努力和有机协作来维持. 其中, 效率高低是衡量群体能力的重要指标, 而如何打造符合经济与社会发展要求的高效率组织是每个管理者迫切追求的目标. 本章所给出的用于评价个体效率与贡献、群体效率与优化的定量模型不仅拓展了 DEA 方法的应用范围, 而且还具有十分广泛的应用前景.

参 考 文 献

[1] Cook W D, Seiford L M. Data envelopment analysis (DEA)-Thirty years on [J]. European Journal of Operational Research, 2009, 192 (1): 1-17.

[2] 马占新. 数据包络分析方法的研究进展 [J]. 系统工程与电子技术, 2002, 24(3): 42-46.

[3] Charnes A, Cooper W W, Rhodes E. Measuring the efficiency of decision making units [J]. European Journal of Operational Research, 1978, 2(6): 429-444.

[4] Banker R D, Charnes A, Cooper W W. Some models for estimating technical and scale inefficiencies in data envelopment analysis [J]. Management Science, 1984, 30(9): 1078-1092.

[5] Färe R, Grosskopf S. A nonparametric cost approach to scale efficiency [J]. The Scandinavian Journal of Economics, 1985, 87(4): 594-604.

[6] Seiford L M, Thrall R M. Recent developments in DEA: The mathematical programming approach to frontier analysis [J]. Journal of Econometrics, 1990, 46(1): 7-38.

[7] Haslem J A, Scheraga C A, Bedingfield J. The use of DEA to assess the financial efficiency of large banks [J]. Global Business and Finance Review, 1996, 1(1): 1-12.

[8] Park R. The effects of geographic expansion and contraction of Korean banks on the efficiency: DEA, FDH and regression approaches [J]. Journal of Korea Trade, 2003, 7(1): 55-79.

[9] 张健华. 我国商业银行效率研究的 DEA 方法及 1997-2001 年效率的实证分析 [J]. 金融研究, 2003, 46(3) :11-25.

[10] Neal P. X-efficiency and productivity change in Australian banking [J]. Australian Economic Papers, 2004, 43(2): 174-191.

[11] Pasiouras F, Liadaki A, Zopounidis C. Bank efficiency and share performance: Evidence from Greece [J]. Applied Financial Economics, 2008, 18(14): 1121-1130.

[12] Alhassan A L, Ohene-Asare K. Competition and bank efficiency in emerging markets: Empirical evidence from Ghana [J]. African Journal of Economic & Management Studies, 2016, 7(2): 268-288.

[13] Vlontzos G, Niavis S, Manos B. A DEA approach for estimating the agricultural energy and environmental efficiency of EU countries [J]. Renewable & Sustainable Energy Reviews, 2014, 40(12): 91-96.

[14] Piot-Lepetit I, Perrigot R, Cliquet G. Impact of the industry on franchise chain efficiency: A meta-DEA and context-dependent DEA approach [J]. Journal of the Operational Research Society, 2014, 65(11): 1692-1699.
[15] Oral M, Kettani O, Lang P. A methodology for collective evaluation and selection of industrial R&D projects [J]. Management Science, 1991, 37(7) : 871-885.
[16] Liang L, Wu J, Cook W D, et al. The DEA game cross-efficiency model and its nash equilibrium [J]. Operations Research, 2008, 56(5): 1278-1288.
[17] Fang L, Zhang C Q. Resource allocation based on the DEA model [J]. Journal of the Operational Research Society, 2008, 59(8): 1136-1141.
[18] Chen C M, Zhu J. Efficient resource allocation via efficiency bootstraps: An application to R&D project budgeting [J]. Operations Research, 2011, 59(3): 729-741.
[19] Kao C. Network data envelopment analysis: A review [J]. European Journal of Operational Research, 2014, 239(1): 1-16.
[20] Cook W D, Liang L, Zhu J. Measuring performance of two-stage network structures by DEA: A review and future perspective [J]. Omega, 2010, 38(6): 423-430.
[21] Gong Y, Zhu J, Chen Y, et al. DEA as a tool for auditing: Application to Chinese manufacturing industry with parallel network structures [J]. Annals of Operations Research, 2018, 263(1/2): 247-269.
[22] Lopez-Cabrales A, Valle R, Herrero I. The contribution of core employees to organizational capabilities and efficiency [J]. Human Resource Management, 2010, 45(1): 81-109.
[23] 马占新. 一种基于样本前沿面的综合评价方法 [J]. 内蒙古大学学报, 2002, 33(6): 606-610.
[24] 马占新. 广义参考集 DEA 模型及其相关性质 [J]. 系统工程与电子技术, 2012, 34(4): 709-714.
[25] 马占新. 广义数据包络分析方法 [M]. 北京: 科学出版社, 2012.
[26] 马占新. 基于偏序集理论的数据包络分析方法研究 [J]. 系统工程理论与实践, 2003, 23(4): 11-16.
[27] 宋增基, 张宗益, 袁茂. 中国银行业 DEA 效率实证分析 [J]. 系统工程理论与实践, 2009, 29(12): 105-110.

第 10 章 权重受限的超效率 DEA 模型及其投影分析

DEA 模型通过效率值和投影值对无效决策单元给出很多有用的管理信息, 但对有效决策单元给出的信息却非常有限. 而超效率 DEA 模型虽对有效决策单元的效率大小进行了进一步度量, 并做到了从效率值的角度区分有效决策单元, 但却没有考虑有效决策单元的投影问题. 本章首先给出了有效决策单元投影的概念, 通过投影不仅可以像传统 DEA 模型一样对无效决策单元给出无效的原因, 还可以给出有效决策单元相对于其他决策单元存在的优势. 其次, 进一步给出了权重受限的综合超效率 DEA 模型及其投影概念. 最后, 分析了所给出模型的最优目标函数值与决策单元有效性之间的关系, 并讨论了该模型与其他超效率 DEA 模型的关系.

DEA 方法是评价具有多输入和多输出同类决策单元相对效率的方法. 1978 年, Charnes 等提出了 C^2R 模型 [1], 该模型能描述决策单元的规模与技术有效性; 1984 年, Banker 等提出了另一个刻画生产技术相对有效的 DEA 模型——BC^2 模型 [2]; 1985 年, Färe 等提出了满足规模收益非递增的 DEA 模型——FG 模型 [3]; 1990 年, Seiford 等提出了满足规模收益非递减的 DEA 模型——ST 模型 [4]. 这些 DEA 模型有一个共同特点, 即只能用效率值区分无效决策单元的有效程度, 而有效决策单元的效率值均为 1, 投影的改进值均为 0, 能给出的有价值的信息较少, 为了克服传统 DEA 方法中无法对有效决策单元的效率进行区分这一不足, Andersen 等提出了对有效决策单元效率值进行进一步度量的超效率 DEA 模型 (super efficiency DEA model)[5]. 超效率 DEA 模型的主要思想是把被评价的决策单元从评价参考集中剔除, 即被评价决策单元的效率值是参考其余决策单元构成的前沿面而得出的. 由于有效决策单元的效率值可能会大于 1, 因此可以对有效决策单元进行区分. 除此之外, 超效率 DEA 模型还可用于 DEA 模型的稳定性和敏感性分析及发现异常数据. 但是在有效决策单元投影方面, 相关研究却很少见. 因此, 本章将给出有效决策单元投影的概念, 这样通过 DEA 投影不仅可以像传统 DEA 模型投影一样对无效决策单元给出无效的原因, 而且也可以给出有效决策单元相对于其他决策单元存在的优势.

另外, 传统 DEA 模型 (如 C^2R 模型、BC^2 模型、FG 模型及 ST 模型) 在评价决策单元有效性时, 各指标之间具有同等的地位, 输入指标和输出指标的权系数之间没有任何限制. 事实上, 在决策过程中每一位决策者都具有一定偏好性, 而 DEA 模型中未能体现出决策者的偏好. 1974 年 Yu 提出多目标规划问题的非支配解 (non-dominated solution) 的概念, 将多目标规划问题的 Pareto 解的概念推广到能体现决策者偏好的非支配解, 这对多目标规划问题的发展起到了推动作用 [6]. 因此, 1989 年 Charnes 等第一次将偏好锥的概念引入到 DEA 模型中, 提出了某种程度上体现出决策者偏好的 DEA 模型——锥比率 DEA 模型 (cone ratio DEA model) C^2WH[7]. 虽然权重受限的综合 DEA 模型考虑到了决策者的偏好, 但该模型中有效决策单元的效率值均相等, 投影的改进值均为 0, 能够给出的信息较少. 因此, 为克服权重受限的综合 DEA 模型无法从效率值角度区分有效决策单元的效率大小这一不足, 本章进一步给出权重受限的综合超效率 DEA 模型及其投影概念. 该模型中有效决策单元的效率值可能会大于 1, 从而可以对其进行区分. 此外, 本章还通过分析所给出模型的最优目标函数值与决策单元有效性之间的关系, 讨论所提出模型的相关性质及其与原有超效率 DEA 模型的关系, 并证明原有超效率 DEA 模型都是本章模型的特例.

10.1 超效率 DEA 模型及其投影概念

原有 DEA 模型通过效率值能够很好地区分无效决策单元的有效程度, 但有效决策单元的效率值均为 1, 投影的改进值均为 0, 因而能够给出的信息较少. 为克服 DEA 模型无法区分有效决策单元的效率大小这一不足, 文献 [5] 提出了超效率 DEA 模型, 该模型可以对有效决策单元的效率进行进一步度量. 尽管超效率 DEA 模型在区分有效决策单元效率大小方面有明显的优势, 但却没有考虑有效决策单元投影问题. 因此, 下面将提出有效决策单元投影的概念, 分析有效决策单元相比于其他决策单元的优势.

10.1.1 基本 DEA 模型

假设共有 n 个决策单元, 其中第 j 个决策单元的输入输出指标值为 $(\boldsymbol{x}_j, \boldsymbol{y}_j)$, 这里 $(\boldsymbol{x}_j, \boldsymbol{y}_j) > \mathbf{0}, j = 1, 2, \cdots, n$. 则面向输入的综合 DEA 模型及其对偶模型 [8] 可表示如下:

$$
(\mathrm{IG})\left\{\begin{array}{l}
\max(\boldsymbol{\mu}^{\mathrm{T}}\boldsymbol{y}_{j_0} + \delta_1\mu_0),\\
\text{s.t.}\quad \boldsymbol{\omega}^{\mathrm{T}}\boldsymbol{x}_j - \boldsymbol{\mu}^{\mathrm{T}}\boldsymbol{y}_j - \delta_1\mu_0 \geqq 0, j = 1, 2, \cdots, n,\\
\qquad\ \boldsymbol{\omega}^{\mathrm{T}}\boldsymbol{x}_{j_0} = 1,\\
\qquad\ \boldsymbol{\omega} \geqq \mathbf{0}, \boldsymbol{\mu} \geqq \mathbf{0},\\
\qquad\ \delta_1\delta_2(-1)^{\delta_3}\mu_0 \geqq 0.
\end{array}\right.
$$

$$
(\mathrm{DG})\left\{\begin{array}{l}
\min \theta, \\
\text{s.t.}\ \ \displaystyle\sum_{j=1}^{n} \boldsymbol{x}_j \lambda_j+\boldsymbol{s}^{-}=\theta \boldsymbol{x}_{j_0}, \\
\qquad \displaystyle\sum_{j=1}^{n} \boldsymbol{y}_j \lambda_j-\boldsymbol{s}^{+}=\boldsymbol{y}_{j_0}, \\
\qquad \delta_1\left(\displaystyle\sum_{j=1}^{n} \lambda_j-\delta_2(-1)^{\delta_3} \lambda_{n+1}\right)=\delta_1, \\
\qquad \boldsymbol{s}^{-} \geqq \mathbf{0}, \boldsymbol{s}^{+} \geqq \mathbf{0}, \lambda_j \geqq 0, j=1,2, \cdots, n+1 .
\end{array}\right.
$$

(1) 当 $\delta_1=0$ 时, (IG) 模型为 C^2R 模型.

(2) 当 $\delta_1=1, \delta_2=0$ 时, (IG) 模型为 BC^2 模型.

(3) 当 $\delta_1=1, \delta_2=1, \delta_3=1$ 时, (IG) 模型为 FG 模型.

(4) 当 $\delta_1=1, \delta_2=1, \delta_3=0$ 时, (IG) 模型为 ST 模型.

例 10.1 下面以文献 [5] 的例子为例, 设有 5 个决策单元, 每个决策单元均有 2 种输入和 1 种输出, 各决策单元的输入和输出指标数据如表 10.1 所示.

表 10.1 决策单元的输入和输出数据

决策单元	a	b	c	d	e
输入 1	2.0	2.0	5.0	10.0	10.0
输入 2	12.0	8.0	5.0	4.0	6.0
输出	1.0	1.0	1.0	1.0	1.0

应用模型 (DG) 可算得各决策单元的效率值如表 10.2 所示.

表 10.2 传统 BC^2 模型下各决策单元的效率值

决策单元	a	b	c	d	e
传统 BC^2 模型效率值	1	1	1	1	0.75

从表 10.2 可以看出, 对有效决策单元而言, 其效率值均为 1, 即传统 DEA 模型不能区分有效决策单元效率的大小, 因而给出的有价值的信息较少.

10.1.2 超效率 DEA 模型

为进一步度量有效决策单元的效率, 文献 [5] 提出了超效率 DEA 模型, 该模型构造的核心思想是将被评价的决策单元从参考集中剔除, 即被评价决策单元的效率是依据由其他决策单元构成的前沿面给出的. 面向输入的超效率 DEA 模型 [5] 如下:

$$
(\mathrm{D_{SEM}})\begin{cases}\min(\theta-\varepsilon(\hat{\boldsymbol{e}}^{\mathrm{T}}\boldsymbol{s}^{-}+\boldsymbol{e}^{\mathrm{T}}\boldsymbol{s}^{+})),\\ \text{s.t.}\quad \sum\limits_{j=1,j\neq j_0}^{n}\boldsymbol{x}_j\lambda_j+\boldsymbol{s}^{-}=\theta\boldsymbol{x}_{j_0},\\ \qquad \sum\limits_{j=1,j\neq j_0}^{n}\boldsymbol{y}_j\lambda_j-\boldsymbol{s}^{+}=\boldsymbol{y}_{j_0},\\ \qquad \sum\limits_{j=1,j\neq j_0}^{n}\lambda_j=1\ ,\\ \qquad \boldsymbol{s}^{-}\geqq\boldsymbol{0},\boldsymbol{s}^{+}\geqq\boldsymbol{0},\ \lambda_j\geqq 0,\ j=1,2,\cdots,n,j\neq j_0.\end{cases}
$$

在模型 $(\mathrm{D_{SEM}})$ 下, 例 10.1 中的各决策单元效率值如表 10.3 所示 [5].

表 10.3　超效率 BC^2 模型下各决策单元的效率值

决策单元	a	b	c	d	e
超效率 BC^2 模型效率值	1	1.316	1.2	1.25	0.75

从表 10.2 和表 10.3 可以看出: 在传统 BC^2 模型下, 决策单元 b, c 和 d 的效率值均为 1, 无法区分这 3 个决策单元中哪个决策单元的有效程度更好; 而超效率 BC^2 模型可以对它们的效率值进行排序, 即超效率 DEA 模型在一定程度上能区分有效决策单元的有效程度. 但从另一方面可以看出, 超效率 DEA 模型不能给出有效决策单元的效率较好的原因.

10.1.3　超效率 DEA 模型的投影

为进一步讨论有效决策单元相对于其他决策单元所存在的优势, 下面将给出有效决策单元的投影概念.

定义 10.1　设模型 $(\mathrm{D_{SEM}})$ 有最优解 θ^*, $\boldsymbol{s}^{-*}$, $\boldsymbol{s}^{+*}$, λ_j^*, $j=1,2,\cdots,n,j\neq j_0$, 则称

$$
(\hat{\boldsymbol{x}}_{j_0},\hat{\boldsymbol{y}}_{j_0})=(\theta^*\boldsymbol{x}_{j_0}-\boldsymbol{s}^{-*},\boldsymbol{y}_{j_0}+\boldsymbol{s}^{+*})
$$

为 $(\boldsymbol{x}_{j_0},\boldsymbol{y}_{j_0})$ 的超效率投影.

记第 j_0 个决策单元的改进值为

$$
\begin{aligned}(\Delta\boldsymbol{x}_{j_0},\Delta\boldsymbol{y}_{j_0})&=(\boldsymbol{x}_{j_0}-\hat{\boldsymbol{x}}_{j_0},\hat{\boldsymbol{y}}_{j_0}-\boldsymbol{y}_{j_0})\\&=((\Delta x_{1j_0},\Delta x_{2j_0},\cdots,\Delta x_{mj_0}),(\Delta y_{1j_0},\Delta y_{2j_0},\cdots,\Delta y_{sj_0})).\end{aligned}
$$

其含义可以解释如下:

(1) 当 $\Delta x_{ij_0}=0$ 时, 表示决策单元 $(\boldsymbol{x}_{j_0},\boldsymbol{y}_{j_0})$ 与有效单元 $(\hat{\boldsymbol{x}}_{j_0},\hat{\boldsymbol{y}}_{j_0})$ 相比它的第 i 个输入同样有效. 同样地, 当 $\Delta y_{rj_0}=0$ 时, 表示它的第 r 个输出同样有效.

(2) 当 $\Delta x_{ij_0}>0$ 时, 表示决策单元 $(\boldsymbol{x}_{j_0},\boldsymbol{y}_{j_0})$ 与有效单元 $(\hat{\boldsymbol{x}}_{j_0},\hat{\boldsymbol{y}}_{j_0})$ 相比它的第 i 个输入指标多输入 Δx_{ij_0}. 同样地, 当 $\Delta y_{rj_0}>0$ 时, 表示它的第 r 个输出指标少输出 Δy_{rj_0}. 反映的是该指标相对于有效单元的不足.

(3) 当 $\Delta x_{ij_0}<0$ 时, 表示决策单元 $(\boldsymbol{x}_{j_0},\boldsymbol{y}_{j_0})$ 与有效单元 $(\hat{\boldsymbol{x}}_{j_0},\hat{\boldsymbol{y}}_{j_0})$ 相比它的第 i 个输入指标少输入 Δx_{ij_0}. 同样地, 当 $\Delta y_{rj_0}<0$ 时, 表示它的第 r 个输出指标多输出 Δy_{rj_0}. 反映的是该指标相对于有效单元的优势.

例 10.2 在传统 BC^2 模型和超效率 BC^2 模型下, 例 10.1 的各决策单元的效率值以及与其投影的相差值如表 10.4 所示.

表 10.4 传统 BC^2 模型和超效率 BC^2 模型下各决策单元效率值以及与其投影的相差值

决策单元	传统 BC^2 模型效率值	Δx_1	Δx_2	Δy_1	超效率 BC^2 模型效率值	Δx_1	Δx_2	Δy_1
a	1	0	4	0	1	0	4	0
b	1	0	0	0	1.316	−0.632	−2.528	0
c	1	0	0	0	1.2	−1	−1	0
d	1	0	0	0	1.25	−2.5	−1	0
e	0.75	2.5	1.5	0	0.75	2.5	1.5	0

从表 10.4 可以看出, 对无效决策单元而言, 超效率 BC^2 模型和传统 BC^2 模型的效率值相同, 如决策单元 e; 对有效决策单而言, 决策单元的效率值与其投影的相差值揭示了该决策单元相对于其他决策单元的优势, 如决策单元 $b(2, 8, 1)$ 在超效率 BC^2 模型中的投影值为 $f(2.632, 10.528, 1)$, 即决策单元 b 较其投影 f 在第一个输入指标上少投入 0.632, 在第二个输入指标上少投入 2.528. 而有效决策单元投影问题在以往的超效率模型中从未提及.

在传统 BC^2 模型和超效率 BC^2 模型下, 例 10.1 中的各决策单元相对应的生产能可能集如图 10.1 所示, 生产前沿面如表 10.5 所示.

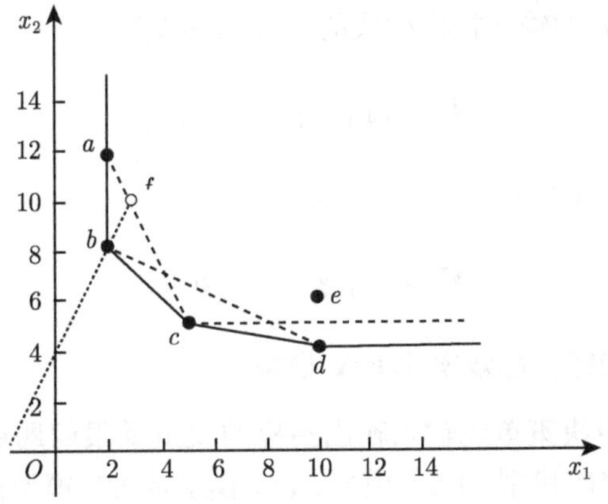

图 10.1 传统 BC^2 模型和超效率 BC^2 模型下各决策单元的生产可能集

表 10.5　传统 BC^2 模型和超效率 BC^2 模型下各决策单元的生产前沿面

模型	不同模型下各个决策单元的生产前沿面				
	a	b	c	d	e
传统 BC^2 模型	bcd	bcd	bcd	bcd	bcd
超效率 BC^2 模型	bcd	acd	bd	bc	bcd

从表 10.5 可以看出, 在 BC^2 模型中, 每个决策单元对应的生产前沿面都是折线 bcd. 但对于超效率 BC^2 模型而言, 每个决策单元对应的生产可能集可能不同, 相应决策单元的效率值是该单元相对于其他单元确定的生产前沿面的效率.

10.2　权重受限的综合超效率 DEA 方法

假设有 n 个决策单元, 分别具有 m 种输入和 s 种输出, 其中第 j 个决策单元的输入输出指标值为 $(\boldsymbol{x}_j, \boldsymbol{y}_j)$, 其中

$$\boldsymbol{x}_j \in \operatorname{int}(-V^*), \quad \boldsymbol{y}_j \in \operatorname{int}(-U^*),$$

$$\operatorname{int}(-V^*) \neq \varnothing, \quad \operatorname{int}(-U^*) \neq \varnothing,$$

并且 $V \subseteq E_+^m, U \subseteq E_+^s$ 为闭凸锥.

$$V^* = \left\{ \boldsymbol{v} \middle| \hat{\boldsymbol{v}}^{\mathrm{T}} \boldsymbol{v} \leqq 0, \forall \hat{\boldsymbol{v}} \in V \right\}$$

为 V 的极锥;

$$U^* = \left\{ \boldsymbol{u} \middle| \hat{\boldsymbol{u}}^{\mathrm{T}} \boldsymbol{u} \leqq 0, \forall \hat{\boldsymbol{u}} \in U \right\}$$

为 U 的极锥;

由 n 个决策单元的输入指标构成的 $m \times n$ 矩阵

$$\boldsymbol{X} = (\boldsymbol{x}_1, \boldsymbol{x}_2, \cdots, \boldsymbol{x}_n),$$

输出指标构成的 $s \times n$ 矩阵

$$\boldsymbol{Y} = (\boldsymbol{y}_1, \boldsymbol{y}_2, \cdots, \boldsymbol{y}_n).$$

10.2.1　权重受限的综合超效率 DEA 模型

在 DEA 方法中决策单元输入输出指标的权重受限问题更具有普遍意义, 传统 DEA 模型 (如 C^2R 模型、BC^2 模型、FG 模型及 ST 模型) 在评价决策单元有效性时, 对输入指标和输出指标的权系数没有任何限制, 即输入指标和输出指标具

有等同的地位. 但事实上, 从 DEA 模型提出以来, 研究多目标决策方面的专家就提出, 在决策过程中每一位决策者都具有一定偏好性, 而 DEA 模型中未能体现出决策者的偏好. 其中, 文献 [6] 提出了多目标规划问题的非支配解 (non-dominated solution) 概念, 并将多目标规划问题的 Pareto 解的概念推广到能体现决策者偏好的非支配解, 这对多目标规划问题的发展起到了推动作用. 因此, 出于这种考虑, 本章将对权重受限问题进行讨论, 面向输入的权重受限综合 DEA 模型 [8] 为

$$(\mathrm{P_{WRCM}})\left\{\begin{array}{l}\max(\boldsymbol{\mu}^{\mathrm{T}}\boldsymbol{y}_{j_0}+\delta_1\mu_0)=V_{\mathrm{P}},\\ \text{ s.t. } \ \boldsymbol{\omega}^{\mathrm{T}}\boldsymbol{X}-\boldsymbol{\mu}^{\mathrm{T}}\boldsymbol{Y}-\delta_1\mu_0\boldsymbol{e}^{\mathrm{T}}\geqq\boldsymbol{0},\\ \qquad \boldsymbol{\omega}^{\mathrm{T}}\boldsymbol{x}_{j_0}=1,\\ \qquad \boldsymbol{\omega}\in V,\boldsymbol{\mu}\in U,\\ \qquad \delta_1\delta_2(-1)^{\delta_3}\mu_0\geqq 0.\end{array}\right.$$

其对偶模型为

$$(\mathrm{D_{WRCM}})\left\{\begin{array}{l}\min\theta,\\ \text{ s.t. } \ \boldsymbol{X\lambda}-\theta\boldsymbol{x}_{j_0}\in V^*,\\ \qquad -\boldsymbol{Y\lambda}+\boldsymbol{y}_{j_0}\in U^*,\\ \qquad \delta_1(\boldsymbol{e}^{\mathrm{T}}\boldsymbol{\lambda}-\delta_2(-1)^{\delta_3}\lambda_{n+1})=\delta_1,\\ \qquad \boldsymbol{\lambda}\geqq\boldsymbol{0},\lambda_{n+1}\geqq 0.\end{array}\right.$$

其中, δ_1, δ_2, δ_3 为取值为 0 或 1 的参数, 而 $\boldsymbol{e}=(1,1,\cdots,1)^{\mathrm{T}}\in E^n$.

对应的生产可能集为

$$\begin{aligned}T_{\mathrm{WRCM}}=\{(\boldsymbol{x},\boldsymbol{y})\,|\,&\boldsymbol{X\lambda}-\boldsymbol{x}\in V^*,-\boldsymbol{Y\lambda}+\boldsymbol{y}\in U^*,\\ &\delta_1(\boldsymbol{e}^{\mathrm{T}}\boldsymbol{\lambda}-\delta_2(-1)^{\delta_3}\lambda_{n+1})=\delta_1,\boldsymbol{\lambda}\geqq\boldsymbol{0},\lambda_{n+1}\geqq 0\}.\end{aligned}$$

定义 10.2[8] 如果模型 $(\mathrm{P_{WRCM}})$ 存在最优解 $\boldsymbol{\omega}^0,\boldsymbol{\mu}^0,\mu_0^0$ 使

$$V_{\mathrm{P}}=\boldsymbol{\mu}^{0\mathrm{T}}\boldsymbol{y}_{j_0}+\delta_1\mu_0^0=1,$$

则称决策单元 j_0 为弱 DEA 有效 (WRCM).

定义 10.3[8] 如果模型 $(\mathrm{P_{WRCM}})$ 存在最优解 $\boldsymbol{\omega}^0,\boldsymbol{\mu}^0,\mu_0^0$ 使

$$V_{\mathrm{P}}=\boldsymbol{\mu}^{0\mathrm{T}}\boldsymbol{y}_{j_0}+\delta_1\mu_0^0=1,$$

且 $\boldsymbol{\omega}^0\in\mathrm{int}V$, $\boldsymbol{\mu}^0\in\mathrm{int}U$, 则称决策单元 j_0 为 DEA 有效 (WRCM).

由于模型中的有效决策单元效率值均等于 1, 所以上述模型将无法区分有效决策单元的效率值大小. 为解决这一问题, 下面提出权重受限的综合超效率 DEA 模型. 设

$$\boldsymbol{X}_{j_0} = (\boldsymbol{x}_1, \cdots, \boldsymbol{x}_{j_0-1}, \boldsymbol{x}_{j_0+1}, \cdots, \boldsymbol{x}_n)$$

是由剔除第 j_0 个决策单元后的其余 $n-1$ 个决策单元的输入指标构成的 $m\times(n-1)$ 矩阵;

$$\boldsymbol{Y}_{j_0} = \left(\boldsymbol{y}_1, \cdots, \boldsymbol{y}_{j_0-1}, \boldsymbol{y}_{j_0+1}, \cdots, \boldsymbol{y}_n\right)$$

是由剔除第 j_0 个决策单元后的其余 $n-1$ 个决策单元的输出指标构成的 $s\times(n-1)$ 矩阵.

虽然权重受限的综合 DEA 模型考虑到了决策者的偏好, 但该模型中有效决策单元的效率值均为 1, 投影的改进值均为 0, 能够给出的有价值的信息较少. 因此, 为克服权重受限的综合 DEA 模型无法区分有效决策单元的效率大小这一不足, 给出如下形式的面向输入的权重受限综合超效率 DEA 模型:

$$(\mathrm{P_{SWRCM}})\left\{\begin{array}{l} \max\ (\boldsymbol{\mu}^{\mathrm{T}}\boldsymbol{y}_{j_0} + \delta_1\mu_0) = V_{\mathrm{SP}}, \\ \text{s.t.}\ \ \boldsymbol{\omega}^{\mathrm{T}}\boldsymbol{X}_{j_0} - \boldsymbol{\mu}^{\mathrm{T}}\boldsymbol{Y}_{j_0} - \delta_1\mu_0\bar{\boldsymbol{e}}^{\mathrm{T}} \geqq \boldsymbol{0}, \\ \qquad \boldsymbol{\omega}^{\mathrm{T}}\boldsymbol{x}_{j_0} = 1, \\ \qquad \boldsymbol{\omega} \in V, \boldsymbol{\mu} \in U, \\ \qquad \delta_1\delta_2(-1)^{\delta_3}\mu_0 \geqq 0, \end{array}\right.$$

其对偶模型为

$$(\mathrm{D_{SWRCM}})\left\{\begin{array}{l} \min\ \theta, \\ \text{s.t.}\ \ \boldsymbol{X}_{j_0}\bar{\boldsymbol{\lambda}} - \theta\boldsymbol{x}_{j_0} \in V^*, \\ \qquad -\boldsymbol{Y}_{j_0}\bar{\boldsymbol{\lambda}} + \boldsymbol{y}_{j_0} \in U^*, \\ \qquad \delta_1(\bar{\boldsymbol{e}}^{\mathrm{T}}\bar{\boldsymbol{\lambda}} - \delta_2(-1)^{\delta_3}\lambda_{n+1}) = \delta_1, \\ \qquad \bar{\boldsymbol{\lambda}} \geqq \boldsymbol{0}, \lambda_{n+1} \geqq 0. \end{array}\right.$$

其中, δ_1, δ_2, δ_3 为取值为 0 或 1 的参数, 而 $\bar{\boldsymbol{e}} = (1, 1, \cdots, 1)^{\mathrm{T}} \in E^{n-1}$.

对应的生产可能集为

$$\begin{aligned} T_{\mathrm{SWRCM}} = \Big\{(\boldsymbol{x}, \boldsymbol{y})\,\Big|\, & \boldsymbol{X}_{j_0}\bar{\boldsymbol{\lambda}} - \boldsymbol{x} \in V^*, -\boldsymbol{Y}_{j_0}\bar{\boldsymbol{\lambda}} + \boldsymbol{y} \in U^*, \\ & \delta_1(\bar{\boldsymbol{e}}^{\mathrm{T}}\bar{\boldsymbol{\lambda}} - \delta_2(-1)^{\delta_3}\lambda_{n+1}) = \delta_1, \bar{\boldsymbol{\lambda}} \geqq \boldsymbol{0}, \lambda_{n+1} \geqq 0\Big\}. \end{aligned}$$

10.2.2 权重受限的综合超效率 DEA 模型与其他模型的关系

在模型 ($\mathrm{P_{SWRCM}}$) 和 ($\mathrm{D_{SWRCM}}$) 中的参数 δ_1, δ_2, δ_3 取不同值, 以及锥 V, U 取一些特殊情况时, 可以得到如下几个基本的超效率 DEA 模型:

情况 (1) 当 $\delta_1 = 0$, $V = E_+^m$, $U = E_+^s$ 时, 模型 ($\mathrm{P_{SWRCM}}$) 和模型 ($\mathrm{D_{SWRCM}}$) 是超效率 C^{2}R 模型 (面向输入型)[5]:

$$(\mathrm{P_{C^2R}^I})\begin{cases}\max\ \boldsymbol{\mu}^{\mathrm{T}}\boldsymbol{y}_{j_0},\\ \text{s.t.}\ \ \boldsymbol{\omega}^{\mathrm{T}}\boldsymbol{X}_{j_0}-\boldsymbol{\mu}^{\mathrm{T}}\boldsymbol{Y}_{j_0}\geqq \mathbf{0},\\ \qquad \boldsymbol{\omega}^{\mathrm{T}}\boldsymbol{x}_{j_0}=1,\\ \qquad \boldsymbol{\omega}\geqq\mathbf{0},\boldsymbol{\mu}\geqq\mathbf{0}.\end{cases}$$

$$(\mathrm{D_{C^2R}^I})\begin{cases}\min\ \theta,\\ \text{s.t.}\ \ \boldsymbol{X}_{j_0}\bar{\boldsymbol{\lambda}}+\boldsymbol{s}^-=\theta\boldsymbol{x}_{j_0},\\ \qquad \boldsymbol{Y}_{j_0}\bar{\boldsymbol{\lambda}}-\boldsymbol{s}^+=\boldsymbol{y}_{j_0},\\ \qquad \bar{\boldsymbol{\lambda}}\geqq\mathbf{0},\boldsymbol{s}^-\geqq\mathbf{0},\boldsymbol{s}^+\geqq\mathbf{0}.\end{cases}$$

情况 (2) 当 $\delta_1 = 1$, $\delta_2 = 0$, $V = E_+^m$, $U = E_+^s$ 时, 模型 ($\mathrm{P_{SWRCM}}$) 和模型 ($\mathrm{D_{SWRCM}}$) 是超效率 BC^2 模型 (面向输入型)[5]:

$$(\mathrm{P_{BC^2}^I})\begin{cases}\max(\boldsymbol{\mu}^{\mathrm{T}}\boldsymbol{y}_{j_0}+\mu_0),\\ \text{s.t.}\ \ \boldsymbol{\omega}^{\mathrm{T}}\boldsymbol{X}_{j_0}-\boldsymbol{\mu}^{\mathrm{T}}\boldsymbol{Y}_{j_0}-\mu_0\bar{\boldsymbol{e}}^{\mathrm{T}}\geqq \mathbf{0},\\ \qquad \boldsymbol{\omega}^{\mathrm{T}}\boldsymbol{x}_{j_0}=1,\\ \qquad \boldsymbol{\omega}\geqq\mathbf{0},\boldsymbol{\mu}\geqq\mathbf{0}.\end{cases}$$

$$(\mathrm{D_{BC^2}^I})\begin{cases}\min\ \theta,\\ \text{s.t.}\ \ \boldsymbol{X}_{j_0}\bar{\boldsymbol{\lambda}}+\boldsymbol{s}^-=\theta\boldsymbol{x}_{j_0},\\ \qquad \boldsymbol{Y}_{j_0}\bar{\boldsymbol{\lambda}}-\boldsymbol{s}^+=\boldsymbol{y}_{j_0},\\ \qquad \bar{\boldsymbol{e}}^{\mathrm{T}}\bar{\boldsymbol{\lambda}}=1,\\ \qquad \bar{\boldsymbol{\lambda}}\geqq\mathbf{0},\boldsymbol{s}^-\geqq\mathbf{0},\boldsymbol{s}^+\geqq\mathbf{0}.\end{cases}$$

情况 (3) 当 $\delta_1 = 1$, $\delta_2 = 1$, $\delta_3 = 1$, $V = E_+^m$, $U = E_+^s$ 时, 模型 ($\mathrm{P_{SWRCM}}$) 和模型 ($\mathrm{D_{SWRCM}}$) 是超效率 FG 模型 (面向输入型)[9]:

$$(\mathrm{P_{FG}^I})\begin{cases}\max(\boldsymbol{\mu}^{\mathrm{T}}\boldsymbol{y}_{j_0}+\mu_0),\\ \text{s.t.}\ \ \boldsymbol{\omega}^{\mathrm{T}}\boldsymbol{X}_{j_0}-\boldsymbol{\mu}^{\mathrm{T}}\boldsymbol{Y}_{j_0}-\mu_0\bar{\boldsymbol{e}}^{\mathrm{T}}\geqq \mathbf{0},\\ \qquad \boldsymbol{\omega}^{\mathrm{T}}\boldsymbol{x}_{j_0}=1,\\ \qquad \boldsymbol{\omega}\geqq\mathbf{0},\boldsymbol{\mu}\geqq\mathbf{0},\mu_0\leqq 0.\end{cases}$$

$$
(\mathrm{D}_{\mathrm{FG}}^{\mathrm{I}})\begin{cases}\min\ \theta,\\ \text{s.t.}\ \ \boldsymbol{X}_{j_0}\bar{\boldsymbol{\lambda}}+\boldsymbol{s}^-=\theta\boldsymbol{x}_{j_0},\\ \qquad \boldsymbol{Y}_{j_0}\bar{\boldsymbol{\lambda}}-\boldsymbol{s}^+=\boldsymbol{y}_{j_0},\\ \qquad \bar{\boldsymbol{e}}^{\mathrm{T}}\bar{\boldsymbol{\lambda}}\leqq 1,\\ \qquad \bar{\boldsymbol{\lambda}}\geqq \boldsymbol{0},\boldsymbol{s}^-\geqq\boldsymbol{0},\boldsymbol{s}^+\geqq\boldsymbol{0}.\end{cases}
$$

情况 (4) 当 $\delta_1=1$, $\delta_2=1$, $\delta_3=0$, $V=E_+^m$, $U=E_+^s$ 时, 模型 $(\mathrm{P_{SWRCM}})$ 和模型 $(\mathrm{D_{SWRCM}})$ 是超效率 ST 模型 (面向输入型)[9]:

$$
(\mathrm{P}_{\mathrm{ST}}^{\mathrm{I}})\begin{cases}\max\ (\boldsymbol{\mu}^{\mathrm{T}}\boldsymbol{y}_{j_0}+\mu_0),\\ \text{s.t.}\ \ \boldsymbol{\omega}^{\mathrm{T}}\boldsymbol{X}_{j_0}-\boldsymbol{\mu}^{\mathrm{T}}\boldsymbol{Y}_{j_0}-\mu_0\bar{\boldsymbol{e}}^{\mathrm{T}}\geqq\boldsymbol{0},\\ \qquad \boldsymbol{\omega}^{\mathrm{T}}\boldsymbol{x}_{j_0}=1,\\ \qquad \boldsymbol{\omega}\geqq\boldsymbol{0},\boldsymbol{\mu}\geqq\boldsymbol{0},\mu_0\geqq 0.\end{cases}
$$

$$
(\mathrm{D}_{\mathrm{ST}}^{\mathrm{I}})\begin{cases}\min\ \theta,\\ \text{s.t.}\ \ \boldsymbol{X}_{j_0}\bar{\boldsymbol{\lambda}}+\boldsymbol{s}^-=\theta\boldsymbol{x}_{j_0},\\ \qquad \boldsymbol{Y}_{j_0}\bar{\boldsymbol{\lambda}}-\boldsymbol{s}^+=\boldsymbol{y}_{j_0},\\ \qquad \bar{\boldsymbol{e}}^{\mathrm{T}}\bar{\boldsymbol{\lambda}}\geqq 1,\\ \qquad \bar{\boldsymbol{\lambda}}\geqq \boldsymbol{0},\boldsymbol{s}^-\geqq\boldsymbol{0},\boldsymbol{s}^+\geqq\boldsymbol{0}.\end{cases}
$$

10.2.3 权重受限的综合超效率 DEA 模型性质

定理 10.1 模型 $(\mathrm{P_{SWRCM}})$ 存在可行解.

证明 已知 $\boldsymbol{x}_{j_0}\in\mathrm{int}(-V^*)$, 取 $\boldsymbol{\omega}^{\#}\in V$ 且 $\boldsymbol{\omega}^{\#}\neq\boldsymbol{0}$, 则 $\boldsymbol{\omega}^{\#\mathrm{T}}\boldsymbol{x}_{j_0}>0$, 令

$$
\bar{\boldsymbol{\omega}}=\frac{\boldsymbol{\omega}^{\#}}{\boldsymbol{\omega}^{\#\mathrm{T}}\boldsymbol{x}_{j_0}}\in V,\quad \bar{\boldsymbol{\mu}}=\boldsymbol{0}\in U,\quad \bar{\mu}_0=0,
$$

则

$$
\begin{cases}\bar{\boldsymbol{\omega}}^{\mathrm{T}}\boldsymbol{X}_{j_0}-\bar{\boldsymbol{\mu}}^{\mathrm{T}}\boldsymbol{Y}_{j_0}-\delta_1\bar{\mu}_0\bar{\boldsymbol{e}}^{\mathrm{T}}\geqq\boldsymbol{0},\\ \bar{\boldsymbol{\omega}}^{\mathrm{T}}\boldsymbol{x}_{j_0}=1,\\ \bar{\boldsymbol{\omega}}\in V,\bar{\boldsymbol{\mu}}\in U,\\ \delta_1\delta_2(-1)^{\delta_3}\bar{\mu}_0\geqq 0.\end{cases}
$$

即 $\bar{\boldsymbol{\omega}}\in V$, $\bar{\boldsymbol{\mu}}\in U$, $\bar{\mu}_0$ 是模型 $(\mathrm{P_{SWRCM}})$ 的可行解.

定理 10.2 第 j_0 个决策单元为弱 DEA 有效 (WRCM) 当且仅当模型 $(\mathrm{P_{SWRCM}})$ 有可行解 $\bar{\boldsymbol{\omega}}\in V$, $\bar{\boldsymbol{\mu}}\in U$, $\bar{\mu}_0$ 满足

$$
V_{\mathrm{SP}}=\bar{\boldsymbol{\mu}}^{\mathrm{T}}\boldsymbol{y}_{j_0}+\delta_1\bar{\mu}_0\geqq 1.
$$

证明 (充分性) 假设第 j_0 个决策单元为弱 DEA 有效 (WRCM)，由定义 10.2 可知, 模型 ($\mathrm{P_{WRCM}}$) 存在最优解 $\boldsymbol{\omega}^0 \in V$, $\boldsymbol{\mu}^0 \in U$, μ_0^0 使

$$V_{\mathrm{P}} = \boldsymbol{\mu}^{0\mathrm{T}} \boldsymbol{y}_{j_0} + \delta_1 \mu_0^0 = 1.$$

显然, $\boldsymbol{\omega}^0 \in V$, $\boldsymbol{\mu}^0 \in U$, μ_0^0 也是模型 ($\mathrm{P_{SWRCM}}$) 的可行解, 又由于

$$\boldsymbol{\mu}^{0\mathrm{T}} \boldsymbol{y}_{j_0} + \delta_1 \mu_0^0 = 1,$$

可知, 模型 ($\mathrm{P_{SWRCM}}$) 有可行解使得 $V_{\mathrm{SP}} \geqq 1$.

(必要性) 假设模型 ($\mathrm{P_{SWRCM}}$) 存在可行解 $\bar{\boldsymbol{\omega}} \in V$, $\bar{\boldsymbol{\mu}} \in U$, $\bar{\mu}_0$ 使得

$$V_{\mathrm{SP}} = \bar{\boldsymbol{\mu}}^{\mathrm{T}} \boldsymbol{y}_{j_0} + \delta_1 \bar{\mu}_0 \geqq 1,$$

则以下三种情况中恰有一个成立:

(i) 模型 ($\mathrm{P_{SWRCM}}$) 有最优解 $\boldsymbol{\omega}^* \in V$, $\boldsymbol{\mu}^* \in U$, μ_0^* 使

$$V_{\mathrm{SP}} = \boldsymbol{\mu}^{*\mathrm{T}} \boldsymbol{y}_{j_0} + \delta_1 \mu_0^* = 1;$$

(ii) 模型 ($\mathrm{P_{SWRCM}}$) 有最优解 $\boldsymbol{\omega}^* \in V$, $\boldsymbol{\mu}^* \in U$, μ_0^* 满足

$$V_{\mathrm{SP}} = \boldsymbol{\mu}^{*\mathrm{T}} \boldsymbol{y}_{j_0} + \delta_1 \mu_0^* > 1;$$

(iii) 模型 ($\mathrm{P_{SWRCM}}$) 有无界解.

下面证明在以上三种情况下, 第 j_0 个单元均为弱 DEA 有效 (WRCM):

(i) 设模型 ($\mathrm{P_{SWRCM}}$) 有最优解 $\boldsymbol{\omega}^* \in V$, $\boldsymbol{\mu}^* \in U$, μ_0^* 使

$$V_{\mathrm{SP}} = \boldsymbol{\mu}^{*\mathrm{T}} \boldsymbol{y}_{j_0} + \delta_1 \mu_0^* = 1,$$

则 $\boldsymbol{\omega}^* \in V$, $\boldsymbol{\mu}^* \in U$, μ_0^* 满足

$$\begin{cases} \boldsymbol{\omega}^{*\mathrm{T}} \boldsymbol{X}_{j_0} - \boldsymbol{\mu}^{*\mathrm{T}} \boldsymbol{Y}_{j_0} - \delta_1 \mu_0^* \bar{\boldsymbol{e}}^{\mathrm{T}} \geqq \boldsymbol{0}, \\ \boldsymbol{\omega}^{*\mathrm{T}} \boldsymbol{x}_{j_0} - \boldsymbol{\mu}^{*\mathrm{T}} \boldsymbol{y}_{j_0} - \delta_1 \mu_0^* = 0, \\ \boldsymbol{\omega}^{*\mathrm{T}} \boldsymbol{x}_{j_0} = 1, \\ \delta_1 \delta_2 (-1)^{\delta_3} \mu_0^* \geqq 0. \end{cases}$$

即模型 ($\mathrm{P_{WRCM}}$) 存在可行解 $\boldsymbol{\omega}^* \in V$, $\boldsymbol{\mu}^* \in U$, μ_0^*, 使得

$$V_{\mathrm{P}} = \boldsymbol{\mu}^{*\mathrm{T}} \boldsymbol{y}_{j_0} + \delta_1 \mu_0^* = 1.$$

由此可知, 第 j_0 个决策单元为弱 DEA 有效 (WRCM).

(ii) 设模型 $(\mathrm{P_{SWRCM}})$ 有最优解 $\boldsymbol{\omega}^* \in V$, $\boldsymbol{\mu}^* \in U$, μ_0^* 使

$$V_{\mathrm{SP}} = \boldsymbol{\mu}^{*\mathrm{T}}\boldsymbol{y}_{j_0} + \delta_1\mu_0^* > 1.$$

显然

$$\boldsymbol{\omega}^{*\mathrm{T}}\boldsymbol{x}_{j_0} = 1,$$

取

$$\bar{\boldsymbol{\mu}} = \frac{\boldsymbol{\mu}^*}{\boldsymbol{\mu}^{*\mathrm{T}}\boldsymbol{y}_{j_0} + \delta_1\mu_0^*}, \quad \bar{\mu}_0 = \frac{\mu_0^*}{\boldsymbol{\mu}^{*\mathrm{T}}\boldsymbol{y}_{j_0} + \delta_1\mu_0^*},$$

由于

$$\boldsymbol{\mu}^{*\mathrm{T}}\boldsymbol{y}_{j_0} + \delta_1\mu_0^* > 1,$$

因此

$$\bar{\boldsymbol{\mu}} \in U.$$

因为

$$\bar{\boldsymbol{\mu}}^{\mathrm{T}}\boldsymbol{y}_{j_0} + \delta_1\bar{\mu}_0 = \frac{\boldsymbol{\mu}^{*\mathrm{T}}\boldsymbol{y}_{j_0}}{\boldsymbol{\mu}^{*\mathrm{T}}\boldsymbol{y}_{j_0} + \delta_1\mu_0^*} + \frac{\delta_1\mu_0^*}{\boldsymbol{\mu}^{*\mathrm{T}}\boldsymbol{y}_{j_0} + \delta_1\mu_0^*} = 1,$$

所以

$$\boldsymbol{\omega}^{*\mathrm{T}}\boldsymbol{x}_{j_0} - \bar{\boldsymbol{\mu}}^{\mathrm{T}}\boldsymbol{y}_{j_0} - \delta_1\bar{\mu}_0 = 0.$$

由于

$$\begin{aligned}\bar{\boldsymbol{\mu}}^{\mathrm{T}}\boldsymbol{Y}_{j_0} + \delta_1\bar{\mu}_0\bar{\boldsymbol{e}}^{\mathrm{T}} &= \frac{\boldsymbol{\mu}^{*\mathrm{T}}\boldsymbol{Y}_{j_0}}{\boldsymbol{\mu}^{*\mathrm{T}}\boldsymbol{y}_{j_0} + \delta_1\mu_0^*} + \delta_1\frac{\mu_0^*\bar{\boldsymbol{e}}^{\mathrm{T}}}{\boldsymbol{\mu}^{*\mathrm{T}}\boldsymbol{y}_{j_0} + \delta_1\mu_0^*} \\ &= \frac{1}{\boldsymbol{\mu}^{*\mathrm{T}}\boldsymbol{y}_{j_0} + \delta_1\mu_0^*}(\boldsymbol{\mu}^{*\mathrm{T}}\boldsymbol{Y}_{j_0} + \delta_1\mu_0^*\bar{\boldsymbol{e}}^{\mathrm{T}}) < \boldsymbol{\mu}^{*\mathrm{T}}\boldsymbol{Y}_{j_0} + \delta_1\mu_0^*\bar{\boldsymbol{e}}^{\mathrm{T}},\end{aligned}$$

所以

$$\boldsymbol{\omega}^{*\mathrm{T}}\boldsymbol{X}_{j_0} - \bar{\boldsymbol{\mu}}^{\mathrm{T}}\boldsymbol{Y}_{j_0} - \delta_1\bar{\mu}_0\bar{\boldsymbol{e}}^{\mathrm{T}} > \boldsymbol{\omega}^{*\mathrm{T}}\boldsymbol{X}_{j_0} - \boldsymbol{\mu}^{*\mathrm{T}}\boldsymbol{Y}_{j_0} - \delta_1\mu_0^*\bar{\boldsymbol{e}}^{\mathrm{T}} \geqq \boldsymbol{0}.$$

由上面的证明可知

$$\begin{cases}\boldsymbol{\omega}^{*\mathrm{T}}\boldsymbol{X}_{j_0} - \bar{\boldsymbol{\mu}}^{\mathrm{T}}\boldsymbol{Y}_{j_0} - \delta_1\bar{\mu}_0\bar{\boldsymbol{e}}^{\mathrm{T}} \geqq \boldsymbol{0}, \\ \boldsymbol{\omega}^{*\mathrm{T}}\boldsymbol{x}_{j_0} - \bar{\boldsymbol{\mu}}^{\mathrm{T}}\boldsymbol{y}_{j_0} - \delta_1\bar{\mu}_0 = 0, \\ \boldsymbol{\omega}^{*\mathrm{T}}\boldsymbol{x}_{j_0} = 1, \\ \delta_1\delta_2(-1)^{\delta_3}\bar{\mu}_0 \geqq 0.\end{cases}$$

即模型 (P_{WRCM}) 存在可行解 $\boldsymbol{\omega}^* \in V, \bar{\boldsymbol{\mu}} \in U, \bar{\mu}_0$ 使得

$$\bar{\boldsymbol{\mu}}^{\mathrm{T}}\boldsymbol{y}_{j_0} + \delta_1\bar{\mu}_0 = 1,$$

由此可知, 第 j_0 个决策单元为弱 DEA 有效 (WRCM).

(iii) 模型 (P_{SWRCM}) 有无界解, 则一定存在可行解 $\bar{\boldsymbol{\omega}} \in V$, $\bar{\boldsymbol{\mu}} \in U$, $\bar{\mu}_0$, 使得

$$V_{SP} = \bar{\boldsymbol{\mu}}^{\mathrm{T}}\boldsymbol{y}_{j_0} + \delta_1\bar{\mu}_0 > 1,$$

类似于 (ii) 的证明, 可以证明第 j_0 个决策单元为弱 DEA 有效 (WRCM). 证毕!

定理 10.3 第 j_0 个决策单元为 DEA 有效 (WRCM) 当且仅当以下三种情况之一成立:

(1) 模型 (P_{SWRCM}) 存在最优解 $\boldsymbol{\omega}^* \in \mathrm{int}V$, $\boldsymbol{\mu}^* \in \mathrm{int}U$, μ_0^* 使得

$$\boldsymbol{\mu}^{*\mathrm{T}}\boldsymbol{y}_{j_0} + \delta_1\mu_0^* = 1;$$

(2) 模型 (P_{SWRCM}) 的最优值 $V_{SP} > 1$;

(3) 模型 (P_{SWRCM}) 有无界解.

证明 (充分性) 若第 j_0 个决策单元为 DEA 有效 (WRCM) , 则根据定义 10.3 可知, 模型 (P_{WRCM}) 存在最优解 $\boldsymbol{\omega}^*$, $\boldsymbol{\mu}^*$, μ_0^* 满足 $(\boldsymbol{\omega}^*, \boldsymbol{\mu}^*) \in (\mathrm{int}V, \mathrm{int}U)$, 并且

$$\boldsymbol{\mu}^{*\mathrm{T}}\boldsymbol{y}_{j_0} + \delta_1\mu_0^* = 1.$$

由于 $\boldsymbol{\omega}^*$, $\boldsymbol{\mu}^*$, μ_0^* 是模型 (P_{WRCM}) 的最优解, 因此, $\boldsymbol{\omega}^*$, $\boldsymbol{\mu}^*$, μ_0^* 也是模型 (P_{SWRCM}) 的可行解.

如果 $\boldsymbol{\omega}^*$, $\boldsymbol{\mu}^*$, μ_0^* 是模型 (P_{SWRCM}) 的最优解, 则由

$$\boldsymbol{\mu}^{*\mathrm{T}}\boldsymbol{y}_{j_0} + \delta_1\mu_0^* = 1, \quad (\boldsymbol{\omega}^*, \boldsymbol{\mu}^*) \in (\mathrm{int}V, \mathrm{int}U),$$

可知定理 10.3 中的条件 (1) 成立.

如果 $\boldsymbol{\omega}^*$, $\boldsymbol{\mu}^*$, μ_0^* 不是模型 (P_{SWRCM}) 的最优解, 则必有定理 10.3 中的条件 (2) 或条件 (3) 成立.

(必要性) (1) 设模型 (P_{SWRCM}) 存在最优解 $\boldsymbol{\omega}^* \in \mathrm{int}V$, $\boldsymbol{\mu}^* \in \mathrm{int}U$, μ_0^* 使

$$V_{SP} = \boldsymbol{\mu}^{*\mathrm{T}}\boldsymbol{y}_{j_0} + \delta_1\mu_0^* = 1,$$

则有

$$\begin{cases} \boldsymbol{\omega}^{*\mathrm{T}}\boldsymbol{X}_{j_0} - \boldsymbol{\mu}^{*\mathrm{T}}\boldsymbol{Y}_{j_0} - \delta_1\mu_0^*\bar{\boldsymbol{e}}^{\mathrm{T}} \geqq \boldsymbol{0}, \\ \boldsymbol{\omega}^{*\mathrm{T}}\boldsymbol{x}_{j_0} - \boldsymbol{\mu}^{*\mathrm{T}}\boldsymbol{y}_{j_0} - \delta_1\mu_0^* = 0, \\ \boldsymbol{\omega}^{*\mathrm{T}}\boldsymbol{x}_{j_0} = 1, \\ \delta_1\delta_2(-1)^{\delta_3}\mu_0^* \geqq 0. \end{cases}$$

因此, 模型 $(\mathrm{P_{WRCM}})$ 有可行解 $\boldsymbol{\omega}^*$, $\boldsymbol{\mu}^*$, μ_0^* 满足

$$\boldsymbol{\mu}^{*\mathrm{T}}\boldsymbol{y}_{j_0}+\delta_1\mu_0^*=1,\quad \boldsymbol{\omega}^*\in\mathrm{int}V,\quad \boldsymbol{\mu}^*\in\mathrm{int}U.$$

由此可知, 第 j_0 个决策单元为 DEA 有效 (WRCM).

(2) 假设模型 $(\mathrm{P_{SWRCM}})$ 存在最优解 $\hat{\boldsymbol{\omega}}\in V$, $\hat{\boldsymbol{\mu}}\in U$, $\hat{\mu}_0$ 满足

$$V_{\mathrm{SP}}=\hat{\boldsymbol{\mu}}^{\mathrm{T}}\boldsymbol{y}_{j_0}+\delta_1\hat{\mu}_0>1,$$

那么

$$\hat{\boldsymbol{\omega}}^{\mathrm{T}}\boldsymbol{x}_{j_0}-\hat{\boldsymbol{\mu}}^{\mathrm{T}}\boldsymbol{y}_{j_0}-\delta_1\hat{\mu}_0<0.$$

因为 $\mathrm{int}V\neq\varnothing$, $\mathrm{int}U\neq\varnothing$, 可取到

$$\bar{\boldsymbol{\omega}}\in\mathrm{int}V,\quad \bar{\boldsymbol{\mu}}\in\mathrm{int}U.$$

因为

$$\boldsymbol{x}_j\in\mathrm{int}(-V^*),\quad \boldsymbol{y}_j\in\mathrm{int}(-U^*),$$

所以

$$\bar{\boldsymbol{\omega}}^{\mathrm{T}}\boldsymbol{x}_j>0,\quad \bar{\boldsymbol{\mu}}^{\mathrm{T}}\boldsymbol{y}_j>0.$$

令

$$\beta=\min_{1\leqq j\leqq n}\frac{\bar{\boldsymbol{\omega}}^{\mathrm{T}}\boldsymbol{x}_j}{2\bar{\boldsymbol{\mu}}^{\mathrm{T}}\boldsymbol{y}_j},$$

则有

$$\bar{\boldsymbol{\omega}}^{\mathrm{T}}\boldsymbol{x}_j-\beta\bar{\boldsymbol{\mu}}^{\mathrm{T}}\boldsymbol{y}_j>0,\quad j=1,2,\cdots,n.$$

由于

$$\hat{\boldsymbol{\omega}}^{\mathrm{T}}\boldsymbol{x}_{j_0}-\hat{\boldsymbol{\mu}}^{\mathrm{T}}\boldsymbol{y}_{j_0}-\delta_1\hat{\mu}_0<0,$$

则一定存在 $\alpha>0$ 使得

$$\alpha(\bar{\boldsymbol{\omega}}^{\mathrm{T}}\boldsymbol{x}_{j_0}-\beta\bar{\boldsymbol{\mu}}^{\mathrm{T}}\boldsymbol{y}_{j_0})+(\hat{\boldsymbol{\omega}}^{\mathrm{T}}\boldsymbol{x}_{j_0}-\hat{\boldsymbol{\mu}}^{\mathrm{T}}\boldsymbol{y}_{j_0}-\delta_1\hat{\mu}_0)=0,$$

于是

$$\frac{\alpha(\bar{\boldsymbol{\omega}}^{\mathrm{T}}\boldsymbol{x}_{j_0}-\beta\bar{\boldsymbol{\mu}}^{\mathrm{T}}\boldsymbol{y}_{j_0})+(\hat{\boldsymbol{\omega}}^{\mathrm{T}}\boldsymbol{x}_{j_0}-\hat{\boldsymbol{\mu}}^{\mathrm{T}}\boldsymbol{y}_{j_0}-\delta_1\hat{\mu}_0)}{\alpha\bar{\boldsymbol{\omega}}^{\mathrm{T}}\boldsymbol{x}_{j_0}+\hat{\boldsymbol{\omega}}^{\mathrm{T}}\boldsymbol{x}_{j_0}}=0.$$

取

$$\boldsymbol{\omega}^0=\frac{\alpha\bar{\boldsymbol{\omega}}+\hat{\boldsymbol{\omega}}}{\alpha\bar{\boldsymbol{\omega}}^{\mathrm{T}}\boldsymbol{x}_{j_0}+\hat{\boldsymbol{\omega}}^{\mathrm{T}}\boldsymbol{x}_{j_0}},\quad \boldsymbol{\mu}^0=\frac{\alpha\beta\bar{\boldsymbol{\mu}}+\hat{\boldsymbol{\mu}}}{\alpha\bar{\boldsymbol{\omega}}^{\mathrm{T}}\boldsymbol{x}_{j_0}+\hat{\boldsymbol{\omega}}^{\mathrm{T}}\boldsymbol{x}_{j_0}},$$

$$\mu_0^0 = \frac{\hat{\mu}_0}{\alpha\bar{\boldsymbol{\omega}}^{\mathrm{T}}\boldsymbol{x}_{j_0} + \hat{\boldsymbol{\omega}}^{\mathrm{T}}\boldsymbol{x}_{j_0}},$$

显然有

$$\boldsymbol{\omega}^{0\mathrm{T}}\boldsymbol{x}_{j_0} = 1, \quad \boldsymbol{\mu}^{0\mathrm{T}}\boldsymbol{y}_{j_0} + \delta_1\mu_0^0 = 1,$$

$$\begin{aligned}
&\boldsymbol{\omega}^{0\mathrm{T}}\boldsymbol{X}_{j_0} - \boldsymbol{\mu}^{0\mathrm{T}}\boldsymbol{Y}_{j_0} - \delta_1\mu_0^0\bar{\boldsymbol{e}}^{\mathrm{T}} \\
={}& \frac{(\alpha\bar{\boldsymbol{\omega}} + \hat{\boldsymbol{\omega}})^{\mathrm{T}}}{\alpha\bar{\boldsymbol{\omega}}^{\mathrm{T}}\boldsymbol{x}_{j_0} + \hat{\boldsymbol{\omega}}^{\mathrm{T}}\boldsymbol{x}_{j_0}}\boldsymbol{X}_{j_0} - \frac{(\alpha\beta\bar{\boldsymbol{\mu}} + \hat{\boldsymbol{\mu}})^{\mathrm{T}}}{\alpha\bar{\boldsymbol{\omega}}^{\mathrm{T}}\boldsymbol{x}_{j_0} + \hat{\boldsymbol{\omega}}^{\mathrm{T}}\boldsymbol{x}_{j_0}}\boldsymbol{Y}_{j_0} - \delta_1\frac{\hat{\mu}_0}{\alpha\bar{\boldsymbol{\omega}}^{\mathrm{T}}\boldsymbol{x}_{j_0} + \hat{\boldsymbol{\omega}}^{\mathrm{T}}\boldsymbol{x}_{j_0}}\bar{\boldsymbol{e}}^{\mathrm{T}} \\
={}& \frac{1}{\alpha\bar{\boldsymbol{\omega}}^{\mathrm{T}}\boldsymbol{x}_{j_0} + \hat{\boldsymbol{\omega}}^{\mathrm{T}}\boldsymbol{x}_{j_0}}\Big(\alpha(\bar{\boldsymbol{\omega}}^{\mathrm{T}}\boldsymbol{X}_{j_0} - \beta\bar{\boldsymbol{\mu}}^{\mathrm{T}}\boldsymbol{Y}_{j_0}) + (\hat{\boldsymbol{\omega}}^{\mathrm{T}}\boldsymbol{X}_{j_0} - \hat{\boldsymbol{\mu}}^{\mathrm{T}}\boldsymbol{Y}_{j_0} - \delta_1\hat{\mu}_0\bar{\boldsymbol{e}}^{\mathrm{T}})\Big).
\end{aligned}$$

由于 $\hat{\boldsymbol{\omega}} \in V$, $\hat{\boldsymbol{\mu}} \in U$, $\hat{\mu}_0$ 是模型 ($\mathrm{P_{SWRCM}}$) 的最优解, 所以

$$\hat{\boldsymbol{\omega}}^{\mathrm{T}}\boldsymbol{X}_{j_0} - \hat{\boldsymbol{\mu}}^{\mathrm{T}}\boldsymbol{Y}_{j_0} - \delta_1\hat{\mu}_0\bar{\boldsymbol{e}}^{\mathrm{T}} \geqq \boldsymbol{0},$$

又由于

$$\bar{\boldsymbol{\omega}}^{\mathrm{T}}\boldsymbol{x}_j - \beta\bar{\boldsymbol{\mu}}^{\mathrm{T}}\boldsymbol{y}_j > 0, \quad j = 1, 2, \cdots, n,$$

因此

$$\bar{\boldsymbol{\omega}}^{\mathrm{T}}\boldsymbol{X}_{j_0} - \beta\bar{\boldsymbol{\mu}}^{\mathrm{T}}\boldsymbol{Y}_{j_0} \geqq \boldsymbol{0},$$

所以

$$\boldsymbol{\omega}^{0\mathrm{T}}\boldsymbol{X}_{j_0} - \boldsymbol{\mu}^{0\mathrm{T}}\boldsymbol{Y}_{j_0} - \delta_1\mu_0^0\bar{\boldsymbol{e}}^{\mathrm{T}} \geqq \boldsymbol{0}.$$

于是

$$\begin{cases}
\boldsymbol{\omega}^{0\mathrm{T}}\boldsymbol{X}_{j_0} - \boldsymbol{\mu}^{0\mathrm{T}}\boldsymbol{Y}_{j_0} - \delta_1\mu_0^0\bar{\boldsymbol{e}}^{\mathrm{T}} \geqq \boldsymbol{0} \\
\boldsymbol{\omega}^{0\mathrm{T}}\boldsymbol{x}_{j_0} - \boldsymbol{\mu}^{0\mathrm{T}}\boldsymbol{y}_{j_0} - \delta_1\mu_0^0 = 0, \\
\boldsymbol{\omega}^{0\mathrm{T}}\boldsymbol{x}_{j_0} = 1, \\
\delta_1\delta_2(-1)^{\delta_3}\mu_0^0 \geqq 0.
\end{cases}$$

另一方面, 由于 $\bar{\boldsymbol{\omega}} \in \mathrm{int}V$, V 是闭凸锥, 由锥的性质有

$$\frac{\alpha\bar{\boldsymbol{\omega}}}{\alpha\bar{\boldsymbol{\omega}}^{\mathrm{T}}\boldsymbol{x}_{j_0} + \hat{\boldsymbol{\omega}}^{\mathrm{T}}\boldsymbol{x}_{j_0}} \in \mathrm{int}V,$$

又 $\hat{\boldsymbol{\omega}} \in V$, 因此

$$\boldsymbol{\omega}^0 = \frac{\alpha\bar{\boldsymbol{\omega}}}{\alpha\bar{\boldsymbol{\omega}}^{\mathrm{T}}\boldsymbol{x}_{j_0} + \hat{\boldsymbol{\omega}}^{\mathrm{T}}\boldsymbol{x}_{j_0}} + \frac{\hat{\boldsymbol{\omega}}}{\alpha\bar{\boldsymbol{\omega}}^{\mathrm{T}}\boldsymbol{x}_{j_0} + \hat{\boldsymbol{\omega}}^{\mathrm{T}}\boldsymbol{x}_{j_0}} \in \mathrm{int}V.$$

同理可证明 $\boldsymbol{\mu}^0 \in \text{int}U$, 即模型 ($\text{P}_{\text{WRCM}}$) 的最优解 $\boldsymbol{\omega}^0, \boldsymbol{\mu}^0, \mu_0^0$ 满足

$$\boldsymbol{\mu}^{0\text{T}}\boldsymbol{y}_{j_0} + \delta_1\mu_0^0 = 1,$$

且

$$\boldsymbol{\omega}^0 \in \text{int}V, \quad \boldsymbol{\mu}^0 \in \text{int}U.$$

由此可知, 第 j_0 个决策单元为 DEA 有效 (WRCM).

(3) 设模型 (P_{SWRCM}) 有无界解, 则模型 (P_{SWRCM}) 存在可行解 $\hat{\boldsymbol{\omega}} \in V$, $\hat{\boldsymbol{\mu}} \in U$, $\hat{\mu}_0$ 使得

$$\hat{\boldsymbol{\mu}}^{\text{T}}\boldsymbol{y}_{j_0} + \delta_1\hat{\mu}_0 > 1,$$

类似于 (2) 的证明, 可以证明第 j_0 个决策单元为 DEA 有效 (WRCM).

定理 10.4 第 j_0 个决策单元为 DEA 无效 (WRCM) 当且仅当以下两种情况之一成立:

(1) 模型 (P_{SWRCM}) 的最优值 $V_{\text{SP}} < 1$;

(2) 模型 (P_{SWRCM}) 存在最优解 $\boldsymbol{\omega}^* \in V$, $\boldsymbol{\mu}^* \in U$, μ_0^*, 满足

$$V_{\text{SP}} = \boldsymbol{\mu}^{*\text{T}}\boldsymbol{y}_{j_0} + \delta_1\mu_0^* = 1,$$

则 $(\boldsymbol{\omega}^*, \boldsymbol{\mu}^*) \notin (\text{int}V, \text{int}U)$.

证明 定理 10.4 是定理 10.3 的逆否命题, 结论显然成立.

10.2.4 模型 (P_{SWRCM}) 下的决策单元投影性质

下面考虑第 $j_0 (1 \leqq j_0 \leqq n)$ 个决策单元的投影问题. 首先, 考虑下面的规划问题:

$$(\text{DSP})\begin{cases} \max(\boldsymbol{\tau}^{\text{T}}\boldsymbol{s}^- + \hat{\boldsymbol{\tau}}^{\text{T}}\boldsymbol{s}^+), \\ \text{s.t.} \ \ \boldsymbol{X}_{j_0}\bar{\boldsymbol{\lambda}} - \theta^*\boldsymbol{x}_{j_0} + \boldsymbol{s}^- = \boldsymbol{0}, \\ \qquad -\boldsymbol{Y}_{j_0}\bar{\boldsymbol{\lambda}} + \boldsymbol{y}_{j_0} + \boldsymbol{s}^+ = \boldsymbol{0}, \\ \qquad \delta_1(\bar{\boldsymbol{e}}^{\text{T}}\bar{\boldsymbol{\lambda}} - \delta_2(-1)^{\delta_3}\lambda_{n+1}) = \delta_1, \\ \qquad \bar{\boldsymbol{\lambda}} \geqq \boldsymbol{0}, \lambda_{n+1} \geqq 0, \boldsymbol{s}^- \in -V^*, \boldsymbol{s}^+ \in -U^*. \end{cases}$$

其中 $\boldsymbol{\tau} \in \text{int}V$, $\hat{\boldsymbol{\tau}} \in \text{int}U$, $\bar{\boldsymbol{e}} = (1, 1, \cdots, 1) \in E^{n-1}$, θ^* 是第 j_0 个决策单元在模型 (D_{SWRCM}) 中的效率值.

定义 10.4 设模型 (DSP) 的最优解为 $(\bar{\boldsymbol{\lambda}}^0, \lambda_{n+1}^0, \boldsymbol{s}^{-0}, \boldsymbol{s}^{+0})$, 则称

$$\hat{\boldsymbol{x}} = \boldsymbol{X}_{j_0}\bar{\boldsymbol{\lambda}}^0 = \theta^*\boldsymbol{x}_{j_0} - \boldsymbol{s}^{-0},$$

$$\hat{\boldsymbol{y}} = \boldsymbol{Y}_{j_0}\bar{\boldsymbol{\lambda}}^0 = \boldsymbol{y}_{j_0} + \boldsymbol{s}^{+0}$$

为第 j_0 个决策单元的超效率投影, 显然 $(\hat{\boldsymbol{x}}, \hat{\boldsymbol{y}}) \in T_{\mathrm{SWRCM}}$.

下面考虑权重受限的超效率 DEA 投影与相应的多目标规划问题之间的关系.

$$
(\mathrm{VP})\left\{\begin{array}{l} V-\min(\boldsymbol{x}, -\boldsymbol{y}), \\ \text{s.t. } (\boldsymbol{x}, \boldsymbol{y}) \in T_{\mathrm{SWRCM}} \cup \{(\boldsymbol{x}_{j_0}, \boldsymbol{y}_{j_0})\}. \end{array}\right.
$$

定义 10.5[8] 如果不存在 $(\boldsymbol{x}, \boldsymbol{y}) \in T_{\mathrm{SWRCM}}$ 使

$$
(\boldsymbol{x}, -\boldsymbol{y}) \in (\boldsymbol{x}_{j_0}, -\boldsymbol{y}_{j_0}) + (V^*, U^*), \quad (\boldsymbol{x}, \boldsymbol{y}) \neq (\boldsymbol{x}_{j_0}, \boldsymbol{y}_{j_0}),
$$

则称 $(\boldsymbol{x}_{j_0}, \boldsymbol{y}_{j_0})$ 为多目标规划 (VP) 相对于锥 $V^* \times U^*$ 的非支配解.

定理 10.5 第 j_0 个决策单元的超效率投影 $(\hat{\boldsymbol{x}}, \hat{\boldsymbol{y}})$ 是多目标规划问题 (VP) 的相对于锥 $V^* \times U^*$ 的非支配解.

证明 (反证法) 假设 $(\hat{\boldsymbol{x}}, \hat{\boldsymbol{y}})$ 不是多目标规划问题 (VP) 的相对于锥 $V^* \times U^*$ 的非支配解, 则一定存在

$$
(\bar{\boldsymbol{x}}, \bar{\boldsymbol{y}}) \in T_{\mathrm{SWRCM}} \cup \{(\boldsymbol{x}_{j_0}, -\boldsymbol{y}_{j_0})\},
$$

使得

$$
(\bar{\boldsymbol{x}}, -\bar{\boldsymbol{y}}) = (\hat{\boldsymbol{x}}, -\hat{\boldsymbol{y}}) + (\hat{\boldsymbol{v}}, \hat{\boldsymbol{u}}), \quad \hat{\boldsymbol{v}} \in V^*, \quad \hat{\boldsymbol{u}} \in U^*, \quad (\hat{\boldsymbol{v}}, \hat{\boldsymbol{u}}) \neq \mathbf{0}.
$$

因为

$$
(\bar{\boldsymbol{x}}, \bar{\boldsymbol{y}}) \in T_{\mathrm{SWRCM}} \cup \{(\boldsymbol{x}_{j_0}, -\boldsymbol{y}_{j_0})\},
$$

故存在 $\bar{\boldsymbol{\lambda}} \geqq \mathbf{0}$, $\lambda_{n+1} \geqq 0$ 和 $(\bar{\boldsymbol{v}}, \bar{\boldsymbol{u}}) \in (V^*, U^*)$, 使

$$
\boldsymbol{X}_{j_0}\bar{\boldsymbol{\lambda}} - \bar{\boldsymbol{x}} = \bar{\boldsymbol{v}}, \quad -\boldsymbol{Y}_{j_0}\bar{\boldsymbol{\lambda}} + \bar{\boldsymbol{y}} = \bar{\boldsymbol{u}},
$$

$$
\delta_1(\bar{\boldsymbol{e}}^{\mathrm{T}}\bar{\boldsymbol{\lambda}} - \delta_2(-1)^{\delta_3}\lambda_{n+1}) = \delta_1.
$$

因此

$$
(\boldsymbol{X}_{j_0}\bar{\boldsymbol{\lambda}}, -\boldsymbol{Y}_{j_0}\bar{\boldsymbol{\lambda}}) = (\hat{\boldsymbol{x}}, -\hat{\boldsymbol{y}}) + (\hat{\boldsymbol{v}} + \bar{\boldsymbol{v}}, \hat{\boldsymbol{u}} + \bar{\boldsymbol{u}}).
$$

由于

$$
\hat{\boldsymbol{v}} \in V^*, \quad \hat{\boldsymbol{u}} \in U^*, \quad (\hat{\boldsymbol{v}}, \hat{\boldsymbol{u}}) \neq \mathbf{0}, \quad (\bar{\boldsymbol{v}}, \bar{\boldsymbol{u}}) \in (V^*, U^*),
$$

有

$$
(\hat{\boldsymbol{v}} + \bar{\boldsymbol{v}}, \hat{\boldsymbol{u}} + \bar{\boldsymbol{u}}) \neq \mathbf{0},
$$

否则, 假设

$$
(\hat{\boldsymbol{v}} + \bar{\boldsymbol{v}}, \hat{\boldsymbol{u}} + \bar{\boldsymbol{u}}) = \mathbf{0},
$$

因

$$(\hat{\boldsymbol{v}}, \hat{\boldsymbol{u}}) \neq \mathbf{0},$$

不妨设 $\hat{\boldsymbol{v}} \neq \mathbf{0}$, 由于

$$\hat{\boldsymbol{v}} + \bar{\boldsymbol{v}} = \mathbf{0},$$

因为 $\text{int}V \neq \varnothing$, 取 $\boldsymbol{\tau}^* \in \text{int}V$, 因为 $\hat{\boldsymbol{v}} \in V^*$ 且 $\hat{\boldsymbol{v}} \neq \mathbf{0}$, 有

$$\boldsymbol{\tau}^{*\mathrm{T}}\hat{\boldsymbol{v}} < 0,$$

再由

$$\hat{\boldsymbol{v}} + \bar{\boldsymbol{v}} = \mathbf{0},$$

有

$$\boldsymbol{\tau}^{*\mathrm{T}}(\hat{\boldsymbol{v}} + \bar{\boldsymbol{v}}) = 0,$$

由此可得 $\boldsymbol{\tau}^{*\mathrm{T}}\bar{\boldsymbol{v}} > 0$, 这与 $\bar{\boldsymbol{v}} \in V^*$ 矛盾! 因此, 有

$$(\hat{\boldsymbol{v}} + \bar{\boldsymbol{v}}, \hat{\boldsymbol{u}} + \bar{\boldsymbol{u}}) \neq \mathbf{0}.$$

记

$$\boldsymbol{v}^* = \hat{\boldsymbol{v}} + \bar{\boldsymbol{v}} \in V^*, \quad \boldsymbol{u}^* = \hat{\boldsymbol{u}} + \bar{\boldsymbol{u}} \in U^*,$$

于是有

$$(\boldsymbol{X}_{j_0}\bar{\boldsymbol{\lambda}}, -\boldsymbol{Y}_{j_0}\bar{\boldsymbol{\lambda}}) = (\hat{\boldsymbol{x}}, \ -\hat{\boldsymbol{y}}) + (\boldsymbol{v}^*, \boldsymbol{u}^*), \quad (\boldsymbol{v}^*, \boldsymbol{u}^*) \neq \mathbf{0}.$$

所以

$$\boldsymbol{X}_{j_0}\bar{\boldsymbol{\lambda}} = \hat{\boldsymbol{x}} + \boldsymbol{v}^* = \theta^*\boldsymbol{x}_{j_0} - \boldsymbol{s}^{-0} + \boldsymbol{v}^*,$$

$$-\boldsymbol{Y}_{j_0}\bar{\boldsymbol{\lambda}} = -\hat{\boldsymbol{y}} + \boldsymbol{u}^* = -\boldsymbol{y}_{j_0} - \boldsymbol{s}^{+0} + \boldsymbol{u}^*,$$

于是就有

$$\begin{cases} \boldsymbol{X}_{j_0}\bar{\boldsymbol{\lambda}} + (\boldsymbol{s}^{-0} - \boldsymbol{v}^*) = \theta^*\boldsymbol{x}_{j_0}, \\ \boldsymbol{Y}_{j_0}\bar{\boldsymbol{\lambda}} - (\boldsymbol{s}^{+0} - \boldsymbol{u}^*) = \boldsymbol{y}_{j_0}, \\ \delta_1(\bar{\boldsymbol{e}}^{\mathrm{T}}\bar{\boldsymbol{\lambda}} - \delta_2(-1)^{\delta_3}\lambda_{n+1}) = \delta_1, \\ \bar{\boldsymbol{\lambda}} \geqq \mathbf{0}, \lambda_{n+1} \geqq 0, \boldsymbol{s}^{-0} - \boldsymbol{v}^* \in -V^*, \boldsymbol{s}^{-0} - \boldsymbol{u}^* \in -U^*. \end{cases}$$

模型 (DSP) 有可行解 $\bar{\boldsymbol{\lambda}}$, λ_{n+1}, $(\boldsymbol{s}^{-0} - \boldsymbol{v}^*)$, $(\boldsymbol{s}^{+0} - \boldsymbol{u}^*)$. 因为 $\boldsymbol{\tau} \in \text{int}V$, $\boldsymbol{v}^* \in V^*$, $\hat{\boldsymbol{\tau}} \in \text{int}U$, $\boldsymbol{u}^* \in U^*$, 故

$$\boldsymbol{\tau}^{\mathrm{T}}\boldsymbol{v}^* \leqq 0, \quad \hat{\boldsymbol{\tau}}^{\mathrm{T}}\boldsymbol{u}^* \leqq 0.$$

另一方面又有

$$(\boldsymbol{v}^*, \boldsymbol{u}^*) \neq \mathbf{0},$$

故

$$\boldsymbol{\tau}^{\mathrm{T}}\boldsymbol{v}^* + \hat{\boldsymbol{\tau}}^{\mathrm{T}}\boldsymbol{u}^* < 0,$$

因而有

$$\begin{aligned}&\boldsymbol{\tau}^{\mathrm{T}}(\boldsymbol{s}^{-0} - \boldsymbol{v}^*) + \hat{\boldsymbol{\tau}}^{\mathrm{T}}(\boldsymbol{s}^{+0} - \boldsymbol{u}^*)\\ =& (\boldsymbol{\tau}^{\mathrm{T}}\boldsymbol{s}^{-0} + \hat{\boldsymbol{\tau}}^{\mathrm{T}}\boldsymbol{s}^{+0}) - (\boldsymbol{\tau}^{\mathrm{T}}\boldsymbol{v}^* + \hat{\boldsymbol{\tau}}^{\mathrm{T}}\boldsymbol{u}^*) > \boldsymbol{\tau}^{\mathrm{T}}\boldsymbol{s}^{-0} + \hat{\boldsymbol{\tau}}^{\mathrm{T}}\boldsymbol{s}^{+0}.\end{aligned}$$

这与 $(\bar{\boldsymbol{\lambda}}^0, \lambda_{n+1}^0, \boldsymbol{s}^{-0}, \boldsymbol{s}^{+0})$ 是模型 (DSP) 的最优解 (见定义 10.4) 矛盾！因此, 第 j_0 个决策单元的超效率投影 $(\hat{\boldsymbol{x}}, \hat{\boldsymbol{y}})$ 是多目标规划问题 (VP) 的相对于锥 $V^* \times U^*$ 的一个非支配解. 证毕！

10.3 应用举例

假设某高校对管理学院 10 位学生的学习效率进行评价. 为简便, 不妨以学生的授课实际时间 (x_1)、预习和复习时间 (x_2) 作为输入指标, 以课程成绩 (y_1) 和创新能力成绩 (y_2) 作为输出指标, 每位学生的输入和输出指标数据如表 10.6 所示.

表 10.6 各决策单元的输入和输出指标数据

学生	S_1	S_2	S_3	S_4	S_5
授课时间/小时	48	48	48	48	56
预习和复习时间/小时	56	45	45	40	60
课程成绩/分	86	81	83	77	87
创新能力成绩/分	80	80	86	75	81
学生	S_6	S_7	S_8	S_9	S_{10}
授课时间/小时	60	50	48	48	60
预习和复习时间/小时	36	108	40	54	108
课程成绩/分	83	90	80	90	88
创新能力成绩/分	82	90	80	90	88

(1) 超效率 BC^2 模型下, 每位学生的学习效率值如表 10.7 所示.

表 10.7 超效率 BC^2 模型下各学生的学习效率值

学生	S_1	S_2	S_3	S_4	S_5
超效率 BC^2 模型效率值	1.00	1.00	1.05	1.00	0.86
学生	S_6	S_7	S_8	S_9	S_{10}
超效率 BC^2 模型效率值	1.23	0.96	1.03	2.00	0.80

从表 10.7 可以看出: 学生 S_5, S_7, S_{10} 的学习效率为 DEA 无效, 学生 S_1, S_2, S_4 的学习效率为弱 DEA 有效, 而学生 S_3, S_6, S_8, S_9 的学习效率一定为 DEA 有效. 尽管超效率模型可以区分有效决策单元的效率值大小, 但无法给出导致这些决策单元有效的原因. 下面应用本章给出的超效率投影概念, 计算各学生的学习效率值及与其投影的相差值.

(2) 超效率 BC^2 模型下, 各学生的学习效率值以及与其投影的相差值计算结果如表 10.8 所示.

表 10.8 基于模型 (DSP) 的投影分析

学生	超效率 BC^2 模型效率值	Δx_1	Δx_2	Δy_1	Δy_2
S_1	1.00	0.00	2.00	4.00	10.00
S_2	1.00	0.00	0.00	2.00	6.00
S_3	1.05	−2.26	−2.12	3.19	0.00
S_4	1.00	0.00	0.00	3.00	5.00
S_5	0.86	8.00	8.60	1.00	7.86
S_6	1.23	12.00	−8.20	0.00	1.00
S_7	0.96	2.00	54.00	0.00	0.00
S_8	1.03	−1.58	−1.32	0.02	0.00
S_9	2.00	−2.00	−54.00	0.00	0.00
S_{10}	0.80	12.00	54.00	2.00	2.00

从表 10.8 可以看出: 本章给出的方法不仅能给出无效单元无效的原因, 对有效决策单元, 还能给出其有效的原因. 如学生 S_9 的学习效率为 DEA 有效, 其中第一种输入指标相对于有效决策单元 (决策单元 S_9 的投影) 少输入了 2 个单位, 第二个输入指标少输入了 54 个单位. 这表明学生 S_9 效率较高的原因是该生在预习和复习方面具有较强的能力.

(3) 如果考虑到决策者的偏好, 例如创新能力的权重至少占到百分之十, 则各学生的学习效率值以及与其投影的相差值如表 10.9 所示.

表 10.9 考虑指标偏好情况下基于模型 (DSP) 的分析结果

学生	本章模型效率值	Δx_1	Δx_2	Δy_1	Δy_2
S_1	1	0	2	0	0
S_2	1.2	0	−9	0	0
S_3	1.2	0	−9	3	0
S_4	1.35	0	−14	0	0
S_5	0.9	2	6	0	0
S_6	1.5	12	−18	0	0
S_7	0.96	2	54	0	0
S_8	1.35	0	−14	0	0
S_9	2.0	−2	−54	0	0
S_{10}	0.8	12	54	0	0

从表 10.9 可以看出: 当决策者对输入输出指标值具有一定偏好时, 权重受限

超效率 BC^2 模型和原有超效率 BC^2 模型给出的效率值一般不相等. 这一结果说明, 决策者的偏好 (即权重受限) 对效率值有影响. 如学生 S_2, S_3, S_4, S_5, S_6, S_8 在超效率 BC^2 模型和权重受限的超效率 BC^2 模型下的效率值和投影值均不相等.

10.4 结 束 语

由上述讨论可知, 传统 DEA 模型通过效率值和投影值可以给出无效决策单元的有效程度以及无效的原因. 但由于有效决策单元的效率值均为 1, 并且投影的改进值为 0, 从而对于有效决策单元能够给出的信息少之又少. 而超效率 DEA 模型仅从效率值的角度讨论了有效决策单元的效率度量, 却未考虑有效决策单元的投影及其含义. 因此, 本章给出了有效决策单元的投影概念, 通过本章的 DEA 投影不仅可以对无效决策单元给出无效的原因, 而且也可以给出有效决策单元相对于其他决策单元存在的优势, 这弥补了原有超效率 DEA 模型的不足. 同时, 考虑到 DEA 方法中输入输出指标的权重受限问题, 本章进一步给出了权重受限的综合超效率 DEA 模型, 通过该模型可以体现出决策者的偏好对效率值的影响, 因此模型 ($\mathrm{P_{SWRCM}}$) 具有更重要的现实意义.

参 考 文 献

[1] Charnes A, Cooper W W, Rhodes E. Measuring the efficiency of decision making units [J]. European Journal of Operational Research, 1978, 2(6): 429-444.

[2] Banker R D, Charnes A, Cooper W W. Some models for estimating technical and scale inefficiencies in data envelopment analysis [J]. Management Science, 1984, 30(9): 1078-1092.

[3] Färe R, Grosskopf S. A nonparametric cost approach to scale efficiency [J]. Scandinavian Journal of Economics, 1985, 87(4): 594-604.

[4] Seiford L M, Thrall R M. Recent developments in DEA: The mathematical programming approach to frontier analysis [J]. Journal of Economics, 1990, 46(1/2): 7-38.

[5] Andersen P, Petersen N C. A procedure for ranking efficient units in data envelopment analysis [J]. Management Science, 1993, 39(10): 1261-1264.

[6] Yu P L. Cone convexity, cone extreme points and nondominated solutions in decision problems with multiobjectives [J]. Journal of Optimization Theory and Applications, 1974, 14(3): 319-377.

[7] Charnes A, Cooper W W, Wei Q L, et al. Cone ratio data envelopment analysis and multi-objective programming [J]. International Journal of Systems Science , 1989, 20(7): 1099-1118.

[8] 魏权龄. 数据包络分析 [M]. 北京: 科学出版社, 2004,

[9] Seiford L M, Zhu Joe. Infeasibility of super-efficiency data envelopment analysis models [J]. INFOR, 1999, 37(2): 174-187.

第 11 章 基于 DEA 方法的电影衍生品市场前景分析

电影衍生品在中国电影产业发展中具有广阔的市场前景，目前中国在对电影衍生品的开发方面尚处于起步阶段. 为促进中国电影衍生品市场的进一步发展，本章首先提出了用于评价电影衍生品市场前景的指标体系及相应单指标计量公式. 其次，基于广义 DEA 理论给出了用于电影衍生品市场前景综合评价的 DEA 模型. 然后，从产品吸引力、预计消费空间、技术设计难度、关注周期四个方面分析了中国电影衍生品的市场前景. 最后，从打造品牌、产品设计、制度建设和内涵提升等方面对中国电影衍生品的市场开发提出了建设性建议.

电影衍生品是指根据电影本身或电影内容衍生出的产品，包括各类服饰、玩具、日用产品、音像制品、海报、游戏以及主题公园等 [1]. 因此，一方面，电影衍生品可以在电影放映过后相当长的一段时间里继续为电影企业带来源源不断的收益，是电影除票房之外的重要收入来源之一. 另一方面，电影衍生产品可以不断创造财富、发展壮大，并形成品牌效应，即衍生品的存在不仅起到了宣传作用，同时有利于树立品牌、引导消费和繁荣市场 [2-5]. 但目前中国在对电影衍生品的开发方面尚处于起步阶段，中国的电影产业并未形成多元化支撑的格局 [6,7]. 随着中国经济的快速增长和人们生活水平的不断富裕，大众对电影文化的需求也在不断增长.《2012—2013 年中国电影产业研究报告》中指出：2012 年全国电影产业总收入达到 209 亿元，其中票房收入 170.73 亿元. 虽然近年来中国电影版权收入等各类非票房收入大多出现持续增长趋势，但票房收入在电影产业总收入中的占比仍超过 80%. 而在一些发达国家的电影市场，票房收入一般只占到电影产业总收入的 30%左右，其余大约 70%的收入则主要来自于电影周边产业. 为了进一步分析中国电影衍生品市场前景，本章首先在采用问卷调查方法对电影衍生品市场进行调研的基础上，提出评价电影衍生品市场前景的指标体系及相应的评价方法. 然后，基于广义 DEA 方法 [8-15] 从产品吸引力、预计消费空间、技术设计难度、关注周期四个方面对中国电影衍生品的市场前景进行分析，并对其存在问题提出建设性建议.

11.1 用于电影衍生品市场前景综合评价的 DEA 模型

良好的市场前景是促使企业进行新产品开发的首要条件, 以下在前人研究成果的基础上, 从产品吸引力、预计消费空间、技术设计难度、关注周期四个方面出发, 给出用于电影衍生品市场前景分析的评价方法.

11.1.1 用于评价电影衍生品市场前景的指标设计及计量方法

1. 电影衍生品的产品吸引力

产品吸引力 (CX) 主要反映顾客对某类电影衍生品的印象、购买意愿及关注度. 产品的吸引力可以驱使顾客在众多产品中做出优先选择, 产品的吸引力越大市场前景越好. 因此, 可以给出某类电影衍生品对顾客 k 的吸引力的计量公式为

$$CX_k = ld_k + gm_k + yx_k.$$

其中, ld_k 表示顾客 k 对电影及电影衍生品相关资讯的浏览频度,

$$ld_k \in\{经常, 有时, 一般, 很少, 几乎没有\}=\{1, 0.8, 0.6, 0.4, 0.2\};$$

gm_k 表示顾客 k 对电影衍生品的购买意愿,

$$gm_k \in\{非常想, 想, 一般, 不想, 非常不想\}=\{1, 0.8, 0.6, 0.4, 0.2\};$$

yx_k 表示顾客 k 对电影衍生品的印象深刻程度,

$$yx_k \in\{很深刻, 较深刻, 一般, 不深刻, 很快忘记\}=\{1, 0.8, 0.6, 0.4, 0.2\}.$$

2. 电影衍生品的预计消费空间

预计消费空间 (JY) 主要反映顾客在特定收入水平下对电影衍生品的接受价格及支出空间, 从而可以间接反映电影衍生品的市场前景. 因此, 可以给出顾客 k 对某类电影衍生品的消费空间的计量公式为

$$JY_k = gy_k + yz_k + jg_k.$$

其中, gy_k 表示顾客 k 每月的观影支出,

$$gy_k \in\{大于\ 500, 301\sim500, 101\sim300, 51\sim100, 0\sim50\}=\{1, 0.8, 0.6, 0.4, 0.2\};$$

yz_k 表示顾客 k 每月在电影衍生品上的支出,

$$yz_k \in\{大于\ 300, 101\sim300, 51\sim100, 11\sim50, 0\sim10\}=\{1, 0.8, 0.6, 0.4, 0.2\};$$

jg_k 表示顾客 k 对某类电影衍生品价格的接受程度, 主要用电影衍生品价格和同类普通商品的价格比来度量,

$$jg_k \in\{远高于, 略高于, 不高于\}=\{1, 0.6, 0.2\}.$$

3. 电影衍生品的技术设计难度

技术设计 (JX) 用于描述顾客对电影衍生品再设计程度的要求. 如果一个产品能满足新的需求并能被顾客所接受, 那么该产品将带来超额利润并获得成功; 反之, 产品会损失更大. 顾客 k 对电影衍生品技术设计难度的计量公式为

$$JX_k = d_k.$$

其中, d_k 表示顾客 k 对电影衍生品在原著基础上再设计的要求程度,

d_k∈{不变, 微调, 加入流行元素, 加入功能元素, 高水平设计}=$\{1, 0.8, 0.6, 0.4, 0.2\}$.

4. 电影衍生品的关注周期

关注周期 (GZ) 反映顾客对电影衍生品的持续关注时间, 顾客对电影衍生品的关注周期越长, 其潜在市场就越大, 越有利于开拓市场. 顾客 k 对电影衍生品的关注周期的计量公式为

$$GZ_k = t_k.$$

其中, t_k 表示顾客 k 对电影衍生品的关注时间,

$t_k \in$ {两个月以上, 1~2 个月, 半个月 ~1 个月, 一周 ~ 两周, 一周内}
$= \{1, 0.8, 0.6, 0.4, 0.2\}$.

11.1.2 用于评价电影衍生品市场前景的 DEA 模型

假设决策者共选择 n 个消费者对某类电影衍生品进行评价, 其中第 k 个消费者对该类电影衍生品的评价结果为 ld_k, gm_k, yx_k, gy_k, yz_k, jg_k, d_k, t_k, $k = 1, 2, \cdots, n$. 根据广义 DEA 的相关理论 [16,17], 某类电影衍生品相对于第 p 个消费者的综合市场开发前景计量模型为

$$(\text{DYYSP})\left\{\begin{array}{l}\max\ \varphi + \varepsilon(s_1 + s_2 + s_3 + s_4),\\ \text{s.t.}\ \ \displaystyle\sum_{k=1}^{n}(ld_k + gm_k + yx_k)\lambda_k - s_1 = \varphi(ld_p + gm_p + yx_p),\\ \qquad \displaystyle\sum_{k=1}^{n}(gy_k + yz_k + jg_k)\lambda_k - s_2 = \varphi(gy_p + yz_p + jg_p),\\ \qquad \displaystyle\sum_{k=1}^{n}d_k\lambda_k - s_3 = \varphi d_p,\\ \qquad \displaystyle\sum_{k=1}^{n}t_k\lambda_k - s_4 = \varphi t_p,\\ \qquad \displaystyle\sum_{k=1}^{n}\lambda_k = 1,\\ \qquad \lambda_k \geqq 0,\ k = 1, 2, \cdots, n, s_1, s_2, s_3, s_4 \geqq 0.\end{array}\right.$$

该模型反应的是某类电影衍生品相对于第 p 个消费者的市场前景综合状况. 若 φ^0, $\lambda_k^0(k=1,2,\cdots,n)$, s_1^0, s_2^0, s_3^0, s_4^0 是线性规划 (DYYSP) 的最优解, 则该类电影衍生品相对于第 p 个消费者的综合市场前景指数 $E_p=1/\varphi^0$.

11.2 中国电影衍生品市场前景的实证分析

问卷调查于 2013 年 5 月至 9 月进行, 最终收回了 450 份有效电子问卷. 其中, 被调查对象主要为国内消费者, 调查的内容主要包括消费者对电影衍生品的吸引力、预计消费空间、技术设计难度、关注周期的评价. 并且, 在问卷设计过程中, 把电影衍生品划分为了服饰、配饰、家居、玩具、数码家电五个类别.

11.2.1 中国电影衍生品市场前景分析

1. 电影衍生品产品吸引力分析

(1) 对电影及电影衍生品相关资讯的浏览情况分析.

如图 11.1 所示, 从消费者对电影及电影衍生品相关资讯的浏览情况来看, 有 16.22%的消费者选择经常浏览, 有 39.56%的消费者选择有时浏览. 由此可知, 大约有 55%的消费者对电影及电影衍生品是关注的. 这与近几年各影视发行企业越来越注重宣传, 使观众更加期待电影上映和选择观看电影有关.

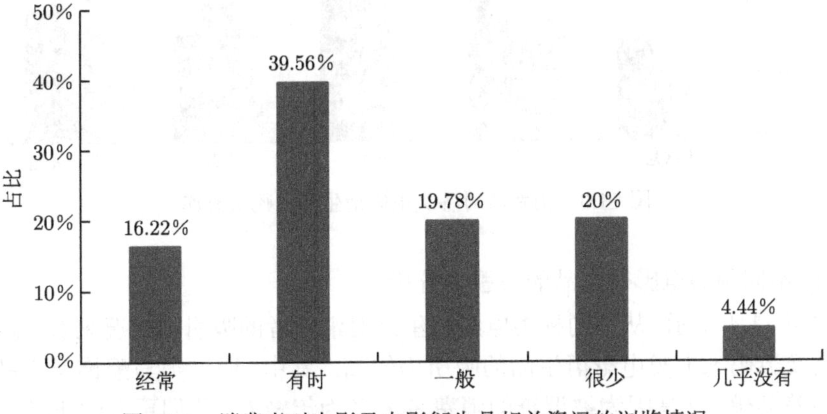

图 11.1 消费者对电影及电影衍生品相关资讯的浏览情况

(2) 对电影中各类衍生品的印象分析.

如图 11.2 所示, 从消费者对电影中各类衍生品的印象来看, 一方面, 消费者对数码家电类产品的印象最为深刻, 而对家居类产品忘记得最快. 这说明, 大众还是更为关注科技类产品. 另一方面, 30%左右的消费者对各类产品的印象不深刻, 这反映出了我国电影衍生品市场开发属于起步阶段的特征.

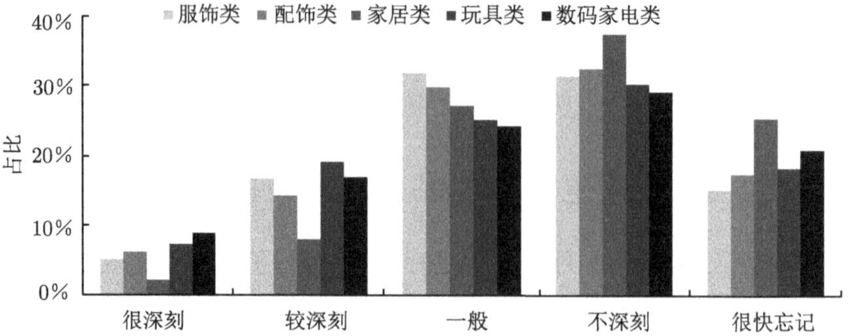

图 11.2　消费者对各类电影衍生品的印象程度

(3) 对各类电影衍生品的购买意愿分析.

如图 11.3 所示, 从消费者对各类电影衍生品的购买意愿来看, 选择“想”与“不想”的消费者人数基本各占一半. 从产品种类来看, 消费者还是热衷于服饰、配饰与数码家电类产品, 这在一定程度上反映出了消费者对各种产品的需求情况.

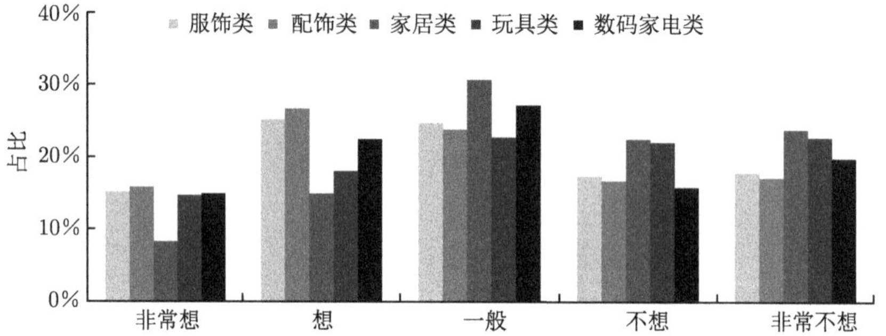

图 11.3　消费者对各类电影衍生品的购买意愿

(4) 不同种类电影衍生品的吸引力分析.

如图 11.4 所示, 从不同种类电影衍生品对消费者的吸引力情况来看, 服饰类、配饰类及数码家电类电影衍生品的吸引力较高. 其中, 服饰类与配饰类产品的吸引力相差甚微, 这是因为被调查的消费者大多为年轻人, 他们更专注于流行时尚元素. 同时, 商家也越来越注重电影中的产品植入, 演员明星的穿衣搭配更能引起观众对影片中服饰与配饰的关注. 这也导致了家居类产品的吸引力远低于其他类电影衍生品.

(5) 电影衍生品对不同收入阶层的吸引力分析.

如图 11.5 所示, 从电影衍生品对不同收入阶层消费者的吸引力情况来看, 电影衍生品的吸引力对每月收入在 1001 元到 5000 元的消费者是较高的. 而这一部

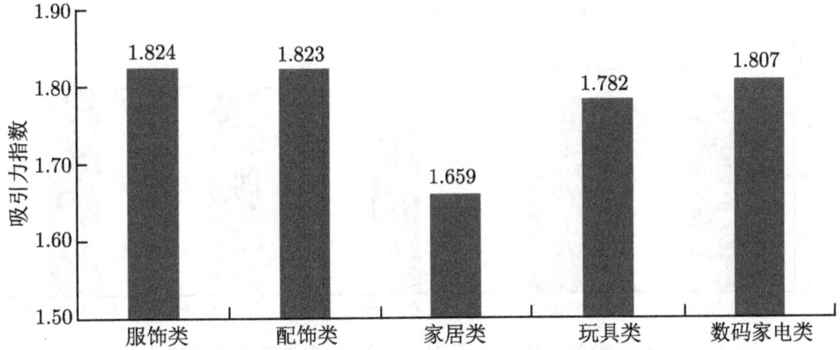

图 11.4 不同种类电影衍生品的吸引力情况

分消费者也是主要的观影群体, 他们更为关注各种影视资讯, 是电影衍生品的主要消费群体. 而对月收入为 1000 元以下的消费者来说, 经济实力的不足导致他们对电影衍生品的关注度不够强烈.

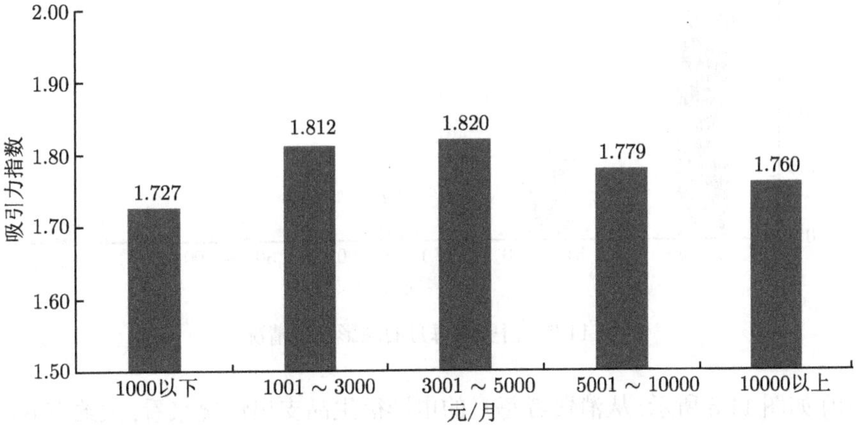

图 11.5 电影衍生品对不同收入阶层消费者的吸引力情况

(6) 电影衍生品对不同性别消费者的吸引力分析.

如图 11.6 所示, 从不同种类电影衍生品对男性和女性消费者的吸引力情况来看, 各类电影衍生品对男性和女性消费者的吸引力差异很明显. 其中, 服饰类、配饰类、家居类和玩具类产品对女性的吸引力要高于男性, 数码家电类产品对男性的吸引力高于女性. 而这种结论可以被看作男性与女性之间的性格差异所造成的结果. 比如, 女性对穿衣打扮更在意, 男性则对数码科技类产品更感兴趣.

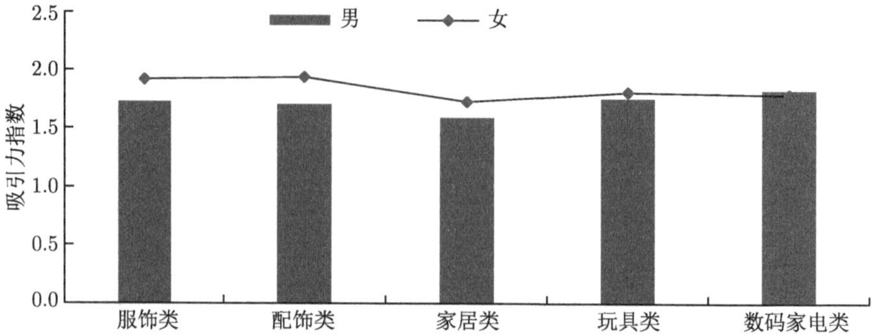

图 11.6　不同种类电影衍生品对男性和女性消费者的吸引力情况

2. 电影衍生品的预计消费空间分析

(1) 如图 11.7 所示, 从消费者每月的观影支出情况来看, 有 65.33%的消费者每月的观影支出在 0~50 元之间. 由此可以看出, 我国没有形成完整的电影市场, 观众的电影消费习惯也有待培养.

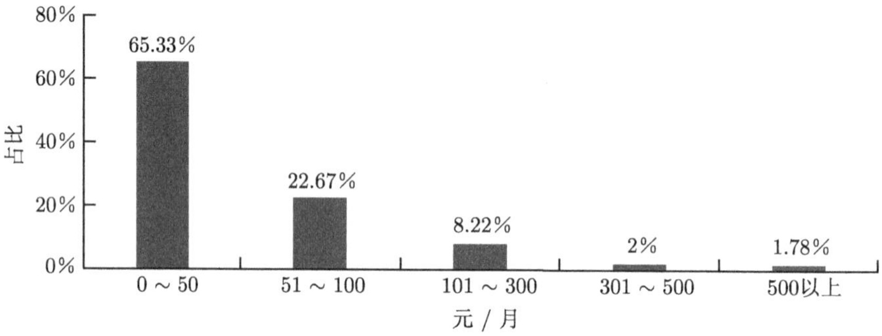

图 11.7　消费者每月的观影支出情况

(2) 如图 11.8 所示, 从消费者每月的电影衍生品支出情况来看, 大约有 64.89% 的消费者每月的电影衍生品支出在 0~10 元, 这反映出了我国巨大的潜在电影消费市场. 当前, 中国有 13 亿以上的人口, 若有一半的人平均每人每年看 1 场电影, 即便按照 10 元的平均票价计算, 全年票房收入也能够达到 65 亿, 而票房以外的电影衍生品市场潜力更加巨大.

(3) 如表 11.1 所示, 从消费者对不同种类电影衍生品的价格接受程度来看, 有平均 30%左右的消费者不接受加价, 多数消费者对各类电影衍生品的可接受价格是加价 10%以内, 且这部分消费者更加在意各类电影衍生品的实际用途. 但是, 也有平均 3%的消费者愿意在同类产品的价格基础上加价 50%或更多, 而这一类消费者往往是电影的发烧友, 购买电影衍生品多是作为收藏等.

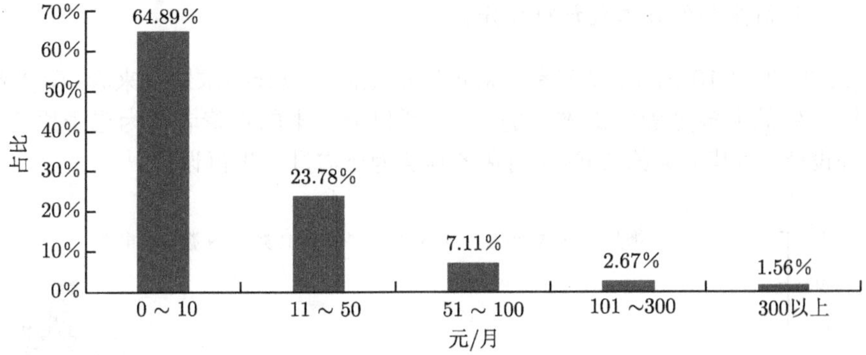

图 11.8 消费者每月的电影衍生品支出情况

表 11.1 消费者对不同种类电影衍生品的价格接受情况

产品种类	加价 0%	加价 10%	加价 20%	加价 50%	更多
服饰类	30.44%	38.67%	27.34%	3.33%	0.22%
配饰类	30.67%	36.44%	29.33%	2.89%	0.67%
家居类	38.00%	31.78%	27.11%	2.44%	0.67%
玩具类	33.33%	33.56%	28.00%	4.44%	0.67%
数码家电类	36.89%	33.33%	26.89%	1.78%	1.11%

(4) 如图 11.9 所示, 从消费者对不同种类电影衍生品的预计消费空间情况的综合指标来看, 消费者对不同种类电影衍生品的消费取向不同. 其中, 对服饰类产品的预计消费空间最大, 而对家居类产品的预计消费空间最小. 另外, 尽管数码家电类产品具有较高的吸引力, 但其预计消费空间却很低. 而服饰类、配饰类与玩具类产品在具有较高吸引力的同时也具有较高的预计消费空间, 因而有较大的市场需求, 能够为商家带来较多的利润.

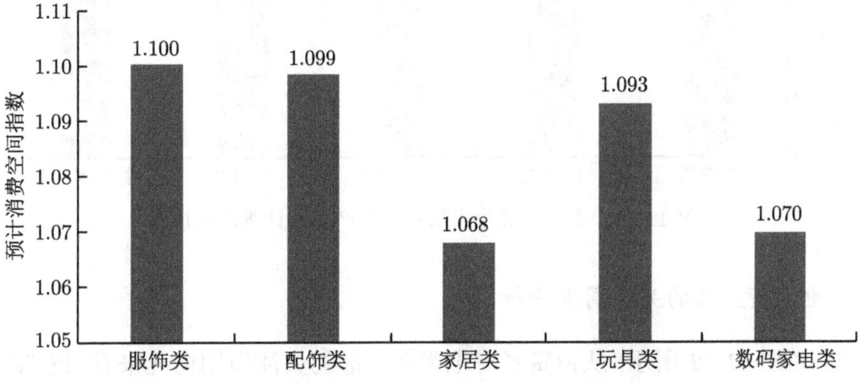

图 11.9 消费者对不同种类电影衍生品的预计消费空间情况

3. 电影衍生品的技术设计难度分析

(1) 如图 11.10 所示, 从消费者对电影衍生品的设计要求情况来看, 消费者购买电影衍生品大多是受电影本身的影响, 所以近一半的消费者认为忠于原著, 无需额外设计. 而其余大约 50%的消费者则认为还需进一步再设计.

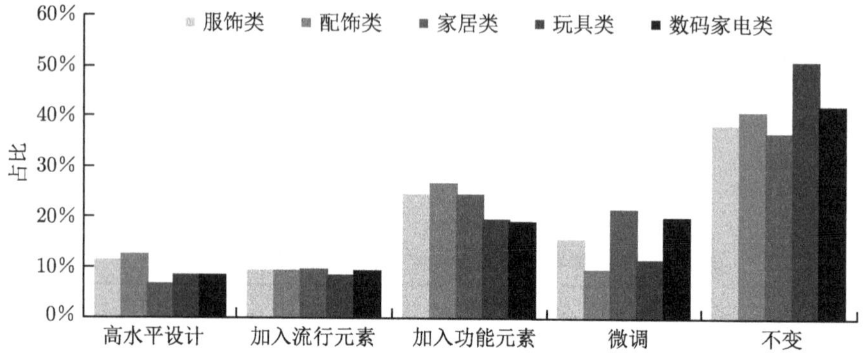

图 11.10 消费者对电影衍生品的再设计要求情况

(2) 如图 11.11 所示, 从不同种类电影衍生品的产品设计难度情况来看, 消费者对不同种类电影衍生品的技术设计要求不同, 但各类产品的技术难度指数大体分布在 0.7 左右, 即整体要求不高. 其中, 消费者对服饰类与配饰类产品的再设计要求相对较高, 而对玩具类产品的再设计要求相对较低.

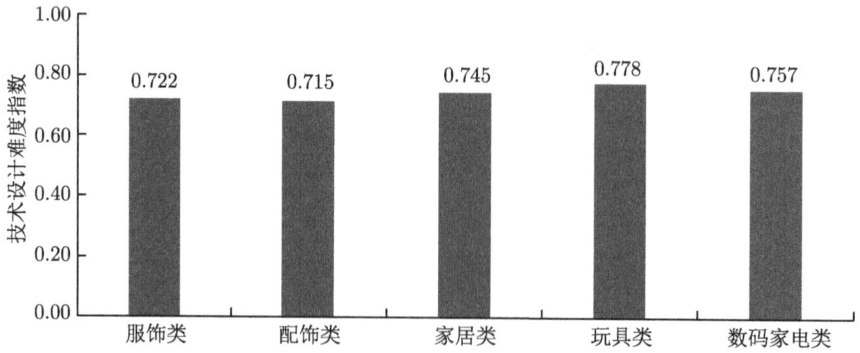

图 11.11 不同种类电影衍生品的产品设计难度情况

4. 电影衍生品的关注周期分析

(1) 如图 11.12 所示, 从消费者对电影衍生品的关注周期情况来看, 近 50%的消费者对电影衍生品的关注时长在一周以内, 这与我国电影营销模式有关. 由于在我国，电影衍生品大多只作为电影宣传的手段，并且电影的档期时间也短，所以导致消费者对电影衍生品的关注周期也相应较短.

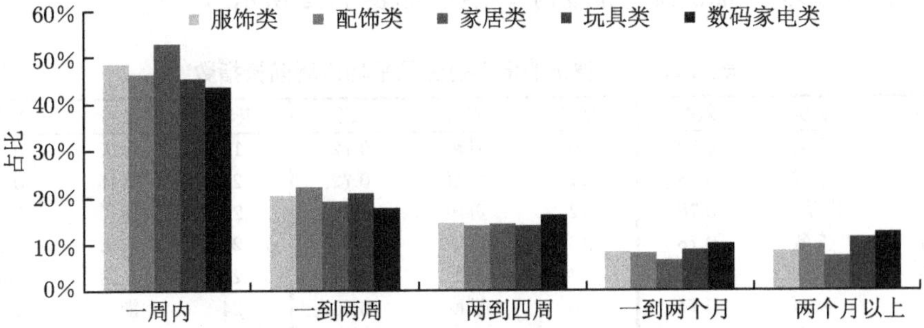

图 11.12 消费者对电影衍生品的关注周期情况

(2) 如图 11.13 所示，从消费者对不同种类电影衍生品的关注周期情况来看，数码家电类产品的分值最高，而家居类产品的分值最低. 但总体来看，消费者对各类电影衍生品的关注度都不算高，这是因为我国电影产业链还不够完整. 对一个成熟的产业链而言，电影衍生品在产业链上游可以为电影的宣传提供良好的基础，在产业链下游能够为电影企业进一步创造价值. 因此，我国电影衍生品市场还有待进一步发展与完善.

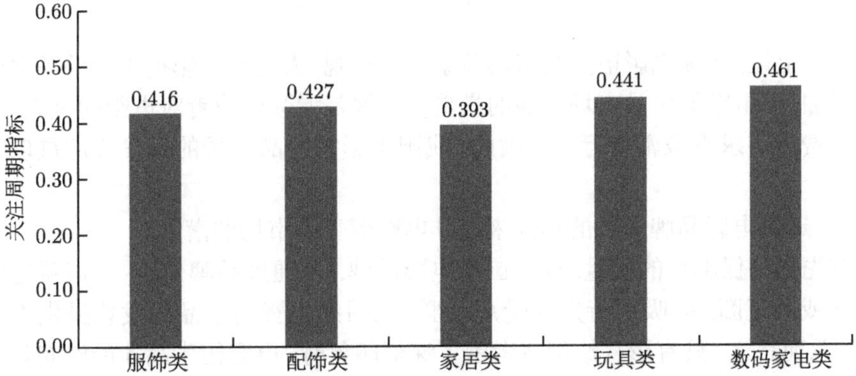

图 11.13 消费者对不同种类电影衍生品的关注周期情况

11.2.2 中国各地区电影衍生品综合市场前景分析

根据收回的 450 份调查问卷数据, 应用模型 (DYYSP) 可计算出问卷涉及的 26 个省份电影衍生品的综合市场前景指数, 如表 11.2 所示.

表 11.2　各省份的电影衍生品平均市场前景指数

排名	省份	效率	排名	省份	效率	排名	省份	效率
1	云南	0.80	10	甘肃	0.72	19	重庆	0.67
2	福建	0.78	11	北京	0.72	20	吉林	0.67
3	内蒙古	0.78	12	苏州	0.71	21	四川	0.67
4	安徽	0.78	13	辽宁	0.71	22	海南	0.66
5	黑龙江	0.76	14	湖北	0.71	23	江西	0.65
6	陕西	0.74	15	湖南	0.68	24	浙江	0.64
7	山东	0.74	16	河南	0.68	25	上海	0.62
8	山西	0.73	17	河北	0.68	26	广西	0.59
9	天津	0.73	18	广东	0.67			

从表 11.2 可以看出, 各省份电影衍生品的平均市场前景指数均分布在 0.59~0.80 之间, 没有十分明显的地区差异, 这主要是因为受访者大多为年轻人. 并且, 这种结果也反映出了区域特征对我国电影衍生品的消费前景没有十分突出影响的特性.

11.3　结　束　语

综合上述, 我国电影衍生品市场前景比较乐观, 人们对电影衍生品的关注度在逐渐增加, 但电影衍生品市场扩展的最重要问题是增强消费者对电影的喜爱, 进而激发消费者需求形成消费行为. 因此, 我国电影衍生品市场的开发应注重以下几点:

(1) 通过电影品牌品质的提高来提升电影衍生品市场的潜力.

首先要确保影片的质量, 建立国产电影品牌. 再通过品牌效应, 形成特定的电影文化或潮流圈, 并吸引特定的受众人群, 为后续电影衍生品的发售提供更好的基础. 总而言之, 只有影片给消费者留下深刻印象时, 电影衍生品才能够起到使电影品牌得到更好的开发和延伸作用.

(2) 注意将电影衍生品开发的意识融入到电影产品设计的整个链条.

市场应加强衍生品的开发意识, 在剧本策划阶段就加入衍生品的开发设计的同时, 考虑观影者的消费心理和需求, 进而提高电影衍生品的品质, 并使电影衍生品的开发逐渐转向规模化和专业化. 并且, 合理引导大众文化潮流, 培养和推动观影人群对衍生品的消费习惯.

(3) 为电影衍生品的市场开发创造良好的法律和制度环境.

加强知识产权和专利保护意识外, 国家也应通过健全电影产权保护法为电影衍生品的发展提供良好的法律环境. 同时, 加强打击盗版, 完善盗版惩处的措施及法律制度, 使电影衍生品的产业链得到进一步保护. 此外, 还应制定电影衍生品市场的行业规范, 使衍生品市场的运行模式更加规范.

(4) 大力提升电影衍生品的设计水平和文化内涵.

构建专业的电影衍生品开发设计团队, 加强电影衍生品的设计创新, 只有设计理念的不断创新才能使电影衍生品市场得到长远的发展. 同时应注重满足电影衍生品在文化、思想、艺术等精神层面的价值体现, 从而使电影衍生品得到消费者的认同.

参 考 文 献

[1] 王沁沁, 张宏. 衍生的商机: 电影衍生品的市场透视 [J]. 当代电影, 2011, 28(10): 118-121.

[2] 曹坤, 李景怡, 张晨光. 衍生品: 电影产业链下游的掘金点 [J]. 当代电影, 2012, 29(5): 106-109.

[3] 吴学安. 中国电影衍生品产业思考 [J]. 中外企业文化, 2012, 18(10): 63-64.

[4] 李坚, 王敏. 论中国电影产业价值链中的后电影产品开发 [J]. 湖南大众传媒职业技术学院学报, 2006, 6(1): 40-42.

[5] 西婷. 后电影产品与后电影时代 [J]. 电影艺术, 2004, 49(5): 13-16.

[6] 巴里 · 利特曼. 大电影产业 [M]. 尹鸿, 译. 北京: 清华大学出版社, 2005.

[7] 金敏. 品牌延伸的顾客心理基础分析 [J]. 当代经济, 2005, 21(7): 80-80.

[8] 马占新. 数据包络分析方法的研究进展 [J]. 系统工程与电子技术, 2002, 24(3): 42-46.

[9] 马占新. 数据包络分析模型与方法 [M]. 北京: 科学出版社, 2010.

[10] 马占新. 广义数据包络分析方法 [M]. 北京: 科学出版社, 2012.

[11] 马占新, 马生昀. 基于 C^2WY 模型的广义数据包络分析方法 [J]. 系统工程学报, 2011, 26(2): 251-261.

[12] 马占新, 马生昀. 基于 C^2W 模型的广义数据包络分析方法研究 [J]. 系统工程与电子技术, 2009, 31(2): 366-372.

[13] 马占新, 马生昀. 基于样本评价的广义数据包络分析方法 [J]. 数学的实践与认识, 2011, 42(21): 155-171.

[14] Muren, Ma Z X, Cui W. Fuzzy data envelopment analysis approach based on sample decision making units [J]. Systems Engineering and Electronics, 2012, 23(3): 399-407.

[15] Muren, Ma Z X, Cui W. Generalized fuzzy data envelopment analysis methods [J]. Applied Soft Computing, 2014, 19(1): 215-225.

[16] 马占新. 广义参考集 DEA 模型及其相关性质 [J]. 系统工程与电子技术, 2012, 34(4): 709-714.

[17] 马占新, 伊茹. 基于经验数据评价的非参数系统分析方法 [J]. 控制与决策, 2012, 27(2): 199-204.

第 12 章　大型超市选址合理性评价的 DEA 方法

大型超市选址的合理性研究是企业管理者关注的热点问题. 本章在已有工作的基础上, 分别构建了用于评价大型超市消费潜力、交通便利性、竞争压力和商业繁荣度的指标体系和相应的度量公式. 同时, 应用 DEA 理论建立了用于综合评价大型超市选址合理性的数学模型. 最后, 应用这些方法对天津市市内六区 22 个大型超市的选址合理性进行了分析. 分析结果表明: 天津市各大型超市的顾客消费潜力差别明显, 周边区域的公共交通资源需要完善, 超市发展空间较大, 同时, 应注重大型商业圈的打造.

大型超市是一种以销售食品和日常生活用品为主, 采取自选销售方式, 将超市和折扣店的经营优势结合为一体的、品种齐全、能够满足顾客一次性购齐的零售业态 [1], 其选址的合理性直接影响人们的生活质量和当地的经济繁荣. 近年来, 随着城市社会与经济的快速发展, 城市化进程有序推进, 城市人口大幅增加, 居民收入不断提高, 零售业充满活力. 大型超市作为零售业的主要力量, 其选址的科学性与合理性直接影响当地居民消费潜力的释放, 关系到经济的健康发展. 因此, 对大型超市选址的合理性进行研究一直是经济学界关注的热点, 对这一问题的研究具有重要的现实意义.

关于超市选址合理性方面的研究中, 国外相对于国内起步较早. 在 1931 年, Reilly 借助万有引力公式给出了著名的雷利零售引力法则 [2]; 随后, Christaller 于 1933 年提出了基于距离因素的 “零售商对顾客的吸引向四周递减” 的中心地理论评价法 [3]; Converse 于 1949 年推广了零售引力法则, 提出了断裂点模型 [4]; 而在 1963 年, 针对市场区域划分的模糊性, Huff 又进一步提出了经典的哈夫概率法则 [5].

近年来, Huff 等 [6−10] 将消费预算、消费者选择、商家间的竞争、零售商的品牌等影响因素逐步考虑在内, 从商业网点的聚集和空间竞争效应、品牌忠实度、竞争目的地等角度相继提出了不同的分析与评价模型. 与此同时, 定性与定量分析相结合的评价方法越来越得到大家的青睐, 层次分析方法 (AHP) 、模糊综合评判方法等综合评价方法被逐步应用到有关大型超市等零售商的选址和布局的研究中, 如 Tzeng 等 [11−13] 在这方面进行了卓有成效的研究, 并给出了评价零售商选址的决策方法. 另外, 随着信息技术, 特别是网络技术的飞速发展, 具有 “网络分析” 和 “空间分析” 功能的地理信息系统 (GIS) 也被成功应用到零售商的选址评价中. Önden[14] 及 Suárez-Vega[15] 等分别将整数规划、网络分析和空间分析有机地结合在一起, 给出了不同空间的分析方法, 并测量了各种情况下零售商对顾客的吸引水平以及连续时间下新商家进入市场面临的竞争状况; 2013 年, Roig-Tierno 等将层次分析法和 GIS 相结合分析了西班牙穆尔西亚省的有关选址问题 [16].

相对于国外, 国内关于超市选址的系统化研究起步较晚. 1999 年, 邓世文对我国城市商业网点的布局进行了深入分析与总结, 提出研究该类问题应该考虑消费者行为等重要因素 [17]; 随后, 许学强利用 GIS 从距离因素、人口因素、交通因素和消费者行为四个方面分析了广州大型零售商的分布状况 [18]; 戴晓爱利用层次分析法在确定人口、交通、竞争、场地等四个影响因子权重的基础上, 结合 GIS 建立了超市选址模型 [19]; 罗晓光利用聚类分析给出了哈尔滨大型超市布局特征, 认为未来大型超市将离开核心商圈且服务半径将逐步扩大 [20]; 李伯华利用问卷调查法和哈夫概率模型, 从微观层面评价了衡阳市 7 家连锁超市的分布状况 [21]; 肖琛等利用点模式分析、空间密度分析和空间自相关分析发现, 南京市苏果超市的空间分布呈倒 U 型趋势, 并利用二分逻辑回归方法分析了超市布局的影响因素 [22].

综上可知, 在选取科学和合理的评价指标体系的基础上, 采用定性与定量相结合的评价方法对零售商选址进行分析是上述研究中使用的主要方法. 从目前研究所采用的方法看, 许多方法都存在一定的不足. 比如, 有的方法不能完全规避影响因子权重的确定问题, 有的方法则存在主观性过强的弱点. 然而, DEA[23,24] 方法的出现为解决上述问题提供了一种新的思路. 本章在综合分析各种评价方法的基础上, 先提出用于评价大型超市选址合理性的指标体系及相应的计量方法; 然后, 基于广义 DEA 的相关理论 [25,26] 建立相应的 DEA 模型; 最后, 应用本章构建的模型对天津市市内六区大型超市的选址合理性进行实证分析.

12.1 基于 DEA 方法的大型超市选址合理性评价模型

DEA 方法是由美国著名运筹学家 Charnes 等提出的一种重要的多输入、多输出效率评价方法. 该方法主要是在保持决策单元 (decision making unit, DMU) 的输入或输出不变的情况下, 将 DMU 投影到 DEA 前沿面上, 并通过比较决策单元偏离 DEA 前沿面的程度来评价相对有效性. 由于 DEA 不受计量单位的影响, 不必确定指标权重, 因而具有独特的优势. 为此, 本章在构建评价指标的基础上, 从广义 DEA 理论出发提出了用于评价大型超市选址合理性的非参数模型.

12.1.1 用于评价大型超市选址合理性的指标设计及量化方法

影响大型超市选址合理性的因素有很多, 其中最重要的因素主要涉及人口、交通、竞争及商业环境等几个方面. 本章在总结前人工作的基础上, 构建了以消费潜力、交通便利性、竞争压力以及商业繁荣度为评价指标的指标体系, 并设计了相关指标的度量方法.

1. 消费潜力

居民对某大型超市的消费潜力 (XQ) 主要用来描述该地区居民在此大型超市购买日常生活用品所具有的潜在消费能力, 是影响大型超市选址的最主要因素. 消费潜力的计算公式为

$$XQ = \frac{\pi \cdot C_f \cdot N_f \cdot r_M^2}{S}.$$

其中, S 表示某地区的占地面积 (单位: 平方千米); N_f 为该地区拥有的住户数量 (单位: 户); C_f 为该地区每户居民每月在该大型超市的平均消费额 (单位: 元/户); r_M 为该大型超市吸引顾客前来消费的区域半径 (单位: 千米). 居民对大型超市的消费潜力越大, 越有利于超市做大做强.

2. 交通便利性

某大型超市的交通便利性 (JB) 是居民选择哪一家超市进行消费的又一重要因素, 主要用来描述顾客到达超市购物的交通便利程度. 交通便利性的计算公式为

$$JB = \sum_{i=1}^{p} b_i + \sum_{j=1}^{q} t_j.$$

其中, p 与 q 分别表示该大型超市附近拥有的公交线路及地铁线路条数; b_i 为第 i ($i = 1, 2, \cdots, p$) 条公交线路所具有的站点数 (单位: 个); t_j 为第 j ($j = 1, 2, \cdots, q$) 条地铁线路具有的站点数 (单位: 个). 大型超市的交通越便利, 前来购物的顾客会越多, 超市的效益就会越好.

3. 竞争压力

公平竞争是市场经济应具备的基本准则, 因此, 任何地区的大型超市都会受到该地区其他各类超市带来的竞争压力 (JY) . 记 d_m 表示某地区某一家大型超市与其他同级别超市的最近距离的倒数 (单位: 千米), 而 N_{3k}, N_{1k} 分别为周边 3 千米范围内所有同级超市的数量 (单位: 个) 以及在周边 1 千米范围内所有超市的数量 (单位: 个). 在对 d_m, N_{3k}, N_{1k} 值进行无量纲化处理后, 按照其影响该大型超市竞争压力的重要程度, 采用专家评价法确定其相应的权重系数为 0.5, 0.3, 0.2, 然后再对其加权平均, 得出竞争压力的计算公式为

$$\begin{aligned} JY = {} & 0.5 \times \left(0.1 + 0.9 \times \frac{d_m - d_{\min}}{d_{\max} - d_{\min}}\right) + 0.3 \times \left(0.1 + 0.9 \times \frac{N_{3k} - N_{3k\min}}{N_{3k\max} - N_{3k\min}}\right) \\ & + 0.2 \times \left(0.1 + 0.9 \times \frac{N_{1k} - N_{1k\min}}{N_{1k\max} - N_{1k\min}}\right), \end{aligned}$$

其中, $d_{\max}$, $d_{\min}$, $N_{3k\max}$, $N_{3k\min}$, $N_{1k\max}$, $N_{1k\min}$ 分别表示所有被评价的大型超市 d_m, N_{3k}, N_{1k} 值中的最大值与最小值. 大型超市的竞争压力越大, 其盈利的空间就越小, 越不利于超市的发展壮大.

4. 商业繁荣度

商业繁荣度 (SF) 主要反映大型超市周边地区吸引顾客前来购物、消费的能力大小, 可以用超市周边配套商业设施的完善与繁荣程度加以描述. 因此, 商业繁荣度的计算公式为

$$SF = C_{500b}.$$

其中, C_{500b} 表示该大型超市周边 500 米范围内能够吸引客源前来购物的其他商业设施数量 (单位: 个). 大型超市周边商业设施的繁荣度越大, 越有利于超市的发展.

12.1.2 用于评价大型超市选址合理性的 DEA 模型

对大型超市而言, 消费潜力、交通便利性及商业繁荣度这三个指标数值越大越好, 而竞争压力指标数值却是越小越好. 在建立 DEA 评价模型时, 需要将所有指标变为越大越好. 为此, 对竞争压力指标取倒数得 $JY' = 1/JY$, 这样所有四个指标 XQ, JB, JY', SF 均变为越大越好.

假设决策者要对 n 个大型超市的选址合理性进行评价. 其中, 第 j 个大型超市的评价指标值为 $(XQ_j, JB_j, JY'_j, SF_j) > 0$, $j = 1, 2, \cdots, n$. 根据多目标规划评价理论, 当被评价超市的选址效果不劣于其他超市时, 则认为该超市的选址是有效的. 因此, 根据广义 DEA 的相关理论 [23], 可以构造以下用于评价大型超市选址合理性的 DEA 模型:

$$(\text{DCBJ})\begin{cases}\max\ \ \varphi_{j_0} + \varepsilon(s_1 + s_2 + s_3 + s_4) = V, \\ \text{s.t.}\ \ \sum\limits_{j=1}^{n} XQ_j \cdot \lambda_j \ - s_1 = \varphi_{j_0} \cdot XQ_{j_0}, \\ \qquad \sum\limits_{j=1}^{n} JB_j \cdot \lambda_j \ - s_2 = \varphi_{j_0} \cdot JB_{j_0}, \\ \qquad \sum\limits_{j=1}^{n} JY'_j \cdot \lambda_j \ - s_3 = \varphi_{j_0} \cdot JY'_{j_0}, \\ \qquad \sum\limits_{j=1}^{n} SF_j \cdot \lambda_j \ - s_4 = \varphi_{j_0} \cdot SF_{j_0}, \\ \qquad \sum\limits_{j=1}^{n} \lambda_j = 1, \\ \qquad \boldsymbol{\lambda} \geqq \mathbf{0},\ \ s_i \geqq 0,\ \ i = 1, 2, 3, 4.\end{cases}$$

其中, ε 为非阿基米德无穷小量.

如果 $\varphi_{j_0}^0$, $\boldsymbol{\lambda}^0$, s_1^0, s_2^0, s_3^0, s_4^0 是线性规划模型 (DCBJ) 的最优解, 则令

$$E_{j_0} = 1/\varphi_{j_0}^0$$

表示大型超市 j_0 的有效值.

大型超市 j_0 的投影值可以按以下公式加以计算:

$$\begin{aligned}&(XQ_{j_0}^*,\ JB_{j_0}^*, JY_{j_0}'^*, SF_{j_0}^*)\\&= (\varphi_{j_0}^0 \cdot XQ_{j_0} + s_1^0,\ \ \varphi_{j_0}^0 \cdot JB_{j_0} + s_2^0,\ \ \varphi_{j_0}^0 \cdot JY_{j_0}' + s_3^0,\ \ \varphi_{j_0}^0 \cdot SF_{j_0} + s_4^0).\end{aligned}$$

这样就建立了用于评价大型超市选址效果的 DEA 非参数模型. 该模型不仅可以评价各大型超市选址的效果, 而且还可以指出选址不好的具体原因, 并找出相应指标的改进方向.

12.2 天津市大型超市选址合理性的实证分析

下面分别从单指标分析和综合分析两个视角来评价天津市大型超市的选址合理性问题.

首先, 围绕消费潜力 (包括所在区单位面积的住户数、户均月消费额以及吸引顾客的半径) 、交通便利性 (包括公交资源、地铁资源)、竞争压力 (包括与同级超市的最近距离的倒数、周边 3 千米内的同级超市数量以及周边 1 千米内的所有超市数量)、商业繁荣度 (包括周边 500 米范围内其他商业设施数量) 这四个方面设计了相应的调查问卷; 其次, 在天津市市内六区的 22 个大型超市进行了实地随机抽样调查. 共发出问卷 1766 份, 检验审核后共获得有效问卷 1273 份, 其中市内六区各区住户数和面积的具体数据来源于 2012 年《天津统计年鉴》.

12.2.1 天津市大型超市选址合理性分析

应用 12.1.1 小节中的公式, 可算得 22 家超市的消费潜力、交通便利性、竞争压力、商业繁荣度指标的具体数据, 如表 12.1 所示. 其中, 超市名称的第一个字母表示超市品牌, 第二个字母表示超市所在区, 数字是用于识别处于同一个区的同类品牌超市.

以下先从消费潜力、交通便利性、竞争压力、商业繁荣度四个方面对天津市大型超市选址的合理性进行分析.

1. 天津市大型超市消费潜力分析

首先, 从整体上看, 天津市市内六区各大型超市的消费潜力差距较大. 从图 12.1 可以看出, HA 店、HD 店、MA 店、JB1 店和 TF 店的消费潜力较大, 均在

表 12.1 天津市市内 6 区 22 家大型超市选址合理性评价的各指标数据

超市编号	名称	所在区	消费潜力指数	交通便利性指数	竞争压力指数	商业繁荣度指数
1	HA 店	A 区	0.61740	0.40234	1.00000	0.26364
2	MA 店	A 区	1.00000	0.40234	0.81215	0.26364
3	YA 店	A 区	0.47221	0.66063	0.30645	0.10000
4	WA 店	A 区	0.25058	0.11359	0.40340	0.42727
5	HD 店	D 区	0.71749	0.60813	0.30841	0.18182
6	JB1 店	B 区	0.95253	0.71453	0.32420	0.23636
7	WB1 店	B 区	0.35120	0.32313	0.30885	0.61818
8	JB2 店	B 区	0.40846	0.25563	0.36920	0.78182
9	HB 店	B 区	0.38920	0.73094	0.11063	0.64545
10	JB3 店	B 区	0.26667	0.31563	0.15630	0.31818
11	RB 店	B 区	0.29258	0.10000	0.10000	0.53636
12	WB2 店	B 区	0.30326	0.60719	0.26854	0.26364
13	HC1 店	C 区	0.27912	0.46141	0.33559	0.23636
14	HC2 店	C 区	0.10000	0.46141	0.35968	0.80909
15	HC3 店	C 区	0.14747	0.38922	0.12109	0.59091
16	JD 店	D 区	0.29912	0.39203	0.20504	0.40000
17	OE 店	E 区	0.16405	0.46047	0.18992	0.29091
18	HE 店	E 区	0.33526	0.24766	0.16352	0.31818
19	JE 店	E 区	0.30796	0.21953	0.29743	0.67273
20	OF 店	F 区	0.23790	0.44641	0.18936	0.61818
21	TF 店	F 区	0.87836	1.00000	0.15613	0.26364
22	LD 店	D 区	0.48099	0.64609	0.12876	1.00000

0.6 以上; OE 店、HC2 店与 HC3 店的消费潜力较小, 消费潜力度量值不足 0.2; 而其他超市的消费潜力差距不大.

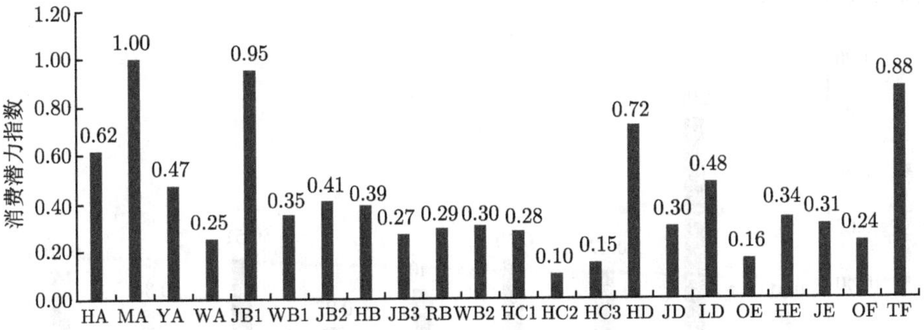

图 12.1 天津市市内六区各大型超市消费潜力情况

这表明, HD 店等 5 家超市对周边消费群体的吸引力较大, 顾客来这些超市消费的意愿较强. 而 HC2 店与 HC3 店等 3 家超市对顾客的吸引力相对不足, 其主要原因在于这几家超市对顾客的吸引半径较小. 因此, HC2 店与 HC3 店等这几家超市应该采取有效措施吸引更大范围的顾客来店里消费.

其次, 从分区域的角度看, 由图 12.2 可以看出, F 区大型超市的消费潜力最大, 指数取值在 0.60 以上; A 区与 B 区大型超市的消费潜力较大, 指数取值在 0.4~0.6 之间; C 区、D 区与 E 区大型超市的消费潜力较小, 指数取值在 0.20~0.30 之间.

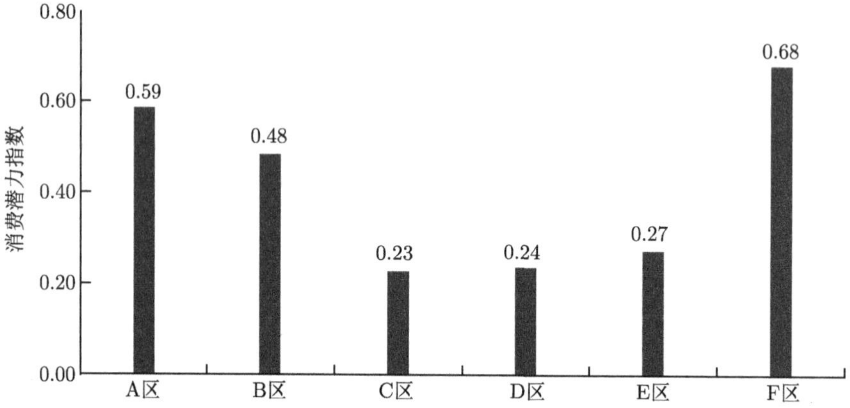

图 12.2　天津市市内六区各区域大型超市消费潜力情况

这主要是由于近年来 F 区、A 区和 B 区经济发展较快, 商贸比较繁荣, 客流量较大, 客户的分布范围较广; 而 C 区、D 区与 E 区的顾客消费额较低, 客户的分布范围较小, 从而导致了各区域消费潜力的明显差距.

最后, 从超市品牌的角度看, 由图 12.3 可以看出, 除 M 品牌超市的消费潜力相对较大外, 其余品牌超市的消费潜力差异不大. 由此说明, 各品牌超市的潜在消费能力差别不大.

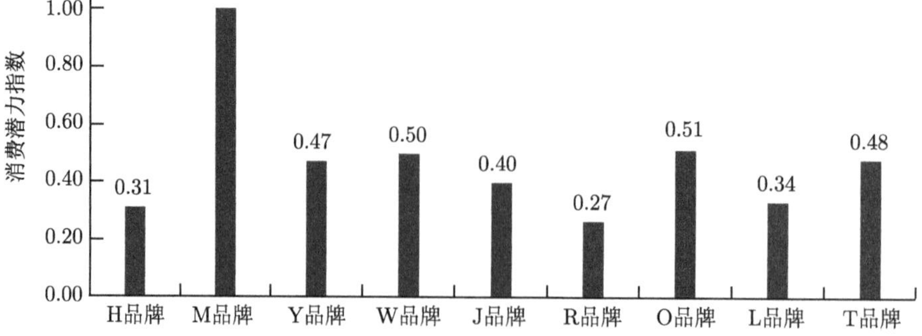

图 12.3　天津市市内六区各品牌大型超市消费潜力情况

2. 天津市大型超市交通便利性分析

首先, 从整体上看, 天津市市内六区各大型超市的交通便利性仍需进一步提升. 由图 12.4 可以看出, 交通便利指数高于 0.5 的超市仅有 7 家, 其中高于 0.75 的只有 TF 店 1 家; 而低于 0.4 的超市有 9 家, 其中 WA 店、RB 店、HE 店、JE 店都是交通便利性较差的超市.

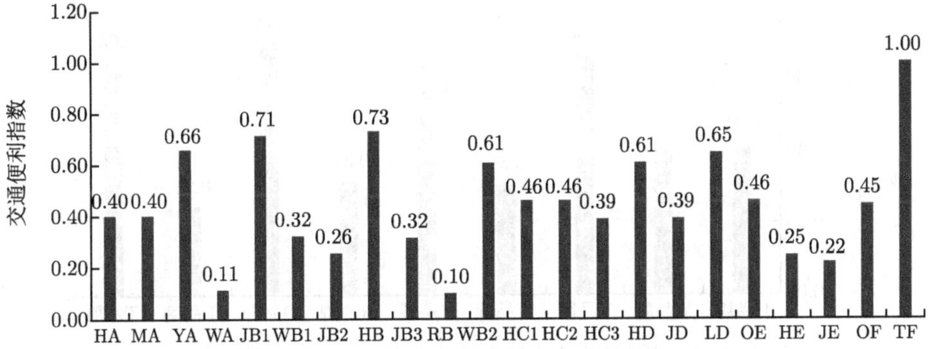

图 12.4 天津市市内六区各大型超市交通便利性情况

为此, 天津市的城市规划应加强公共交通资源的建设力度和合理布局, 这样一方面使市民出行购物更加便捷, 另一方面在一定程度上可以缓解城市商圈的拥堵现象.

其次, 从分区域的角度看, 由图 12.5 可以看出, 天津市中心城区的大型超市交通便利性好于周边区域. 比如, F 区大型超市的交通便利性较好, 便利指数大于 0.8; E 区大型超市的交通便利性较差, 便利指数仅为 0.33; 而其他区大型超市的交通便利性差别不大, 便利指数为 0.37~0.51 不等. 因此, 随着城市的快速发展, 提高城市周边的公共交通资源建设也应引起高度重视.

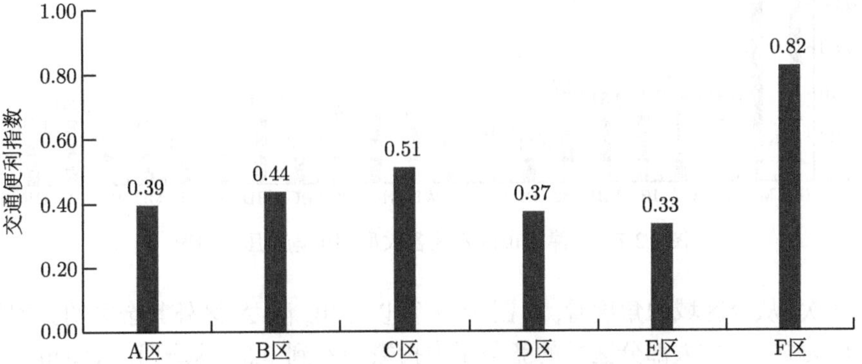

图 12.5 天津市市内六区各区域大型超市交通便利性情况

最后, 从超市品牌的角度看, 由图 12.6 可以看出, 天津市各品牌大型超市的交通便利性差异较大. 其中, 境外品牌整体情况较好, Y 品牌、O 品牌和 T 品牌 3 个境外品牌超市的便利指数均大于 0.65, 而 W 品牌、R 品牌与 L 品牌超市的交通便利指数均不足 0.35. 因此, 交通便利性较差的超市应积极吸引各种社会资源, 并通过加大投入来弥补交通资源不足的问题.

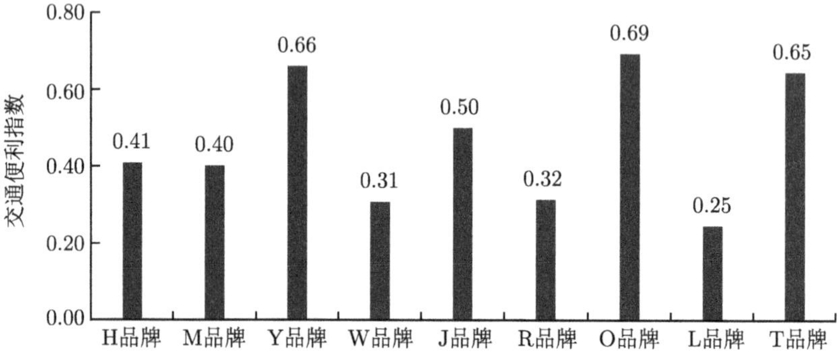

图 12.6 天津市市内六区各品牌大型超市交通便利性情况

3. 天津市大型超市竞争压力分析

首先, 从整体上看, 天津市市内六区各大型超市的竞争压力不大. 由图 12.7 可以看出, 竞争压力指数在 0.2 以下的超市有 9 家, 而竞争压力指数高于 0.5 的超市仅有 2 家, 分别为 HA 店与 MA 店, 且这两家店均位于 A 区. 从调查结果可见, 这两家超市的距离过近是其竞争压力过高的主要因素. 这表明, 天津市大型超市的建设仍存在一定的扩张空间.

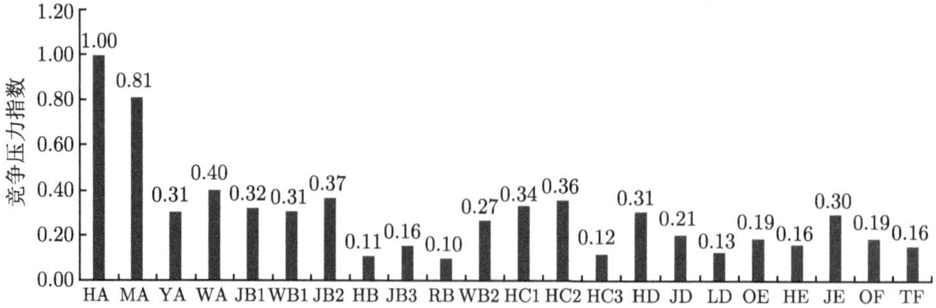

图 12.7 天津市市内六区各大型超市竞争压力情况

其次, 从分区域的角度看, 由图 12.8 可以看出, 除 A 区外其余区的大型超市竞争压力并不大, 大部分区域的竞争压力指数均不到 0.3. 这表明, 天津市大型超市竞争压力的区域特征并不明显, 而且整体压力比较小.

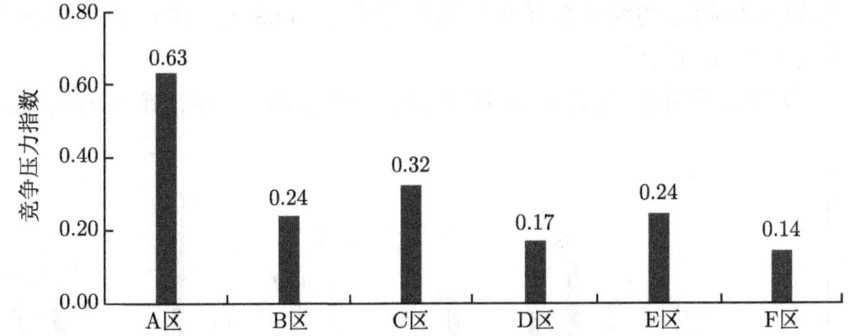

图 12.8 天津市市内六区各区域大型超市竞争压力情况

最后, 从超市品牌的角度看, 由图 12.9 可以看出, 除 M 品牌外, 其他各品牌超市的竞争压力差距不大. 同时, 尽管 H 品牌超市的竞争压力指数仅为 0.4, 但该品牌下的 HA 店的压力指数却达到了 1. 由此说明, 不同品牌超市间的竞争压力差异不大, 但某些品牌内部各超市间差异却很明显.

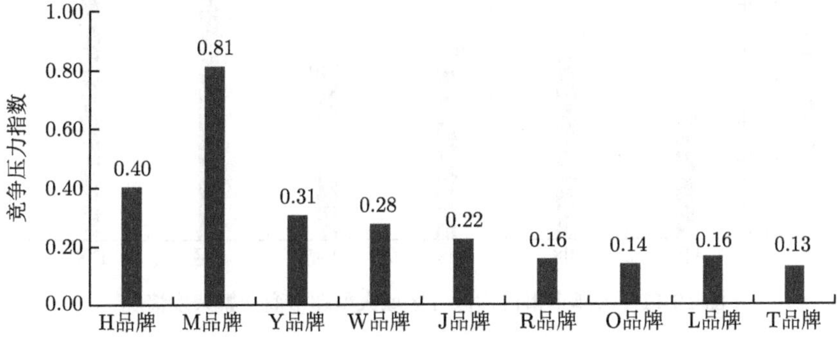

图 12.9 天津市市内六区各品牌大型超市竞争压力情况

4. 天津市大型超市商业繁荣度分析

首先, 从整体上看, 天津市市内六区各大型超市的商业繁荣度差异较大. 由图 12.10 可以看出, 商业繁荣度指数在 0.6 以上的超市有 7 家, 在 0.3 以下的超市有 9 家. 比如, YA 店、HD 店周边的商业繁荣度指数不足 0.2. 这表明, 有大约 50% 的大型超市, 其周边地区吸引顾客前来购物的商业设施数量有限. 由于大型超市的商业繁荣度和周边地区的商业氛围有很大关系, 因而, 天津市大型商业圈的打造仍需进一步加强.

其次, 从分区域的角度看, 由图 12.11 可以看出, 天津市市内六区各区大型超市的商业繁荣度差异并不明显. 其中, A 区大型超市的商业繁荣度指数仅为 0.26,

F 区与 E 区大型超市的商业繁荣度指数则达到了 0.63 和 0.65, 而其他区大型超市的商业繁荣度较为接近.

最后, 从超市品牌的角度看, 由图 12.12 可以看出, 天津市市内六区各品牌大

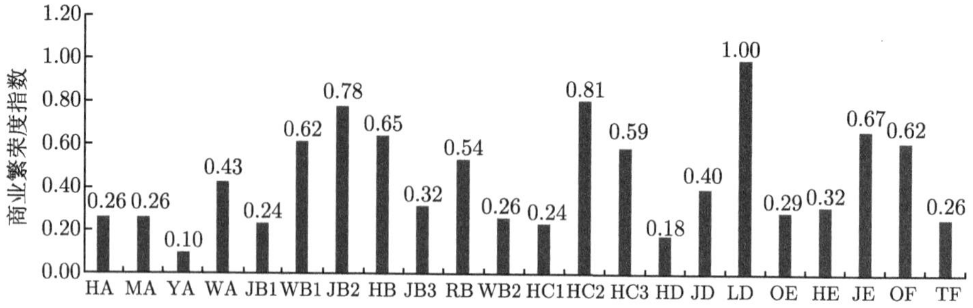

图 12.10　天津市市内六区各大型超市商业繁荣度情况

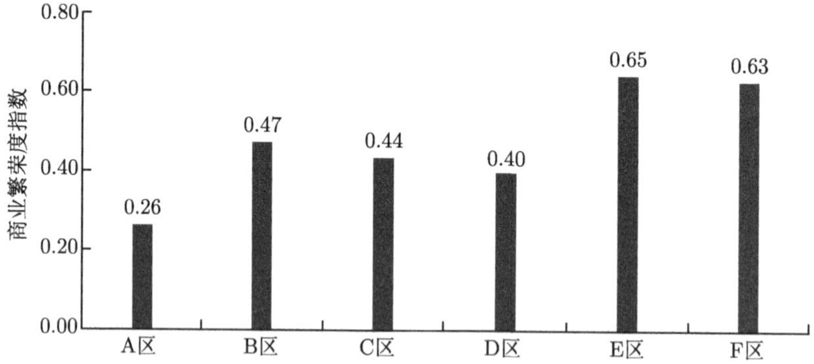

图 12.11　天津市市内六区各区域大型超市商业繁荣度情况

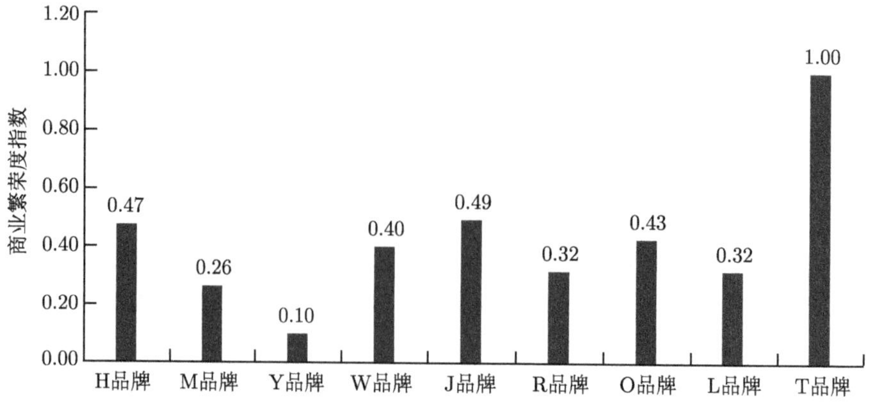

图 12.12　天津市市内六区各品牌大型超市商业繁荣度情况

型超市间存在一定差别. 比如, T 品牌超市位于滨江道商业中心, 商业氛围最为浓厚, 因此商业繁荣度远远高于其他各品牌.

12.2.2 天津市大型超市选址合理性的综合分析

下面将以天津市市内六区的 22 个大型超市作为决策单元, 从消费潜力、交通便利性、竞争压力、商业繁荣度四个方面出发, 应用 DEA 方法对其选址合理性进行综合分析. 应用模型 (DCBJ) 获得的结果如表 12.2 所示.

表 12.2 天津市市内六区 22 家大型超市的效率值及投影

超市编号	超市名称	E_{j_0}	ΔXQ	ΔJB	$\Delta JY'$	ΔGX
1	HA 店	1.00	0.00	0.00	0.00	0.00
2	MA 店	1.00	0.00	0.00	0.00	0.00
3	YA 店	0.79	0.33	0.18	0.08	0.16
4	WA 店	0.69	0.11	0.35	0.18	0.19
5	HD 店	0.78	0.20	0.17	0.09	0.08
6	JB1 店	1.00	0.00	0.00	0.00	0.00
7	WB1 店	0.79	0.09	0.23	0.08	0.16
8	JB2 店	0.99	0.01	0.29	0.01	0.01
9	HB 店	0.92	0.25	0.06	0.03	0.05
10	JB3 店	0.47	0.33	0.35	0.17	0.36
11	RB 店	0.57	0.22	0.53	0.08	0.41
12	WB2 店	0.75	0.46	0.20	0.09	0.09
13	HC1 店	0.66	0.44	0.24	0.17	0.12
14	HC2 店	1.00	0.00	0.00	0.00	0.00
15	HC3 店	0.63	0.33	0.23	0.07	0.35
16	JD 店	0.59	0.30	0.27	0.14	0.27
17	OE 店	0.60	0.54	0.31	0.13	0.20
18	HE 店	0.47	0.38	0.29	0.27	0.36
19	JE 店	0.83	0.06	0.32	0.06	0.14
20	OF 店	0.72	0.28	0.17	0.07	0.24
21	TF 店	1.00	0.00	0.00	0.00	0.00
22	LD 店	1.00	0.00	0.00	0.00	0.00
平均值		0.78	0.00	0.00	0.00	0.00

从总体上看, 综合有效值达到 1 的大型超市有 HA 店、MA 店、JB1 店、HC2 店、TF 店、LD 店, 说明这些大型超市选址较为合理; 而有效值小于 0.5 的大型超市有 JB3 店、HE 店, 说明这两家超市在各方面都有明显的不足, 需要全面提升.

12.3 结 束 语

综合上述分析, 可得出以下结论:

(1) 天津市各大型超市的顾客消费潜力差别较大, 造成这种差距的原因主要是由于一些超市对顾客的吸引半径较小以及顾客的消费数量偏小.

(2) 天津市大型超市周边区域的公共交通资源仍需进一步提升, 以方便群众的出行和购物需要; 同时大型超市也应该积极增加投入来改善公共交通资源不足的问题.

(3) 天津市大型超市的整体竞争压力不大, 发展空间仍然较大.

(4) 天津市大型超市周边的商业繁荣度相差明显, 近半数超市周边的商业设施不完善, 因此天津市应注重大型商业圈的打造.

参考文献

[1] 易学东, 林波. 大型超市品牌形象对顾客忠诚影响的实证研究 [J]. 大连理工大学学报 (社会科学版), 2010, 31(3): 27-33.

[2] Reilly W J. The Law of Retail Gravitation [M]. New York: Knicker-bocker Press, 1931.

[3] Christaller W. Die zentralen Orte in Süddeutschland: Eine ökonemisch-geographische Untersuchung über die Gesetzmassigkeit der Verbreitung und Eniwicklung der Siedlungen mit städtischen Funktionen[M]. Darmstadt: Wissenschaftliche Buchgesellschaft, 1933.

[4] Converse P D. New Laws of Retail Gravitation [J]. Journal of Marketing, 1949, 14(3): 379-384.

[5] Huff D L. A probabilistic analysis of shopping center trade areas [J]. Land Economics, 1963, 39(1): 81-90.

[6] Huff D L. Parameter estimation in Huff model. www. esri. com/news/arcuser/1003/files/huff. pdf, 2003.

[7] Shields M, Kures M. Black out of the blue light: An analysis of Kmart store closing decisions [J]. Journal of Retailing and Consumer Services, 2007, 14(4): 259-268.

[8] Picone G A, Ridley D B, Zandbergen P A. Distance decreases with differentiation: Strategic agglomeration by retailers [J]. International Journal of Industrial Organization, 2009, 27(3): 463-473.

[9] Küükaydin H, Aras N, Altnel I K. Competitive facility location problem with attractiveness adjustment of the follower: A bilevel programming model and its solution [J]. European Journal of Operational Research, 2011, 208(3): 206-220.

[10] Li Y R , Liu L. Assessing the impact of retail location on store performance: A comparison of Wal-Mart and Kmart stores in Cincinnati [J]. Applied Geography, 2012, 32(2): 591-600.

[11] Tzeng G H, Teng M H, Chen J J, et al. Multicriteria selection for a restaurant location in Taipei [J]. International Journal of Hospitality Management, 2002, 21(2): 171-187.

[12] Önüt S, Efendigil T, Kara S. A combined fuzzy MCDM approach for selecting shopping center site: An example from Istanbul, Turkey [J]. Expert Systems with Applications, 2010, 37(3): 1973-1980.

[13] Erbıyık H, Özcan S, Karaboğa K. Retail store location selection problem with multiple analytic hierarchy process of decision making an application in Turkey [J]. Procedia-Social and Behavioral Sciences, 2012, 58(10): 1405-1414.

[14] Önden İ, Sen C G, Sen A. Integration of integer programming with GIS analyzing abilities for determining the convenience levels of retail stores [J]. Procedia-Social and Behavioral Sciences, 2012, 62(10): 1144-1149.

[15] Suárez-Vega R, Santos-Peñate D R, Dorta-González P. Location models and GIS tools for retail site location [J]. Applied Geography, 2012, 35(1/2): 12-22.

[16] Roig-Tierno N, Baviera-Puig A, Buitrago-Vera J, et al. The retail site location decision process using GIS and the analytical hierarchy process [J]. Applied Geography, 2013, 40(3): 191-198.

[17] 邓世文. 中国城市商业网点布局研究 [J]. 人文地理, 1999, 14(S1): 36-39.

[18] 许学强, 周素红, 林耿. 广州市大型零售商店布局分析 [J]. 城市规划, 2002, 26(7): 23-28.

[19] 戴晓爱, 仲凤呈, 兰燕, 等. GIS 与层次分析法结合的超市选址研究与实现 [J]. 测绘科学, 2009, 34(1): 184-186.

[20] 罗晓光, 何永男, 李永鹤. 城市大型超市网点布局研究——以哈尔滨为例 [J]. 城市发展研究, 2011, 18(1): 132-134.

[21] 李伯华, 陈佳, 刘沛林. 地方性中心城市大型连锁超市区位选择的微观机制研究——以衡阳市香江百货连锁超市为例 [J]. 地域研究与开发, 2012, 31(5): 61-66.

[22] 肖琛, 陈雯, 袁丰, 等. 大城市内部连锁超市空间分布格局及其区位选择——以南京苏果超市为例 [J]. 地理研究, 2013, 32(3): 465-475.

[23] 马占新. 数据包络分析方法的研究进展 [J]. 系统工程与电子技术, 2002, 24(3): 42-46.

[24] 马占新. 数据包络分析模型与方法 [M]. 北京: 科学出版社, 2010.

[25] 马占新, 马生昀. 基于样本评价的广义数据包络分析方法 [J]. 数学的实践与认识, 2011, 41(21): 155-171.

[26] 马占新. 广义数据包络分析方法 [M]. 北京: 科学出版社, 2012.

第 13 章　基于广义 DEA 的中国省级经济发展效率分析

自 2010 年以来, 中国经济增长速度连续放缓, 经济结构转型和整体效率提升已经成为中国经济发展面临的首要问题. 因此, 本章以广义 DEA 模型为基础, 首先探讨了测算省级经济发展效率时存在的问题; 然后, 分别应用激进型、保守型和平均型效率测算方法对中国 30 个省份 (不含港、澳、台、西藏, 这些地区的数据不完整)2010~2014 年的经济发展效率进行了测算和比较, 并重点分析了中国七大城市群所属区域各省份的效率发展状况和潜力.

中国经济经历了一段高速增长之后, 经济增速出现了明显回落的趋势. GDP 增速由 2010 年的 10.64%下降到 2016 年的 6.85%, 出现了连续六年的持续下降. 这主要是由于随着经济的发展, 中国劳动力和原材料的成本优势逐渐消失, 高科技产品占比不足, 经济的整体实力不强. 因此, 中国经济正面临着结构转型和高质量发展的重要任务.

为了增强经济持续增长的动力、推动社会生产力水平实现整体跃升, 中国政府加快了经济结构转型升级的步伐. 2015 年 11 月 10 日, 在中央财经领导小组第十一次会议上提出供给侧结构性改革问题之后, 供给侧结构性改革问题得到中央的高度重视, 相关工作被快速推进. 厉以宁教授曾指出, 供给侧结构性改革最主要的内容就是在追求质量的基础上提升效率 [1]. 经济结构的转型和效率的提升是中国经济发展面临的首要任务. 因此, 对中国省级经济发展效率进行研究具有重要的现实意义. 同时, 城市群的整体发展对优化资源配置、提升经济效率有很强的推动作用. 因此, 以省级经济发展效率为切入点, 分析中国城市群的经济发展问题也具有很强的现实意义.

通过检索有关中国经济发展效率分析的文献可以发现, 相关研究多借助随机前沿分析方法 [2-4] 或 DEA 方法进行测度分析. 其中, DEA 方法 [5] 因无需事先设置函数形式, 在多输入多输出生产系统的效率测度方面得到了广泛应用.

首先, 一些学者对中国各省份或某一城市群的效率状况进行了分析. 比如, 文献 [6] 利用 DEA 方法对中国 31 个省份的经济效率进行了测度, 同时, 还构建回归模型对经济效率的影响因素展开了分析; 文献 [3]、文献 [7] 和文献 [8] 分别应用随机前沿面方法、DEA-Malmquist 指数方法和空间计量方法对中国城市的经济发展效率进行了分析; 而文献 [9]~[11] 则分别采用不同的 DEA 模型对中国城市群的综合经济效率和生态效率进行了测度分析. 为更好地了解城市群周边地带的辐射带动作用以及对中国经济的总体影响, 本章在探讨省级经济发展效率的同时, 对中国七大城市群所属区域各省份的发展现状和发展潜力进行了重点分析.

其次, 许多关于经济效率的研究都将面板数据或不同时段的混合数据直接应用 DEA 模型进行效率测度. 比如, 文献 [12] 和文献 [13] 利用 DEA-Malmquist 指数方法分别对 1990~2006 年中国 196 个主要城市的经济效率动态变化和 1995~2008 年三大经济区的全要素能源效率进行了分析; 文献 [14] 和文献 [15] 分别使用 Super-SBM 模型和 DEA 模型对中国绿色经济效率进行了评价. 同样, 文献 [16]~文献 [18] 也均利用 DEA 方法测度了中国生态经济效率. 由于 DEA 方法的思想受 Shephard[19] 距离函数的影响, 其理论基础是经济学的生产函数理论, 测算过程多基于截面数据, 无法进行跨年度效率比较, 所以, 直接将分析截面数据的 DEA 模型应用于面板数据可能会存在一些问题. 而 DEA-Malmquist 指数方法给出的结果则是效率变化, 而不是效率本身. 针对这一问题, 文献 [20] 和文献 [21] 提出了广义 DEA 方法, 该方法以偏序集理论为基础, 通过分离样本单元和决策单元的方法在一定程度上为效率的跨年度比较提出了新思路. 文献 [22] 和文献 [23] 应用广义 DEA 模型对经济效率做出了评价.

由于广义 DEA 方法的测算过程中可能存在无可行解或效率值被高估的情况. 因此, 本章以广义 DEA 模型为基础, 首先, 探讨了测算省级经济发展效率时存在的问题; 其次, 分别应用激进型、保守型和平均型效率测算方法对中国 30 个省份 (未包含港、澳、台地区和西藏自治区, 这些地区的数据不完整, 下同) 2010~2014 年的经济发展效率进行了测算和比较, 并重点分析了中国七大城市群所属区域各省份的效率发展状况和潜力.

13.1 基于广义 DEA 方法的经济发展效率评价模型

使用 DEA 方法开展经济效率分析时, 指标体系的选择十分重要. 不同的指标体系会导致最终测度结果的不同, 只有正确地设定了评价指标, 测度结果才能合理有效地说明问题, 即指标体系的设定要与研究目标具有一致性. 因此, 在应用数据包络分析方法开展研究之前, 首先要建立科学的指标体系.

13.1.1 用于评价地区经济发展效率的指标体系构建

由于本章研究是围绕中国省级经济发展效率展开的, 因此需要充分理解社会与经济的运行机理, 以便更准确地识别影响经济效率的输入和输出指标. 根据宏观经济理论, 维系国民经济运行及市场主体生产经营过程的各种社会资源被称为生产要素, 传统理论认为国民经济发展保驾护航的主要是劳动、资本、土地和技术进步等要素. 而劳动力、土地、资本、创新更是被称为供给侧结构性改革的四要素. 因此, 投入指标的选取也主要考虑这些因素.

为了更好地构建合理可靠的指标体系, 本章在上述理论基础上对已有相关文献的输入和输出指标进行了归纳总结, 如表 13.1 所示.

表 13.1 已有文献的输入和输出指标

指标来源	输入指标	输出指标
文献 [3]	从业人数、物质资本存量	实际 GDP
文献 [6]	固定资产投资额、劳动力、用电量	人均 GDP、人均居民可支配收入
文献 [9]	固定资产投资额、政府投入、科研技术投入	GDP
文献 [12]	固定资产投资额、单位从业人数、私营和个人从业人数	财政收入、GDP
文献 [24]	从业人员数、固定资本存量	实际 GDP

从表 13.1 可以看出, 在进行经济效率评价时, 输入指标基本可以分为人力投入、财力投入和物力投入三类. 其中, 代表人力投入的指标有单位从业人数、私营和个人从业人数等; 代表财力投入的指标有固定资产投资额, 固定资本存量等; 代表物力投入的指标有用电量. 而输出指标主要有用以衡量国民经济产出的实际 GDP 和人均 GDP 等. 此外, 也有一些研究根据不同的研究目的将财政收入、居民可支配收入等作为了产出指标.

为了对中国 30 个省份 2010~2014 年的经济效率展开分析, 以下在综合考虑现有评价指标的基础上, 选取各地区年末从业人数、资本形成总额和能源消耗总量作为输入指标, 各地区实际 GDP 作为输出指标. 其中, 输入指标中的资本形成总额和输出指标中的各地区实际 GDP 均以 2000 年的不变价进行计量. 最终确定的指标体系如表 13.2 所示.

表 13.2 本章的输入和输出指标

输入指标	输出指标
年末从业人数/万人 资本形成总额/亿元 能源消耗总量/万吨煤	实际 GDP/亿元

13.1.2 用于评价地区经济发展效率的广义 DEA 模型

假设有 n 个地区 Q 年的经济效率需要测算. 其中, 第 p 个地区第 q 年的输入指标值为 Lx_p^q (年末从业人数)、Cx_p^q (资本形成总额) 和 Ex_p^q (能源消耗总量), 输出指标值为 Gy_p^q (实际 GDP).

1. 用于评价地区经济效率的广义 DEA 模型

为了使各年度的效率值具有可比性, 以下选择某 $\bar{n}$ 个地区第 q_0 年的数据作为评价的参照集. 假设第 j 个地区第 q_0 年的输入指标值为 $(L\bar{x}_j^{q_0}, C\bar{x}_j^{q_0}, E\bar{x}_j^{q_0})$, 输出指标值为 $(G\bar{y}_j^{q_0})$. 根据广义 DEA 方法的相关理论, 可以给出如下用于评价经济效率的改进 DEA 模型:

$$
(\text{EI-DIG})\left\{\begin{array}{ll}
\min & \hat{s}_1^+ + \varepsilon(\theta - \varepsilon(s_1^- + s_2^- + s_3^- + s_1^+)), \\
\text{s.t.} & \displaystyle\sum_{j=1}^{\bar{n}} L\bar{x}_j^{q_0}\lambda_j + s_1^- = \theta L x_p^q, \\
& \displaystyle\sum_{j=1}^{\bar{n}} C\bar{x}_j^{q_0}\lambda_j + s_2^- = \theta C x_p^q, \\
& \displaystyle\sum_{j=1}^{\bar{n}} E\bar{x}_j^{q_0}\lambda_j + s_3^- = \theta E x_p^q, \\
& \displaystyle\sum_{j=1}^{\bar{n}} G\bar{y}_j^{q_0}\lambda_j - s_1^+ + \hat{s}_1^+ = G y_p^q, \\
& \delta_1\left(\displaystyle\sum_{j=1}^{\bar{n}} \lambda_j - \delta_2(-1)^{\delta_3}\lambda_{\bar{n}+1}\right) = \delta_1, \\
& s_1^-, s_2^-, s_3^-, s_1^+, \hat{s}_1^+ \geqq 0,\ \lambda_j \geqq 0,\ j = 1, 2, \cdots, \bar{n}+1.
\end{array}\right.
$$

(1) 当 $\delta_1 = 0$ 时, 模型 (EI-DIG) 为满足规模收益不变情况下的效率评价模型.

(2) 当 $\delta_1 = 1$, $\delta_2 = 0$ 时, 模型 (EI-DIG) 为满足规模收益可变情况下的效率评价模型.

(3) 当 $\delta_1 = 1$, $\delta_2 = 1$, $\delta_3 = 1$ 时, 模型 (EI-DIG) 为满足规模收益非递增情况下的效率评价模型.

(4) 当 $\delta_1 = 1$, $\delta_2 = 1$, $\delta_3 = 0$ 时, 模型 (EI-DIG) 为满足规模收益非递减情况下的效率评价模型.

2. 经济效率的度量公式及其含义

假设模型 (EI-DIG) 的最优解为 θ^*, s_1^{-*}, s_2^{-*}, s_3^{-*}, s_1^{+*}, $\hat{s}_1^{+*}$, λ_j^*, $j = 1, 2, \cdots, \bar{n}+1$, 则可以分以下 4 种情况定义决策单元 p 第 q 年的效率值为 E_p^q(表 13.3).

为了便于说明, 以下结合图 13.1 从单输入单输出的角度说明效率度量方法的含义.

(1) 对广义 DEA 无效的决策单元, 如图 13.1 中的单元 A, 其投影点为 b 点, 效率值

$$E_A = ta/tA.$$

表 13.3 不同情况下模型 (EI-DIG) 给出的单元效率值

有效性	$\hat{s}_1^{+*}$ 取值	效率类型	效率值 (E_p^q)
无效	无限制	无限制	θ^*
有效	$\hat{s}_1^{+*}=0$	常规型	θ^*
		激进型	θ^*
		平均型	$\theta^*-(s_1^{-*}/Lx_p^q+s_2^{-*}/Cx_p^q+s_3^{-*}/Ex_p^q)/3$
		保守型	$\theta^*-\max\{s_1^{-*}/Lx_p^q,s_2^{-*}/Cx_p^q,s_3^{-*}/Ex_p^q\}$
	$\hat{s}_1^{+*}\neq 0$	常规型	无
		激进型	$\max\{1,\theta^*\}+\hat{s}_1^{+*}/Gy_p^q$
		平均型	$\theta^*-(s_1^{-*}/Lx_p^q+s_2^{-*}/Cx_p^q+s_3^{-*}/Ex_p^q)/3-(s_1^{+*}-\hat{s}_1^{+*})/Gy_p^q$
		保守型	$\theta^*-\max\{s_1^{-*}/Lx_p^q,s_2^{-*}/Cx_p^q,s_3^{-*}/Ex_p^q\}-(s_1^{+*}-\hat{s}_1^{+*})/Gy_p^q$

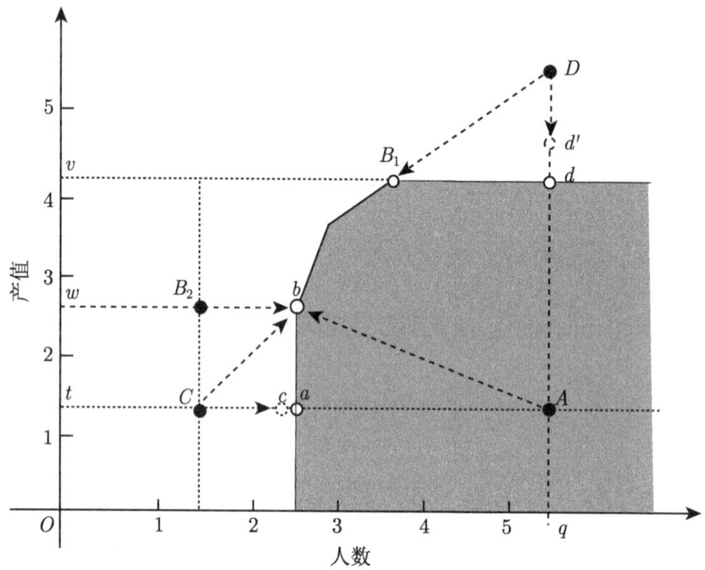

图 13.1 人员效率的度量方法

(2) 对广义 DEA 有效决策单元, 若

$$\hat{s}_1^{+*}=0,\quad (s_1^{-*},s_2^{-*},s_3^{-*},s_1^{+*})=\mathbf{0},$$

如图 13.1 中的单元 B_1 和 B_2. 其中, 单元 B_1 位于生产前沿面上, 其投影点为 B_1 点, 效率值

$$E_{B_1}=1;$$

单元 B_2 的投影点为 b 点, 其效率值

$$E_{B_2}=wb/wB_2>1.$$

(3) 对广义 DEA 有效决策单元, 若

$$\hat{s}_1^{+*}=0,\quad (s_1^{-*},s_2^{-*},s_3^{-*},s_1^{+*})\neq\mathbf{0},$$

如图 13.1 中的单元 C, 其效率值大小和投影点位置需分三种情况进行讨论:

(i) 激进型: 由于单元 c 点为广义 DEA 有效, 且 c 点和 a 点的差距十分微小, 因此, 可以近似地将单元 a 点作为单元 C 的参照点, 这时单元 C 的投影点为 a 点, 其效率值为

$$E_C=ta/tC>1.$$

(ii) 平均型: 单元 C 的投影点为 b 点, 其效率值

$$E_C=ta/tC>1.$$

(iii) 保守型: 单元 C 的投影点仍为 b 点, 其效率值

$$E_C=ta/tC>1.$$

(4) 对广义 DEA 有效决策单元, 若

$$\hat{s}_1^{+*}\neq 0,$$

如图 13.1 中的单元 D, 其效率值大小和投影点位置需分三种情况进行讨论:

(i) 激进型: 图 13.1 中单元 d' 为广义 DEA 有效, 由于 d' 点和 d 点的差距十分微小, 因此, 可以近似地将单元 d 作为单元 D 的参照点, 这时单元 D 的投影点为 d 点, 其效率值为

$$E_D=1+(Dd/Dq)>1.$$

(ii) 平均型: 单元 D 的投影为 B_1 点, 其效率值

$$E_D=vB_1/vd+Dd/Dq.$$

(iii) 保守型: 单元 D 的投影仍为 B_1 点, 其效率值

$$E_D=vB_1/vd+Dd/Dq.$$

13.2 中国省级经济发展效率的实证分析

13.2.1 中国省级经济发展效率分析

本章选取 2010 年的省级截面数据为样本单元, 决策单元数据为 2010~2014 年中国 30 个省份面板数据. 决策单元和样本单元均使用上文所确定的指标体系, 所有数据均来源于国泰安数据库和历年《中国统计年鉴》.

1. 各省份的常规型经济发展效率测算结果

通过应用 (EI-DIG) 模型可以计算出中国 30 个省份 2010~2014 年的常规型经济效率值. 表 13.4 中的经济效率值分别表示各省份在相应年份的经济水平相对于 2010 年全国“最优生产水平”的状况.

表 13.4 中国 30 个省份 2010~2014 年常规型经济效率值 (θ^*)

效率 省份	C^2R 效率					BC^2 效率				
	2010	2011	2012	2013	2014	2010	2011	2012	2013	2014
北京	1.00	1.06	1.05	1.14	1.14	1.00	1.15	1.18	1.29	1.33
天津	0.67	0.66	0.62	0.60	0.58	0.82	0.80	0.76	0.73	0.70
河北	0.50	0.45	0.42	0.39	0.37	0.51	0.58	0.52	0.47	0.42
山西	0.63	0.62	0.55	0.49	0.47	0.64	0.63	0.56	0.50	0.48
内蒙古	0.43	0.44	0.41	0.37	0.35	0.52	0.52	0.50	0.45	0.42
辽宁	0.61	0.59	0.59	0.59	0.59	1.00	1.29	1.35	1.31	1.29
吉林	0.50	0.49	0.48	0.52	0.52	0.55	0.55	0.54	0.55	0.55
黑龙江	0.91	0.85	0.74	0.64	0.63	0.92	0.86	0.74	0.72	0.70
上海	1.00	1.04	1.05	0.98	0.96	1.00	1.22	1.09	1.00	1.08
江苏	0.49	0.49	0.46	0.46	0.45	1.00	1.24	1.23	1.23	1.27
浙江	0.55	0.56	0.55	0.53	0.52	0.81	0.90	0.88	0.85	0.83
安徽	0.72	0.66	0.59	0.57	0.55	0.72	0.66	0.59	0.57	0.56
福建	0.44	0.43	0.41	0.41	0.38	0.46	0.45	0.43	0.43	0.40
江西	0.68	0.69	0.66	0.63	0.59	0.72	0.71	0.68	0.65	0.62
山东	0.44	0.41	0.38	0.41	0.39	1.00	—	—	—	—
河南	0.50	0.49	0.48	0.51	0.49	0.90	0.91	0.88	0.95	0.90
湖北	0.73	0.64	0.59	0.57	0.56	0.74	0.69	0.68	0.78	0.78
湖南	0.81	0.75	0.68	0.64	0.63	0.83	0.93	0.90	0.98	0.97
广东	0.44	0.43	0.42	0.43	0.42	0.87	0.90	0.85	0.85	0.84
广西	0.54	0.54	0.51	0.51	0.49	0.57	0.56	0.53	0.53	0.51
海南	0.62	0.58	0.57	0.56	0.54	1.00	0.95	0.91	0.87	0.83
重庆	0.62	0.56	0 53	0.49	0.46	0.65	0.59	0.55	0.53	0.49
四川	0.83	0.77	0.71	0.68	0.64	1.00	1.11	1.04	1.04	1.00
贵州	0.89	0.80	0.68	0.57	0.52	0.95	0.85	0.71	0.60	0.55
云南	0.62	0.55	0.49	0.50	0.49	0.64	0.57	0.50	0.51	0.50
陕西	0.51	0.50	0.47	0.47	0.45	0.53	0.52	0.49	0.49	0.47
甘肃	0.76	0.71	0.64	0.57	0.53	0.84	0.78	0.70	0.63	0.59
青海	0.74	0.66	0.56	0.41	0.41	1.00	1.02	1.02	1.01	1.00
宁夏	0.50	0.53	0.46	0.42	0.40	0.98	0.97	0.96	0.94	0.92
新疆	0.75	0.70	0.53	0.45	0.41	0.80	0.74	0.57	0.52	0.51

注：表中 C^2R 效率表示规模收益不变情况下的效率, BC^2 效率表示规模收益可变情况下的效率.

2. 各省份的不同类型经济发展效率测算结果比较

进一步地, 根据表 13.3 中的公式, 可以计算出规模收益可变情况下中国 30 个省份 2010~2014 年的激进型、保守型和平均型经济效率. 图 13.2~图 13.6 则给出了中国 30 个省份 2010~2014 年的四种效率测算值. 其中, 由于山东省的常规型

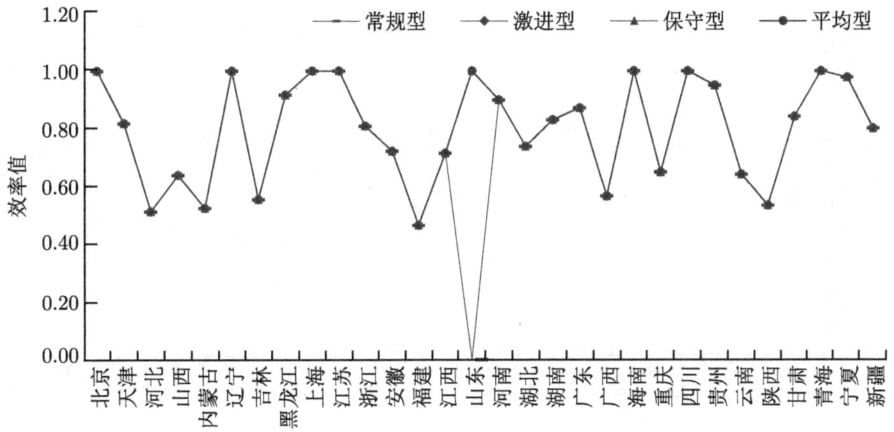

图 13.2　中国 30 个省份 2010 年的四种效率值

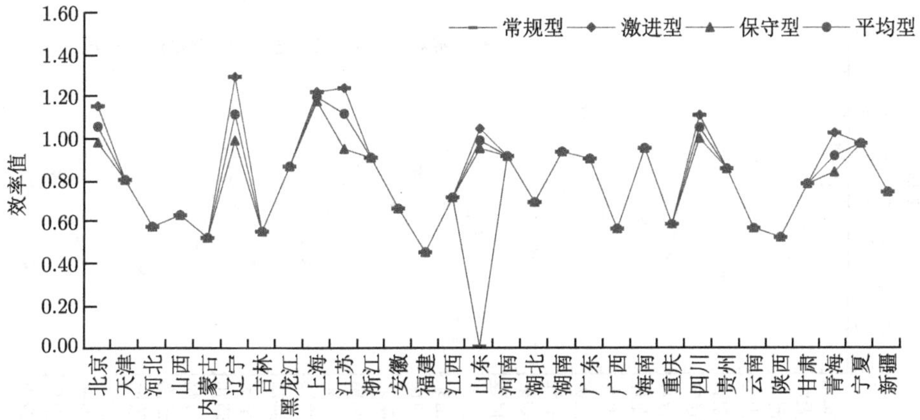

图 13.3　中国 30 个省份 2011 年的四种效率值

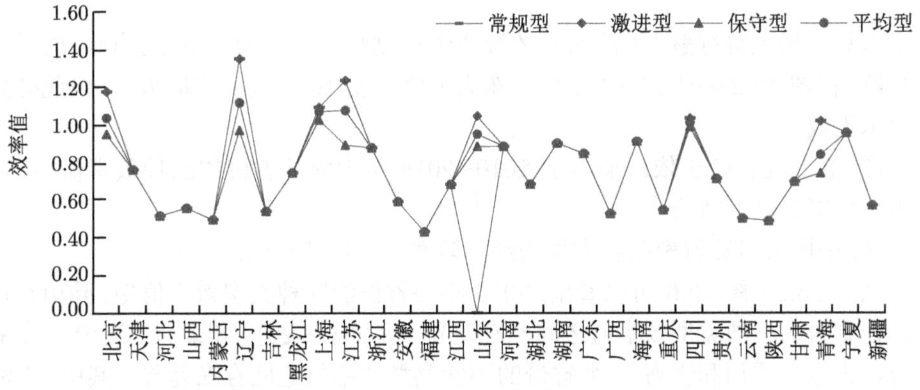

图 13.4　中国 30 个省份 2012 年的四种效率值

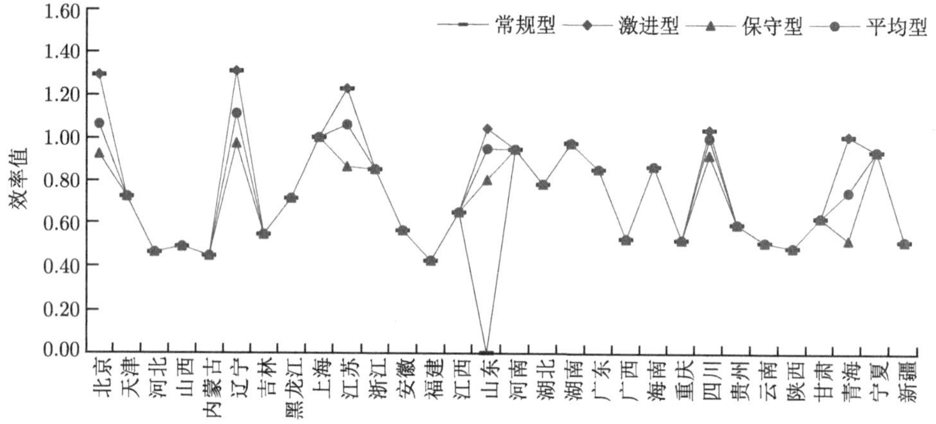

图 13.5 中国 30 个省份 2013 年的四种效率值

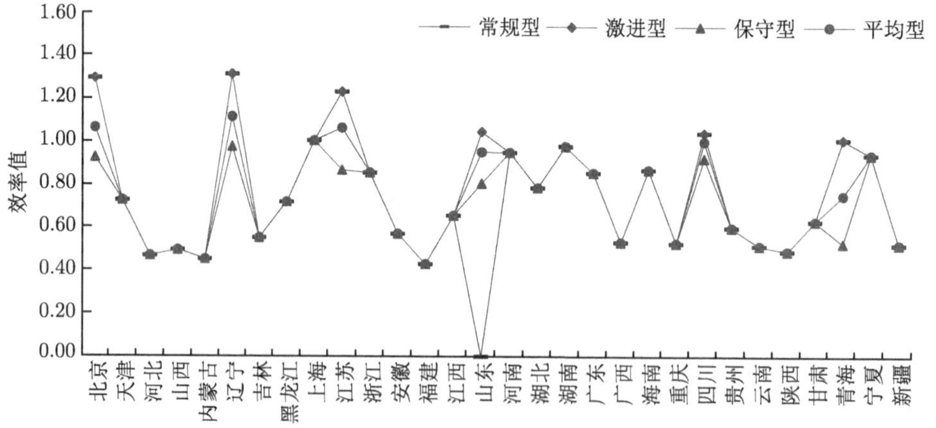

图 13.6 中国 30 个省份 2014 年的四种效率值

效率测算结果无可行解, 无法用具体数值进行刻画. 从而为了更加直观地展示无可行解, 在图 13.2~ 图 13.6 中, 将山东省的常规型 BC^2 效率值取为 0, 但此处并非表示无效.

图 13.2~ 图 13.6 依次描绘了 2010~2014 年中国各省份的四种效率值, 通过分析可以得出以下结论:

(1) 中国大多数省份四种类型的经济效率基本保持一致.

从图 13.2~ 图 13.6 可以看出, 2010 年各省份的四种类型效率值中, 除山东以外其他省份的不同类型效率值之间没有差异. 而 2011~2014 年北京、辽宁、上海、江苏、山东、四川和青海 7 个省份的不同类型效率值之间存在差异. 其中, 上海市和四川省的四种类型效率值之间的差异十分细微, 其他 5 个省份的差异较为明显, 而其余 23 个省份在 2011~2014 年的四种效率值都基本保持一致. 这说明, 基于广义 DEA 方法的地区经济效率评价模型具有稳定性, 模型测算结果较为有效.

(2) 常规型效率可能对一些省份的经济效率高估, 平均型效率值更接近实际.

从图 13.2~ 图 13.6 可以看出, 2011~2014 年北京、辽宁、上海、江苏、四川和青海 6 个省份的四种类型效率值之间存在差异. 其中, 以青海省为例来看, 使用原有广义 DEA 模型计算的青海省常规型 BC^2 效率值略大于 1, 为 DEA 有效. 而这种测算结果明显不符青海省的实际经济发展状况, 测度结果存在高估. 但通过调整以后, 平均型 BC^2 效率取值为 0.71~0.91, 更加符合实际情况. 同样可以看出, 其他 5 个省份也存在不同程度的高估, 其中上海市和四川省的误差水平最低.

(3) 改进的广义 DEA 模型可以解决某些常规型效率值无解的情况.

以山东省为例, 其人口总数和经济总量都居于全国首位, 其经济发展状况对于整个国家的经济发展有很大的影响. 但山东省的常规型效率测算结果无可行解, 无法用具体数值进行刻画. 而应用 (EI-DIG) 模型可以计算山东省经济运行的激进型效率值、保守型效率值和平均型效率值. 这些结果有助于全面地了解中国省级经济发展效率的整体状况.

3. *各省份的平均型经济发展效率测算结果分析*

根据上述分析可知, 多种测度方法中平均型效率测度结果更加接近实际情况. 因此, 图 13.7 和图 13.8 分别给出了中国 30 个省份的平均型广义 C^2R 效率值和平均型广义 BC^2 效率值.

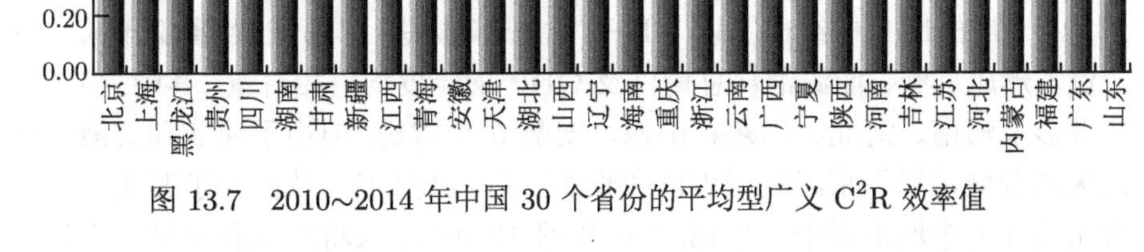

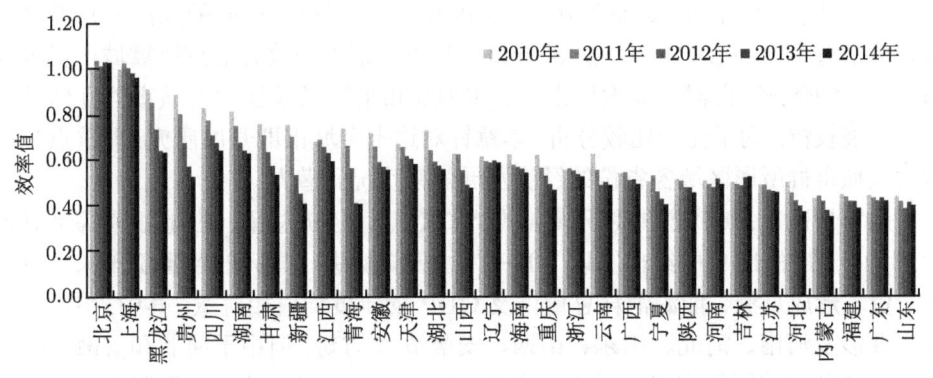

图 13.7 2010~2014 年中国 30 个省份的平均型广义 C^2R 效率值

由图 13.7 和图 13.8 可以看出, 在 2010~2014 年, 北京和上海两个直辖市的综合效率 (C^2R) 和技术效率 (BC^2) 均位居全国前列, 对中国经济的效率提升具有较好的影响; 黑龙江、贵州、甘肃、新疆和青海等地区的经济发展效率下降较为明显; 山东和江苏的技术效率较高而综合效率较低, 这说明山东和江苏的规模效率不够理想; 河北、内蒙古、陕西和吉林等地的综合效率和技术效率都很低, 表明这些省份的整体经济效率较差, 需要加快经济结构调整和经济效率的全面提升. 最后, 从图 13.7 和图 13.8 可以看出, 全国许多省份的综合效率和技术效率都存在一定程度的下降趋势, 表明加快中国经济结构调整和经济质量的提升是当前经济工作的重要任务.

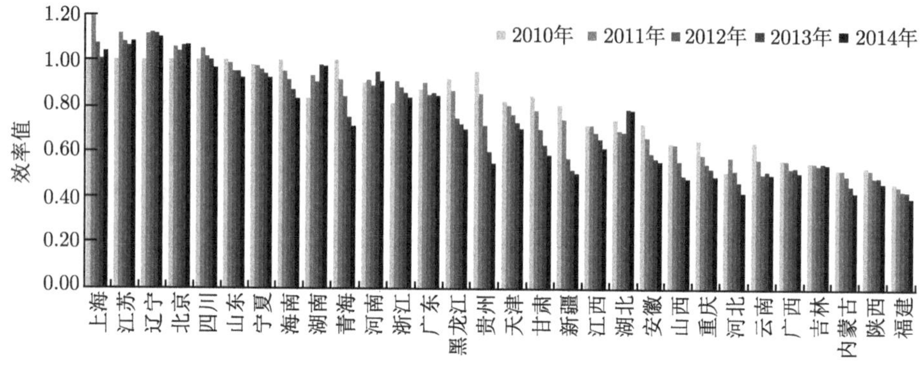

图 13.8 2010~2014 年中国 30 个省份的平均型广义 BC^2 效率值

13.2.2 中国城市群经济发展效率分析

城市群是国家经济实现进一步协调发展的重要抓手. 城市群可以通过空间上多核心、多层次的紧凑组织与合理分工形成经济发展的动能. 目前, 我国已经形成了 12 个国家级城市群 (或称经济区) , 其中, 以广州市为核心的珠江三角洲城市群、以上海市为核心的长江三角洲城市群和以北京市为核心的京津冀城市群影响力较大, 而哈长城市群、成渝城市群、中原城市群以及长江中游城市群则体量较小、发展较慢. 为了便于比较分析, 本章针对这七个城市群开展研究, 即重点分析这七大城市群所属区域各省份的经济发展效率状况和潜力.

通常情况下, 城市群的划分多依据人口数量、经济总量、占地规模等绝对指标. 因此, 在图 13.9 中给出了以 GDP 为主要指标进行排列的各省份年末从业人数、资本形成总额、能源消耗总量以及 GDP 的年度均值相对量. 其中, 中原城市群主要涉及河南、河北、山东、山西、安徽 5 个省份, 但由于河北和安徽两个省份的大部分城市属于京津冀城市群和长江三角洲城市群. 从而为了避免一个省份同时出现在两个城市群中, 图 13.9(b) 和图 13.10(b) 未将河北和安徽两个省份划分到中原城市群中.

从图 13.9 可以看出, 在七大城市群中, 珠江三角洲城市群、长江三角洲城市群和中原城市群 3 个城市群的各指标总量较大. 那么, 这些城市群的经济发展效率如何呢? 以下将结合各城市群所属区域各省份的经济效率状况, 对七大城市群进行相关分析.

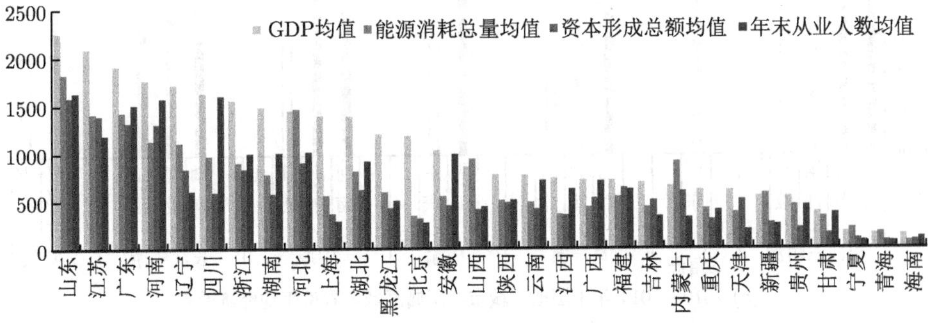

(a) 2010～2014 年中国30个省份的输入输出指标均值

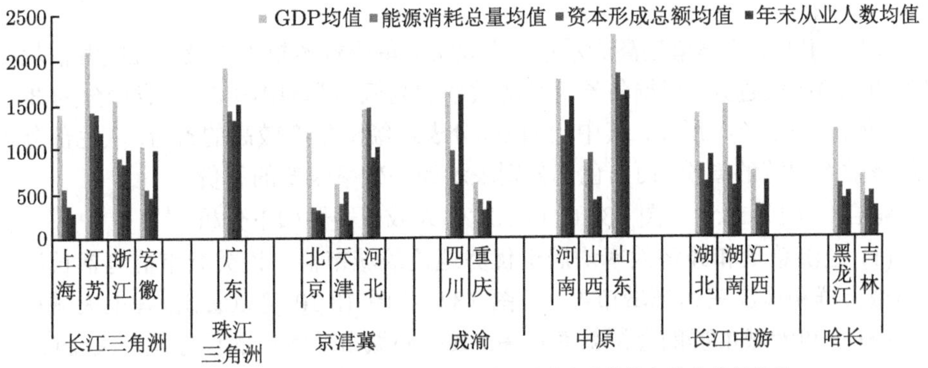

(b) 2010～2014 年中国七大城市群所属区域各省份的输入输出指标均值

图 13.9 2010～2014 年中国各区域的输入输出指标均值

首先, 图 13.10 给出了 2010~2014 年各省份保守型广义 BC^2 效率的平均值

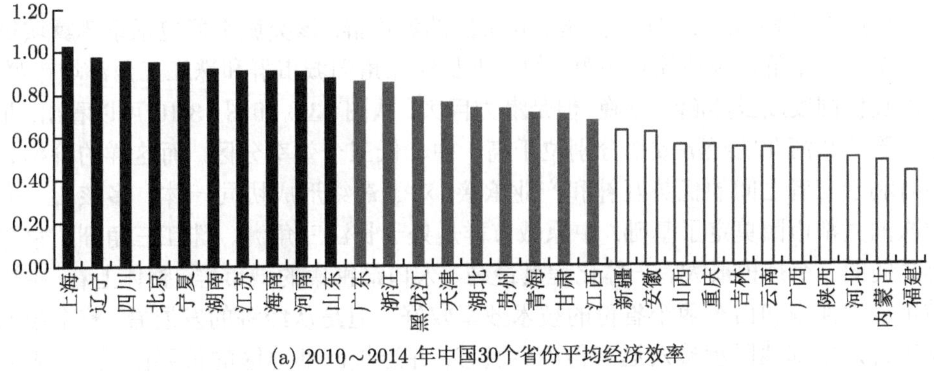

(a) 2010～2014 年中国30个省份平均经济效率

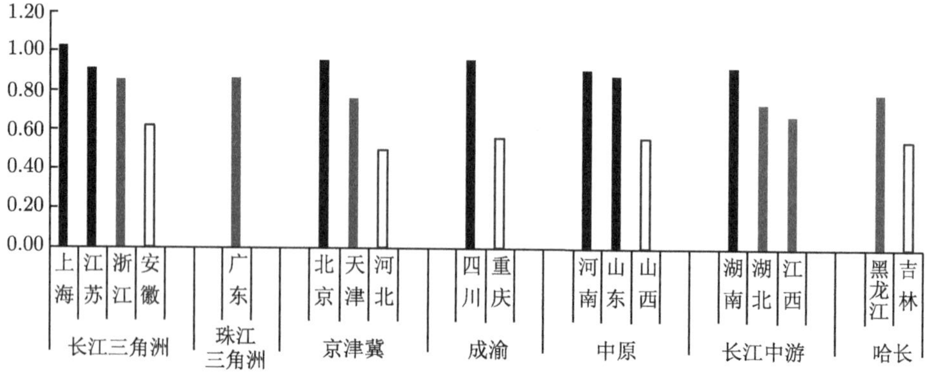

(b) 2010～2014 年中国七大城市群所属区域各省份平均经济效率

图 13.10　2010～2014 年中国各区域经济效率均值

及其排序. 其中, 效率值越高表示单位劳动力、单位资本投入以及单位能源消耗所得到的 GDP 值越大. 根据各省份经济效率的高低, 可将中国 30 个省份分为 3 个等级, 如图 13.10(a) 所示. 其中, 黑色部分表示经济效率较高的省份, 灰色部分表示经济效率中等的省份, 而白色部分则表示经济效率较低的省份.

综合分析图 13.9 和图 13.10, 可以对七大城市群做如下分析:

(1) 经济总量和经济效率均居于优势地位的城市群. 该类城市群包括长江三角洲城市群和珠江三角洲城市群. 从图 13.9 和图 13.10 可以看出, 在七大城市群中, 长江三角洲城市群的经济效率最高. 其中心城市上海市的保守型广义 BC^2 效率平均值居于全国首位, 同时江苏和浙江两个省份的经济效率也均处于中高等水平. 相比之下, 珠江三角洲城市群中的广东省的经济效率并不十分突出. 这主要是因为珠江三角洲城市群的辐射范围在广东省东南部, 主要包括广州、深圳、佛山、中山、惠州、东莞、珠海、江门、肇庆等区域. 广东省的部分低效率地区对珠江三角洲地区的效率产生了一定的负向影响. 这在一定程度上也说明了珠江三角洲城市群对广东省的辐射带动作用还需进一步加强.

(2) 发展潜力较大、处于快速增长阶段的城市群. 该类城市群包括京津冀城市群、中原城市群以及成渝城市群. 相比于长江三角洲城市群和珠江三角洲城市群, 京津冀协同发展虽然起步较晚, 但是潜力巨大. 从图 13.9 和图 13.10 可以看出, 北京、天津和河北的经济效率分别位于高、中、低三个效率分区. 而这样的阶梯分布有利于三者之间的优势互补和产业承接, 对于最终形成协同一体、多核心、多层次的大都市圈奠定了基础. 中原城市群是处于长江三角洲、珠江三角洲、京津冀之间的一个规模最大、一体化程度最高、人口最密集的城市群. 整体上看, 中原城市群中河南和山东两个省份的技术效率较好. 但是从经济的发展看, 整个中原城市群是中部地区承接发达省份产业转移, 并连接西部地区的重要区域, 在未来经济发展中可能会发挥更大的作用. 成渝城市群在经济效率和经济总量方面的表现也十分突出, 从图 13.9 和图 13.10 可以看出, 四川省的经济总量和经济效率分别居于全国第 6 位和第 3 位, 为西南部经济的发展做出了较大贡献.

(3) 发展较慢, 需要进一步提升效率的城市群. 该类城市群包括哈长城市群和长江中游城市群. 其中, 哈长城市群地处东北老工业基地, 包括黑龙江省的哈尔滨市、大庆市、齐齐哈尔市、绥化市、牡丹江市以及吉林省的长春市、吉林市、四平市、辽源市、松原市、延边朝鲜族自治州. 虽然国家提出在 2030 年将哈长城市群建成东北亚区域具有核心竞争力和重要影响力的城市群, 但黑龙江和吉林当前的经济总量和经济效率均处于全国中下水平, 因此, 需要进一步加快发展. 此外, 以湖北武汉为中心的长江中游城市群的经济效率相对较好, 但经济总量仍有待进一步提升.

13.3 结 束 语

一直以来, 有很多学者应用各种方法对中国各省份的经济效率展开了十分广泛的研究. 本章针对这一研究主题做了以下几项工作: 首先, 借助广义 DEA 的相关理论确定了用于评价地区经济效率的 DEA 模型. 其次, 利用多种测度方法测度和分析了中国省级经济效率, 并改善了已有研究中对经济效率的高估以及测算结果无可行解的情况. 最后, 综合考虑经济效率和经济体量两个方面, 加以分析七大典型城市群的经济效率, 对中国各省份和城市群的发展现状和发展潜力有了更全面的了解. 当然, 上述分析也存在一定的不足, 例如中国很多城市群的构建是跨越省份, 以城市为单位开展的, 因此, 从更微观的视角对城市群的经济效率展开研究可能会得到更有价值的结果.

参 考 文 献

[1] 厉以宁. 消除结构性失衡关键是改革发展方式 [J]. 决策探索 (上) , 2017, 33(12): 6.

[2] 戴永安. 中国城市化效率及其影响因素——基于随机前沿生产函数的分析 [J]. 数量经济技术经济研究, 2010, 27(12): 103-117, 132.

[3] 王艺明, 陈晨, 高思航. 中国城市全要素生产率估算与分析: 2000-2013 [J]. 经济问题, 2016, 38(8): 1-8.

[4] 朱承亮, 岳宏志, 李婷. 中国经济增长效率及其影响因素的实证研究: 1985~2007 年 [J]. 数量经济技术经济研究, 2009, 26(9): 52-63.

[5] Charnes A, Cooper W W, Rhodes E. Measuring the efficiency of decision making units [J]. European Journal of Operational Research, 1978, 2(6): 429-444.

[6] 方先明, 孙兆斌, 张亮. 中国省区经济效率及其影响因素分析——来自 2000~2005 年的经验证据 [J]. 当代经济科学, 2008, 30(2): 11-17.

[7] 于伟, 张鹏. 城市化进程、空间溢出与绿色经济效率增长——基于 2002~2012 年省域单元的空间计量研究 [J]. 经济问题探索, 2016, 37(1): 77-82.
[8] 程中华, 张立柱. 产业集聚与城市全要素生产率 [J]. 中国科技论坛, 2015, 31(3): 112-118.
[9] 黄成南. 中国十大城市群综合经济效率研究 [J]. 中国人口 · 资源与环境, 2015, 25(2): 65-68.
[10] 方创琳, 关兴良. 中国城市群投入产出效率的综合测度与空间分异 [J]. 地理学报, 2011, 66(8): 1011-1022.
[11] 付丽娜, 陈晓红, 冷智花. 基于超效率 DEA 模型的城市群生态效率研究——以长株潭 "3+5" 城市群为例 [J]. 中国人口 · 资源与环境, 2013, 23(4): 169-175.
[12] 刘秉镰, 李清彬. 中国城市全要素生产率的动态实证分析: 1990-2006——基于 DEA 模型的 Malmquist 指数方法 [J]. 南开经济研究, 2009, 25(3): 139-152.
[13] 马海良, 黄德春, 姚惠泽. 中国三大经济区域全要素能源效率研究——基于超效率 DEA 模型和 Malmquist 指数 [J]. 中国人口 · 资源与环境, 2011, 21(11): 38-43.
[14] 吴齐, 杨桂元. 我国区域绿色经济效率的评价与分析 [J]. 统计与决策, 2017, 33(17): 67-71.
[15] 杨龙, 胡晓珍. 基于 DEA 的中国绿色经济效率地区差异与收敛分析 [J]. 经济学家, 2010, 22(2): 46-54.
[16] 钱争鸣, 刘晓晨. 中国绿色经济效率的区域差异与影响因素分析 [J]. 中国人口 · 资源与环境, 2013, 23(7): 104-109.
[17] 孙钰, 李泽涛, 姚晓东. 中国省际低碳经济发展水平的评价研究及对策分析 [J]. 天津大学学报 (社会科学版) , 2012, 14(4): 319-323.
[18] 李蝶, 余谦, 梁艳. 基于交叉评价 DEA 模型的中国省域低碳经济效率研究 [J]. 武汉理工大学学报 (社会科学版) , 2016, 29(5): 891-896.
[19] Shephard. Theory of cost and production functions [J]. Economic Journal, 1970, 35(3): 177-188.
[20] 马占新. 关于若干 DEA 模型与方法研究 [D]. 大连: 大连理工大学, 1999.
[21] 马占新, 马生昀. 基于 C^2WY 模型的广义数据包络分析方法 [J]. 系统工程学报, 2011, 26(2): 251-261.
[22] 安建业, 田甜, 罗蕴玲, 马占新. 经济业绩评价的广义 DEA 模型 [J]. 数学的实践与认识, 2016, 46(7): 47-54.
[23] 傅丽芳, 魏薇. 基于面板数据广义 DEA 的农业生产效率综合评价 [J]. 统计与决策, 2016, 32(6): 57-59.
[24] 董旭, 吴传清. 中国城市全要素生产率的时空演变与影响因素研究——来自 35 个主要城市 2000-2014 年的经验证据 [J]. 学习与实践, 2017, 34(5): 5-16.

第 14 章　基于 DEA 的中国高技术产业创新效率分析

高技术产业以其特有的创新性、战略性等优势成为经济发展的动力和引擎. 本章以广义 DEA 模型为基础, 首先测算了中国 27 个省份(未包含港、澳、台地区和新疆、西藏、宁夏 3 个自治区及青海省, 这些地区的数据不完整, 下同) 高技术产业的常规型创新效率. 然后, 分别应用激进型、平均型和保守型效率测算方法对 27 个省份高技术产业 2007~2016 年的创新效率进行了研究. 同时, 还对中国七大城市群的高技术产业创新效率进行了分析. 研究结果表明: ① 平均型效率测算方法测得的结果更接近实际情况; ② 中国高技术产业整体创新效率呈现先降后升的变化趋势; ③ 省级间的高技术产业创新能力差距较大, 呈现“东强西弱”的特点; ④ 尽管中部地区创新效率仍低于东部地区, 但近几年有明显改善; ⑤ 七大城市群中, 京津冀和成渝两大城市群的发展潜力巨大, 而哈长城市群则需进一步提升创新效率.

中国经济进入新常态以来, 经济增长速度由高速增长逐渐转化为中高速发展, 且劳动力低廉和原材料富足的资源优势在经济发展进程中逐渐消减, GDP 增速逐渐回落. 因此, 加快高技术产业发展、提升经济发展质量具有十分重要的意义. 同时, 2018 年欧美国家提出的一系列政策表明, 高技术产业的发展已经成为国际竞争的焦点, 这不仅为中国高技术产业的发展带来了机遇, 也带来了挑战.

近几年, 中国高技术产业快速发展, 国际化水平不断提高, 并在一些关键领域取得了重大突破, 已成为国民经济的新增长点. 但就全国范围来看, 高技术产业普遍存在区域发展不平衡的问题 [1], 创新投入不足、资源要素配置仍有优化空间, 高技术产业高附加值特征还不够明显, 创新成效有待提升 [2] 等均对国家协同创新体系的构建提出了更高要求. 因此, 分析中国省级高技术产业发展现状及创新效率具有重要意义. 另外, 城市群的整体发展对优化资源配置, 提升经济效率有很强的推动作用. 因此, 以省级高技术产业创新效率为切入点对中国七大城市群的高技术产业发展问题进行相关分析具有很强的现实意义.

由于高技术产业的研发创新可以归结为一个多输入多输出的生产系统, 想要测量其绝对效率是比较困难的. 因此, 学者们大多对相对效率的评价展开了研究.

而 DEA 方法作为一种评价具有多输入多输出决策单元效率的有效方法, 不仅可以克服选择指标权重的困难, 而且无需估计生产函数, 通过分析还可以明确指出决策单元无效的理由, 并减少误差. 因此, DEA 方法是评价高技术产业创新效率的主要方法之一 [3,4]. 比如, 文献 [5] 通过 DEA 方法评价了中国台湾新竹科学园区目前开发的六个高科技产业的相对绩效; 文献 [6] 应用 DEA 方法对美国 50 个州的高科技产业效率进行了测算和排名, 其结果表明在高科技领域内专注于产品专业化, 并恰当调整其高科技投入, 可能会更有成效; 文献 [7] 通过面板数据研究发现, 国际技术溢出和内部 R&D 努力共同决定中国高技术企业的创新绩效, 同时海归企业家对创新绩效有显著的正影响; 文献 [8] 基于两阶段视角, 将规模报酬可变的网络 SBM 模型和 DEA 窗口分析方法相结合, 分析了中国高技术产业 17 个细分行业 2002~2011 年的技术创新效率的变动趋势和行业差异; 文献 [9] 以 2004~2012 年中国 28 个省份的面板数据为样本, 使用 DSBM 模型测度了省级高技术产业的整体效率, 进而分析了省级高技术产业动态效率的区域差异, 并对其进行了收敛性检验; 文献 [10] 通过构建资源约束型两阶段模型, 实现了对高技术产业研发创新效率测算方法的改进, 并应用该模型评价了中国高技术产业 17 个细分行业研发创新的整体及各子阶段的效率.

中国城市群是中国未来经济发展格局中最具活力和潜力的核心地区, 是中国主体功能区划中的重点开发区和优化开发区, 在全国生产力布局中起着战略支撑点、增长极点和核心节点的作用. 文献 [11] 采用三阶段 DEA 模型对中国十大城市群的综合经济效率进行了测度, 并通过分析环境因素的影响作用提出了优化配置方案; 文献 [12] 通过构建城市群的输入输出效率指标体系, 采用 CRS 模型、VRS 模型和 Bootstrap-DEA 方法, 综合测算了中国城市群的输入输出效率及其变化趋势和空间分异特征; 文献 [13] 以长株潭 "3+5" 城市群为研究对象, 构建了用于评价生态效率的输入输出指标体系, 并应用超效率 DEA 方法对各城市 2005~2010 年的效率进行了测算.

从上述分析看, DEA 方法是进行效率评价的重要方法之一, 在高技术产业创新效率评估中具有重要的地位和作用. 但从已有研究情况来看, C^2R 模型与 BC^2 模型一般只适用于截面数据的分析, 无法进行跨年度比较, 而广义 DEA 模型则存在效率被高估的情况. 因此, 本章将以广义 DEA 模型为基础, 分别应用激进型、平均型和保守型效率测算方法对中国 27 个省份 2007~2016 年的高技术产业创新效率进行测算和比较, 同时还对城市群的高技术产业创新效率进行相关测算与分析.

14.1 基于广义 DEA 方法的高技术产业创新效率评价模型

14.1.1 用于评价省级高技术产业创新效率的指标选取及数据来源

为了更好地构建合理可靠的指标体系，本章在上述理论基础上对现有相关文献的输入和输出指标进行了归纳和总结，如表 14.1 所示.

表 14.1 现有文献的输入和输出指标

来源	输入指标	输出指标
文献 [5]	雇员人数、营运资本、研发支出、土地面积	年销售额、专利数量
文献 [6]	R&D 投入、风险投资、高科技工作者、高技术学位	高技术产业产值、各州专利数量
文献 [14]	R&D 经费内部支出、R&D 活动人员折合全时当量、新产品开发经费支出	拥有发明专利数、新产品出口销售收入、高技术产业增加值
文献 [15]	R&D 活动人员折合全时当量、R&D 经费内部支出、技术改造经费支出、技术引进经费支出、消化吸收经费支出	专利申请数、新产品销售利润
文献 [16]	R&D 活动人员折合全时当量、企业资金、政府资金、科技活动经费筹集额中的金融机构贷款	不变价总产值、新产品产值、专利申请数
献 [17]	R&D 经费投入、科学家和工程师投入占科技活动人员比重、新产品开发经费投入占科技活动经费比重、R&D 人员投入	拥有发明专利数、新产品销售收入、高技术产业增加值、高技术产品出口额
文献 [18]	R&D 研发存量、R&D 人员全时当量	新产品销售收入、专利申请量
文献 [19]	新产品开发经费、R&D 活动人员折合全时当量、R&D 经费内部支出	专利申请数、利润、新产品销售收入

从表 14.1 中可以看出，在对高技术产业创新效率进行评价的已有研究中，常用的输入指标可分为两类，分别为人力资源投入 (比如 R&D 活动人员折合全时当量、雇员人数、高科技工作者、科学家和工程师投入占科技活动人员比重) 和金融资源投入 (比如 R&D 经费内部支出、营运资本、研发支出、新产品开发经费投入占科技活动经费比重、技术改造费支出、技术引进经费支出)；输出指标也分为两部分，分别为研发产出 (比如专利申请数) 和经济效益产出 (比如新产品销售收入、新产品销售利润、高技术产业增加值、高技术产品出口额). 由于本章将对中国各省份 2007~2016 年的高技术产业创新效率展开分析，为了保证指标体系的科学性，同时避免冗余，在借鉴现有研究成果的基础上，构建高技术产业创新效率评价指标体系，具体如下：选取新产品开发经费 (Ex)、R&D 经费内部支出 (Rx)

和 R&D 活动人员折合全时当量 (Fx) 作为输入指标, 专利申请数 (Ay)、利润总额 (Ry) 和新产品销售收入 (Sy) 作为输出指标, 各指标说明见表 14.2.

表 14.2 本章的输入和输出指标及其说明

指标属性	指标名称	指标含义
输入指标	新产品开发经费	技术创新投入情况
	R&D 经费内部支出	高技术产业物质资本的投入
	R&D 活动人员折合全时当量	高技术产业人力资本的投入
输出指标	专利申请数	技术开发活动的产出情况
	利润总额	企业生产经营活动的最终成果
	新产品销售收入	衡量产品创新的指标

同时, 本章将选取 2007~2016 年中国 31 个省份高技术产业作为研究样本 (不包括港、澳、台地区). 其中, 由于新疆、西藏、宁夏 3 个自治区及青海省的数据缺失较多, 因此没有被包含在分析样本中. 最终, 共获得 27 个有效样本地区, 并借鉴文献 [20] 的标准将其划分为东部、中部、西部地区, 如表 14.3 所示. 其中, 所有指标的相关数据均来源于 2008~2017 年《中国高技术统计年鉴》以及 2008~2017 年《中国科技统计年鉴》.

表 14.3 本研究涉及的地区划分

地区	包含的省份
东部地区	北京、天津、河北、辽宁、上海、江苏、浙江、福建、山东、广东、海南
中部地区	山西、吉林、黑龙江、安徽、江西、河南、湖北、湖南
西部地区	内蒙古、广西、重庆、四川、贵州、云南、陕西、甘肃

14.1.2 用于评价省级高技术产业创新效率的广义 DEA 模型

传统 DEA 模型可以对截面数据进行分析, 并通过投影给出决策单元各指标存在的优势和不足, 但给出的结果无法进行跨年比较. 而广义 DEA 模型虽然可以进行跨年比较, 但存在效率被高估的情况 [21]. 因此, 本章将采用一种改进的广义 DEA 模型 [22] 进行分析.

假设有 n 个地区 Q 年的高技术产业创新效率需要测算. 其中, 第 p 个地区第 q 年的输入指标值为 $(Ex_p^q, Rx_p^q, Fx_p^q) > \mathbf{0}$, 输出指标值为 $(Ay_p^q, Ry_p^q, Sy_p^q) > \mathbf{0}$. 同时, 为了使各年度的效率值具有可比性, 选择某 $\bar{n}$ 个地区第 q_0 年的数据作为评价的参照集, 即样本单元. 其中, 第 j 个样本单元的输入指标值为 $(E\bar{x}_j^{q_0}, R\bar{x}_j^{q_0}, F\bar{x}_j^{q_0}) > \mathbf{0}$, 输出指标值为 $(A\bar{y}_j^{q_0}, R\bar{y}_j^{q_0}, S\bar{y}_j^{q_0}) > \mathbf{0}$, 则基于广义 DEA 的高技术产业创新效率评价模型为

$$
(\text{TI-DIG})\left\{\begin{array}{l}
\min \quad \sum_{r=1}^{3} \hat{s}_r^{+} + \varepsilon\left(\theta - \varepsilon\left(\sum_{i=1}^{3} s_i^{+} + \sum_{r=1}^{3} s_r^{-}\right)\right), \\
\text{s.t.} \quad \sum_{j=1}^{\bar{n}} E\bar{x}_j^{q_0}\lambda_j + s_1^{-} = \theta E x_p^q, \\
\sum_{j=1}^{\bar{n}} R\bar{x}_j^{q_0}\lambda_j + s_2^{-} = \theta R x_p^q, \\
\sum_{j=1}^{\bar{n}} F\bar{x}_j^{q_0}\lambda_j + s_3^{-} = \theta F x_p^q, \\
\sum_{j=1}^{\bar{n}} A\bar{y}_j^{q_0}\lambda_j - s_1^{+} + \hat{s}_1^{+} = A y_p^q, \\
\sum_{j=1}^{\bar{n}} R\bar{y}_j^{q_0}\lambda_j - s_2^{+} + \hat{s}_2^{+} = R y_p^q, \\
\sum_{j=1}^{\bar{n}} S\bar{y}_j^{q_0}\lambda_j - s_3^{+} + \hat{s}_3^{+} = S y_p^q, \\
\delta_1\left(\sum_{j=1}^{\bar{n}} \lambda_j - \delta_2(-1)^{\delta_3}\lambda_{\bar{n}+1}\right) = \delta_1, \\
s_1^{-}, s_2^{-}, s_3^{-}, s_1^{+}, s_2^{+}, s_3^{+}, \hat{s}_1^{+}, \hat{s}_2^{+}, \hat{s}_3^{+} \geqq 0, \lambda_j \geqq 0, j=1,2,\cdots,\bar{n}+1.
\end{array}\right.
$$

(1) 当 $\delta_1 = 0$ 时, 模型 (TI-DIG) 为满足规模收益不变情况下的效率评价模型.

(2) 当 $\delta_1 = 1$, $\delta_2 = 0$ 时, 模型 (TI-DIG) 为满足规模收益可变情况下的效率评价模型.

(3) 当 $\delta_1 = 1$, $\delta_2 = 1$, $\delta_3 = 1$ 时, 模型 (TI-DIG) 为满足规模收益非递增情况下的效率评价模型.

(4) 当 $\delta_1 = 1$, $\delta_2 = 1$, $\delta_3 = 0$ 时, 模型 (TI-DIG) 为满足规模收益非递减情况下的效率评价模型.

假设模型 (TI-DIG) 的最优解为 θ^*, $\boldsymbol{s}^{-*}$, $\boldsymbol{s}^{+*}$, $\hat{\boldsymbol{s}}^{+*}$, λ_j^*, $j = 1, 2, \cdots, \bar{n}+1$, 则第 p 个决策单元第 q 年的创新效率值 E_p^q 可以分为以下 4 种情况讨论:

(1) 当第 q 年的第 p 个决策单元为广义 DEA 无效时, 决策单元的效率值

$$E_p^q = \theta^*.$$

(2) 当第 q 年的第 p 个决策单元为广义 DEA 有效, 且 $\hat{\boldsymbol{s}}^{+*} = \mathbf{0}$, $(\boldsymbol{s}^{-*}, \boldsymbol{s}^{+*}) = \mathbf{0}$ 时, 决策单元的效率值

$$E_p^q = \theta^*.$$

(3) 当第 q 年的第 p 个决策单元为广义 DEA 有效, 且 $\hat{\boldsymbol{s}}^{+*}=\mathbf{0}$, $(\boldsymbol{s}^{-*},\boldsymbol{s}^{+*})\neq\mathbf{0}$ 时, 决策单元 p 的效率值被高估, 此时可以给出激进型、平均型和保守型三种效率值.

(i) 激进型效率:

此时给出的是效率可能达到的最大值, 效率值

$$E_p^q=\theta^*.$$

(ii) 平均型效率:

此时给出的效率值是效率可能达到的平均值, 效率值

$$E_p^q=\theta^*-\frac{1}{3}\left(\frac{s_1^{-*}}{Ex_p^q}+\frac{s_2^{-*}}{Rx_p^q}+\frac{s_3^{-*}}{Fx_p^q}\right).$$

(iii) 保守型效率:

此时给出的效率值是效率至少可以达到的值, 效率值

$$E_p^q=\theta^*-\max\left\{\frac{s_1^{-*}}{Ex_p^q},\quad\frac{s_2^{-*}}{Rx_p^q},\quad\frac{s_3^{-*}}{Fx_p^q}\right\}.$$

(4) 当决策单元 p 为广义 DEA 有效, 且 $\hat{\boldsymbol{s}}^{+*}\neq\mathbf{0}$ 时, 决策单元 p 的输出值超出了样本单元集中的最优情况, 此时可以给出激进型、平均型和保守型三种效率值.

(i) 激进型效率值:

$$E_p^q=\max\{1,\theta^*\}+\frac{1}{3}\left(\frac{\hat{s}_1^{+*}}{Ay_p^q}+\frac{\hat{s}_2^{+*}}{Ry_p^q}+\frac{\hat{s}_3^{+*}}{Sy_p^q}\right).$$

(ii) 平均型效率值:

$$E_p^q=\theta^*-\frac{1}{3}\left(\frac{s_1^{-*}}{Ex_p^q}+\frac{s_2^{-*}}{Rx_p^q}+\frac{s_3^{-*}}{Fx_p^q}\right)-\frac{1}{3}\left(\frac{s_1^{+*}-\hat{s}_1^{+*}}{Ay_p^q}+\frac{s_2^{+*}-\hat{s}_2^{+*}}{Ry_p^q}+\frac{s_3^{+*}-\hat{s}_3^{+*}}{Sy_p^q}\right).$$

(iii) 保守型效率值:

$$E_p^q=\theta^*-\max\left\{\frac{s_1^{-*}}{Ex_p^q},\quad\frac{s_2^{-*}}{Rx_p^q},\quad\frac{s_3^{-*}}{Fx_p^q}\right\}-\frac{1}{3}\left(\frac{s_1^{+*}-\hat{s}_1^{+*}}{Ay_p^q}+\frac{s_2^{+*}-\hat{s}_2^{+*}}{Ry_p^q}+\frac{s_3^{+*}-\hat{s}_3^{+*}}{Sy_p^q}\right).$$

14.2 中国省级高技术产业创新效率的实证分析

高技术产业以重大技术突破为基础, 并以其特有的创新性、战略性等优势, 对社会与经济的发展具有强大的推动作用. 因此, 对高技术产业的创新效率进行研

究具有十分重要的意义. 以下首先应用基于广义 DEA 的省级高技术产业创新效率评价模型测算 2007~2016 年中国 27 个省份高技术产业创新效率; 其次, 应用多种测算方法测算 27 个省份不同类型的高技术产业创新效率, 并对其进行比较; 最后, 讨论七大典型城市群的高技术产业创新效率, 并给出调整建议.

14.2.1 中国省级高技术产业创新效率分析

本章选取 2007 年各省份截面数据作为样本单元, 决策单元数据为 2007~2016 年中国 27 个省份面板数据. 决策单元和样本单元均使用上文所确定的指标体系.

1. 各省份的常规型高技术产业创新效率测算结果

根据上文所确定的用于评价省级高技术产业创新效率的广义 DEA 模型, 即应用 (TI-DIG) 模型可以测算出中国 27 个省份 2007~2016 年的常规型高技术产业创新效率值, 如表 14.4 所示.

表 14.4 中国 27 个省份 2007~2016 年的常规型高技术产业创新效率值

省份	2007	2008	2009	2010	2011	2012	2013	2014	2015	2016	均值
北京	1.00	1.15	0.71	0.99	0.71	0.79	0.63	0.69	0.64	0.59	0.79
天津	1.00	0.85	1.06	0.87	0.71	0.83	0.97	0.86	0.51	0.63	0.83
河北	0.27	0.37	0.23	0.25	0.22	0.25	0.27	0.27	0.26	0.28	0.27
山西	1.00	0.78	0.23	0.58	0.29	0.39	0.28	0.34	0.37	0.23	0.45
内蒙古	1.00	0.49	0.48	1.55	1.02	0.55	0.29	0.51	0.41	0.38	0.67
辽宁	0.42	0.49	0.35	0.41	0.38	0.37	0.42	0.42	0.45	0.56	0.43
吉林	0.42	0.39	0.36	0.57	0.34	0.33	0.45	0.40	0.53	0.56	0.43
黑龙江	0.10	0.12	0.11	0.10	0.17	0.21	0.20	0.28	0.25	0.29	0.18
上海	0.71	0.78	0.49	0.47	0.49	0.45	0.43	0.49	0.44	0.45	0.52
江苏	0.32	0.45	0.36	0.35	0.51	0.50	0.50	0.59	0.58	0.61	0.48
浙江	0.25	0.30	0.40	0.33	0.38	0.43	0.48	0.43	0.44	0.47	0.39
安徽	0.16	0.16	0.38	0.27	0.50	0.58	0.61	0.91	0.67	0.69	0.49
福建	0.56	0.20	0.44	0.45	0.38	0.41	0.39	0.37	0.44	0.51	0.41
江西	0.14	0.20	0.19	0.23	0.22	0.33	0.39	0.49	0.52	0.62	0.33
山东	0.47	0.45	0.47	0.54	0.47	0.44	0.40	0.44	0.52	0.57	0.48
河南	0.21	0.30	0.29	0.35	0.35	0.34	1.32	1.26	1.20	1.09	0.67
湖北	0.21	0.21	0.27	0.26	0.22	0.26	0.29	0.30	0.37	0.48	0.29
湖南	0.21	0.26	0.41	0.46	0.68	0.57	0.66	0.55	0.46	0.54	0.48
广东	0.44	0.39	0.47	0.48	0.48	0.45	0.52	0.57	0.53	0.63	0.50
广西	0.18	0.26	0.28	0.57	0.32	0.45	0.59	0.50	0.65	0.74	0.45
海南	1.00	0.49	0.42	0.23	0.51	0.46	0.37	0.42	0.29	0.25	0.44
重庆	0.23	0.37	0.47	0.46	0.82	0.54	0.54	0.70	0.91	0.72	0.58
四川	0.25	0.26	0.31	0.22	0.64	0.62	0.47	0.67	0.65	0.61	0.47
贵州	0.27	0.32	0.31	0.20	0.26	0.25	0.23	0.30	0.32	0.40	0.28
云南	1.00	0.35	0.58	0.48	0.31	0.32	0.38	0.40	0.29	0.38	0.45
陕西	0.18	0.19	0.16	0.15	0.20	0.18	0.20	0.17	0.21	0.24	0.19
甘肃	0.23	0.16	0.20	0.35	0.34	0.46	0.39	0.43	0.44	0.41	0.34
东部	0.38	0.30	0.35	0.35	0.43	0.41	0.42	0.45	0.46	0.49	0.41
中部	0.44	0.30	0.35	0.31	0.44	0.40	0.37	0.44	0.45	0.44	0.39
西部	0.37	0.28	0.34	0.32	0.43	0.40	0.38	0.45	0.47	0.46	0.39
全部	0.51	0.31	0.38	0.27	0.48	0.48	0.45	0.59	0.48	0.47	0.44

2. 各省份的不同类型高技术产业创新效率测算结果比较

进一步地, 根据 14.1.2 小节中的讨论及其对应公式, 可得出中国 27 个省份 2007~2016 年的激进型、保守型和平均型高技术产业创新效率值. 各省份的不同类型高技术产业创新效率值比较结果如图 14.1~图 14.10 所示.

从图 14.1~图 14.10 可得出以下结论:

(1) 常规型效率可能会高估一些省份的创新效率, 而平均型效率值更贴近实际情况. 以图 14.4 中的 2011 年内蒙古自治区高技术产业创新效率测算结果为例来看, 其四种效率值的差距在 27 个省份中最为明显. 同时, 从表 14.4 可以看出, 应用原有广义 DEA 方法测算的 2011 年内蒙古自治区常规型创新效率值为 1.02, 这明显与其实际情况不符. 可见, 原有广义 DEA 方法的测算中存在高估决策单元效率值的现象. 而通过调整之后, 内蒙古自治区高技术产业的平均型创新效率为 0.84, 比较符合实际情况. 同样, 其余省份的创新效率也存在一定程度的被高估情况.

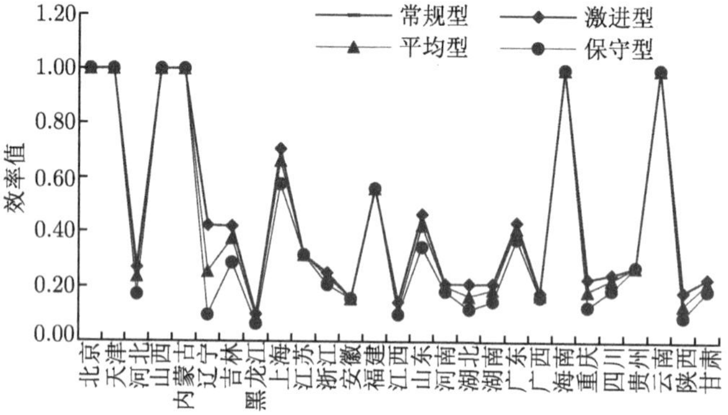

图 14.1　27 个省份 2007 年的四种效率

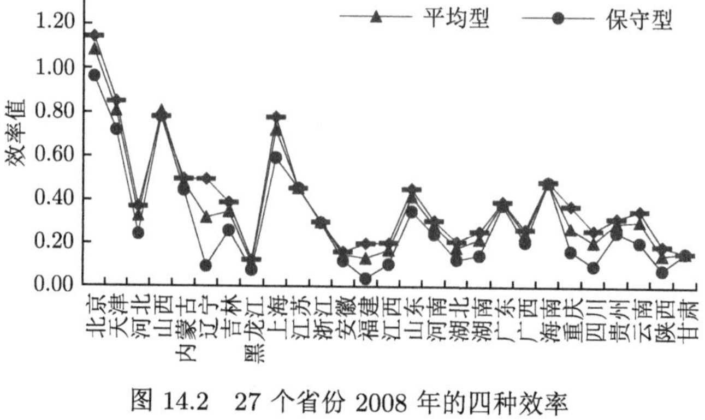

图 14.2　27 个省份 2008 年的四种效率

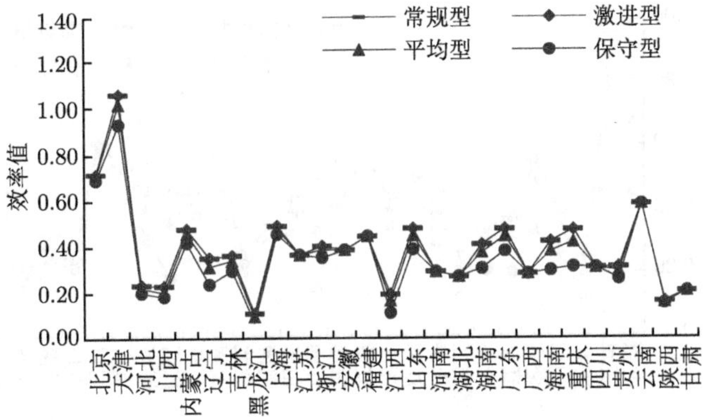

图 14.3 27 个省份 2009 年的四种效率

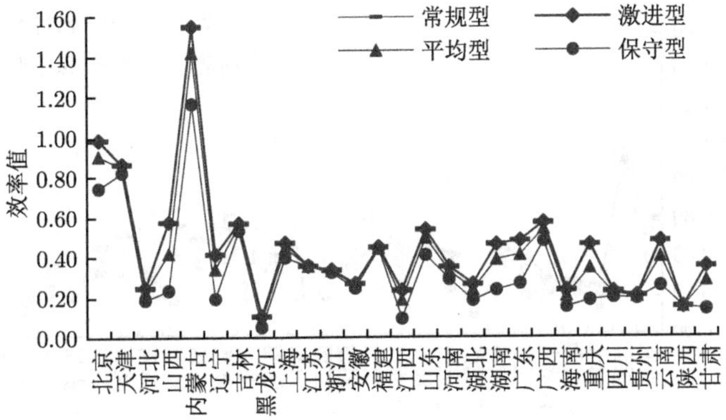

图 14.4 27 个省份 2010 年的四种效率

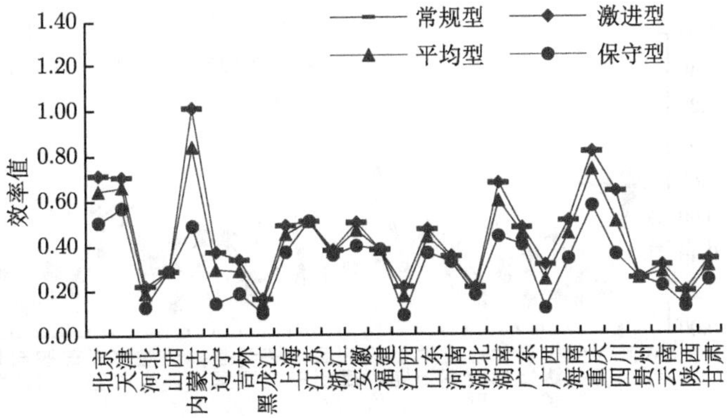

图 14.5 27 个省份 2011 年的四种效率

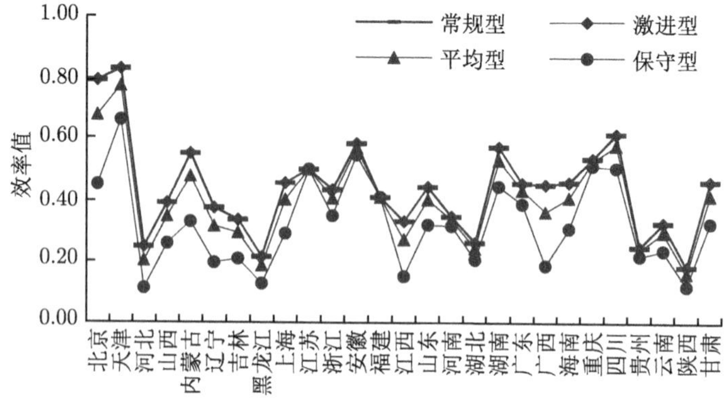

图 14.6 27 个省份 2012 年的四种效率

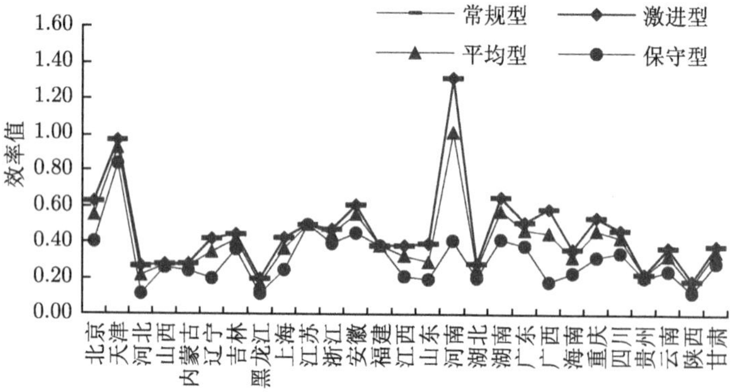

图 14.7 27 个省份 2013 年的四种效率

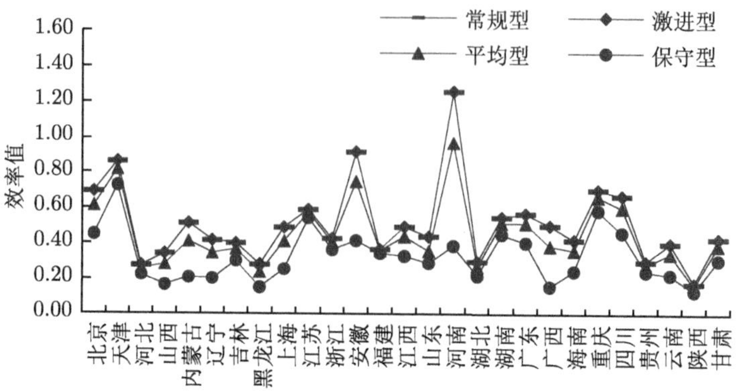

图 14.8 27 个省份 2014 年的四种效率

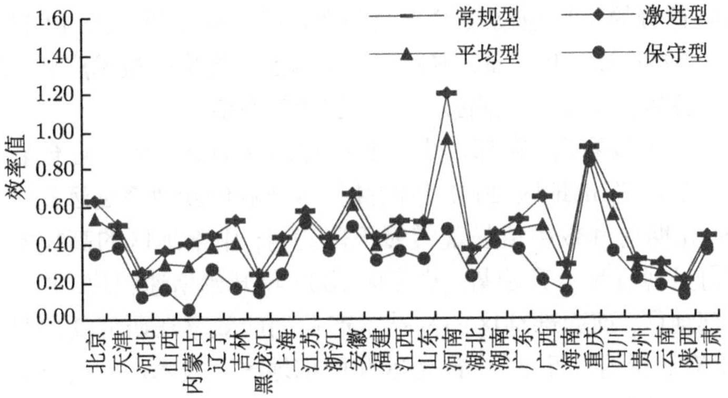

图 14.9　27 个省份 2015 年的四种效率

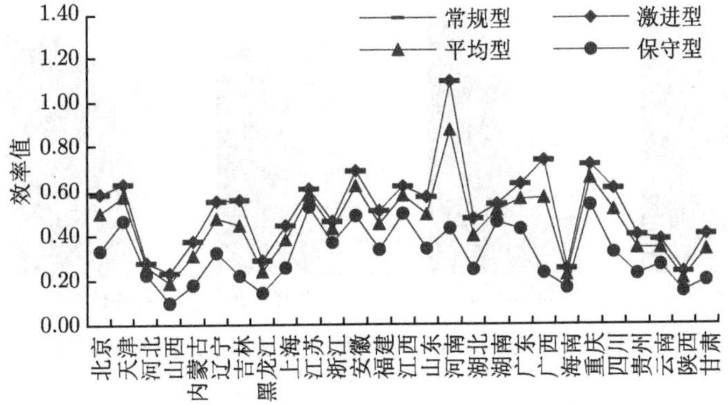

图 14.10　27 个省份 2016 年的四种效率

(2) 在已有投入水平下, 保守型效率值表示各省份高技术产业创新效率的下限, 激进型效率值表示各省份高技术产业创新效率的上限. 因此, 当某省份的平均型高技术产业创新效率值越接近激进型效率值时, 说明其高技术产业创新投入资源的运用越充分; 而当某省份的平均型高技术产业创新效率值越接近保守型效率值时, 说明其高技术产业创新的投入尚有冗余, 需进一步改进技术, 使资源得到充分利用. 从图 14.1~图 14.10 的变化趋势可以看出, 大部分省份均较好地利用了该地区高技术产业创新投入资源, 但仍有一些省份的高技术产业创新投入资源利用不充分, 需要进一步改进.

3. 东、中、西部地区高技术产业创新效率测算结果比较

经过上述分析可知, 平均型效率值更贴近实际值. 因此, 为了更直观地了解各省份高技术产业创新效率的真实情况和地区差异, 以下将对东部、中部、西部三大

区域及其所属省份的平均型高技术产业创新效率进行分析. 图 14.11 和图 14.12 分别给出了 2007~2016 年东部、中部、西部地区平均型高技术产业创新效率均值和不同区域内各省份的平均型高技术产业创新效率值.

从图 14.11 可以看出, 东部、中部和西部地区的高技术产业创新效率变化差异较为明显. 其中, 东部地区 2007 年的高技术产业创新效率远远高于中部和西部地区, 但在研究期内其效率值呈现缓慢下降趋势; 中部地区的高技术产业创新效率在研究期内呈现逐步上升趋势, 尤其从 2009 年开始增速较快, 并于 2013~2016 年超越了东部地区; 而西部地区的高技术产业创新效率在研究期内呈现波浪式变动, 但整体上有所提升. 可见, 中部地区和西部地区高技术产业的创新效率不平衡问题得到了不断的改善.

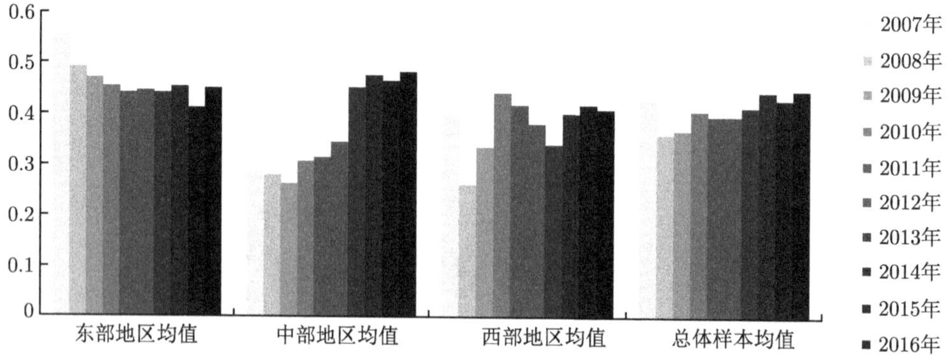

图 14.11　2007~2016 年不同区域平均型高技术产业创新效率

图 14.12(a)~(c) 分别给出了 2007~2016 年东部、中部、西部三大区域内各省份的平均型高技术产业创新效率值.

首先, 从图 14.12(a) 可以看出, 尽管东部地区的高技术产业创新效率呈现缓慢下降趋势, 但北京和天津两个直辖市的高技术产业创新效率仍处于全国较高水平, 辽宁、江苏、浙江、广东等省份的创新效率均呈现逐步上升趋势. 由此可见, 国家提出的深入实施创新驱动的发展战略对推动和优化高技术产业结构、提高效益和竞争力富有成效.

其次, 从图 14.12(b) 可以看出, 中部地区的高技术产业创新效率总体呈现上升趋势, 尤其安徽和河南两个省份的高技术产业创新效率取得了明显的进步, 并在 2011 年之后超越了东部地区的部分省份. 而出现这种情况的原因在于, 国家全面实施《促进中部地区崛起规划》完善政策体系的同时, 中部地区各省份加大了高技术产业发展的投入力度.

最后, 从图 14.12(c) 可以看出, 西部地区的高技术产业创新效率有所提升, 但其增速较慢, 波动较大. 其中, 广西、重庆和四川的创新效率提升较快, 贵州、陕西和甘肃的创新效率增长较慢, 而内蒙古和云南的创新效率波动幅度较大.

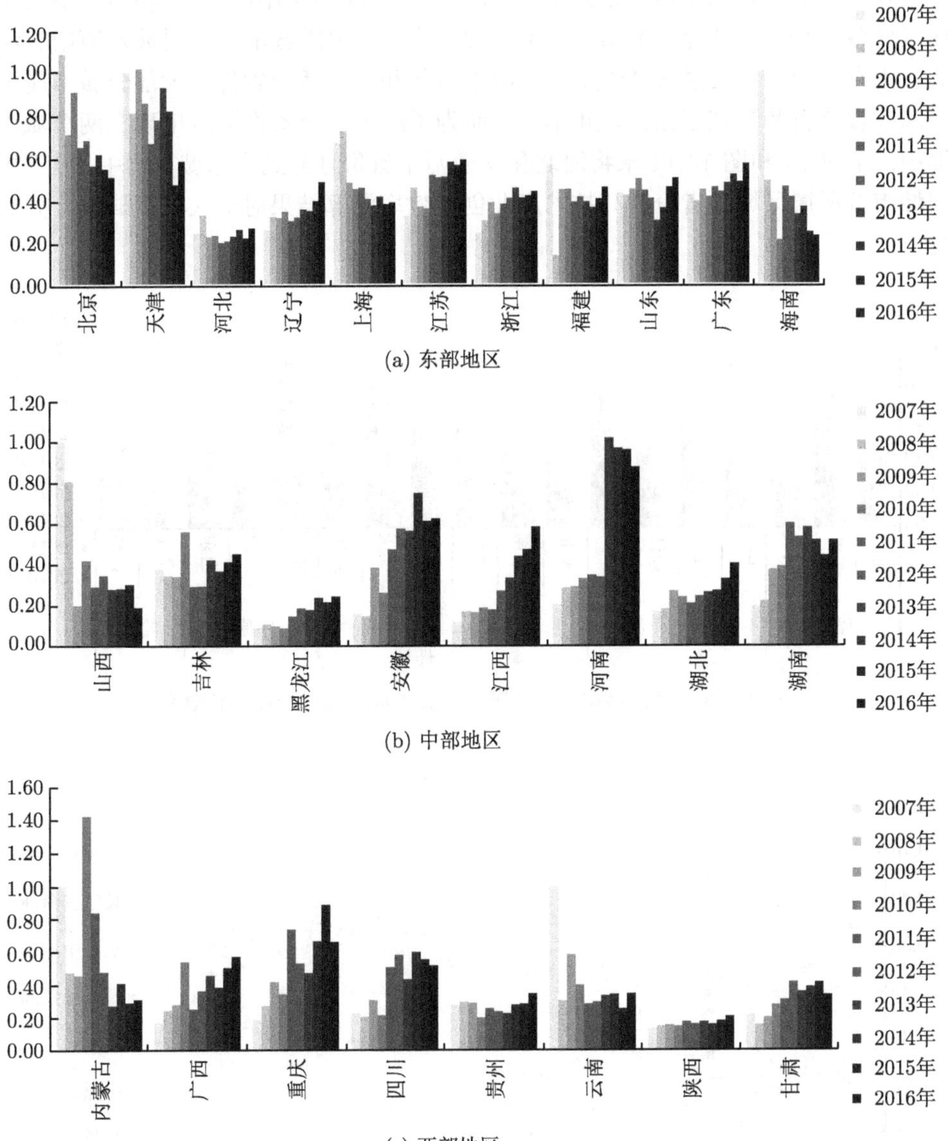

(a) 东部地区

(b) 中部地区

(c) 西部地区

图 14.12 2007~2016 年东、中、西部地区各省份平均型高技术产业创新效率

14.2.2 中国城市群高技术产业创新效率分析

以下将选择具有代表性的七大城市群开展分析. 主要包括: 以北京市为中心的京津冀城市群、以上海市为中心的长江三角洲城市群、以广州市为中心的珠江

三角洲城市群、以郑州市为中心的中原城市群以及长江中游城市群、成渝城市群和哈长城市群. 图 14.13 和图 14.14 分别给出了 2007~2016 年七大城市群及其所属区域各省份的平均型创新效率演化趋势. 其中, 中原城市群主要涉及河南、河北、山东、山西、安徽 5 个省份, 但由于河北和安徽两个省份的大部分城市属于京津冀城市群和长江三角洲城市群. 从而为了避免一个省份同时出现在两个城市群中, 图 14.13 和图 14.14 未将河北和安徽两个省份划分到中原城市群中. 以下根据城市群所属区域各省份的高技术产业创新效率测算结果对七大城市群进行分类分析.

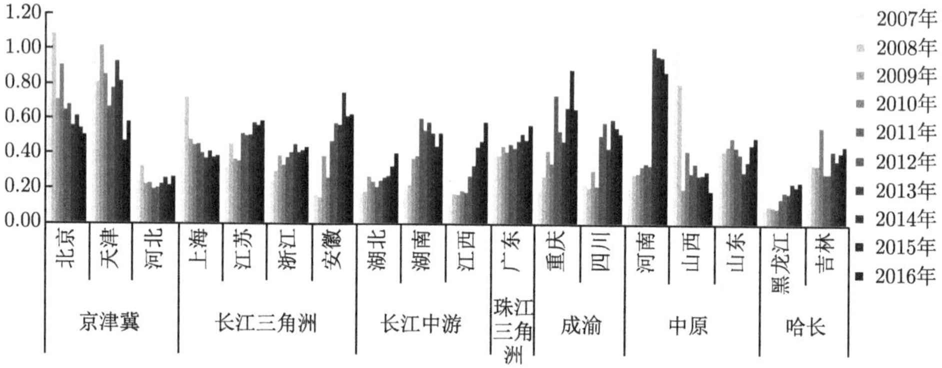

图 14.13　2007~2016 年中国七大城市群高技术产业创新效率

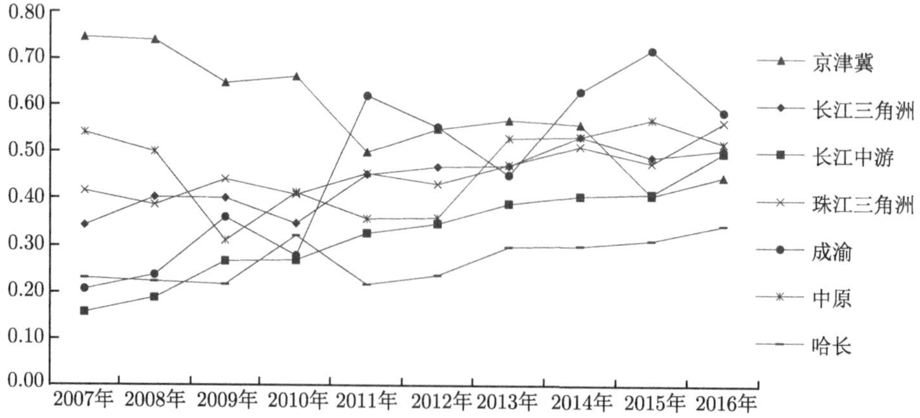

图 14.14　2007~2016 年中国七大城市群高技术产业创新效率演化趋势

(1) 创新效率较高、发展后劲较足的城市群. 如京津冀城市群、成渝城市群、珠江三角洲城市群.

首先, 京津冀地区作为我国北方地区的经济中心, 是继长江三角洲、珠江三角洲之后, 我国高技术产业发展的又一重点区域. 在 2007~2016 年, 京津冀城市群的高技术产业创新效率在 2007 年达到最高点 0.75 之后开始逐年下降, 并在 2015 年达到了最低点 0.41. 虽然 2016 年其效率值又有所提升, 但增幅不大. 同时, 通过结合图 14.12 还可以发现, 北京和天津两个直辖市的高技术产业创新效率近几年虽有下降趋势, 但仍处于全国前列; 而河北省的高技术产业创新效率水平一直较低. 可见, 京津冀城市群高技术产业发展的地区差异明显, 资源利用效率不高. 因此, 应进一步提升京津两市的创新水平, 改变其效率下降趋势的同时, 提升河北省的资源利用率, 加快京津冀一体化进程, 进而通过京津冀城市群的一体化发展提高整个城市群的高技术产业创新效率.

其次, 成渝城市群的高技术产业创新效率近十年呈现波浪式上升趋势, 并在 2015 年达到了最高值 0.72. 到 2016 年其效率值虽有下降, 但仍处于几大城市群之首. 可见, 成渝城市群是国家高技术产业增长速度较快的城市群之一. 其中, 重庆市作为我国四个直辖市之一, 在西部大开发的战略背景下其高技术产业创新效率得到了较快增长; 而四川省的高技术产业借助其人口、资源和地理优势, 在短时间内取得了快速进步. 因此, 成渝城市群下一步应抓住协同发展的机遇, 进一步推进高技术产业的发展.

最后, 珠江三角洲城市群作为我国最先成立的城市群之一, 拥有较好的经济基础和技术基础. 因此, 珠江三角洲城市群的高技术产业创新效率总体呈现稳步增长趋势. 而广东省作为珠江三角洲城市群的中心, 其高技术产业创新效率呈现持续增长, 但效率优势并不明显, 仍需进一步加强.

(2) 创新效率较好、增长速度平稳的城市群. 如长江三角洲城市群、长江中游城市群、中原城市群.

由图 14.14 可以看出, 长江三角洲城市群、长江中游城市群和中原城市群的高技术产业创新效率处于各城市群的中游水平, 其整体效率呈现平稳增长. 同时, 通过结合图 14.12 对各城市群所属区域主要省份的创新效率进行分析发现, 近年来这三个城市群部分省份的高技术产业创新效率增速明显, 特别是河南省的创新效率从 2012 年的 0.33 突然增长到了 2013 年的 1.02. 而这些省份主要通过依靠高技术产业集聚发展的地区优势, 不断优化产业结构, 使其创新效率得到了很好的提升. 但是, 这三个城市群中部分省份的高技术产业创新效率还不够理想, 仍需进一步提升. 因此, 这类城市群应该继续提高核心省份的创新效率、补足后进省份的短板, 加快区域的协同发展, 进而实现城市群高技术产业又好又快的发展.

(3) 创新效率较低、增速较慢的城市群. 如哈长城市群.

由图 14.14 可以看出, 哈长城市群的高技术产业创新效率在除 2007 年、2008 年和 2010 年外的其余年份均位于七个城市群的最低水平. 因此, 哈长城市群应抓住国家振兴东北老工业基地的机遇, 充分认识其自身高技术产业创新过程中存在的不足, 并通过制度优化、模式优化、管理优化等方式从根本上解决研发创新薄弱问题.

14.3 结 束 语

本章先以广义 DEA 理论为基础, 应用多种测度方法对中国 27 个省份的高技术产业创新效率进行测算, 解决了原有广义 DEA 模型中存在的创新效率被高估的问题. 因此, 这种测算结果更贴近当前中国高技术产业发展的真实情况. 然后, 从创新效率的演化趋势出发, 对中国七大典型城市群的高技术产业创新效率进行分类分析, 从而更加清晰地解析了各城市群高技术产业发展过程中存在的问题. 当然本章的研究还处于初步阶段, 今后需要进一步深入研究和探讨.

参考文献

[1] 钱丽, 王文平, 肖仁桥. 产权差异视角下我国区域高技术企业创新效率研究 [J]. 管理工程学报, 2019, 33(2): 99-109.

[2] 国家统计局社科文司. 从企业创新调查看我国高技术制造业创新发展的亮点与不足 [N]. 中国信息报, 2018-09-10(002).

[3] Cook W D, Seiford L M. Data envelopment analysis (DEA)-Thirty years on [J]. European Journal of Operational Research, 2009, 192(1): 1-17.

[4] 马占新. 数据包络分析方法的研究进展 [J]. 系统工程与电子技术, 2002, 24(3): 42-46.

[5] Chen C J, Wu H L, Lin B W. Evaluating the development of high-tech industries: Taiwan's science park [J]. Technological Forecasting & Social Change, 2006, 73(4): 452-465.

[6] Raab R A, Kotamraju P. The efficiency of the high-tech economy: Conventional development indexes versus a performance index [J]. Journal of Regional Science, 2010, 46(3): 545-562.

[7] Liu X, Lu J, Filatotchev I, et al. Returnee entrepreneurs, knowledge spillovers and innovation in high-tech firms in emerging economies [J]. Journal of International Business Studies, 2010, 41(7): 1183-1197.

[8] 陈建丽, 孟令杰, 姜彩楼. 两阶段视角下高技术产业技术创新效率及影响因素研究 [J]. 数学的实践与认识, 2014, 44(4): 63-74.

[9] 严太华, 刘松涛, 刘焕鹏. 中国高技术产业动态效率测度与收敛性分析: 基于产出导向 DSBM 模型的实证 [J]. 管理工程学报, 2015, 29(3): 222-230.

[10] 冯志军, 陈伟. 中国高技术产业研发创新效率研究——基于资源约束型两阶段 DEA 模型的新视角 [J]. 系统工程理论与实践, 2014, 34(5): 1202-1212.

[11] 黄成南. 中国十大城市群综合经济效率研究 [J]. 中国人口 · 资源与环境, 2015, 25(2): 65-68.

[12] 方创琳, 关兴良. 中国城市群投入产出效率的综合测度与空间分异 [J]. 地理学报, 2011, 66(8): 1011-1022.

[13] 付丽娜, 陈晓红, 冷智花. 基于超效率 DEA 模型的城市群生态效率研究——以长株潭"3+5"城市群为例 [J]. 中国人口 · 资源与环境, 2013, 23(4): 169-175.

[14] 吴瑛, 杨宏进. 基于 R&D 存量的高技术产业科技资源配置效率 DEA 度量模型 [J]. 科学学与科学技术管理, 2006, 27(9): 28-32.

[15] 薛娜, 赵曙东. 基于 DEA 的高技术产业创新效率评价——以江苏省为例 [J]. 南京社会科学, 2007, 17(5): 135-141.

[16] 方福前, 张平. 我国高技术产业的投入产出效率分析 [J]. 中国软科学, 2009, 24(7): 48-55.

[17] 王伟. 基于改进 DEA 的中国高技术产业技术创新效率研究 [J]. 科技进步与对策, 2011, 28(17): 119-124.

[18] 成力为, 孙玮, 王九云. 要素市场不完全视角下的高技术产业创新效率——基于三阶段 DEA-Windows 的内外资配置效率和规模效率比较 [J]. 科学学研究, 2011, 29(6): 930-938, 960.

[19] 陈伟, 张长孝, 李传云, 等. 基于 DEA-Malmquist 指数的高新技术产业技术创新效率评价研究 [J]. 科技管理研究, 2017, 37(23): 79-84.

[20] Bian Y, Yang F. Resource and environment efficiency analysis of provinces in China: A DEA approach based on Shannon's entropy[J]. Energy Policy, 2010, 38(4): 1909-1917.

[21] 曹莉, 马占新, 高丰, 等. 基于广义 DEA 方法的中国西部省市经济效益图谱分析 [J]. 数学的实践与认识, 2017, 47(3): 64-73.

[22] 马占新, 赵春英. 用于广义 DEA 有效性的度量方法 [J]. 系统工程与电子技术, 2016, 38(11): 2572-2585.

第 15 章　基于修正 DEA 方法的中国商业银行效率分析

商业银行是中国金融业的重要组成部分，如何有效估计和提升中国商业银行效率具有重要意义. 然而，传统 DEA 方法在效率测算方面可能存在效率悖论，进而影响商业银行效率测算的准确性. 因此，本章首先指出了应用传统 DEA 模型测算商业银行效率时存在的效率悖论问题，然后应用修正 DEA 模型对 2007~2018 年中国商业银行效率水平进行了测算. 研究结果显示：在对商业银行效率进行测算时存在效率悖论，修正模型则有效地克服了效率悖论现象的出现. 从商业银行效率测算结果可见，综合效率水平方面，股份制商业银行最高、国有银行位居其次、城市商业银行最低；而技术效率水平方面，国有银行最高、股份制商业银行第二、城市商业银行最低. 这表明国有银行虽有技术水平方面的优势，但仍需进一步提升规模效率；而股份制商业银行和城市商业银行的现有技术水平相对较低，需要通过加大创新力度提升其效率水平.

商业银行作为中国金融体系的重要组成部分，在中国金融市场中发挥了重要作用. 在全球不确定性因素增多、金融市场波动以及贸易保护主义和贸易单边主义抬头的国际形势下，中国政府正在深入推进供给侧结构性改革，不断进行结构调整和产业转型升级. 为了更好地支持中国经济社会的发展，中国商业银行在新一轮改革中急需进一步提升自身效率. 同时，互联网金融企业独特的商业模式使银行与互联网企业、银行与银行之间的竞争日趋激烈，提高经营效率也成为商业银行增强竞争力的重要措施. 由于商业银行效率体现了其资源配置能力和自身稳健经营的水平，因此，有关商业银行效率方面的研究得到了学者们的广泛关注.

首先，在测算方法方面，Farrell 等开创了效率测度技术 [1]. 之后，文献 [2] 通过调查 21 个国家的 130 项将前沿效率分析应用于金融机构的研究，划分了确定最佳业务边界的两大类方法，即参数方法和非参数方法. 这两种方法各有利弊，如参数方法在测算之前必须确定生产函数的具体形式，如果函数形式出现错误，无疑会导致效率计算出现偏差，从而得出错误结论；而非参数方法虽不设定函数形式，但却忽略了随机误差项的影响. 因此，为了避免主观因素对计算结果的影响，多数学者在进行银行效率评价时选择了以 DEA 方法为代表的非参数前沿效率方法.

其次, 在应用分析方面, 文献 [3] 首次应用 DEA 方法评价了商业银行的效率; 而文献 [4] 则应用 DEA 方法对中国银行的经营与管理综合效益进行了评价. 之后, 越来越多的学者从不同角度将 DEA 方法应用到有关银行效率的评价研究中. 例如, 文献 [5] 应用 DEA 方法评价了 2001~2003 年中国 14 家主要商业银行的效率; 文献 [6] 考虑到银行盈利能力与风险控制能力的指标对中国 14 家商业银行效率进行测度, 并提出了提高银行效率的宏观对策和具体对策; 文献 [7] 应用 DEA 方法对国内外 15 家商业银行的技术效率、纯技术效率、规模效率和规模报酬情况进行测度之后, 分析了各银行运营中存在的问题并给出了相应的建议; 文献 [8] 基于企业社会责任视角对 2010~2012 年中国 16 家商业银行的效率进行了评价. 此外, 也有学者针对基本 DEA 模型的局限性使用了多种改进的模型. 例如, 文献 [9] 使用 DEA 与 Malmquist 指数相结合的方法对中国银行业近年来的效率变化情况进行了分析; 文献 [10] 将银行的经营过程分为资金组织和资金经营两个相继阶段, 并应用两阶段关联 DEA 模型对中国 15 家商业银行总系统和子系统的效率情况进行了评价. 但是两阶段研究虽然打开了“黑箱”, 却始终无法消除环境变量和随机变量的影响. 因此, 文献 [11] 应用三阶段 DEA 方法对 2001~2006 年中国 12 家商业银行的效率进行了实证研究. 其中, 第一阶段测算技术效率、纯技术效率和规模效率, 第二阶段中将环境无效率、随机误差等因素分离出来, 调整最初的投入值, 第三阶段用调整过后的投入值重新计算效率; 文献 [12] 则应用 Andersen 等提出的超效率模型对中国具有代表性的 10 家商业银行 2005 年的经营效率进行了评估, 结果表明超效率模型能够进一步识别 C^2R 模型无法识别的有效单元; 文献 [13] 提出了一种随机 DEA 方法测度了中国 15 家商业银行的效率, 并发现随机 DEA 模型相比于传统确定型 DEA 模型区分度更高; 文献 [14] 提出了一种考虑非期望产出的两阶段 DEA 模型; 文献 [15] 应用包含非期望产出的 DEA 模型, 将银行信用风险这一因素纳入到效率评价过程, 进而探讨了银行竞争对其效率的影响 [15].

综上所述, 已有研究丰富了 DEA 模型在银行效率评价方面的应用, 但测算结果只能依赖有效生产前沿面进行分析. 因此, 为解决这一问题, 文献 [16] 提出了一种基于样本前沿面评价的广义 DEA 模型, 该方法不仅能提供被评价单元与样本单元之间的比较信息, 还可以测算 DEA 有效单元的效率大小. 并且, 自该模型提出以来, 在各领域的效率测算中也得到了广泛应用. 例如, 文献 [17] 建立广义区间数据 DEA 模型, 评价了黑龙江省各地区“十一五”规划期间的农业生产效率; 文献 [18] 利用广义 DEA 方法构建了基本养老保险制度绩效评价模型, 并用该模型实证分析了 2011~2015 年中国 31 个省份基本养老保险制度绩效状况; 文献 [19] 借鉴广义 DEA 方法对河北省各地市矿业开发利用效率进行了分析; 文献 [20] 使用广义三阶段 DEA 和 Tobit 模型分析了 2007~2013 年中国 68 家商业银行的资金使用效率、盈利能力效率和业务扩张效率.

但文献 [21] 的研究中发现, 传统 DEA 方法的测算中存在效率悖论, 即对一个技术进步不可逆的决策单元而言, 随着评价标准的提高, 其效率值不降反升. 同时, 文献 [21] 还证明了这一现象在 C^2R 模型、BC^2 模型、FG 模型、ST 模型、窗口 DEA 模型、DEA-Malmquist 指数模型等多种分析方法中均存在的事实, 并认为效率悖论是数据短尾现象造成的, 从而提出了一种修正的广义 DEA 模型. 因此, 本章将借鉴文献 [21] 的主要观点, 首先对使用广义 DEA 方法测算商业银行效率时是否存在效率悖论的情况进行验证; 其次, 利用新的修正模型对中国 17 家商业银行 2007~2018 年的综合效率和技术效率水平进行测算, 并对商业银行的效率变化趋势进行分析.

15.1 用于商业银行效率评价的 DEA 模型

15.1.1 用于评价商业银行效率的指标选取及数据来源

根据研究的问题和数据的可获性, 本章将选取中国 17 家商业银行作为研究对象. 其中, 主要包括中国银行、中国农业银行、中国工商银行、中国建设银行、交通银行等 5 家国有银行, 兴业银行、广发银行、浦发银行、平安银行、中国民生银行、招商银行、中信银行、光大银行、华夏银行等 9 家股份制商业银行以及北京银行、南京银行、宁波银行等 3 家城市商业银行.

由于学者们在测算银行效率时, 选取输入输出指标的方法大致可分为生产法、中介法和资产法 3 种. 其中, 生产法认为银行是一个生产系统, 投入劳动和资本, 可以得到银行存款、银行贷款和投资, 即把银行存款视为一种产出; 中介法是将银行看作是一个金融中介机构, 投入劳动、资本和存款, 得到贷款和投资, 即把银行存款视为一种投入; 资产法则是将银行资产负债表中的资产方作为产出. 因此, 本章为构建合理的评价指标体系, 对已有研究的投入和产出指标进行了汇总, 如表 15.1 所示.

从已有指标体系来看, 较多的研究均使用了中介法, 即将银行视为一个金融中介机构, 把存款纳入到输入指标, 把贷款看作为银行的输出指标. 此外, 几乎所有研究均选取反映银行人力资源规模的员工人数和反映银行经营规模的固定资产净额作为输入指标, 选取银行的利润作为了输出指标. 最终, 本章结合已有研究, 并考虑到中国商业银行存款占总资产比重较大的实际情况, 采用中介法, 将银行视为金融中介机构, 分别选取存款总额 (Dx) 和贷款总额 (Ly) 作为输入和输出指标. 同时, 还选取衡量银行人力资本水平的员工人数 (Px) 作为输入指标, 选取衡量银行财力水平的税前利润 (Py) 作为输出指标, 如表 15.2 所示. 而有关资产变量, 因所选样本的固定资产净值占总资产的比重较小, 借鉴文献 [22] 的研究, 输入指标中未引入资产变量. 本章所有指标数据均来源于国泰安数据库和历年各银行的年报.

表 15.1 已有银行效率评价研究中的输入输出指标体系

文献	输入指标	输出指标
文献 [5]	员工人数、实物资本、借入资金	贷款、投资、其他生息资产
文献 [6]	银行人数、固定资产净额、营业支出、所有者权益、机构个数	新增贷款数量、资本收益率、不良贷款下降率、营业收入
文献 [7]	存款、营业费用、员工人数	贷款、账面利润
文献 [9]	股本、固定资产净额、各项支出 (损益表中的各项支出)	存款、贷款、税前利润
文献 [10]	(第一阶段) 期内平均人数、营业费用、固定资产净额; (第二阶段) 存款、同业存拆入款之和	(第一阶段) 存款、同业存拆入款之和; (第二阶段) 净利息收入、非利息收入
文献 [12]	员工人数、固定资产净额、利息支出	税前利润、利息收入
文献 [13]	员工总数、固定资产、营业支出、存款总额、不良贷款比例	净贷款、利息收入、非利息收入
文献 [15]	存款、同业存放、非利息支出	贷款、其他生息资产、非利息收入、不良贷款率

表 15.2 本章选取的评价银行效率的输入输出指标

输入指标		输出指标	
指标	单位	指标	单位
存款总额	亿元	贷款总额	亿元
员工人数	人	税前利润	亿元

15.1.2 用于评价商业银行效率的 DEA 模型

1. 用于评价商业银行效率的广义 DEA 模型

传统 DEA 模型测算的效率值是被评价决策单元相对于所有决策单元中有效单元, 即优秀单元的效率. 而现实生活中评价的参照集可能有多种情况, 如一般单元、较差单元, 或者决策者指定的一些特定单元. 广义 DEA 模型的提出主要解决了该类问题.

假设有 n 个商业银行 T 个年份的效率需要测算. 其中, 第 p 个商业银行第 q 年的输入指标值为 $(Dx_p^q, Px_p^q) > \mathbf{0}$, 输出指标值为 $(Ly_p^q, Py_p^q) > \mathbf{0}$. 同时, 为了使各年度的效率值具有可比性, 将选择某 $\bar{n}$ 个商业银行第 t 年的数据作为评价的参照集. 假设第 j 个商业银行第 t 年的输入指标值为 $(D\bar{x}_j^t, P\bar{x}_j^t) > \mathbf{0}$, 输出指标值为 $(L\bar{y}_j^t, P\bar{y}_j^t) > \mathbf{0}$. 由此, 根据广义 DEA 方法的相关理论, 可以给出如下用于评价商业银行效率的广义 DEA 模型:

$$
(\text{BE-DIG})\left\{\begin{array}{ll}
\min & \theta-\varepsilon(\hat{\boldsymbol{e}}^{\mathrm{T}}\boldsymbol{s}^{-}+\boldsymbol{e}^{\mathrm{T}}\boldsymbol{s}^{+}),\\
\text{s.t.} & \displaystyle\sum_{j=1}^{\bar{n}} D\bar{x}_j^t\lambda_j+s_1^{-}=\theta D x_p^q,\\
& \displaystyle\sum_{j=1}^{\bar{n}} P\bar{x}_j^t\lambda_j+s_2^{-}=\theta P x_p^q,\\
& \displaystyle\sum_{j=1}^{\bar{n}} L\bar{y}_j^t\lambda_j-s_1^{+}=L y_p^q,\\
& \displaystyle\sum_{j=1}^{\bar{n}} P\bar{y}_j^t\lambda_j-s_2^{+}=P y_p^q,\\
& \delta_1\left(\displaystyle\sum_{j=1}^{\bar{n}}\lambda_j-\delta_2(-1)^{\delta_3}\lambda_0\right)=\delta_1,\\
& s_1^{-}\geqq 0, s_2^{-}\geqq 0, s_1^{+}\geqq 0, s_2^{+}\geqq 0, \lambda_0\geqq 0, \lambda_j\geqq 0, j=1,2,\cdots,\bar{n},
\end{array}\right.
$$

其中, $\hat{\boldsymbol{e}}^{\mathrm{T}}=(1,1,\cdots,1)^{\mathrm{T}}\in E^m$, $\boldsymbol{e}^{\mathrm{T}}=(1,1,\cdots,1)^{\mathrm{T}}\in E^s$, ε 为非阿基米德无穷小量.

(1) 当 $\delta_1=0$ 时, 模型 (BE-DIG) 为满足规模收益不变的广义 $\mathrm{C^2R}$ 模型.

(2) 当 $\delta_1=1$, $\delta_2=0$ 时, 模型 (BE-DIG) 为满足规模收益可变的广义 $\mathrm{BC^2}$ 模型.

(3) 当 $\delta_1=1$, $\delta_2=1$, $\delta_3=0$ 时, 模型 (BE-DIG) 为满足规模收益非递减的广义 ST 模型.

(4) 当 $\delta_1=1$, $\delta_2=1$, $\delta_3=1$ 时, 模型 (BE-DIG) 为满足规模收益非递增的广义 FG 模型.

假设 θ^*, s_i^{-*}, s_r^{+*}, λ_0^*, λ_j^*, $i=1,2$, $r=1,2$, $j=1,2,\cdots,\bar{n}$ 是模型 (BE-DIG) 的最优解. 若 $\theta^*=1$, 则决策单元 p 为 BE-DIG 弱有效; 若条件 (1) 模型有最优解, 使得 $\theta^*>1$ 或 $\theta^*=1$ 且 $s_i^{-*}=0$, $s_r^{+*}=0$ 以及条件 (2) 模型无可行解的任意一个条件被满足, 则决策单元 p 为 BE-DIG 有效.

2. 用于评价商业银行效率的修正 DEA 模型

在技术进步不可逆的前提下, 应用传统 DEA 模型测算决策单元效率时, 很可能会出现随着参照集技术水平的提升被评价决策单元的效率值也上升的情况, 即存在 “效率悖论”, 而修正 DEA 模型则对上述悖论进行了修正. 因此, 根据修正 DEA 方法的相关理论 [21], 可以给出如下用于评价商业银行效率的修正 DEA 模型

$$
(\text{BE-EDEA})\left\{\begin{array}{l}
\min \quad \theta-\varepsilon(\hat{\boldsymbol{e}}^{\mathrm{T}}\boldsymbol{s}^{-}+\boldsymbol{e}^{\mathrm{T}}\boldsymbol{s}^{+}),\\
\text{s.t.}\quad \displaystyle\sum_{t=1}^{T}\sum_{j=1}^{\bar{n}} D\bar{x}_j^t\lambda_j^t+s_1^{-}=\theta D x_p^q,\\
\displaystyle\sum_{t=1}^{T}\sum_{j=1}^{\bar{n}} P\bar{x}_j^t\lambda_j^t+s_2^{-}=\theta P x_p^q,\\
\displaystyle\sum_{t=1}^{T}\sum_{j=1}^{\bar{n}} L\bar{y}_j^t\lambda_j^t-s_1^{+}=L y_p^q,\\
\displaystyle\sum_{t=1}^{T}\sum_{j=1}^{\bar{n}} P\bar{y}_j^t\lambda_j^t-s_2^{+}=P y_p^q,\\
\delta_1\left(\displaystyle\sum_{t=1}^{T}\sum_{j=1}^{\bar{n}}\lambda_j^t-\delta_2(-1)^{\delta_3}\lambda_0\right)=\delta_1,\\
s_1^{-}\geqq 0, s_2^{-}\geqq 0, s_1^{+}\geqq 0, s_2^{+}\geqq 0, \lambda_0\geqq 0, \lambda_j^t\geqq 0,\\
j=1,2,\cdots,\bar{n}, t=1,2,\cdots,T.
\end{array}\right.
$$

其中, $\hat{\boldsymbol{e}}^{\mathrm{T}}=(1,1,\cdots,1)^{\mathrm{T}}\in E^m$, $\boldsymbol{e}^{\mathrm{T}}=(1,1,\cdots,1)^{\mathrm{T}}\in E^s$, ε 为非阿基米德无穷小量.

(1) 当 $\delta_1=0$ 时, 模型 (BE-EDEA) 为满足规模收益不变的广义 $\mathrm{C^2R}$ 模型.

(2) 当 $\delta_1=1$, $\delta_2=0$ 时, 模型 (BE-EDEA) 为满足规模收益可变的广义 $\mathrm{BC^2}$ 模型.

(3) 当 $\delta_1=1$, $\delta_2=1$, $\delta_3=0$ 时, 模型 (BE-EDEA) 为满足规模收益非递减的广义 ST 模型.

(4) 当 $\delta_1=1$, $\delta_2=1$, $\delta_3=1$ 时, 模型 (BE-EDEA) 为满足规模收益非递增的广义 FG 模型.

假设 θ^*, s_i^{-*}, s_r^{+*}, λ_0^*, λ_j^{t*}, $i=1,2$, $r=1,2$, $j=1,2,\cdots,\bar{n}$, $t=1,2,\cdots,T$ 是模型 (BE-EDEA) 的最优解. 若 $\theta^*=1$, 则决策单元 p 为 BE-EDEA 弱有效; 若条件 (1) 模型有最优解, 使得 $\theta^*>1$ 或 $\theta^*=1$ 且 $s_i^{-*}=0$, $s_r^{+*}=0$ 以及条件 (2) 模型无可行解的任意一个条件被满足, 则决策单元 p 为 BE-EDEA 有效.

15.2 中国商业银行效率的实证分析

15.2.1 中国商业银行效率评价模型的稳健性分析

由于已有有关商业银行效率评价方面的研究在其方法的选取上主要使用了传统 DEA 模型、广义 DEA 模型、DEA-Malmquist 指数模型等, 但文献 [21] 提出以上模型均可能存在数据短尾现象引起的效率悖论问题. 因此, 以下将验证效率悖论现象的存在性, 并进一步分析修正模型的稳健性.

有关研究表明商业银行存在技术进步. 比如, 文献 [23] 运用超越对数成本函数对银行的技术进步及技术进步对规模经济的影响进行实证研究发现, 所研究的全部银行中确实存在显著的技术进步; 文献 [24] 运用柯布-道格拉斯成本函数和超越对数成本函数分析商业银行的技术进步时发现, 样本银行的希克斯中性技术进步使得所有银行的成本下降, 且不受银行资产规模和要素投入价格的影响. 因此, 以下的研究均基于银行技术进步的前提条件下进行.

1. 传统模型中存在的效率悖论

以广义 DEA 模型为例, 在模型 (BE-DIG) 中取 $\delta_1 = 0$, 对中国 17 家商业银行 2007 年的综合效率进行测算. 其中, 把被评价单元分别固定为 2007 年的 17 家商业银行, 样本单元依次选择 2007 年, 2008 年, 2009 年, $\cdots$, 2018 年的 17 家商业银行, 依次表示为 S2007, S2008, S2009, $\cdots$, S2018, 计算结果如图 15.1 所示.

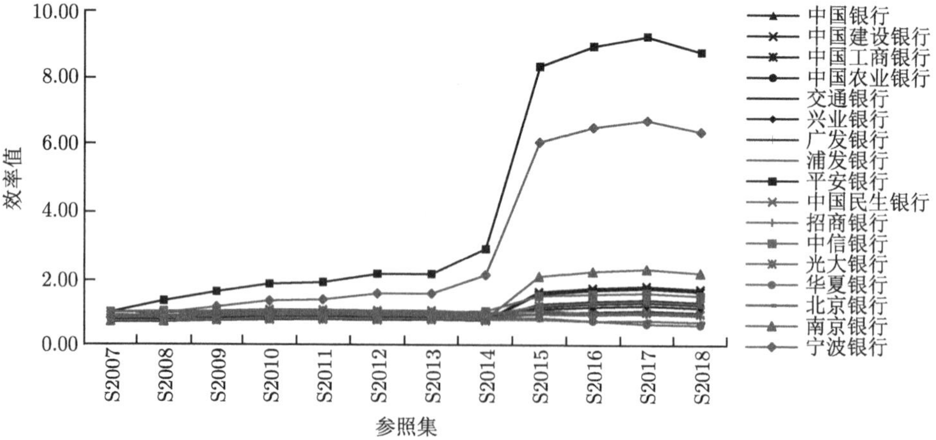

图 15.1　不同参照集下的各商业银行 2007 年的效率 (C^2R)

由图 15.1 可以看出, 17 家商业银行 2007 年的效率值随着参照集所属年份的增加呈现平稳或上升的趋势, 当参照集所属年份为 2015 年时多数银行的效率值都出现了上升, 尤其平安银行、宁波银行等银行的上升幅度较大. 这表明多数银行的效率值随着参照集所属年份的增加而增大. 然而, 在技术进步不可逆的情况下, 参照集所属年份越接近当前时间, 则参照系的技术水平就会越高, 一个固定单元的效率值就会越小. 因此, 上述测算结果与理论结果不一致, 该现象证明了测算银行效率时存在效率悖论的事实.

为更直观地说明效率悖论现象的存在, 以下选取中国农业银行作为分析对象, 并运用传统 DEA 方法对其 2007~2018 年的效率值进行测算, 测算结果如图 15.2 所示.

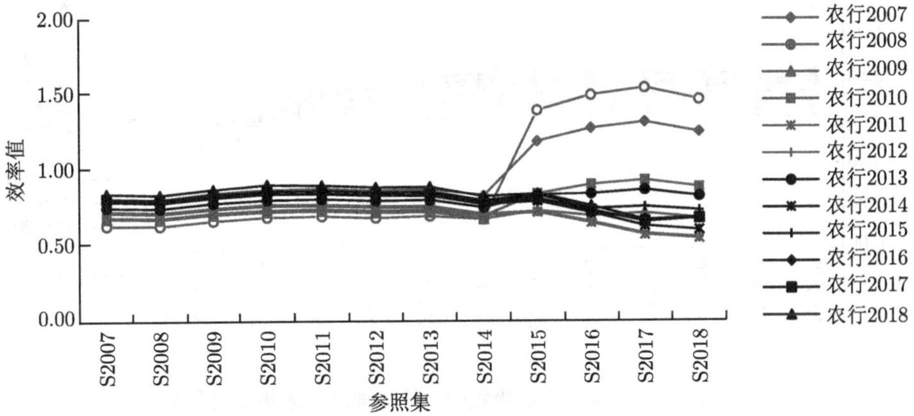

图 15.2 不同参照集下的中国农业银行 (农行) 2007~2018 年的效率 (C^2R)

由图 15.2 可以看出, 分别用 2014 年之前 17 家商业银行不同年份的截面数据构造参照集时, 中国农业银行的效率值波动较小; 而应用 2014 年之后 17 家商业银行各年份的截面数据构造参照集时, 中国农业银行的效率则出现较大差异, 部分年份的效率值逐年增大. 这说明在对银行效率进行测算时, 可能会存在效率悖论问题. 例如, 应用 2007 年的 17 家商业银行截面数据作为参照集给出的中国农业银行 2007 年的效率值为 0.799, 而用 2018 年的 17 家商业银行截面数据作为参照集给出的效率值则为 1.237. 即在技术进步的前提下, 随着生产前沿面技术水平的提高, 中国农业银行 2007 年的效率值不降反升.

同时, 效率悖论的存在会对测算结果的准确性产生较大影响. 比如, 当以 2007 年的前沿面进行度量时, 中国农业银行 2007 年的效率值 (0.799) 稍低于 2018 年的效率值 (0.833); 但当以 2018 年的前沿面进行度量时, 中国农业银行 2007 年的效率值 (1.237) 却远高于 2018 年的效率值 (0.670). 由此可见, 两个完全相反的结果给效率测算的准确性带来了严重的挑战.

2. 修正 DEA 模型及其修正作用

以下对修正 DEA 模型的测算结果加以验证. 以观察修正 DEA 模型对效率悖论的修正程度.

为了便于观察修正过程, 本节仍以中国农业银行为例, 对其 2007~2018 年的效率值进行测算. 测算过程中, 使用某年及其之前年份的面板数据构造该年度的生产可能集. 即各年份的参照集变更为 2007 年, 2007~2008 年, $\cdots$, 2007~2018

年 17 家商业银行的数据, 依次表示为 XS2000, XS2008, ⋯ , XS2018, 测算结果如图 15.3 所示.

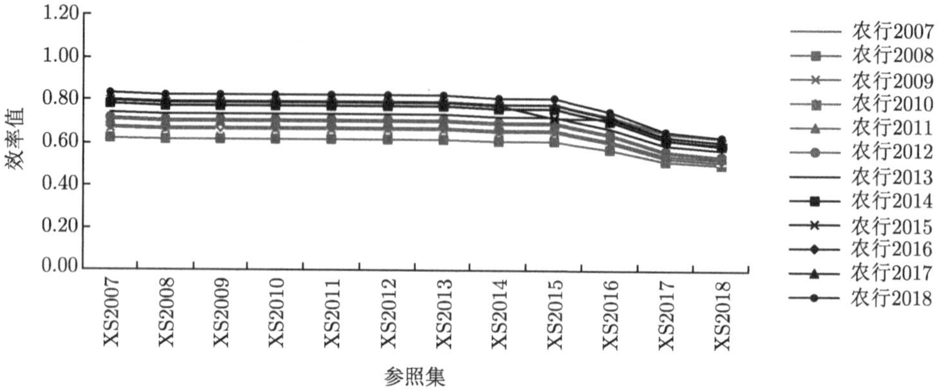

图 15.3　修正模型中参照集的改进过程对效率测算的影响

可见, 应用修正 DEA 模型测算的中国农业银行各年的效率并未随着前沿面的提高而上升, 而是随着参照集的改进程度得到修正, 从而有效地克服了效率悖论现象的出现.

3. 修正模型与原有模型的效率测算结果比较

上述分析表明, 应用模型 (BE-DIG) 测算的银行效率存在效率悖论问题, 修正 DEA 方法可以使测算结果得到有效更正. 因此, 以下将对应用两种方法测得的效率值进行比较分析.

假设 S2007, S2008, ⋯ , S2018 为中国 17 家商业银行各年的截面数据, XS2007= S2007, XS2008 = S2007 ∪ S2008, ⋯, XS2018 = S2007 ∪ S2008 ∪ ⋯ ∪ 2018 为各年的修正参照集. 例如, S2010 为应用 17 家商业银行 2010 年的截面数据构造的生产前沿面; XS2010 为 2010 年的修正生产前沿面, 它是由 17 家商业银行 2007~2010 年的面板数据构造的生产前沿面.

下面仍以中国农业银行 2007 年的效率测算为例, 模型 (BE-EDEA) 对模型 (BE-DIG) 的修正效果如图 15.4 所示.

最后, 应用模型 (BE-EDEA) 对中国农业银行 2007~2018 年的效率进行测算, 并与模型 (BE-DIG) 的测算结果进行比较, 比较结果如图 15.5 所示.

(1) 从图 15.4 中的修正模型对原有模型的修正作用可见, 在应用模型 (BE-DIG) 测算中国农业银行效率时, 出现了效率悖论, 即其效率值随着技术水平的提高而变大; 而应用模型 (BE-EDEA) 测算中国农业银行效率时, 随着技术水平的提高, 效率值呈现变小或保持不变的态势. 说明, 模型 (BE-EDEA) 有效地克服了应

用模型 (BE-DIG) 测算银行效率时出现的效率悖论, 其测算结果更具准确性.

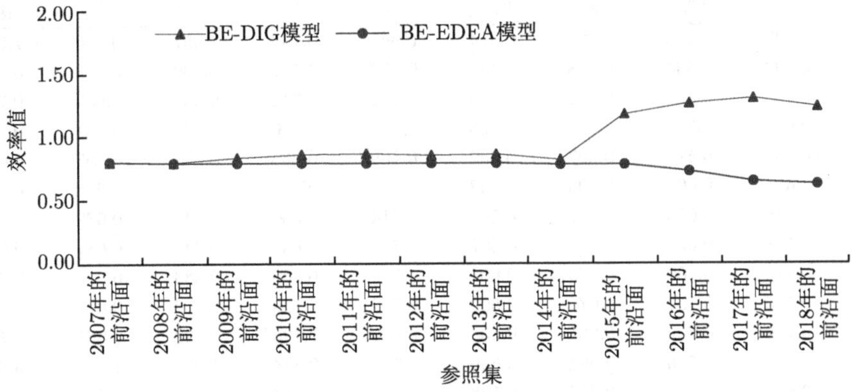

图 15.4 修正模型对原有模型的修正作用比较

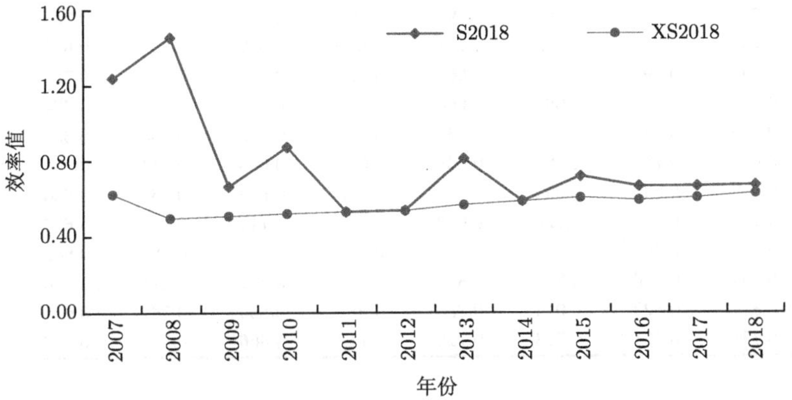

图 15.5 修正模型与原有模型的测算结果比较

(2) 从图 15.5 中的修正模型与原有模型的测算结果比较可见, 在应用模型 (BE-DIG) 测算中国农业银行各年的效率时, 参照集为 S2018, 它的测算结果呈现较大的不稳定, 出现了部分年份效率被高估的情况; 而应用模型 (BE-EDEA) 测算时, 参照集为 XS2018, 相应的测算结果有较好的稳定性.

15.2.2 中国商业银行效率分析

1. 中国商业银行综合效率测算结果分析

应用模型 (BE-EDEA) 测算中国 17 家商业银行 2007~2018 年的综合效率时, 选取相应的参考集为 XS2018, 即用 17 家商业银行 2007~2018 年的全部数据构造生产前沿面, 测算结果如表 15.3 所示.

表 15.3　2007~2018 年 17 家商业银行的综合效率

年份	中国银行	中国建设银行	中国工商银行	中国农业银行	交通银行	兴业银行	广发银行	浦发银行	平安银行
2007	0.607	0.586	0.578	0.624	0.660	0.739	0.657	0.670	1.000
2008	0.593	0.566	0.528	0.499	0.652	0.722	0.700	0.673	0.921
2009	0.668	0.549	0.542	0.510	0.722	0.711	0.637	0.653	0.719
2010	0.695	0.582	0.557	0.523	0.716	0.686	0.682	0.641	0.777
2011	0.665	0.579	0.597	0.532	0.709	0.665	0.671	0.657	0.666
2012	0.694	0.602	0.605	0.538	0.719	0.617	0.777	0.659	0.642
2013	0.685	0.655	0.617	0.568	0.714	0.569	0.742	0.672	0.633
2014	0.718	0.668	0.659	0.587	0.775	0.641	0.745	0.682	0.608
2015	0.716	0.709	0.679	0.605	0.760	0.669	0.683	0.710	0.643
2016	0.705	0.701	0.676	0.592	0.792	0.715	0.806	0.847	0.708
2017	0.728	0.722	0.681	0.606	0.822	0.725	0.928	0.961	0.778
2018	0.723	0.716	0.661	0.629	0.777	0.814	1.000	1.000	0.857
均值	0.683	0.636	0.615	0.568	0.735	0.689	0.752	0.736	0.746

年份	中国民生银行	招商银行	中信银行	光大银行	华夏银行	北京银行	南京银行	宁波银行	各年均值
2007	0.763	0.662	0.698	0.702	0.634	0.560	0.607	0.802	0.679
2008	0.762	0.677	0.650	0.690	0.666	0.573	0.599	0.783	0.662
2009	0.738	0.700	0.722	0.731	0.672	0.572	0.598	0.843	0.664
2010	0.682	0.698	0.679	0.667	0.625	0.560	0.546	0.780	0.653
2011	0.666	0.672	0.663	0.666	0.620	0.615	0.562	0.774	0.646
2012	0.689	0.684	0.675	0.657	0.632	0.650	0.533	0.638	0.648
2013	0.693	0.720	0.666	0.661	0.636	0.656	0.514	0.632	0.649
2014	0.692	0.692	0.698	0.662	0.656	0.684	0.433	0.623	0.660
2015	0.694	0.728	0.726	0.698	0.725	0.717	0.475	0.639	0.681
2016	0.733	0.787	0.725	0.774	0.812	0.739	0.483	0.549	0.714
2017	0.864	0.806	0.855	0.815	0.885	0.801	0.511	0.566	0.768
2018	0.879	0.828	0.914	0.856	0.983	0.860	0.587	0.611	0.805
均值	0.738	0.721	0.723	0.715	0.712	0.666	0.537	0.687	

从表 15.3 可见, 在银行业的不断改革和发展过程中, 各银行的整体效率在逐渐提高, 说明银行的投入产出向更加合理的方向发展.

首先, 从时间维度上看, 2007~2011 年的中国商业银行平均综合效率呈现下降的趋势, 但下降的幅度较小, 大约在 0.033 以内. 从 2012 年开始, 中国商业银行平均综合效率持续上升, 从 0.648 上升到 0.805, 显示出了较好的增长态势. 这表明中国商业银行的效率整体状况较好, 特别是近年来增长态势明显.

其次, 从各商业银行的综合效率平均水平来看, 交通银行的效率均值在国有银行中处于领先位置, 这可能是因相较于另外 4 家国有银行, 交通银行的规模较小、经营灵活所致; 而中国农业银行不仅是国有银行中均值最低的银行, 在 17 家样本银行中也处于中下水平; 其他银行中, 广发银行、平安银行、中国民生银行和浦发银行的综合效率均值相对较高, 而南京银行的效率均值最低. 说明, 银行的经营规模、管理模式等的不同导致了各类银行综合效率水平的差异.

最后, 从 5 家国有银行、9 家股份制商业银行和 3 家城市商业银行的综合效率整体水平来看 (图 15.6), 股份制商业银行的效率均值虽然在 2007~2013 年有小幅下降, 但 2013 年之后开始逐渐攀升, 并领先于国有银行和城市商业银行, 这也进一步证实了股份制商业银行在中国商业银行体系中充满活力; 国有银行综合效率均值在 2007~2011 年低于股份制商业银行和城市商业银行, 但其效率值稳步上升, 并在 2012 年赶超了城市商业银行, 但近几年上升的速度并不明显. 因此, 国有银行在今后的发展中需要充分利用自身的规模优势, 不断优化资源的配置, 努力加快效率的提升; 而城市商业银行的效率变化较大, 有升有降, 不太稳定, 但从 2016 年开始其效率值已连续两年增加, 并在未来也有较好的上升趋势.

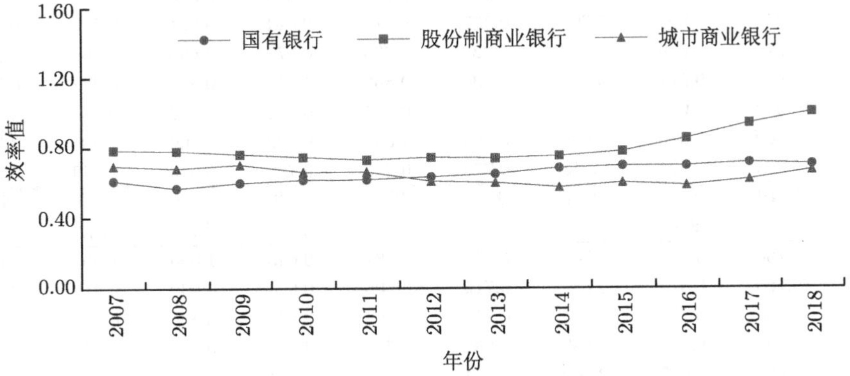

图 15.6 2007~2018 年各类商业银行的综合效率

2. 中国商业银行技术效率测算结果分析

为了进一步分析中国商业银行的技术效率, 以下取 $\delta_1 = 1$, $\delta_2 = 0$, 应用模型 (BE-EDEA) 可计算出中国 17 家商业银行的技术效率如表 15.4 所示.

首先, 从时间维度上看, 中国商业银行的技术效率呈现先降后升的态势. 2007 年中国商业银行的平均技术效率为 0.806, 2011 年降为 0.713, 达到最低. 之后, 各商业银行的平均技术效率上升较快, 到 2018 年平均技术效率高达 0.905. 这说明中国商业银行的技术效率整体水平相对平稳, 并在近几年达到相对理想状态.

其次, 从各商业银行的技术效率平均水平来看, 中国银行、中国建设银行、中国工商银行的平均效率较高. 结合表 15.4 可知, 由于这些银行的综合效率不高, 因此, 这些银行还需要进一步提升规模效率. 另外, 中国农业银行的平均技术效率在五大国有银行中最低, 说明中国农业银行在技术效率方面还需要进一步提升. 从各商业银行 2018 年的技术效率来看, 中国银行、中国建设银行、中国工商银行、交通银行、广发银行、浦发银行、中信银行和招商银行等多家银行达到了技术有效状态, 表明中国商业银行的整体技术效率较好; 另一方面, 尽管各银行的总体技术效率较好, 但也有一些银行的技术效率较低, 比如南京银行和宁波银行等, 因此, 这些银行还需要进一步加强管理、提升效率.

表 15.4　2007~2018 年 17 家商业银行的技术效率

年份	中国银行	中国建设银行	中国工商银行	中国农业银行	交通银行	兴业银行	广发银行	浦发银行	平安银行
2007	0.843	0.988	1.000	0.870	0.663	0.760	0.700	0.683	1.000
2008	0.716	1.000	0.794	0.839	0.656	0.749	0.751	0.689	0.923
2009	0.769	0.754	0.711	0.621	0.722	0.728	0.674	0.668	0.764
2010	0.915	1.000	0.698	0.730	0.716	0.701	0.706	0.647	0.780
2011	0.892	0.718	0.931	0.639	0.711	0.677	0.687	0.664	0.691
2012	0.956	0.775	0.998	0.670	0.720	0.624	1.000	0.666	0.659
2013	0.884	0.984	0.833	0.798	0.715	0.575	0.856	0.675	0.647
2014	0.979	0.895	1.000	0.767	0.775	0.644	0.881	0.685	0.618
2015	0.970	1.000	1.000	0.822	0.835	0.672	0.698	0.760	0.647
2016	0.947	0.977	0.993	0.796	0.869	0.718	0.821	0.872	0.710
2017	0.992	1.000	1.000	0.821	0.914	0.729	0.942	0.980	0.784
2018	1.000	1.000	1.000	0.865	1.000	0.823	1.000	1.000	0.862
均值	0.905	0.924	0.913	0.770	0.775	0.700	0.810	0.749	0.757

年份	中国民生银行	招商银行	中信银行	光大银行	华夏银行	北京银行	南京银行	宁波银行	各年均值
2007	0.780	0.671	0.709	0.718	0.681	0.643	1.000	1.000	0.806
2008	0.785	0.679	0.659	0.712	0.708	0.634	0.939	0.919	0.774
2009	0.743	0.700	0.734	0.753	0.707	0.621	0.825	0.931	0.731
2010	0.690	0.700	0.682	0.683	0.651	0.601	0.719	0.846	0.733
2011	0.675	0.678	0.669	0.674	0.641	0.651	0.695	0.825	0.713
2012	0.737	0.688	0.678	0.663	0.649	0.679	0.638	0.742	0.738
2013	0.716	0.723	0.669	0.670	0.650	0.680	0.601	0.694	0.728
2014	0.693	0.694	0.701	0.670	0.669	0.704	0.500	0.692	0.739
2015	0.694	0.761	0.727	0.701	0.731	0.725	0.506	0.682	0.761
2016	0.733	0.844	0.725	0.777	0.819	0.746	0.504	0.578	0.790
2017	0.864	0.918	0.856	0.817	0.894	0.807	0.529	0.593	0.849
2018	0.879	1.000	1.000	0.859	0.991	0.864	0.604	0.634	0.905
均值	0.749	0.755	0.734	0.725	0.733	0.696	0.672	0.761	

为了进一步了解各类商业银行的情况, 以下将 17 家银行按照国有银行、股份制商业银行和城市商业银行进行分类分析, 有关情况如图 15.7 所示.

从 5 家国有银行、9 家股份制商业银行和 3 家城市商业银行的技术效率整体水平来看 (图 15.7), 城市商业银行 2007~2009 年的技术效率均值最高, 但呈现逐年下降趋势, 从 2011 年开始, 其效率值在三类银行中一直处于最低水平, 直至最近两年才稍有回升; 国有银行的技术效率均值除 2008 年、2009 年和 2018 年外均高于股份制商业银行, 并从 2010 年开始一直高于城市商业银行; 股份制商业银行的技术效率均值在 2011 年之前均有小幅下滑, 但从 2011 年开始逐渐上升,到 2017 年超过国有银行, 在三类银行中处于最高. 综合上述, 从技术效率的角度看, 国有银行的平均效率值为 0.8574, 是三类银行中平均技术效率最高的银行; 股份制商业银行紧随其后, 平均效率值为 0.7457; 而城市商业银行的平均效率值为 0.7098. 这表明, 从总体上看, 国有银行在技术管理和资源配置方面的效率较好. 同时, 由于近年来股份制商业银行的效率上升较快, 已经超越国有银行, 因此, 国有银行的进一步加强管理和提升效率也是十分必要的. 另外, 近年来, 城市商业银行的技术效率相比其他两类商业银行的差距较大, 因此, 仔细研究城市商业银行管理中的问题、加快城市商业银行的效率提升也是急需解决的问题.

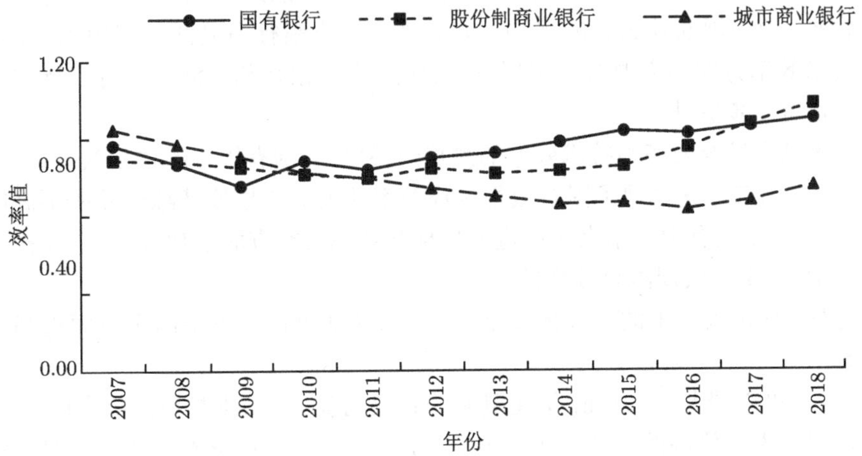

图 15.7 2007~2018 年各类商业银行的技术效率

15.3 结 束 语

通过上述分析表明, 应用广义 DEA 模型 (BE-DIG) 对中国商业银行效率进行测算时可能会出现效率悖论的现象. 通过比较研究可以发现, 模型 (BE-EDEA) 能够有效克服效率悖论现象的出现. 在此基础上, 利用模型 (BE-EDEA) 对中国 17 家商业银行 2007~2018 年的综合效率和技术效率进行测算得出如下结论:

(1) 从综合效率方面看, 2007~2018 年, 中国商业银行平均综合效率从 0.679 上升到 0.805, 显示了较好的增长态势. 这表明中国商业银行的综合效率整体状况较好, 特别是近年来增长态势明显. 其中, 股份制商业银行的平均综合效率水平最高, 国有银行其次, 城市商业银行最低. 从个体银行的角度看, 广发银行的平均效率值在 17 家商业银行中排名第一; 交通银行是国有银行中平均效率值最高的银行, 中国农业银行则是国有银行中平均效率值最低的银行; 而在城市商业银行中宁波银行的效率值较高, 而南京银行的效率均值最低. 这说明银行的经营规模、管理模式等的不同导致了各类商业银行效率水平的差异. 因此, 在看到中国商业银行效率提升的同时, 也应重点关注效率相对较低的银行, 进一步分析这些银行效率较低的原因.

(2) 从技术效率方面来看, 中国商业银行的平均技术效率呈现先降后升的态势. 平均效率从 2007 年的 0.806 降到 2011 年的 0.713, 再升到 2018 年的 0.905. 这说明中国商业银行的技术效率整体水平相对平稳, 并在近几年达到相对理想状态. 其中, 国有银行各年的平均技术效率值最高, 股份制商业银行其次, 城市商业银行最低. 这表明规模较大的银行在经营管理方面有较高的能力, 也更容易获得技术优势. 从个体银行的角度看, 中国银行、中国建设银行、中国工商银行的平均效率较高, 而中国农业银行的平均技术效率在国有银行中最低, 说明中国农业银行在技术效率方面还需要进一步提升. 另外, 南京银行和宁波银行等银行的技术效率还需进一步提升.

通过结合综合效率与技术效率的测算结果可知, 国有银行的技术效率最高, 但综合效率却不高, 这体现了国有银行规模效率的无效是导致其综合效率不高的主要原因. 因此, 国有银行未来应在进一步提升规模效益方面下功夫, 充分发挥企业的规模优势, 努力实现综合效率的提升.

此外, 从投入产出的指标体系上看, 无效企业可以从以下两个方面提高其自身效率.

(1) 在投入端上, 一方面, 优化资源的有效配置. 努力提高员工的素质和水平, 进一步提高人力资源的整体水平. 另一方面, 进一步优化资本的使用效率和资金结构, 以创造出更多的企业价值.

(2) 在产出端上, 一方面, 努力设计更加合理优化的贷款品种、不断开拓贷款市场, 注意防范和化解金融风险. 另一方面, 不断提高银行内部的管理水平和管理效率, 同时, 在大数据、电子货币、数字金融等新的金融业态的冲击下, 不断创新金融运作模式, 努力提升企业的服务质量和盈利能力.

参 考 文 献

[1] Farrell M J. The measurement of productive efficiency [J]. Journal of the Royal Statistical Society, Series A (General) , 1957, 120(3): 253-290.

[2] Berger A N, Humphrey D B. Efficiency of financial institutions: International survey and directions for future research [J]. European Journal of Operational Research, 1997, 98(2): 175-212.

[3] Sherman H D, Gold F. Bank branch operating efficiency: Evaluation with data envelopment analysis [J]. Journal of Banking and Finance, 1985, 9(2): 297-315.

[4] 薛峰, 杨德礼. 评价银行经营与管理综合效益的 DEA 模型 [J]. 数量经济技术经济研究, 1998, 15(5): 63-66.

[5] 谢朝华, 段军山. 基于 DEA 方法的我国商业银行 X-效率研究 [J]. 中国管理科学, 2005, 13(4): 120-128.
[6] 迟国泰, 杨德, 吴珊珊. 基于 DEA 方法的中国商业银行综合效率的研究 [J]. 中国管理科学, 2006, 14(5): 52-61.
[7] 丁忠明, 张琛. 基于 DEA 方法下商业银行效率的实证研究 [J]. 管理世界, 2011, 27(3): 172-173.
[8] 朱文博. 社会捐款对我国商业银行效率的影响——基于企业社会责任的视角和 DEA 的研究方法 [J]. 现代商业, 2015, 10(32): 164-165.
[9] 张健华. 我国商业银行效率研究的 DEA 方法及 1997~2001 年效率的实证分析 [J]. 金融研究, 2003, 46(3): 11-25.
[10] 周逢民, 张会元, 周海, 等. 基于两阶段关联 DEA 模型的我国商业银行效率评价 [J]. 金融研究, 2010, 53(11): 169-179.
[11] 方燕, 白先华. 中国商业银行经营效率分析——三阶段 DEA 之应用 [J]. 中央财经大学学报, 2008, 28(6): 41-46.
[12] 魏巍. 基于 DEA 超效率模型的中国商业银行经营效率评价 [J]. 金融经济, 2007, 18(9): 79-80.
[13] 虞晓雯, 雷明, 王其文, 等. 中国商业银行效率的实证分析 (2005-2011)——基于时间序列回归和随机 DEA 的机会约束模型 [J]. 中国管理科学, 2012, 29(11): 356-362.
[14] 胡晓燕, 程希骏, 马利军. 考虑非期望产出的两阶段 DEA 模型及其在银行效率评价中的应用 [J]. 中国科学院大学学报, 2013, 30(4): 462-471.
[15] 李炫榆, 童玉芬, 朱亚杰. 风险视角下贷款市场竞争对银行效率的影响——基于非期望产出 DEA 的研究 [J]. 华东经济管理, 2019, 33(1): 112-118.
[16] 马占新. 一种基于样本前沿面的综合评价方法 [J]. 内蒙古大学学报, 2002, 33(6): 606-610.
[17] 傅丽芳, 魏薇. 基于面板数据广义 DEA 的农业生产效率综合评价 [J]. 统计与决策, 2016, 32(6): 57-59.
[18] 伊茹, 高建伟. 基于广义 DEA 的我国基本养老保险制度绩效评价 [J]. 数学的实践与认识, 2019, 49(1): 81-87.
[19] 都沁军, 王兆刚. 基于广义 DEA 方法的矿产资源开发利用效率研究 [J]. 科技和产业, 2015, 15(4): 71-74.
[20] 粟芳, 初立苹. 中国银行业资金使用效率的测度及改进分析 [J]. 金融研究, 2015, 58(1): 150-165.
[21] 马占新, 赵佳风. DEA 方法的效率悖论与数据短尾现象 [J]. 系统工程理论与实践, 2019, 39(1): 200-214.
[22] 李双杰, 高岩. 银行效率实证研究的投入产出指标选择 [J]. 数量经济技术经济研究, 2014, 31(4): 130-144.
[23] Hunter W C, Timme S G. Technical change, organizational form, and the structure of bank production [J]. Journal of Money, Credit and Banking, 1986, 18(2): 152-166.
[24] 李富有, 窦育民. 中国商业银行技术进步的实证分析 [J]. 西安交通大学学报 (社会科学版). 2011, 31(6): 40-44.

第 16 章 中国“一带一路”重点省份企业科技创新效率分析

科技创新是提高社会生产力和综合国力的战略支撑,“科技创新驱动发展”战略的实施对“一带一路”沿线省份的科技创新发展有重要推动作用. 通过收集 2011~2016 年“一带一路”沿线 18 个重点省份企业科技创新投入、产出数据, 利用广义 DEA 模型, 对各省份的企业科技创新效率进行评价发现:“一带一路”倡议正式实施以后, 重点省份平均企业科技创新效率有明显提升; 相比于“一带”沿线省份,“一路”沿线省份平均企业科技创新效率较高.

2013 年 9 月和 10 月, 习近平主席出访中亚和东南亚期间, 分别提出了共建“丝绸之路经济带”和“21 世纪海上丝绸之路”的重大倡议, 即“一带一路”重大倡议. 2015 年 3 月, 国家发展改革委、外交部、商务部联合发布《推动共建丝绸之路经济带和 21 世纪海上丝绸之路的愿景与行动》,“一带一路”倡议进入了实施阶段. 而在“一带一路”倡议的务实推进过程中, 科技创新驱动发展具有非常重要的意义, 是深入推进“一带一路”倡议不可或缺的推动力 [1]. 在 2017 年 5 月, 习近平主席出席“一带一路”国际合作高峰论坛时提出, 要将“一带一路”建成创新之路.

随着当今社会对科技创新的日益关注, 国内有关科技创新方面的研究逐渐增多. 比如, 学术界关于科技创新效率评价方面的研究中, 刘凤朝等基于 Malmquist 指数法对中国科技创新效率进行了评价 [2]; 李兰冰基于 DEA 模型评价了中国各省份科技创新效率 [3]; 徐小钦等基于 DEA 模型和 Malmquist 指数对重庆市科技创新效率进行了评价 [4]; 于成学等运用 DEA 方法对全国 15 个副省级城市的科技创新效率进行了评价 [5]; 黄寰等基于 DEA-Malmquist 指数对四川省科技创新效率进行了评价分析 [6]; 李鸿禧等基于 DEA 模型对以企业为主体的全国 15 个副省级城市的科技创新效率进行了评价 [7]; 范震等基于 DEA 模型对“十二五”期间的国家地区企业科技创新工作效率进行了评价 [8]; 庞美燕等构造径向基神经网络模型评价了“一带一路”沿线 18 个省份的科技创新能力 [1].

通过上述文献可以发现, 有关科技效率评价方面的研究中, DEA 方法和 Malmquist 指数法是较为常用的评价方法, 而考察对象方面涉及全国或各省份层面的研究相对较多, 对 “一带一路” 沿线省份的科技创新效率进行评价与分析的研究较少. 本章将基于前人的研究, 收集 2011~2016 年我国 “一带一路” 沿线重点省份企业科技投入、产出数据, 并应用广义 DEA 模型, 对重点省份企业科技创新效率进行评价, 进而对国家 “创新之路” 的建设以及与沿线国家的创新合作提供依据.

16.1 企业科技创新效率评价的广义 DEA 模型

16.1.1 用于评价企业科技创新效率的指标选取及数据来源

1979 年, Griliches 通过研究发现, 把 R&D 与专利数分别视为最重要的投入变量与产出变量的知识生产函数是研究科技创新很好的一个统计模型 [9]; 2014 年, 欧盟委员会利用 R&D 活动经费支出等 25 个指标评价了欧盟国家的科技创新能力 [10]. 因此, 本章通过借鉴前人的研究, 构建如下用于评价 “一带一路” 沿线重点省份企业科技创新效率的指标体系 (表 16.1), 各指标数据均来源于《中国统计年鉴》.

表 16.1 本章的投入和产出指标

投入		产出	
指标	变量	指标	变量
R&D 人员全时当量	Fx	新产品销售收入	Sy
R&D 经费	Rx	新产品开发项目数	Ey
新产品开发经费支出	Ex	有效发明专利数	Py

16.1.2 用于评价企业科技创新效率的广义 DEA 模型

当对地区企业科技创新效率进行评价时, DEA 方法是评价该类问题的重要方法. 由于 C^2R 模型、BC^2 模型依据截面数据进行评价, 不能直接评价面板数据, 而广义 DEA 方法可以有效区分不同年份的技术水平, 因而获得的效率指数和相应的改进信息更符合实际情况.

假设有 n 个省份 L 个年份的企业科技创新效率需要测算. 其中, 第 p 个省份第 k 年的投入指标值为

$$\boldsymbol{x}_p^{(k)} = (Fx_p^{(k)}, Rx_p^{(k)}, Ex_p^{(k)}),$$

产出指标值为

$$\boldsymbol{y}_p^{(k)} = (Sy_p^{(k)}, Ey_p^{(k)}, Py_p^{(k)}),$$

并且

$$\boldsymbol{x}_p^{(k)} > \boldsymbol{0}, \quad \boldsymbol{y}_p^{(k)} > \boldsymbol{0}, \quad p = 1, 2, \cdots, n^{(k)}, \quad k = 1, 2, \cdots, L.$$

假设决策者选择第 k_0 时期的某 $n^{(0)}$ 个截面数据来构造第 k_0 时期的生产可能集 (参考集), 其中, 第 j 个样本单元的投入指标值为

$$\boldsymbol{x}_j^{(0)} = (Fx_j^{(0)}, Rx_j^{(0)}, Ex_j^{(0)}) > \mathbf{0},$$

产出指标值为

$$\boldsymbol{y}_j^{(0)} = (Sy_j^{(0)}, Ey_j^{(0)}, Py_j^{(0)}) > \mathbf{0},$$

则用于评价企业科技创新效率的广义 DEA 模型如下:

$$(\text{D-panel})\begin{cases} \min\ \ \theta - \varepsilon(\hat{\boldsymbol{e}}^{\mathrm{T}}\boldsymbol{s}^- + \boldsymbol{e}^{\mathrm{T}}\boldsymbol{s}^+), \\ \text{s.t.}\ \ \displaystyle\sum_{j=1}^{n^{(0)}} Fx_j^{(0)}\lambda_j + s_1^- = \theta Fx_p^{(k)}, \\ \qquad \displaystyle\sum_{j=1}^{n^{(0)}} Rx_j^{(0)}\lambda_j + s_2^- = \theta Rx_p^{(k)}, \\ \qquad \displaystyle\sum_{j=1}^{n^{(0)}} Ex_j^{(0)}\lambda_j + s_3^- = \theta Ex_p^{(k)}, \\ \qquad \displaystyle\sum_{j=1}^{n^{(0)}} Sy_j^{(0)}\lambda_j - s_1^+ = Sy_p^{(k)}, \\ \qquad \displaystyle\sum_{j=1}^{n^{(0)}} Ey_j^{(0)}\lambda_j - s_2^+ = Ey_p^{(k)}, \\ \qquad \displaystyle\sum_{j=1}^{n^{(0)}} Py_j^{(0)}\lambda_j - s_3^+ = Py_p^{(k)}, \\ \qquad \delta\displaystyle\sum_{j=1}^{n^{(0)}} \lambda_j = \delta, \\ \qquad \boldsymbol{s}^+ \geqq \mathbf{0},\ \boldsymbol{s}^- \geqq \mathbf{0}, \lambda_j \geqq 0, j = 1, 2, \cdots, n^{(0)}. \end{cases}$$

根据广义 DEA 的相关原理 [12], 若模型 (D-panel) 的最优解为 $\theta^0, \boldsymbol{s}^{+0}$, $\boldsymbol{s}^{-0}$, $\lambda_j^0, j = 1, 2, \cdots, n^{(0)}$, 则模型 (D-panel) 描绘的有效性含义可以解释如下:

(1) 当 $\theta^0 > 1$ 时, 表明第 p 个决策单元在第 k 时期的生产不劣于 k_0 时期的有效生产.

(2) 当 $\theta^0 = 1, \boldsymbol{s}^{+0} = \mathbf{0}$, $\boldsymbol{s}^{-0} = \mathbf{0}$ 时, 表明第 p 个决策单元在第 k 时期的生产与 k_0 时期的某个有效生产方式效率相同.

(3) 当 $\theta^0 = 1, (\boldsymbol{s}^{+0}, \boldsymbol{s}^{-0}) \neq \boldsymbol{0}$ 或者 $\theta^0 < 1$ 时, 表明第 p 个决策单元在第 k 时期的生产劣于 k_0 时期的有效生产.

注: 当模型 (D-panel) 无可行解时, 表明 k_0 时期的生产无法达到被评价单元的产出, 这时被评价单元有效.

16.2 “一带一路”重点省份企业科技创新效率的实证分析

本章以“一带一路”沿线 18 个重点省份为研究对象, 由于数据不完整, 西藏自治区未包含在研究样本中. 同时, 根据模型 (D-panel) 的应用, 本章以 2016 年“一带一路”沿线重点省份数据作为对照组, 对 2011~2016 年“一带一路”沿线重点省份企业科技创新效率进行评价.

16.2.1 “一带一路”重点省份企业科技创新效率评价

首先, 从图 16.1 中的 2011~2016 年“一带一路”沿线重点省份平均企业科技创新效率测算结果可见:

(1) 重点省份平均企业科技创新综合效率与技术效率取值均高于 0.75, 整体效率水平相对较高;

(2) 重点省份平均企业科技创新综合效率与纯技术效率取值在 2011~2014 年逐渐下滑, 但在 2015 年随着国家“一带一路”倡议的正式实施, 综合效率与技术效率恢复增长, 2016 年实现了技术效率有效. 说明, “一带一路”倡议的正式实施, 提升了重点省份的平均企业科技创新效率水平.

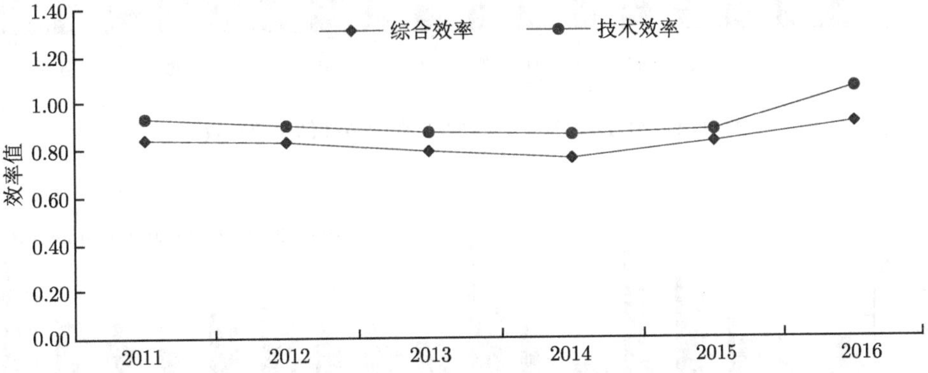

图 16.1 2011~2016 年各重点省份企业平均科技创新效率

其次, 从图 16.2 中的“一带一路”沿线重点省份 2011~2016 年的企业科技创新平均效率测算结果可见:

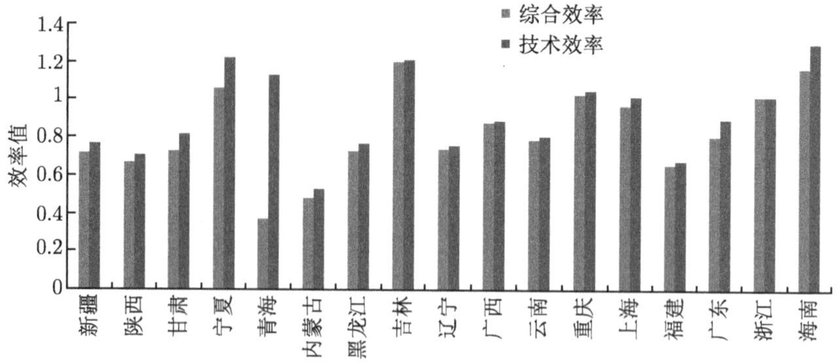

图 16.2　各重点省份 2011~2016 年企业平均科技创新效率

各重点省份中企业科技创新平均综合效率和平均技术效率均比较有效的省份有宁夏、吉林、重庆、上海、浙江、海南. 而平均综合效率和平均技术效率均低于 0.8 的省份有新疆、陕西、内蒙古、黑龙江、辽宁、福建. 这说明, 还有大约 30% 的重点省份的企业科技效率有待进一步提高. 这些地区应该更多地吸收效率较好的重点省份的经验, 加快企业科技创新的发展速度.

最后, 图 16.3 和图 16.4 给出了各重点省份的综合效率和技术效率.

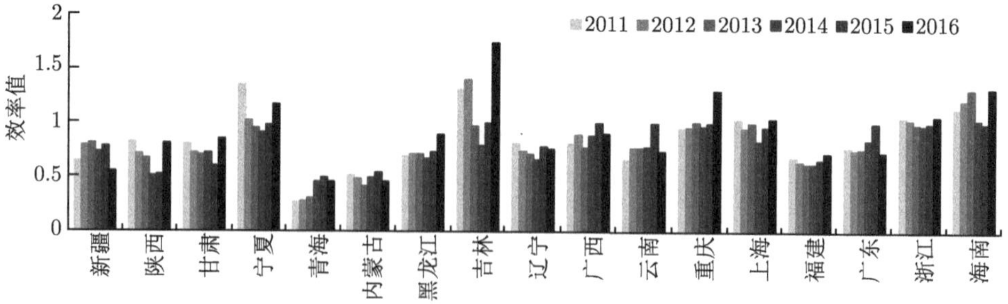

图 16.3　2011~2016 年重点省份企业科技创新综合效率

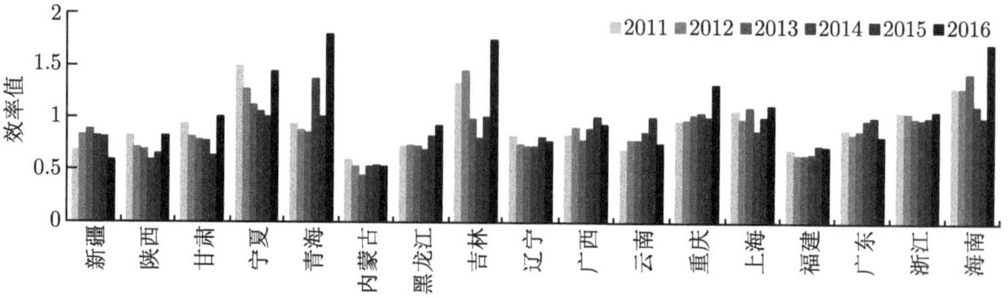

图 16.4　2011~2016 年重点省份企业科技创新技术效率

从图 16.3 和图 16.4 可以看出:

(1) 从综合效率的维度上看, 2011~2016 年除青海和内蒙古外, 其他大部分省份的企业科技创新综合效率均达到了较好的状态, 并且, “一带一路”倡议的正式实施, 提升了除新疆、青海、内蒙古、辽宁、广西、云南、广东以外其余省份的企业科技创新综合效率. 2016 年, 实现企业科技创新综合效率有效的省份有宁夏、吉林、重庆、上海、浙江和海南, 所占比率为 35.29%.

(2) 从技术效率的维度上看, 2011~2016 年除福建和内蒙古外, 其他大部分省份的企业科技创新技术效率均达到了较好的状态. 并且, “一带一路”倡议的正式实施, 提升了除新疆、内蒙古、辽宁、广西、云南、福建、广东以外其余省份的企业科技创新技术效率. 2016 年, 实现企业科技创新技术效率有效的省份有甘肃、宁夏、青海、吉林、重庆、上海、浙江和海南, 所占比率为 47%. 说明, “一带一路”倡议正式实施后, 有效提升了企业的科技创新效率, 同时, 也有部分省份的企业科技创新效率改观不大, 需要进一步优化资源配置和提高管理水平以达到资源的更高效利用.

16.2.2 “一带”沿线与“一路”沿线重点省份企业科技创新效率评价

为了从战略角度分析“一带一路”沿线重点省份企业科技创新效率, 本章用“一带”沿线与“一路”沿线的划分标准对“一带一路”沿线重点省份进行了分类分析, 有关结果如图 16.5 所示.

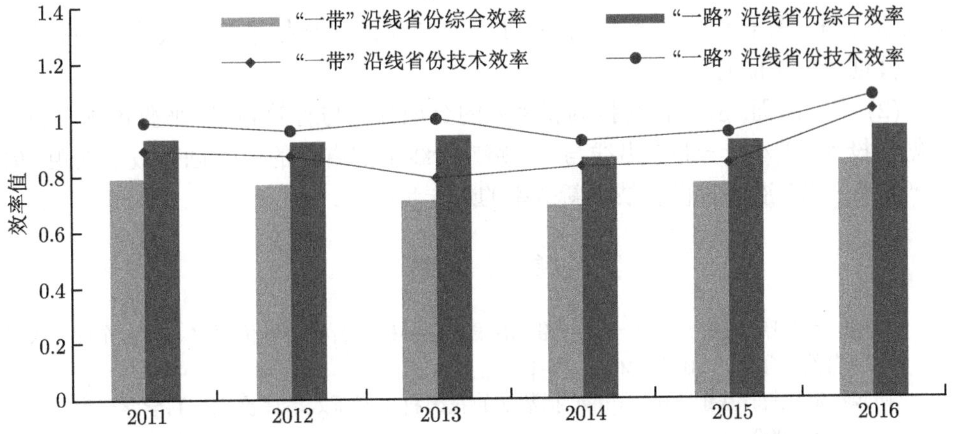

图 16.5 “一带”沿线与“一路”沿线重点省份企业科技创新效率

从图 16.5 中可见:

(1) 相比于“一带”沿线省份, “一路”沿线省份的平均企业科技创新综合效率与技术效率比较高;

(2) “一带”沿线省份与“一路”沿线省份平均企业科技创新综合效率均未达到有效状态;

(3) 2016 年, “一带”沿线省份与“一路”沿线省份企业科技创新的纯技术效率均达到了有效状态.

上述结果中, “一路”沿线省份的平均企业科技创新效率高于“一带”沿线省份, 这与我国东部沿海地区经济发达、人才聚集、科研机构更加完善的实际情况有密切关系.

16.3 结　束　语

本章从投入、产出两个方面构建用于企业科技创新效率评价的指标体系, 并采用基于面板数据的广义 DEA 模型对“一带一路”沿线重点省份企业科技创新效率进行评价具有一定的参考性和实用性. 评价结果显示: 随着“一带一路”倡议的正式实施, 重点省份平均企业科技创新效率水平得到了提升. 也有一些省份的企业科技创新效率需要进一步提升. 并且, 用“一带”沿线与“一路”沿线的划分标准, 对重点省份企业科技创新效率进行差异评价发现: 相比于“一带”沿线省份, “一路”沿线省份的平均企业科技创新效率相对较高.

基于上述结论, 本章就“一带一路”沿线重点省份企业科技创新发展提出如下建议:

(1) 省份层面, 各重点省份应根据自身实际情况以及在“一带一路”建设中的不同定位与对外合作的重点方向, 制定符合自身的科技技术管理政策, 促进各省份科技创新效率的有效提升.

(2) 国家层面, 应重视科技创新资源的合理分配与有效利用, 平衡各省份的科技创新投入, 缩小“一带”沿线与“一路”沿线重点省份的科技创新效率差距, 促进“一带一路”沿线省份科技创新效率的进一步提升.

参 考 文 献

[1] 庞美燕, 桑金琰, 赵好, 等. “一带一路”沿线省份科技创新能力评价研究 [J]. 山东理工大学学报 (自然科学版), 2018, 32(6): 15-19.

[2] 刘凤朝, 潘雄锋. 基于 Malmquist 指数法的我国科技创新效率评价 [J]. 科学学研究, 2007, 25 (5): 986-990.

[3] 李兰冰. 我国区域科技创新效率评价——以省际数据为样本 [J]. 科技管理研究, 2008, 28(9): 87-90.

[4] 徐小钦, 黄馨, 梁彭勇. 基于 DEA 与 Malmquist 指数法的区域科技创新效率评价——以重庆市为例 [J]. 数理统计与管理, 2009, 28(6): 974-985.

[5] 于成学. 中国副省级城市科技创新效率评价与实证 [J]. 科技管理研究, 2010, 30(1): 61-63.